中国外语教育研究丛书

刘道义　主编

唐　磊　皮俊珺　李家祥　张金龙　著

日语教学论

RIYU JIAOXUELUN

广西教育出版社

南宁

图书在版编目（CIP）数据

日语教学论 / 唐磊等著. --南宁：广西教育出版社，2020.6（2022.1 重印）

（中国外语教育研究丛书 / 刘道义主编）

ISBN 978-7-5435-8731-1

Ⅰ.①日… Ⅱ.①唐… Ⅲ.①日语—教学研究 Ⅳ.①H369.3

中国版本图书馆 CIP 数据核字（2019）第 268293 号

策　　划	黄力平	装帧设计	刘相文	
组稿编辑	黄力平	责任技编	蒋　媛	
责任编辑	卢佳慧	责任校对	石　刚	钟秋兰
封面题字	李　雁			

出 版 人：石立民

出版发行：广西教育出版社

地　　址：广西南宁市鲤湾路 8 号　　邮政编码：530022

电　　话：0771-5865797

本社网址：http://www.gxeph.com

电子信箱：gxeph@vip. 163. com

印　　刷：广西壮族自治区地质印刷厂

开　　本：787mm×1092mm　1/16

印　　张：24.5

字　　数：350 千字

版　　次：2020 年 6 月第 1 版

印　　次：2022 年 1 月第 3 次印刷

书　　号：ISBN 978-7-5435-8731-1

定　　价：58.00 元

序 一

由广西教育出版社策划、刘道义研究员主编的"中国外语教育研究丛书"是出版界和外语教学界紧密合作的一个重大项目。广西教育出版社归纳了本丛书的几个特色：基于中国特色的比较研究，原创性、研究性和可操作性，理论与实践相结合，学科和语种相融合，可读性较强。道义研究员则谈到五点，即理论性、实践性、创新性、研究性、可读性。我非常赞同来自出版社和主编的归纳和总结，尽可能不再重复。在这里，只是从时代性方面汇报一下自己的感受。第一，本丛书上述各个特色具有新时期所散发的时代气息。众所周知，我国的外语教育在 20 世纪 50 年代以俄语及其听、说、读、写四项技能的教学为主，改革开放后强调的是英语交际教学法。进入新时期后，我国外语教育的指导思想着眼于如何更好地为"一带一路"倡议和"教书育人"素质教育服务。应该说，外语教材和有关外语教学理念的专著在我国不同时期均有出版，但本丛书更能适应和满足新时期的要求。如果说过去出版社关注的是如何让外语教材在市场上占有一定的份额，那么，本丛书更关注的是如何指导外语教师做好本职工作，完成国家和学校所交给的任务，让学生收到更好的学习效果，让家长和社会提高对外语教学重要性的认识。当然，这套丛书也帮助外语教师实现从"教书匠"转变为真正的外语教学工作者，使他们既是教师，又是研究者。第二，本丛书的内容不仅适用于英、俄、日、法、德等传统外语语种，也适用于其他非通用语种。第三,就本丛书的选题而言,除传统的技能教学和教育学外,还有社会学、心理学、哲学、美学、神经学等内容。这体现了当代多种学科相互融合的先进思想。随着信息技术的发展,多模态的课堂教学和网络教学已成为本丛书关注的选题内容。

我和本丛书的主编刘道义研究员相识多年。由于她从不张扬,因此我有必要以老大哥的身份来介绍一下她。第一,道义自 1960 年从北京外国语学院（今北京外国语大学）毕业后,从事大、中、小学英语教学工作 17 年,对不同层次的外语教学均有亲身体验。第二,从 1977 年 8 月起,道义参加了历次的全国中小学英语教学大纲编制工作,编写和修订了 12 套中小学英语教材,并承担其中 9 套教材的主编工作;编著教师理论丛书 4 套、中学生英语读物 2 套、英语教学辅助丛书 3 套;发表有关英语教学改革的文章百余篇。由此可见,除参与教学实践外,她还长期从事外语教学理论的研究。最近在许多学校内时有争论,那就是教师只要教书即可,不必费神搞研究。我想道义以自己的行动回答了这个问题。第三,道义曾任教育部中小学教材审定委员会英语专家组组长、中国教育学会外语教学专业委员会理事长、课程教材研究所副所长、人民教育出版社副总编辑。这表明道义具有很强的领导和组织能力。第四,道义曾任党的十四大代表,我认为这说明了道义本人的政治品质好。党员既要把握正确的政治方向,又要在业务工作中起表率作用。所有这些归纳成一句话,本丛书主编非道义莫属。

除道义外,本丛书汇聚了我国从事外语教育研究的专家和名师。以道义所在的人民教育出版社为例,就有吴欣、李静纯、唐磊三位研究员参与编写工作。我退休后曾经在北京师范大学兼课 10 年,见到丛书各分册的作者名单上有王蔷、程晓堂、罗少茜等大名,顿时兴奋起来。这些当年的同事和年轻学者承担了本丛书 15 卷编写任务中的 4 卷,实力雄厚,敢挑重担,我为之感到骄傲。作者名单上国内其他师范院校从事外语教育的领导和专家有华东师范大学的邹为诚、华南师范大学的何安平、东北师范大学的高凤兰、浙江师范大学的付安权、福建师范大学的黄远振、天津师范大学的陈自鹏,来自综合性大学的则有清华大学的崔刚、范文芳和中国人民大学的庞建荣。在这个意义上，本丛书是对我国外语教育研究力量的一次大检阅。难怪本丛书的一个特色是中外外语教育思想和理论的比较研究，而且重点是中国外语教育的实践和理论。上述作者中不少是我的老相识。虽然有的多年未见，如今见到他们仍活跃在第一线，为我国的外语教育事业而奋斗，令我肃然起敬。祝他们身体健康，在事业上更上一层楼。上述作者中有两位（范文芳教授和程晓堂教授）是我在北京大学和北京师范大学指导过的博士生。目睹当年勤奋学习的年轻学子，现已成为各自学校的教学科研骨干，内心一方面感到欣慰，一方面感到自己落在后面了。

本丛书的策划者广西教育出版社成立于 1986 年 12 月。就出版界来说，时间不算太早，但本丛书的成功出版在于该社英明的办社方针。据了解，该社主要出版教育类图书。其中教师用书和学术精品板块是该社最为器重的。本丛书的良好质量和顺利出版还得益于该社两个方面的经验。首先，早在 20 世纪 90 年代，该社已出版了一套外语学科教育理论丛书（胡春洞、王才仁主编）。该丛书总结了改革开放后外语学科教育研究的成果，展示了其发展的前景，给年轻一代学者的成长提供了帮助，在外语教学界产生了很好的影响，为本丛书的组织和编写提供了宝贵的经验。其次，新时期以来，该社相继出版了数学、化学、物理、语文等学科教育研究丛书，积累了较多经验，如今策划、组织和出版"中国外语教育研究丛书"更是驾轻就熟。

天时、地利、人和，在此背景下诞生的"中国外语教育研究丛书"必然会受到国内外外语教学界和出版界的欢迎和重视。我很荣幸，成了第一批点赞人。

北京大学外国语学院

2016 年 12 月 1 日

胡壮麟简介：教育部基础教育课程教材专家咨询委员会委员，北京大学资深教授、博士生导师。曾任教育部高等学校外语专业教学指导委员会委员、英语组副组长，中国英语教学研究会副会长，中国语言与符号学研究会会长，中国高校功能语法教学研究会会长。

序 二

一年多以前，当我接到广西教育出版社的邀请，让我主编一套外语教育理论研究丛书时，我欣然接受了。我担此重任的这份自信并非源于自己的学术水平，而是出自我对外语教育事业的责任和未竟的情结。

我这辈子从事外语教育，无非是跟书打交道：读书、教书、编书、写书。虽然教书认真，有良好的英语基础，但成绩平平。因为缺乏师范教育，并不懂得有效的教学方法。然而，17年的大、中、小学教学为我后来的编书和写书提供了宝贵的实践经验。改革开放后，我有幸参加了国家英语课程和教材的研制工作，零距离地与教育专家前辈共事，耳濡目染，有了长进；又有幸出国进修、考察，与海外同行交流切磋，合作编写教材、研究教法、培训师资，拓宽了视野。由于工作需要，我撰写了不少有关英语教育、教学的文章。文章虽多，但好的不多。为了提升自己的理论水平，我对语言教学理论书籍产生了浓厚的兴趣。退休后有了闲空，我反倒读了许多书，而这些书很给力，帮助我不断写文章、写书。2015年，我实现了一个心愿，就是利用我的亲身经历为我国的英语教育做些总结性的工作。我与同行好友合作，用英文撰写了《英语教育在中国：历史与现状》一书，又用中文写了《百年沧桑与辉煌——简述中国基础英语教育史》和《启智性英语教学之研究》等文章。

我已近耄耋之年，仍能头脑清楚，继续笔耕不辍，实感欣慰。

当我正想动笔写一本书来总结有关英语教材建设的经验时，我收到了广西教育出版社的邀请信。这正中我的下怀，不仅使我出书有门，还能乘此机会与外语界的学者们一起全面梳理改革开放以来，特别是这十几年的外语教育教学的研究成果。我计划在20世纪90年代出版的，由胡春洞、王才仁先生主编的外语学科教育理论丛书的基础上进行更新和补充。发出征稿信后，迅速得到了反馈，10所大学及教育研究机构的多位学者积极响应，确定了15个选题，包括外语教学论、教与学的心理过程研究、课程核心素养、教学资源开发、教学策略、教学艺术论、教师专业发展、信息技术的运用、教材的国际比较研究等。

作者们都尽心尽力，克服了种种困难，完成了写作任务。我对所有的作者深表谢意。同时，我还要感谢胡壮麟教授对此套丛书的关心、指导和支持。

综观全套丛书，不难发现此套丛书的特点主要反映在以下几个方面：

一、理论性。理论研究不仅基于语言学、教育学，还涉及社会学、心理学、哲学、美学、神经学等领域。语种不只限于英语，还有日语和俄语。因此，书中引用的理论文献既有西方国家的，也有东方国家的。

二、实践性。从实际问题出发，进行理论研究与分析，提供解决问题的策略和案例。

三、创新性。不只是引进外国的研究成果，还反映了我国改革开放以来的教育改革历程，具有鲜明的中国特色，而且还开创了基础教育教材国际比较的先例。

四、研究性。提供了外语教育科学研究的方法。通过案例展示了调查、实验和论证的过程，使科学研究具有可操作性和说服力。

五、可读性。内容精练，言简意赅，深入浅出，适合高等院校、基础教育教学与研究人员阅读。

此套丛书为展示我国近十几年的外语教育理论研究成果提供了很好的平台，为培养年轻的外语教育研究人才提供了很好的平台，为广大外语教研人员共享中外研究成果提供了很好的平台，也在高等教育机构的专家和一线教学人员之间建起了联通的桥梁。为此，我衷心感谢平台和桥梁的建造者——广西教育出版社！

　　我除组稿外，还作为首位读者通读了每一本书稿，尽了一点儿主编的职责。更重要的是，我从中了解到了我国外语教育近期的发展动态，汲取了大量信息，充实了自己，又一次体验了与时俱进的感觉。为此，我也很感谢广西教育出版社给了我这个学习的机会。

　　1998 年，我曾经在我的文章《试论我国基础外语教学现代化》中预言过，到 21 世纪中叶中华人民共和国成立一百年时，我国的基础外语教学将基本实现现代化。今天，这套丛书增强了我的信心。我坚信，到那时，中国不仅会是世界上一个外语教育的大国，而且会成为一个外语教育的强国，将会有更多的中国成功经验走出国门，贡献给世界！

刘道义

2016 年 11 月 21 日

　　刘道义简介：课程教材研究所研究员、人民教育出版社编审。曾任中国教育学会外语教学专业委员会理事长、课程教材研究所副所长、人民教育出版社副总编辑。曾参与教育部中学英语教学大纲的编订和教材审定工作。参加了小学、初中、高中 12 套英语教材和教学参考书的编写和修订工作。著有《刘道义英语教育自选集》《英语教育在中国：历史与现状》，主编"著名英语特级教师教学艺术丛书"、《基础外语教育发展报告（1978—2008）》、《新中国中小学教材建设史 1949—2000 研究丛书：英语卷》等，并撰写了有关英语教育与教学的文章 100 多篇。

前　言

撰写日语教学论，首先要明确为什么写，写什么和怎么写的问题。

一、为什么写

日语在我国被称为外语中的"小语种"，日语的学习人数与英语的相比，所占比例不高。然而，中日两国是邻邦，有着两千多年悠久的交往历史，其间不乏可歌可泣的动人故事。自从1972年邦交正常化以来，中日友好合作关系取得了全面发展。2000年以来，中日两国间的各领域交流进一步深化，友好互惠、共同发展是两国人民的共同愿望。因此，提高我国的日语教学水平、培养高质量的日语人才有利于促进两国人民的广泛沟通、友好交流和相互理解，使中日关系不断健康发展。

日语教学在中国有较长的历史，特别是中日邦交正常化以后获得了长足发展，基础教育、高等教育、职业教育以及社会教育都有开设日语课程，自学者也大有人在。不过，虽然国内日语教学资料丰富多样，特别是日语研究也在不断深入，但真正下功夫研究日语教学的人并不多，日语教学研究也未引起日语教学界的足够重视。同时，日语教学研究缺乏深入细致的调研，也鲜见相关的论著问世。其实，日语教育工作者在长期从事日语教学的过程中需要思考的问题很多，需要教学实践验证的问题也不少，但很少有人关注和研究这些问题，大多凭经验开展教学工作。而且，由于知识面、研究手段、时间和精力有限，研究起来往往力不从心。如何解决这些问题，加强我国日语教学理论建设，是日语教育研究者的重要任务。

另一方面，为什么写日语教学论，而不是日语课程论或日语学习论，也是我们要明确的问题。近年来，基础教育课程改革不断推进，课程理论的研究也不断深入，以往的教学大纲都改成了课程标准。这样看来，似乎写日语课程论更紧跟潮流。然而，与教学论的视角不同，课程论可以是课程基本问题的探讨，也可以是课程设计或编制方面的探讨；学习理论重点描述或说明人的学习类型、学习过程和影响学习的各种因素，其理论基础更依赖探究人的学习本质及其形成机制的心理学理论。

我国的日语教学长期以来主要在教学理论（教学法）的指导下开展教学工作是不争的事实，从当今我国日语教学的实际状况和需求来看，教学理论建设严重不足，亟待补充。因此，从教学论开始做起更顺应教学需要。

二、写什么

日语教学论是教学论整体的一部分，但是，又具有自己的学科特点，区别于包罗万象的大教学论。尽管日语教学在我国与英语教学、俄语教学等都属外语教学，但由于语种的差别，教学对象、教学资源、教学环境等都存在差异，教学论的阐述内容和特点也不尽相同。

纵观我国自《学记》以来长达两千多年的教学理论发展历程，教学论的发展与不同阶段的社会和政治背景息息相关。改革开放以后，特别是近十余年来，国外教学理论逐步引进，本土化的探索不断深入，促使我国教学理论研究日益丰富和多元，加速了中国特色教学理论体系的形成，促进了教学论的建设和发展，日语教学论也随之发展和丰富。认真研究和总结以往的日语教学实践经验，整理多年来在此领域积累的科研成果，尽量吸收来自同行特别是日语教学一线的研究成果，从而使之上升到一定的理论高度很有必要。同时，虽然日语教学包括不同层级，但鉴于时间和作者的工作重点，本书以基础教育阶段的日语教学为主，分十章阐述相关问题。

第一章为绪论，重点阐述日语教学的概念、地位和任务，日语教学论的研究对象，以及现代教学论的发展与日语教学。

第二章，重点阐述日语教学的过程及其优化。

第三章，重点阐述日语教学的目标和原则。

第四章，论述日语教学的主体——教师、学生，及其之间的关系。

第五章，论述日语教学内容的概念、选择及教学内容的载体——教科书等教学资源。

第六章，主要阐述日语教学组织形式的概念、改革趋势和教学工作的基本环节，以及教案、学案的研制。

第七章，主要论述日语教学模式的原则与运用。

第八章，主要论述日语教学方法与现代化教学手段及其运用。

第九章，主要论述日语教学环境的设计与优化以及课堂管理。

第十章，主要论述日语教学评价的内容、指标体系、步骤及方法。

三、怎么写

本书涉及日语教学的方方面面，写起来并不容易。为了尽量反映日语教学的客观规律，本书在大量收集相关文献，如论著、论文、调查报告等资料的基础上，结合多年来在调研活动中接触一线日语教研员、教师了解到的实际情况，以及组织教学一线开展教学实验所取得的成果撰写而成。执笔者均长年从事日语教学大纲、课程标准和教材的研究及编写，其工作离不开教学理论的探讨和研究。这样的探讨和研究也为本书的撰写铺下了基石。

在内容选择与撰写时，执笔者主要遵循以下原则。

（一）共性与个性相结合

本书各章均会涉及一般教学论的基本原理，同时论述日语教学论的个性特点。因为日语教学论是教学论的一个组成部分，与一般教学论是一般与个别的关系。日语教学论必须以一般教学论的基本原理为基础。同时，日语教学论又因其教学内容、教学对象、教学环境的不同而区别于其他学科教学论。本书结合我国日语教学的实际情况，重点论述日语教学论的个性特征。

（二）历史与现实相结合

教学理论的历史变迁是读者了解教学论基本原理的重要背景，也是读者准确把握日语教学论定位与发展趋势的重要参考。本书各章适当涉及相关教学理论与观点的历史变迁，着重论述教学理论与当今日语教学的融合。同时，为了帮助读者深入理解日语教学理论与当今日语教学的相互关系，明确其对当今日语教学的指导意义，本书着重论述了在当今日语教学环境中如何在教学实践中应用教学理论。

（三）理论与实践相结合

要使理论发挥作用，必须将其应用到实践之中。本书既重视日语教学论的理论阐述，又特别关注其在教学一线的具体实践方法，在调研和教学实验的基础上分析了日语教学理论应用案例，提供了一线日语教师可参考的具体操作方法、参考资料等。

本书以分工合作的方式完成，在研讨的基础上制订执笔计划和决定各章内容，尽量发挥集体的智慧。完成初稿后再交换意见、分头修改，最后由唐磊统一定稿。因此，可以说这本书是集体智慧的结晶。

由于此前未曾见国内出版有关日语教学论的专门论著，本书可以说是一次有益的探索和尝试。书中存在不足之处在所难免，借此求教于方家。

唐磊

2018 年 4 月于北京

目 录

第一章 绪 论

　　教学论是教育学的一个重要分支，是研究教学一般规律的科学。日语教学论是教学论的下位分支，研究范围主要包括日语的教学过程、教学目标和原则、教学主体、教学内容、教学组织形式、教学模式、教学方法与手段、教学环境及课堂管理、教学评价等。

　　日语教学与其他学科教学一样，是教与学的实践过程。日语教学论是从日语教学实践中总结、概括出有益的经验和规律，使之上升为一个科学的理论体系。

第一节　日语教学概述

一、日语教学的概念

日语教学的概念是什么？这是日语教学论必须回答的问题。

（一）日语教学的定义

日语教学，顾名思义就是教日语的人与学日语的人共同进行的教与学的活动。本书所谓教日语的人指在学校从事日语教学工作的教师，学日语的人指在学校学习日语的学生，而日语教学也主要指在学校或相关范围内开展的有组织、有计划的日语教学活动。

给日语教学下这样的定义，是因为任何学科都需要通过概念来揭示其本质和规律。定义可以用比较简短的语言把概念的内涵和外延表达出来，便于区分不同的事物。比如外语，虽然英语、俄语、德语、法语、西班牙语等都可以归结为外语，但不同语种的教学有不同的特点，其内涵和外延也不一样。教学有广义的教学、狭义的教学、抽象的教学、具体的教学，这些都已经有人论述过了。本书拟在已有理论的基础上研讨日语教学问题。

（二）有关定义的思辨

日语教学与很多学科一样，长期以来注重教师的"教"，而忽视学生的"学"，这种倾向已经受到严厉的批评。尤其是21世纪以来，课程改革理念更新，有些论述强调"以学生为中心"，把以往的教学论称为"教论"，要将教学论改为"学论"，"教案"改为"学案"。我们不赞同这种从一个极端走向另一个极端的观点。做出上述定义，就是要表明，日语教学不能割裂教和学，教和学是矛盾的，但又是统一的。在日语教学活动中，教和学各自具有不同的活动，不能互相代替。但在教学这个特定的范围和环境中，教和学又是不能分离的。日语教学也不是教日语和学日语的简单相加，而是辩证统一的两个侧面。尽管学生在课堂上自习或回家做作业时，教师不在；教师备课、批改作业时，学生不在。但这并不是教与学的分离，而是在进行各自独立的、不能相互替代的活动。

（三）日语教学的共性和多样性

为了全面、客观地反映日语教学的真实面貌，需要把握其共性和多样性。这样有利于解释各种各样的教学现象，从国内外经验中汲取营养为我所用；也有利于与时俱进，随着社会和科技进步而不断地改变、发展和创新。

这里所说的共性，首先是指日语。即无论小学、中学、大学、职业学校、社会办学等教学，都是日语教学。其次，无论哪一层级的日语教学，学生都会经历从不会到逐渐掌握相应的知识、技能等的学习过程。在这个过程中，针对遇到的各种各样的问题，教师需要采用相应的办法解决问题，提高教学效率。

这里所说的多样性是指我国的日语教学既涉及基础教育、高等教育，也涉及职业教育、社会办学教育。需要多种多样的教学资源，利用多种多样的教学形式，调动一切可以调动的积极因素，因势利导、广开学路。例如，基础教育阶段，现实情况是既存在从小学开始的日语教学，也存在以初中或高中为起点的日语教学。开设日语课程的既有一般学校，也有外语学校、职业学校；既有城市的学校，也有城镇甚至乡村的学校。不同学校采用的教学手段各有不同，教学方法也不一样。即便是同一所学校、同一个年级或同一个班级，都不能搞"一刀切"，而需要因材施教，保护学生的个性。教学内容的规格、教学方法的使用、教学效果的评价等都需要多样化、灵活机动，这才有利于日语教学的发展和教学质量的提高。

为此，要在理论上认识和把握日语教学共性和多样性的辩证统一。

二、日语教学的地位和任务

（一）日语教学的地位

日语教学是日语教育工作的组成部分，占有突出且重要的地位。学生接受日语教育，可以在学校、家庭或社会，其中学校是进行全面教育的场所。本书所谓的日语教学主要指在学校里，由受过专业训练的教师，在教育行政部门领导下，按照日语教学大纲或课程标准规定的教学目标和要求开展的有组织的日语教育工作。

1. 日语教学的地位与社会发展

日语教学的地位是由社会发展需要决定的。

我国与日本虽然有两千年的交往历史，但正式的日语教育可以说是起于清末。从19世纪70年代开始，两国政府及民间的交流不断增加，日语教育应运而生。从20世纪20年代初开始，研究日本的书籍、杂志不断涌现，20世纪30年代更是达到了高潮，出版了数量众多的研究日本、日语的书籍、杂志，同时，很多留日归来的学者也编写、出版了大量日语教材。1937年到1945年，日语教育几乎销声匿迹。1949年中华人民共和国成立以后，到1972年中日邦交正常化之前只有少数外国语院校开设日语课程。

我国基础教育阶段的日语教学是1972年中日邦交正常化以后才兴起的。1978年开始实施改革开放政策后，中国对外交往逐渐频繁，中日关系发展较快。然而由于对日语教学没有统一要求，高考制度恢复后试题范围和难度失控，自发开设的日语教学规模缩小。1982年教育部颁布《中学日语教学纲要》，用以稳定和规范日语教学，约束高考命题工作。根据《中学日语教学纲要》编写的全国通用初、高中日语教科书也相继问世，日语教学从此走上正轨。这个纲要颁布之后，日语正式列为我国中学开设外语课程的语种之一。

2. 日语教学位于日语教育的核心地位

日语教育是增长知识技能、影响思想品德、提高认知能力的活动；日语教学是在学校教育活动中，教师与学生的教学相长、相互联系、相互作用的活动。这与其他学科教育具有共性。关于教育与教学二者的关系已有论述，这里不再赘言。总的来说，教学的目的是教育，教育的手段是教学。由此可以看出，要实现教育目的，需要通过教学这个重要渠道。教育是灵魂、是宗旨，教学是践行教育宗旨、实现教育目标的途径。如果没有教学，教育就是一句空话，所以教学在教育中处于核心地位，日语教学也不例外。

然而，不能因此就只专注日语教学，忽视日语教育的目的。不少日语教师认为自己的工作职责就是教好日语，与日语教学没有直接关系的都无关紧要，可以不闻不问。这种思想会使日语教学疲于传授日语知识，片面追求应试和升学率。这在很大程度上影响了日语教育工作的健康发展。日语教育在我国是国家整体教育工作的一部分，必须符合国家的教育方针、教育改革和发展规划。不能只教书、不育人，要通过日语教学这个重要的手段和途径，为国家培养所需人才，为提高学生综合素质，促进学生健康成长做出应有贡献。

（二）日语教学的任务

日语教学的本质属性与日语教学任务密切相关。日语教学的本质属性集中反映于日语教学任务中，有效地完成日语教学任务才能发挥日语教学的作用。

1. 日语教学的一般任务和特殊任务

日语教学的任务是什么？这是日语教学论需要回答的首要问题。多年来，日语教学长期存在偏重传授知识技能，忽视能力和个性培养等问题，结果造成日语教学工作的片面性、盲目性，教学质量不能稳步提高。

日语教学的一般任务是各教育学段、各学科共同的发展趋势、努力方向及统一的基本任务：面向全体学生，贯彻德智体全面发展的教育方针，实施以思想道德教育为核心的素质教育，培养社会主义接班人。

日语教学的特殊任务主要是使学生掌握日语学科在各个学段需要掌握的、其他学科无法替代的知识、技能及与之相关的各种能力。

一般任务与特殊任务的关系是，一般指导特殊，特殊体现一般。一般任务的制定和特殊任务的制定都是重要的，轻视任何一个方面都是错误的和有害的[1]。

2. 日语教学任务的科学性

日语教学论指导日语教学实践，其提出的教学任务应该符合教学规律，具有合理性、科学性，帮助教学一线人员提高认识，更新教学理念。

如何确保所提教学任务的科学性？其实这是很难做到的。因为各地区、各阶段、各层级的日语教学不一样，教学任务也有所不同。所以，这里无法阐述统一的教学任务，只能研究提出教学任务的依据和方法，供不同地区、不同阶段、不同层级提出教学任务的人或组织参考。

---

[1]王策三.教学论稿［M］.2版.北京：人民教育出版社，2005：102.

第一，日语教学任务与其他教学任务，甚至其他各领域的任务一样，必须是主观与客观相结合、必要与可能相结合的产物。马克思说："人类始终只会抱定自己所能解决的任务。因为我们仔细去看时总可以看出，任务本身，只有在解决它的物质条件已经存在或至少在形成过程中的时候，才会产生。"[1]这是我们提出任务的根本依据。即日语教学提出的任务，是在所处时代、国家、学校必须实行和可能实行的。比如，"具有日语的基础知识和基本技能"这样的任务，在清末学校的日语教育中是提不出来的。在民国时期，也不可能提出"培养有理想、有道德、有文化、有纪律并在不同程度上通晓日语的人才"这样的任务。因此，在提出日语教学任务时，需要先思考：实现这样的任务需要哪些条件？随着社会发展和科学进步，会出现哪些新的可能性？在认真思考这些问题的基础上，再提出日语教学任务会比较切合实际，完成任务的可能性也会比较大。

第二，日语教学任务是教育方针总目标与日语教学实践相结合的产物。教育方针是国家提出的、各学科实施教学时都必须遵循的。如促进学生德智体全面发展就是各个学科、各个阶段教学的共同任务。同时，日语学科有自己的特点和特殊性，与其他学科不同的教学内容和方式。如日语学习总要掌握"五十音图"，了解日语的言语行为特征、学习运用日语的方法等，而这些是其他学科没有，也不一定涉及的。在明确了国家教育方针总目标的前提下，结合日语教学实践，才能实事求是地提出日语教学任务，贯彻、实施日语教学任务时也会提高自觉性、减少盲目性。

第三，日语教学任务是外部要求和教学内部规律相结合的产物。从外部看，日语教学任务总要反映一定社会、生产和科技发展的需求，这是历史唯物主义的基本原理。从日语教学内部看，知识与技能、语言能力和文化素养、思想品德与世界观之间都存在必然联系，而且在一定的条件下互相作用、互相制约，在许多情况下相互为用，相得益彰。正确认识这一点，有助于我们在研制日语教学任务时形成整体观念。日语教学具有教育性，即日语教学总会对学生的某种观点、道德精神产生影响。这是教学重要的规律，古今中外无一例外。

---

[1] 马克思.政治经济学批判［M］.北京：人民出版社，1976：5.

3. 日语教学任务的具体化

日语教学任务，无论是一般任务还是特殊任务都不应该是抽象的，而应该是具体的、可实施的。要提出具体、可实施的任务，就要设置相应的课程，在教学大纲中规定日语学科的具体任务。日语学科的一般任务需要在教学内容、教学方法等一系列环节上具体化。如果一方面提出发展智力的任务，却只考查学习成绩而不考查能力，任务的实施就会落空。

在提出任务的同时，阐明各项任务以及执行任务时各项措施之间的具体联系也很重要。以发展智力为例，过去之所以未能落实，主要原因（除去客观上的社会原因）就是没有搞清楚它同其他方面的联系。比如，为什么学习知识是发展智力的基础，二者为什么有时不一致？发展智力的任务与课程、教材、教法之间是什么关系，有什么规律？如果说不清，所提任务自然就难以落实。

另外，根据形势发展和新的教学经验，不断丰富一般任务和特殊任务的具体内容也是非常必要的。例如，根据世界新技术革命和我国历史新时期的要求，根据国内外教学改革实验的成功经验，许多学者提出一些新内容应该列入教学任务，如培养学生的创造性、独立性、首创精神；保护学生的个性特点，注意学习动机、求知欲；培养学生的学习态度、自学能力，掌握学习方法等。这里预示一个问题，就是教学的一般任务和特殊任务会随着形势发展和教学经验的累积，内容越来越丰富、具体。当然，新的研究成果和时代需求可以丰富我们的认识，但是不是就得采取增加项目的办法来解决问题呢？趋势恐怕不是简单、无限制地增加项目，而应该是提高越来越丰富的、具体的教学内容的概括程度，且项目不宜过多。

综上所述，日语教学是日语教学论的第一基本概念，其内容十分丰富，迄今尚不能断定已经被充分揭示出来。因为日语教学者们对其理解多种多样，所以把握其统一本质和多样性表现，具有十分重要的意义。日语教学对社会和个体发展有较大作用，在日语教育体系中居于中心地位，要正确认识日语教学的概念、地位、作用及其教育形式的特点。随着社会发展和教育发展，我们对日语教学一般任务和特殊任务的认识越来越丰富，因此要重视揭示一般任务和特殊任务内部和外部的客观规律，并将它们不断具体化。

第二节　日语教学论概述

一、日语教学论的研究对象

日语教学论与一般教学论的整体发展相生相随。

教学论曾被称为教学法、教学理论、教授学，主要研究学校教学现象，揭示教学的一般规律。教学论发展的早期，人们主要是探明教学成功和失败的因果关系。中外教育家对教学现象的探究由来已久，并做出了卓越贡献。如捷克教育家夸梅纽斯（J. A. Gomenius）的《大教学论》全面论述了当时接触的教育现象，提出了至今仍有借鉴意义的许多教学原则。同时，以往的教学论大多在教学经验的基础上讲求教学的方法与技术。《大教学论》中写道，这本书的目的是在"寻找一种教学的方法，使得教员可以少教，但是学生可以多学"[1]。这样的研究虽然很有意义，但却限制了教学论研究对象的范围。

日语教学论研究也是如此，以往的研究多集中在现象和教学法。如王武军曾著书《日语教学法》，论述了日语教学的具体方法和一般原理、原则[2]。随着教育科学的发展，人们对教学现象的认识不断深入和全面。现代的教学论研究已经不能满足"教学方法与技术"，而需要追问更多的问题，如"教学的本质是什么""教学过程是什么样的""教学过程中存在什么规律"等。研究透这些基本问题，才能把教学原则、教学内容和方法的提出建立在科学研究的基础之上。简而言之，日语教学论的研究对象和任务就是探讨日语教学的本质及相关规律，寻找最优化的日语教学途径与方法，这样才能达到培养社会所需日语人才的目的。

二、日语教学论的研究基础

1. 日语教学论的研究必须遵循日语教学的客观规律

日语教学论要具有科学性，其根本的立足点是研究客观存在的、不

---

[1] 夸梅纽斯. 大教学论［M］. 傅任敢，译. 北京：人民教育出版社，1957.
[2] 王武军. 日语教学法［M］. 北京：高等教育出版社，1987.

带任何主观随意性的日语教学规律。然而，并不是所有教学论都能明确这一点。如杰罗姆·布鲁纳（Jerome Seymour Bruner）认为，"教学论是约定俗成的通例"[1]，即允许教学论不是客观教学规律的反映，可以由人们根据主观判断而约定俗成。不过，即便明确提出教学论应研究客观教学规律，要真正做到也是很不容易的。历史经验告诉我们，以往的研究往往将教学论与行政领导机关制定的教学工作条例等混为一谈，以后者替代教学论。而我们主张日语教学论在涉及教学本质和相关规律时必须是客观的，要保证日语教学论的客观性和科学性，与"约定俗成"的观点划清界限。日语教学论揭示的教学规律，一定要通过研究事实，在解决教学问题中进行观察、实验、分析、综合、抽象、概括，经过艰苦细致、曲折反复的过程而获得不同程度的成果，并通过建立自己的教学论诸范畴和理论体系具体地、系统地表述出来。

2. 日语教学论的哲学基础

日语教学论既要以实践经验为基础，也要以相关的科学作为理论基础。哲学中的认识论和方法论就是非常重要的方面。从哲学角度看，日语教学是一种特殊的认识过程。因此，必须以辩证唯物主义的认识论为指导。同时，日语教学又是一个整体，涉及其中方方面面的关系如何处理？这需要应用科学的方法论，即唯物辩证法。比如教与学的关系，日语与汉语的关系，听、说、读、写技能之间的相互关系，教学理论与教学实践的关系等，都要用对立统一的观点去认识和处理。同时，日语教学活动不是静止的，而是发展变化的。随着日语教学过程不断推进，日语教学诸关系也会随之发生变化，如学生的日语能力由量变到质变等。因此，认识论和方法论会始终指导和伴随日语教学论的研究和探讨。

3. 日语教学论的教育学基础

日语教学论是教育学理论的一个下位分支，它与教育学理论是特殊与一般的关系。日语教学论需要专门阐述日语教学的性质、过程、原理、原则、方法、教学组织形式等，而教育学理论则不会涉及这么具体的学科内容。20世纪五六十年代，教育学理论把教学的主要任务看成是掌握知识

和技能。对日语教学的影响表现为，教学内容上重视语音、语法规则的传授；教学原则上强调自觉性、科学性、系统性、可接受性、巩固性；教学组织形式上重视课堂教学。到了 20 世纪六七十年代，教育学理论有了很大发展。例如，布鲁纳提出了"知识结构论"和"发现法"；赞可夫（Л. В. Занков）根据多年的实验研究，提出了"新教学体系"和"新教学原则"；巴班斯基（Ю. К. Бабанский）提出了"教学过程最优化"理论。他们的共同特点是教学要注意发展学生的智力，培养学生的能力。这些教学理论也逐步影响到日语教学，在日语教学大纲的教学原则中有所体现。由此可见，日语教学论受教育学理论的影响是必然的。

4. 日语教学论的心理学基础

学生如何学习和掌握外语，这是普通心理学、教育心理学，特别是心理语言学、外语心理学要回答的问题。这些理论关注并描述学生学习外语的心理过程，提供学生理解和领会外语新知识、习得和记忆语言材料的规律、言语机制等相关内容。

日语教学与其他学科的教学一样，是师生的双边活动。日语教学论要根据学生的学习心理过程论述如何组织教学活动，探索教学规律，制定教学原则，确定教学方法。只有把教和学这对矛盾协调一致，才能顺利地开展师生双边活动。可见日语教学论与心理学息息相通，需要以一定的心理学观点作为自己的理论基础。

5. 日语教学论的语言学基础

日语是语言的一种，日语教学论要回答日语教学的目的、日语课程教什么学什么或如何教如何学等问题都离不开语言学。例如，普通语言学关于语言性质、交际功能等学说为确定将日语作为交际工具的教学目标提供了理论根据；语言三要素（语音、词汇、语法）学说和言语活动（听、说、读、写）理论为确定日语教学内容、训练项目和课型设计等提供了科学依据，有利于外语教学一般规律与我国学生学习日语的实际情况相结合；日、汉语的对比研究提示了我国学生学习日语的重点、难点、特点，也是不可忽视的重要方面。

语言学在其发展中不断丰富，产生了许多分支，如语音学（phonetics）、音位学（phonology）、形态学（morphology）、句法学（syntax）、语义学（semantics）和语用学（pragmatics）等。其中，语用学是各分支中一个以语言意义为研究对象的新兴学科领域。它研究如何通过语境来理解和使用特定情景中的特定话语，这对日语教学具有十分重要的意义。此外，随着社会的发展和语言研究的不断深入，还产生了许多边缘学科，如社会语言学、心理语言学、社会心理语言学等。

总之，语言学是研究语言的科学，日语教学论是研究日语教学及其规律的科学。二者的共性是都以语言为研究对象，不同之处在前者研究语言本身，而后者研究日语教学。为此，需要在共性指导下研究特性，即把语言学作为日语教学研究的理论基础之一。

从上述关系可以看出，当今的日语教学论已经不单纯是教育学的一个分支，而是一个综合性的研究领域。各时期相关学术研究的扩展和深入都会对日语教学论研究产生不同程度的影响。随着时代的发展，一些新兴的跨学科研究取得令人瞩目的成果，如人类学、美学、传播学，还有"三论"（信息论、系统论、控制论）等都为日语教学论研究提供了新的视角、思路和方法，成为不可忽视的理论基础。借鉴和吸收多方面的研究成果，对构建、发展和完善日语教学论无疑是非常有益的。

三、日语教学论的研究方法

日语教学论的研究与其他研究一样，需要科学的研究方法。

1. 对立统一的唯物辩证法

日语教学论的研究最重要的是坚持辩证唯物主义方法论的指导。它可以使研究者实事求是，看到事物的本质，懂得共性和个性、绝对和相对的辩证统一，在研究中提出问题，根据事物的本来面目加以说明，从而做出明确的结论。此外，20世纪以来被称为"老三论"的系统论、信息论、控制论使得辩证法更加具体化。它们横跨多种形式、层次和领域，强调对任何对象的研究都要从因素、结构、功能、相互联系方式、历史发展等方面进行综合的系统考察。它把各种运动形态抽象为一个信息变换过程，由于信息流动、特别是反馈信息的存在，使系统正常运动，并实现有目的的控制。同时，信息可以量化，按照空间、规模、时间、速度对系统要素及其结构等逐阶分级，向每一个细微步骤提出最佳的量的要求,直到最后达到总体最优化。这一套方法对教学论研究具有重要意义,对日语教学论也不例外。

2. 定性与定量分析相结合的方法

日语教学研究必须充分占有资料,分析其各种发展形式,探寻这些形式的内在联系。如果只分析一种形式,不分析各种不同的形式,包括其发展形式,就不能恰当地叙述日语教学的现实情况。日语教学需要调查多方面的情况,包括日语教学的历史和现实、社会需求、教日语的教师、学日语的学生及其家长等。通常使用查阅文献、发放问卷、统计分析等方法,对各方面进行观察、实验、访问、讨论,如果不充分占有资料,不做广泛调查就可能重复别人的劳动,甚至重复前人的错误。

要进行科学的研究,就要把定性分析与定量分析结合起来。无论是制定教学目标、编制课程或教材,还是教学效果检验、评定教学管理,都需要有个质量标准。日语教学要追求教学质量,质量既包括质也包括量。而以往的教学大纲,有的只规定了量,而没有质的要求。在外语教学中,既要规定字词的数量,也要规定达到"四会"等质的要求,还要规定某一具体质量在总体中的比例。采用这样的方法才能使日语教学论的研究更加科学化。

3. 开展教学实验的方法

开展日语教学实验对日语教学论研究非常重要。它可以排除自然状态下对教学的各种干扰因素,具有较强的目的性、针对性,在较严格的控制条件下让某种教学活动精确地、反复地呈现出来,以验证、修正、丰富、发展某种教学方案和理论主张。在社会生产、科技进步和各项事业都迅猛发展的今天,没有教学实验就很难推进日语教学论的发展。特别是要探寻新的教学结构,要有所改革、有所创新,教学实验更是不可缺少的重要手段。

因此,为了日语教学论的科学化,就必须开展各种教学实验。虽然开设日语学科的学校数量少、地区分散,难以开展大中型教学实验,但小型或微型实验同样可以把科研和教学结合起来,简便易行,比较切实可行。只是这种实验需要理论指导,实验之前要有科学的设计或理论依据,实验过程中要实行严格的条件控制,取得相关数据并进行技术处理。实验后要进行科学的定性、定量分析，得出比较深刻的、科学的结论。当然，教学实验的方法还必须与其他方法相结合，才能全面完成日语教学论研究的任务。

4. 推论—验证的方法

所谓推论—验证，就是在日语教学过程中实际验证理论思维，得出一般教学论原理的正确性，通过实验来确定所得论点或原理是否适用于中国的日语教学。近几十年来，教学论的许多新见解是从心理学引申出来的。例如，布鲁纳的课程论是从结构主义心理学引申出来的；斯金纳的程序教学设计是从行为主义心理学中引申出来的；洛扎诺夫教学法是从暗示理论引申过来的；赞可夫的教学论思想在很大程度上是应用维果茨基的心理学理论加以发展的。这是因为理论来源于实践又具有相对的独立性、能动性，可以走在实践的前头指导实践，为实践开路。所以，日语教学论中运用这种方法，可以大大加快认识客观现象、揭示规律、发现真理的进程。

5. 总结经验的方法

总结经验是科学研究最基本的方法，日语教学论研究也不例外。总结经验与教学实验相比，虽然没有教学实验的方法那样的典型性、科学性和高效率，但是总结经验的丰富多样性、广泛性和直接现实性却是教学实验所不及的。特别是在检验一种理论的普遍性、避免片面性时，依据多数、长期的教学经验是非常必要的。要不断提高总结经验的水平，就要做到从实际出发，不回避矛盾，开展多种多样的教学实践，在总结过程中把握好标准、指标、数据，还要讲出道理，这样才能揭示出科学的教学规律。

6. 古今中外法

所谓古今中外法就是不隔断历史——古为今用，不排斥国外的理论和方法——洋为中用。但是，无论是"古为今用"还是"洋为中用"都不能直接拿来，而需要分析，批判地吸收。在强调独立自主的批判力和创造力的今天，我们首先要弄清楚它们产生的背景，内容实质和应用条件是什么，在消化理解的基础上通过自己的实验进行检验和修正，甚至改造，再用现代科学理论和方法加以说明和论证，使古与今、外与中逐渐融为一体，以适合我国当前日语教学的实际情况。

第三节　现代教学论的发展与日语教学

我国的现代教学论是在批判、继承中国古代教学论，引进西方近现代教学论的基础上，在实践和理论探索、创新的双重构建中形成和发展的，具有中国特色、中西融合互补、符合时代要求、适合教学实践发展的现代教学论体系。

一、现代教学论的基本特征与日语教学

进入 20 世纪，随着现代教育制度的建立与西方教育理论和教育实验方法在中国广泛流行，各种教育思潮涌入我国，教育家们运用国外的先进教学理论在中国探索新的教学模式和进行教学改革实验。这些探索在很大程度上弥补了传统教学论缺乏实验依据的缺陷，使中国的教学论由经验型向理论型转化，由思辨型向实证型转化。中国的教学论从翻译、介绍西方教育教学理论，到结合实验积极进行理论探索，促进了中西方各种教学论的融合，形成了新的教学理论，教学论学科也因此获得相对独立的地位，受到人们的高度重视。在这些教学理论指导下，教学改革实验突破了传统的教学模式，改进了教学方法，促进了学生能力和个性的发展。

现代教学论是动态、整体地呈现在人们视野中的，认识现代教学的基本特征需要从理论基础、价值取向、教学内容、教学过程、教学方法及组织形式、教学评价等方面进行考察[1]。这些特征在日语教学中也有不同程度的体现。

（一）现代教学理论的基本特征

1. 教学是一种特殊认识

随着现代学校教学改革的深入发展，一些新的涉及教学领域的基本理论问题受到特别关注，其中教学认识的特殊性问题成为讨论的焦点。20 世纪 80 年代以来，就教学过程的本质及其主客体关系展开了长期争论，

---

[1] 裴娣娜.现代教学论基础［M］.2版.北京：人民教育出版社，2015：66.

其间形成较大影响的观点是教学是一种特殊认识。这一观点以马克思主义认识论为哲学基础，在事实上继承和发展了传统教学理论的研究成果，是人们在吸取中外教学实践经验基础上达成的共识[1]。

2. 教学是一种特殊交往

如果说教学特殊认识论只关注人与认识对象（主要指知识、物质）之间的关系，那么，另一个现代教学理论研究的重要倾向是，把教学视为一种特殊交往，即探讨教学中的交往特征，重视研究人与人之间的关系。20世纪70年代，联邦德国形成了专门的交往教学论流派，其认为教学过程是一种交往过程，即教师与学生之间的互动过程，师生交往的目的是为了"解放"学生，在"解放"学生的过程中师生交往需要遵循一些合理的原则。我国学者借鉴这种教学思想的精华，并用以审视和探讨教学中的理论问题。教学交往观点强调学生是有情感、有个性、有追求的人，将教学活动视为一种对话和理解的活动，一个师生共享知识、共享精神、共享智慧和共享意义的过程。

3. 教学是一种特殊的实践

教学实践说认为，我国传统教学论关注的是教学理念世界，遵循线性、确定、封闭的科学理性主义思维方式，只注重知识的传授，而对教学生活漠不关心，导致其缺乏实践解释力，使学科建设面临严峻挑战。为此，传统教学论需要向人的实践生活世界转型，建构以关注人的生命为旨趣、面向人的生活世界的实践教学论。这种教学论把教学的本质看成人的存在形式和生活形式，以培养完满的人格为目标，建构人与世界的全面、丰富的意义，引导人去体验生活、理解世界、理解人生的价值和意义[2-4]。这种论述是教学论领域中的一个新视点，它侧重学生对教学过程的亲身参与，强调学生通过个人获得知识来建构自己的意义世界，并在这个过程中体悟。它标志着教学论开始与现象学、解释学，以及批判的、解放

［1］裴娣娜. 现代教学论基础［M］. 2版. 北京：人民教育出版社，2015：66.

［2］周建平. 从"科学认识论"到"生活认识论"：论教学的认识论基础的转换［J］. 教育研究与实验，2002（1）：18–23，72.

［3］郭晓明. 论教学论的实践转向［J］. 南京师范大学学报（社会科学版），2002（2）：70–76.

［4］王敏. 面向生活世界的实践教学论：教学论的新方向［J］. 湖南师范大学教育科学学报，2004（5）：23–27.

的理论形成对话。在教学一线也出现综合实践活动、研究性学习等新课程。

教学是一种特殊认识、特殊交往、特殊实践的论述，是教学论研究的新视角。日语教学是外语教学的语种之一，如果说教学是一种特殊认识，那么日语教学就是特殊中的特殊认识。日语教学论也需要思考教学过程的本质及教学过程中主体、客体的关系问题。

21世纪课程改革初期，《全日制义务教育日语课程标准（实验稿）》将日语课程性质定义为"日语课程既是学生通过与教师、同学的共同活动，逐步掌握日语知识和技能，初步学会运用日语交际的过程，又是学生磨砺意志、发展思维、陶冶情操、拓展视野、丰富生活经历、发展个性、提高人文素养的过程"。

这在一定程度上反映出日语教学的认识观、交往性和实践性，即学生是认识日语这个客体的主体，但这种特殊认识不是学生独立完成的，而是通过与教师、同学的共同活动展开的，其间必然有师生之间的互动。学生通过参加活动和日语实践掌握知识和技能，学会用日语得体地交际，还要在日语学习过程中磨砺意志、发展思维、陶冶情操、拓展视野、丰富生活经历、发展个性、提高人文素养。

《普通高中日语课程标准（2017年版）》更进一步提出要注重日语实践活动，"提倡以主题为引领、情境为依托、语篇为载体、任务为驱动，引导学生在'理解与梳理''表达与交流''探究与建构'的学习过程中，观察、模仿、体验、质疑、探索、反思，使学生学会学习，提高学生运用日语发现问题、分析问题和解决问题的能力"[1]。这样的实践活动显然不仅是为了学习日语，还更加注重立德树人，培养学生的中国情怀、国际视野、多元文化沟通能力，让学生形成日语学科核心素养。

（二）现代教学的价值取向特征

我国的基础教育以不断改革的方式向现代教学迈进。自改革开放以来，教学改革的价值取向大体经历了几次转变，即从重视知识到重视能力，从重视能力到重视兴趣、情感、态度等非智力因素，再转向重视学生素质的全面发展，进而强调有个性的、有差异的全面发展。这一转变轨迹

---

[1]中华人民共和国教育部.普通高中日语课程标准（2017年版）[M].北京：人民教育出版社，2018：2.

与西方国家教学由近代走向现代的历史轨迹基本一致[1]。

一般认为，教学价值分为外在价值和内在价值。外在价值又称为工具理性价值，如把学生培养成合格公民；内在价值指学生个人素质的全面发展或和谐发展。现代教学的价值取向不是二者择一，而是谋求二者的协调统一。同时，在众多价值目标中需要确立核心价值取向，在具体运作中又要因人而异、有所侧重地做出选择。

日语学科的价值取向也同样经历了上述转变，但相比之下，重视知识的历史比较长，而转为重视能力、兴趣、情感、态度等非智力因素，重视学生素质的全面发展以及有个性、有差异的全面发展的进程则显得比较快。20 世纪末的日语教学大纲开始提及"通过教学扩大学生的语言文化视野，以利于发展思维和提高文化素质"[2]。进入 21 世纪，课程改革时，与上述取向相关的课程理念被写进了课程标准。例如，2001 年制定的《全日制义务教育日语课程标准（实验稿）》的基本理念的第一条指出"日语课程应当面向全体学生，使每个学生都有所发展。特别强调激发学生的学习兴趣，使学生掌握基本的日语知识和技能，同时在情感态度和价值观等方面也得到发展。要在日语教学中始终贯穿素质教育，培养学生的创新精神和实践能力"。《义务教育日语课程标准（2011 年版）》进一步强调了日语学习对学生发展的价值，即日语课程要有利于提高学生的认知能力、丰富学生的思维方式，为形成创新意识和科学精神打下基础；有利于学生增进国际理解，提高沟通能力，树立合作意识，了解人与人、人与社会、人与自然的基本关系；有利于学生磨砺意志，养成持之以恒、勇于克服困难的品质，帮助学生全面提高综合素质。《普通高中日语课程标准（2017 年版）》要求贯彻"德育为魂、能力为重、基础为先、创新为上"的精神，培养学生语言能力、文化意识、思维品质、学习能力等日语学科核心素养[3]。

［1］裴娣娜. 现代教学论基础［M］. 2版. 北京：人民教育出版社，2015：69.

［2］国家教育委员会基础教育司. 全日制普通高级中学日语教学大纲（供试验用）［M］. 北京：人民教育出版社，1996：1.

［3］中华人民共和国教育部. 普通高中日语课程标准（2017年版）［M］. 北京：人民教育出版社，2018：1.

（三）现代教学内容的特征[1]

传统教学内容强调共同基础和整齐划一，而这种僵化的教学内容不能适应新时代对人才多样化、个性化的要求，与现代科学高度分化又高度综合的发展趋势也不相符。新时代要求的教学内容，既要与时俱进，又要允许不同的人有不同的基础，为不同的人在学习内容、学习程度和学习方式上提供选择的余地，实现时代性、基础性和选择性的统一。

20 世纪 50 年代以来，国际性课程改革都不约而同地把关注点集中到结构化、综合化、尊重个别差异等问题上。这一趋势也十分明显地反映在我国 21 世纪的基础教育课程改革方案之中。《基础教育课程改革纲要（试行）》的课程结构设置方面，小学阶段以综合课程为主，初中阶段设置分科与综合相结合的课程，高中以分科课程为主。从小学至高中均设置综合实践活动，并作为必修课程。农村中学在达到国家课程基本要求的同时，可因地制宜设置符合当地需要的课程。城市普通中学要逐步开设职业技术课程。

2001 年颁布的《全日制义务教育日语课程标准（实验稿）》在教学内容上的改革突出表现在主要对经过某一学段之后的学生学习结果进行行为描述，而不是对教学内容的具体规定，不过分追求学科体系的完整性，而注重精选基础性强、适应时代发展、贴近学生生活的教学内容。提出综合语言运用能力的形成建立在语言知识、语言技能、文化素养、情感态度和学习策略综合发展的基础之上。《义务教育日语课程标准（2011年版）》在实验稿的基础上精选了基础性强、贴近学生现实生活和对学生有用的内容，以发展学生的语言实践能力为主，并为课程实施留有一定的自由空间，使地方、学校、教师及教材编写人员可以弹性地补充有地方特色的内容，进一步丰富和完善日语课程。

2003 年制定的《普通高中日语课程标准（实验）》在教学内容上更注重多层次和选择性，既有必修课程，也有选修课程，既有国家课程，也有地方或校本课程。必修课程主要帮助学生建立共同基础，选修课程主要满足学生的兴趣、爱好，加强培养学生某个方面的技能和促进个性

---

[1] 中华人民共和国教育部. 普通高中日语课程标准（2017年版）［M］. 北京：人民教育出版社：72.

的发展；必修课程须达到高中阶段日语学习的基本要求，选修课程更注重实践和运用。在学好日语必修课程的基础上通过选修课程加以巩固、提高，可以使二者相辅相成、相得益彰，对夯实基础、拓宽视野和提高能力有很大促进作用。《普通高中日语课程标准（2017年版）》将课程分为必修、选择性必修和选修，在保证共同基础的前提下，为不同发展方向的学生提供有选择的课程。内容包括主题、语篇、文化理解、学习策略、语言技能和语言知识六个要素。提倡以主题为引领，使课程内容情境化，有机融入社会主义核心价值观，中华优秀传统文化、革命文化和社会主义先进文化教育内容。努力呈现经济、政治、文化、科技、社会、生态等发展的新成就、新成果，以及培养学生社会责任感、创新精神、实践能力相关的内容。

（四）现代教学过程的特征[1]

传统教学在目标预设和教学内容上划一，这在很大程度上决定了学生的学习方式只能是被动接受和机械模仿。现代教学在目标上提倡多样性和个性化，在内容上倡导丰富性和选择性，这样必然要求在教学中采用自主探究的、强调合作和亲身体验的、生动活泼的学习方式。

如前所述，教学交往理论和教学实践理论大大丰富了我们对教学过程的认识，使我们不再把教学过程视为符号式知识的传输、储存、提取和再现的过程。同时，那些把学生的认识过程与人类的一般认识过程等同起来，或把学生的认识与科学家的人生严格区分开来的观点，都是对学生学习活动的简单化理解。事实上，在教学过程的某些阶段（如形成概念），学生可以自主地去尝试探究和发现，像历史学家那样思考历史，像物理学家那样解决物理问题；而在另一些阶段（如根据已知概念掌握新的原理），学生也可以用不同于科学家的方式去学习和掌握新知识，实现高效的、简捷的学习。正如成年人在从事生产（人与客观世界之间的关系）的同时，还会发生交往（人与人之间的关系）活动一样，学生在进行自主学习的同时，还会发生复杂的互动关系，如合作、对话、讨论等活动。这些互动本身是教学过程十分宝贵的资源，也是学生社会性成

---

[1]裴娣娜.现代教学论基础［M］.2版.北京：人民教育出版社，2015：73.

长的重要途径。通过互动，教学过程中必然有新的东西生长出来，如师生之间、生生之间发现新的问题资源、找到新的对话平台等，而一名敏感的教师，则会充分利用新生的资源，提出新的探究主题或者设计新的教学过程。

在 21 世纪的课程改革中，日语学科也与其他学科一样，探索新的教学模式，致力改变学生的学习方式，强调日语课程是"学生通过与教师、同学的共同活动，逐步掌握知识和技能，初步学会运用日语交际的过程"。这表明学生学习日语，不能仅仅坐在教室里被动地听，而要成为学习的主体，积极开展语言实践活动。

改变学生的学习方式，促进自主学习，就是要引导学生形成积极的情感体验和全身心的认知参与，强调用情节真实的故事呈现问题，营造解决问题的环境，帮助学生在解决问题的过程中，把书本知识变成解决问题的工具，主张用产生于真实背景中的问题启发学生的思维，鼓励学生参与探索。为使日语学习成为基于案例或项目的学习、解决问题的学习和拓展思维的学习，教师必须为学生创设宽松、活泼、接近实际的学习环境，鼓励学生大胆开口说日语，在课内、课外和实际的对外交往活动中积极地用日语表达和交流，指导学生开展探究学习、合作学习，让学生自主完成一个个学习任务，并在这样的过程中增长才干。

（五）现代教学方法和组织的特征

随着一次次课程改革，人们对教学的认识不断加深。现代教学目标、教学内容和教学过程上的特征显示出教学可以被理解为一种语言性"沟通"与"合作"的活动。"对话"是教学活动的重要特点，这决定了现代教学在组织形式和方法上需要经历一种从单一授受走向多样综合并关注变化和调整的转换。

自夸美纽斯以来的班级授课制度研究，到针对班级授课制的弊端而进行的分组教学等多种教学组织形式的探索，基本上是围绕着如何提高课堂教学效率展开的。20 世纪 50 年代以后，各国在教学改革中探索出发现教学模式、掌握学习模式、非指导性教学模式、发展性教学模式、暗示教学模式、范例教学模式、合作教学模式等，不仅打破了赫尔巴特的"四段式"课堂教学模式，也超越了赫尔巴特（Johann Friedrich Herbart）

的班级教学模式与以杜威（John Dewey）为代表的活动教学模式的两极对立[1]。随着在教学价值追求上对多元取向的日渐认同，教学过程的动态生成观念被越来越多的人接受，人们的思维方式逐渐更新，教学模式已经不是教学实践的唯一热门话题，教学策略正在被更多的人关注。

近年来，日语教学也在探索新的教学模式。比如，长期以来，会话教学一直是日语课堂教学的难点，很多教师感到无从入手，有的教师甚至把会话内容直接呈现给学生，然后分析其中出现的词、讲解语法、翻译句子，把会话教学讲得支离破碎，这样既枯燥又不符合会话教学的理念。在课程改革的精神指导下，灵活运用教学策略，既确定又随机地开展会话教学成为比较理想的教学模式。所谓确定，即首先确定教学目标，然后按照热身—呈现—巩固的基本顺序开展教学；所谓随机，即在不同的环节采用相应的方式方法加以推进。例如，在热身环节，是用听录音回答问题，还是让学生就已经熟悉的主题自由发言，或是做个小游戏引出相关主题，这些由教师根据课堂的实际需要选用。在呈现环节，教师可以采用实物（文具、衣服、水果等）、形象（图片、简笔画、视频等）、肢体语言（丰富的表情和形象的动作）等呈现方式创设出接近真实的交际情景，增强语言实践的真实感，鼓励学生大胆开口说话，同时遵循先易后难、先学后练、先分后合的方式进行教学，也可以直奔主题句或重点句型，教会学生用其开展交流，而辅助性语言学生能理解、明白意思就行。在巩固环节，教师可以创设适当的语境让学生运用所学句型进行交流，也可以教材为核心，结合学生的生活实际，与学生一同谈论有关的事物、经历、爱好、思想和情感等，因为如果仅仅处理教材中的内容，学生所学的知识就始终跳不出课本的局限。学完会话后，让学生根据自身情况创编对话内容，也是一种很好的拓展方式。拓展巩固应该融合学科内容，培养学生的各种能力，体现学生在活动中学、在体验中学的理念。

总之，要改进教学模式，就不能拘泥于一个预先确定的行动序列，应建立既有确定性又有随机性，可在不确定性环境中灵活运用的教学策略，这样才能使日语教学更为有效。

---

[1] 裴娣娜. 现代教学论基础［M］. 2版. 北京：人民教育出版社，2015：75.

（六）现代教学评价的特征[1]

20世纪盛行的教学评价方法及其体系由工业化管理借鉴而来，具有很强的可观察、可测量、可控制等特性，这种评价的实质是以充分量化的数据搜集和统计的方法去验证早已预设好的、充分细化了的关于教育结果的期待（一整套反映教育质量标准的指标系统）。遗憾的是，人不是工业产品，其成长过程存在很多变数，因而结果也是不能充分预设的。现代教学要认真思考人在复杂环境中成长应该是多姿多彩、变化万千的这一"柔性"特点，采取符合人的成长特点的评价方式，即预设与动态生成相结合、过程与结果并重、定量与定性结合等。

现代教学需要新的教学评价理念，以林肯和古巴为代表的第四代评价理论，十分关注评价者与受评者之间的平等相处，将新理念指导下的评价视为一种以"委托人"为中心的评价，评价者不是高高在上的"法官"，而是与"委托人"推心置腹、协商对话和平等交流的伙伴；给出的评价意见也不是所谓"冷静客观"的结论，而是"委托人"希望了解和掌握的有关状态的描述和极具操作性的改进意见。当然，新的教学评价理论和模式多种多样，并且一些理念较新的评价模式往往缺少操作的程序和细则，传统的教学评价中注重操作、强调精确测量等特征也有许多值得继承和借鉴的地方。因此，在新的教学评价探索中，应当对新方法的不足和旧方法的优点给予同样充分的重视，注意将理论（思想）的先进性与具体操作上的可行性很好地结合起来。

日语教学长期采用由一个主体（教师）使用一种手段（考试）来对一种变量（学生学到知识的多少）做一次性（期末）测量的评价方式，到了高考则可能是一张考卷定终身的状态。进入21世纪，进行课程改革时，我们致力于建立新的评价体系，即由多个主体（教师、学生本人、同学、家长等）用多种手段（测验、观察、面试、论文、讨论、活动等）对多种变量（学生的智力因素和非智力因素等）做多次反复（伴随学习进程的始终）的测量。日语课程标准也随之建立起新的体现素质教育思想、促进学生全面发展和培养创新精神的日语教学评价体系。在这个评

---

[1]裴娣娜.现代教学论基础［M］.2版.北京：人民教育出版社，2015：76.

价体系中，实施评价主体多元化，评价方式多样化，评价目标多层次。所谓评价主体多元化，即为了全面、客观地评价学生取得的进步，尊重个体差异，除强调学生在评价中的主体地位之外，还提倡学生本人、教师、同学、学校以及家长等多方人员共同参与的评价；所谓评价方式多样化，即采取形成性评价与终结性评价相结合、定性评价与定量评价相结合、他评与自评相结合、综合评价和单项评价相结合等多种评价方式，既关注学习结果，也关注学习过程，而且提供了多个实例，包括"学习档案"等现代比较推崇的方法；所谓评价目标多层次，即学生年龄的不同，对同一个问题的理解会表现出不同的能力水平，因此容许不同发展阶段的学生，对于同一个问题做出不一样的回答。学生学习的发展也是逐步进行的，包括记忆、理解、表达、应用等，既有课堂的，也有课后的，这也需要评价的多样化和多层次。

日语课程标准建立的评价体系，打破了一次考试决定命运的模式，认为评价不仅是"甄别选拔"的手段，也是"育人发展"的重要途径，是促进"学会学习"的关键。新的评价体系强调评价的目的在激发学生的学习动机和兴趣，帮助学生认识自我、树立自信、形成有效的学习策略，促进每个学生在已有水平上的发展和综合语言运用能力的提高，提高学生创新意识和整体素质。

国际上有一种应用较多，而国内日语教学界还未推广的方法叫作"ルーブリック"（rubric，汉语一般称作"量规"或"评分规则"），"ルーブリック"是对学生的作品、成果、成长记录、表现行为进行评价或者等级评定的一套标准，也是一种有效的教学工具，能够比较客观地做出评价，是连接教学与评价的一个重要桥梁。经济合作与发展组织（OECD）开展国际调查，日本国立教育政策研究所开展"课程实施调查"，还有国际交流基金会的"JF スタンダード"（日语教育标准）等都在采用这套标准。

基础教育阶段的日语课程标准在评价方面迈出了一大步，但是尚缺少相对具体的评价标准。《普通高中日语课程标准（2017 年版）》进一步研制了与日语课程目标的核心素养相关的学业质量标准，详细描述了不同级别的质量水平，为核心素养的可学、可测、可评提供了依据，同时引进了"量规"的评价方式，对学生在日语实践活动中的表现加以评价，旨在了解通过实践活动反映出的日语学科核心素养在学生身上的形成状况[1]。

二、日语教学论与课程论

说到教学论，不可避免地会涉及课程和课程论问题。长期以来，就教学论与课程论这两者的关系教育理论界争论已久。有的学者认为教学论中包括课程论；有的认为课程与学制相类似，是受更高一级规律制约的，而教学论是为实现课程服务的，所以从属于课程论。人们从不同的学术背景，不同的角度阐述自己的观点，做出不同的解释。

为了把日语教学论的问题说清楚，这里简述一下本书对课程（curriculum）与课程论、教学论与课程论关系的认识。

（一）关于课程和课程论

从我国古籍记载看，课程一词的含义既包括教学科目（学科），也包括这些科目的教学顺序和时长。后来，我国就把各级学校的教学科目、各科教学内容及其教学顺序、教学时数等的规定叫作某级学校的课程。所以，早期的课程是为了实现各级学校的教育目标而规定的教学科目及其目的、内容、范围、分量和进程的总和。

中华人民共和国成立以后，最早对课程做出系统阐述的是陈侠。他对课程是这样阐述的：

"课程一词为我国所固有。课，指课业，就是现在说的教育内容；程，有程度、程序、程限、进程的意思。课程就是指课业的进程。"[2]

陈侠说，教育学上讲的课程，严密地说是"学校课程"，不过通常把"学校"省略了。那以后，关于课程的研究越来越多、越来越深入。然而，研究得多了也会出现问题，例如关于课程与教学的关系就出现不同观点。有人认为课程可以包含教学，有人认为教学可以包含课程，人们有时又把这两个词交互使用，看作是可以彼此代替的术语。多年来，教育科学的研究者们一直在努力用科学的态度加以解释。可是随着时代的发展，

---

［1］中华人民共和国教育部. 普通高中日语课程标准（2017年版）［M］. 北京：人民教育出版社，2018：32.

［2］陈侠. 课程论［M］. 北京：人民教育出版社，1989：12.

课程已经成为一个使用广泛而含义多重的术语，各种学说不断涌现，无论哪种学说都会受到批评，至今没有哪一种能获得多数人的认可，形成权威的定义。所以，尽管课程在教育体系中居于中心地位，给其下定义却成为非常困难的事。综观国内外课程文献，有人将课程定义概括为课程即学问和学科，课程即书面的教学（活动）计划，课程即预期的学习结果或目标，课程即学习经验，课程即文化再生产等。[1]

鉴于课程的定义难下结论，本书谨从陈侠的说法，原则上依据《现代汉语词典》（第7版）对课程定义：学校教学的科目和进程，同时关注各种课程研究的成果和动向，在提及课程及相关问题时谨言慎行。

从先秦以来，我国教育家已有许多有关课程的论述，但课程论作为一个正式的研究领域在我国的历史并不长[2]。

张廷凯认为，我国课程论学科的建立始于20世纪20年代初期，那一时期（1922—1949年）的研究主要集中在小学课程教材和课程沿革史方面，在课程理论方面主要是介绍和移植美国的课程论，课程论作为教育科学内一门独立的分支学科已具雏形。中华人民共和国成立后，进入课程论作为教学论的一个组成部分的研究时期（1949—1988年）。这个时期我国学习苏联的教育科学，在相当长的一个时期没有把课程论作为教育学的一门分支学科来研究，这和教育体制上由国家统一制订教学计划、教学内容，各地区、各学校和教师只能遵照执行的管理模式密切相关。1989年我国正式出版了两本课程论专著。一是陈侠著的《课程论》，二是钟启泉编著的《现代课程论》[3]。随着这两本比较有影响力的课程论专著出版，课程论在我国开始成为教育科学的一门独立的分支学科，形成了独立的研究领域。张廷凯对课程论研究的历史发展也做了梳理，主要包括五个方面的研究：一是关于课程论的学科地位及与教学论关系的研究，二是关于课程本质的研究，三是关于制约课程主要因素的研究，四是关于不同课程形态及其相互关系的研究，五是关于隐性课程的研究。

---

[1]裴娣娜. 现代教学论基础［M］. 2版. 北京：人民教育出版社，2015：190-195.

[2]张廷凯. 我国课程论研究的历史回顾：1922—1997（上）［J］. 课程·教材·教法，1998（1）：8-13.

[3]前者由人民教育出版社出版，后者由上海教育出版社出版。

陈侠是中华人民共和国成立后我国课程论的创始人，他撰写了我国第一部课程论专著，该书结合中国的实际情况，论述了课程研究的对象、目的和方法，考察了中西方学校课程的演变和课程理论的流派，论述了制约学校课程的各种因素，把学校课程编订与教育目标挂钩，分别阐述了学校课程在培养全面发展的人和实施全面发展的教育中的地位和作用，教育目标和课程的性质、任务、类型、编订、实施和评价的关系，最后探讨了课程编订的趋势。他分析问题既客观又实事求是，成为我国课程论重建的先驱者和奠基人。直至今日，他对课程和课程论的研究仍具有重要价值。

国际上关于课程的论述很多。比较有影响的有布鲁纳的结构主义课程论、瓦根舍因的范例方式课程论、赞科夫的发展主义课程论，还有综合课程论、活动课程论等。尤其随着知识经济的到来和科学技术的迅猛发展，世界教育的基本理念正在发生深刻变化，现代课程论研究也呈现出许多新特点和新趋势，例如出现了关于课程价值的研究、关于科学与人文相结合的课程文化观研究、关于回归生活的课程生态观研究、关于缔造取向的课程实施观研究、关于民主化的课程政策观研究等。

（二）关于教学论与课程论的关系

在我国，学者们曾就课程论和教学论的关系问题长期争论不休。有的认为教学论包括课程论，有的认为教学论从属于课程论。渐渐地许多研究者认识到，虽然各有各的道理，各有各的依据，但这种争论对这两个理论的发展是不利的，不如把课程论和教学论作为教育学的两个并行下位理论，分别加以研究。

1981年出版的美国课程论学者比彻特（G. A. Beauchamp）所著的《课程理论》一书的第四版中明确提出"课程理论是教育学的下位理论"，并且列举了行政管理理论、评定理论、课程理论、教学理论、评价理论作为教育学理论的下位理论。他对"课程"一词的理解包括三个要素：一是学校教育计划的范围和安排的书面文件；二是学校课程的设置、实施和评价；三是学科的领域。可见课程理论和教学理论各有不同的研究对象和范围，在教学论里研究教学内容，不可能也没必要深入到这三个要素的各方面。

关于教学论与课程论的关系，陈侠在《课程论》中也有阐述："教学论要探讨的问题很多，包括教学过程、教学内容、教学原则、教学组织、教学手段、教学方法诸方面，不可能把教学内容展开来谈，更不可能把课程论作为教学论的一部分来谈，否则就不成体系了，也有点不伦不类了。"[1]

然而，为什么会产生教学论和课程论谁属于谁的争论呢？有学者在这方面做了研究。丁邦平认为，教学（理）论与课程论均是西方现代性产物，但它们分别来自西方两种不同的教育文化传统——教学论植根于欧洲，尤其是德国的教育文化传统，而课程论（以及与之相关的教学理论）则来自美国及英国的教育文化传统。我国教学论与课程论学者长期误读了源自西方两种不同的教育文化传统，致使关于教学论和课程论关系的争论陷入了误区与僵局。走出这一误区和打破这一僵局需要从这两门教育学科赖以产生的不同教育文化传统来重新认识、比较和研究它们，并在理解它们各自特点的基础上结合我国教育文化传统和教育实践，建构具有中国教育文化特色的教学论和课程论。[2]

其后，王飞、丁邦平联名发表文章，论述了我国在对苏联教学论和美国课程论的借鉴过程中出现的一些误读和误解。如在引介苏联教学论的过程中忽视了其对"教养"和"教养内容"的高度关注；在引入美国课程论的过程中忽视了其对"教学"的关注。认为造成这些误读和误解的根本原因，是对源于两种不同文化和语言脉络的研究范式的理解和认识存在偏差。认为走出困境的根本途径是从本源上认识这两大范式，这样才能纠正我国教学论和课程论研究中存在的问题[3]。2013年，王飞又从教育学本土化的视角研究了教学论与课程论的关系。认为尽管我国历史上拥有非常丰富和灿烂的教育思想文化遗产，但是作为一门学科的教育学却是于19世纪末20世纪初从日本引入的，作为教育学一级学科下的教学论和课程论两门学科同样也是从国外引入的。在世界其他国家和

[1]陈侠.课程论[M].北京：人民教育出版社，1989：8.

[2]丁邦平.教学（理）论与课程论关系新探：基于比较的视角[J].比较教育研究，2009，31（12）：44-50.

[3]王飞，丁邦平.苏联教学论与美国课程论：在中国的误读与误解[J].比较教育研究，2013，35（1）：47-51，57.

地区，主要以教学论或课程论中的一种教育范式为主，而中国却同时存在着源自不同文化传统和话语体系的教学论和课程论范式。因此，在其他国家并不成为教育领域核心关注点的教学论与课程论的关系问题却成为我国教育领域的一个核心问题。

无论是什么原因造成我国学者对教学论与课程论关系的认识曾存在不同的见解和争论，这些都已渐渐远去。近年来，一些部属和省属师范院校已经把"课程与教学论"作为专业学科在招收硕士或博士研究生了。这说明课程论和教学论作为教育学的下位理论已经趋同，"课程与教学论"成为"教育学"领域的一个概念，属于"教育学"的二级学科。为此，日语教学论研究可以不必过于顾及教学论、课程论这二者关系的争论，而应该更加关注解决日语教学中存在的实际问题。

第二章　日语教学过程

　　日语教学过程是日语教学论的基本理论问题，也是组织日语教学活动的理论根据。正确认识和理解日语教学过程，掌握其实质、特点和功能，对提高日语教学质量、实现日语教学目的至关重要。然而，长期以来，进行日语教学的人对日语教学过程的关注不够，很少有人能够完整地回答什么是日语教学过程这个问题。本章拟从日语教学过程的概念、特殊性，日语教学过程最优化等方面加以阐述。

第一节 日语教学过程概述

一、日语教学过程的概念

关于教学过程问题，古今中外的教育家们对它进行过各种探讨和解释。主要回答或解决的问题有两个。一是教学过程的性质问题，包括教学过程与其他自然或社会过程的联系和区别；二是教学过程的结构、环节、阶段、程序等模式问题。中国的孔子、孟子、朱熹、荀子等都有关于教学过程各因素的论述，西方的柏拉图、夸梅纽斯、裴斯洛夫齐、赫尔巴特、杜威、桑代克、皮亚杰、布鲁纳等都从不同的视角对教学过程加以研究和说明。这里，我们不去评论各家之言，只实事求是地说，在现在的中国，我们更加遵循的是马克思主义的认识论，即把教学过程解释为一种特殊的认识过程。这是因为这种理解是教学论发展史上重要的成就和重大的飞跃。历史上对教学过程各种探索的教训之一是只涉及其中的个别方面、成分、属性并误把它当作整体，如完全用心理学观点解释教学过程就是一例。而把教学过程看作一种认识过程的理论，这克服了历史上各种解释的局限，也总结、概括了历史上各种探索的积极成果。为此，这里把日语教学过程看作特殊认识过程中的日语学科的认识过程。这样说，并不是要用哲学认识代替日语教学认识，而是为了用辩证唯物主义认识论来指导对日语教学过程的认识。

二、日语教学过程及其特殊性

日语教学认识过程有什么特殊性呢？我们可以借助哲学认识论和许多相关学科及教学论的已有研究成果具体分析。

首先，在日语教学认识过程中，学生是最基本的个体存在，学生在日语教学过程中产生的认识也是个体认识。虽然教师同样是个体存在，但在教学过程中要完成的是学生的认识过程，而教师从事的主要是教学实践工作，区别于学生的从不知到知之，从知之不多到知之较多的认识过程，故不在这里涉及教师的个体存在。

其次，学生的认识是在日语教学过程中产生的，不仅具有日语学科的特殊性，还具有语言教育的特殊性。从日语学科来看，日语对中国学生来说是外语之一，而其语言及文化具有不同于其他外语的一面。本书的主要任务不是研究日语学科的特殊性，这里不予展开。从语言教育来看，学生认识日语与一般认识规律一样，都是由实践到认识，再由认识到实践的过程。不过，这里的认识过程不是指单纯的日语感知、记忆和思维的过程，这里的实践也不是教师、学生个体的独立活动，而包括日语教与学的相互交往和影响。

基于上述认识，我们可以分别从认识和实践的角度分析出日语教学过程的几个特殊性。

（一）从认识的角度看日语教学过程的特殊性

1.学生认识对象的特殊性

人类认识世界的过程是探索尚未发现的客观真理的过程。但在日语教学过程中，学生认识的对象主要体现在日语教科书或被规定的日语教学内容中，学生并不是直接去发现未知的日语。学生接受的是经过前人积累、整理或选择的日语教学内容，他们的学习以间接经验为主。可以在最短的时间内学到前人花费漫长岁月才能获得的日语知识和技能，这表明，学生是在间接地认识日语。

然而，现今的教学论更强调教学中直接经验的重要性，不仅掌握间接知识时需要直接经验，在发展智力、培养创造力时也非常需要直接经验。不过，在日语教学认识过程中，学生的直接经验，包括亲身观察、实践、体验等仍有其特殊性。一是这种直接经验从属于间接经验，是为更好地掌握间接经验服务的；二是这种直接经验是少量的，以达成一定的教学目标为限，不是越多越好；三是这种直接经验是经过改造的，它不是生活中的原样，而是在经过精心设计和挑选的典型化、简约化语言情境中的体验。而且除了有日籍教师的学校，国内很难出现真正的日语环境，学生的认知体验多是在假设的模拟情景下进行的。

2.学生认识条件的特殊性

学习日语学生的认识主要是在学校、课堂环境下，在有专业背景的日语教师指导下进行的。在日语教学过程中，教师的主导作用是必然和必要的，教师决定着教学的方向、内容、方法、进程、结果和质量。同时，日语教师把能利用的有利条件、合适的教学内容、科学的教学方法组成适合学生发展阶段和水平的教学模式，引导学生通过自己的实践逐渐完成日语学习任务。这样，就尽量避免或减少了学生认识日语的失误，使学生少走弯路。

在日语教学过程中，教师的指导与学生主体是辩证的统一，即学生主体是在教师主导下的主体，教师主导是对学生主体学习的主导。既不能片面强调教师权威，也不能放任学生主体盲目行事。教师讲授无疑是必要的，教师不讲，学生不懂，就不能发挥主动性和主体作用，也无法激发和锻炼学生的思维能力、注意力、想象力和情感，但只有教师传授这一种形式也不利于发挥学生的主动性。必须把教师的主导作用与学生的主体地位统一起来，运用多种形式想方设法调动学生的积极性，激励他们开动脑筋去运用所学，形成外因通过内因而起作用的良性循环。

3. 学生认识任务的特殊性

日语教学过程中，学生通过认识活动不仅能掌握日语知识和技能，还能发展智力和思维能力，形成科学的世界观和社会主义道德品质。因此，日语教学过程又是一个培养人的过程。这与成人认识一般事物的过程、科学家探索真理的过程是不一样的。日语教学过程中的各项活动会引起学生在生理和心理上十分复杂的变化。学生在这种变化中获得新知，形成新的技能或智力，同时接受某种观点、思想。这是教学具有教育性的客观规律，即认识作为一种反映，概括了认知、情感、意志、性格以及各种个性心理特征。思想教育或智力发展不是日语教学认识过程以外的东西，而是内在的，伴随日语教学认识过程始终的。

（二）从实践的角度看日语教学过程的特殊性

1. 实践目的的特殊性

日语教学过程中，言语实践不可缺少。要实际掌握日语，关键在应用，即将所学知识和技能在言语实践中反复运用，这样才能达到提高日语交际能力的目的。

2. 实践环境的特殊性

日语教学过程中的教师和学生的教学实践多限于学校、课堂这样特定的环境，不是在真正的日语环境中，而是教师根据教学任务事前设定的模拟环境。教师在这个模拟环境中对学生加以引导，以利达到预期的教学目的。

3. 实践方式方法的特殊性

日语教学过程中，教师可以通过示范演示、角色扮演、小组讨论、调查报告等多种形式丰富学生的感性体验，还可以借助直观教具，如挂图、卡片、实物、录像、PPT 等，让学生感知新事物。根据教学目的，教师对日语学习任务精心设计、周密安排，使言语实践活动丰富多彩。教师在实践活动中展示自己的人格魅力，从而影响和促进学生成长。

总之，日语教学过程是一种特殊的认识过程，日语教学的目的、内容、任务和活动等都是认识世界或对世界的反映。其特点就是日语教学过程的认识是学生的个体认识；这种认识具有多重特殊性，是在日语教师的指导下，经过学生自身努力获得的。学生在获取日语知识、技能等的同时，其思想情感和个性等也随之发展并丰富。

第二节　日语教学过程最优化

20世纪70年代末，苏联巴班斯基的教学最优化理论传入我国。巴班斯基的教学过程最优化，是指根据培养目标和具体的教学任务，考虑学生、教师和教学条件的实际，按照教学的规律性和教学原则要求，制定或选择一个最好的教学方案，然后灵活机动地实施这个方案，以期用不超过规定限度的时间和精力，取得对该具体条件来说是最大可能的最佳效果。换句话说，巴班斯基的教学过程最优化理论抓住了教学论中的关键问题，即如何通过合理地组织教学过程，既得到教学的最大可能效果，又不造成师生负担过重。

巴班斯基是在辩证唯物主义指导下引进现代科学方法论的，其主要把系统论（包括控制论和信息论）作为考察教学过程，研究、选择最优教学教育决策理论的方法论基础，这是一种把教学过程置于系统形式中加以考察研究，从系统的观点出发，始终从整体与部分、部分与部分、整体与外部环境之间的相互关系、相互作用、相互制约的关系中，综合地、精确地考察对象，以期达到最佳处理问题的方法。

在此，我们参照巴班斯基的教学过程最优化理论来说明日语教学过程最优化问题，以提高日语教学质量和教学效果。

一、日语教学过程的结构

巴班斯基认为，教学过程中可以区分出这样一些基本成分：由社会所决定的教学目的、教学内容、教学条件、教师和学生活动的组织形式、师生活动的方法、教学结果的分析和自我分析[1]。

（一）教学目的

日语教学目的与其他学科一样，是由社会需求决定的。在我国，教学目的一般是通过国家的教育方针指明方向，由国家制定的教学计划、

---

[1]巴班斯基.教学过程最优化：一般教学论方面［M］.张定璋，等，译.北京：人民教育出版社，2007：8.

教学大纲或课程标准予以具体化，再由教科书以生动活泼的形式呈现出来的。而在实际日语教学过程中，则需要日语教师将日语教学目的进一步具体化并落到实处。纵观历次日语教学大纲或课程标准，我们可以看出，各个时期的教学目的是根据当时的社会需求而变化的。

比如，1982年颁布的《中学日语教学纲要》是中华人民共和国成立后第一个关于中学日语教学的指导性文件。其中对教学目的的描述如下：

"中学日语的教学目的，是对学生进行听、说、读、写的基本训练，培养在口头上和书面上初步运用日语的能力，在高中阶段要着重阅读能力的培养，为进一步学习和运用日语打好基础。"

这个教学目的是在中日两国恢复外交关系以后，中国正致力于提高整个中华民族的科学文化水平，培养建设社会主义合格人才，使更多的人掌握国际交往的重要工具，以更好地实行改革开放政策的需求下提出的。同时可以看出，当时的教学目的比较看重外语的工具性。所以，要求学生通过初、高中六个学年的学习，掌握语音和语法基础知识和基本技能，学习2500~3000个单词和100个左右惯用型，能阅读一般题材的浅易日语读物，初步具有听、说、读、写能力。

又如1996年的《全日制普通高级中学日语教学大纲（供试验用）》是中国实施改革开放多年后，在开展现代化建设的形势下颁布的。其提出的教学目的如下：

"高级中学日语的教学目的，是在初中阶段学习的基础上，进一步对学生进行听、说、读、写的基本训练，提高在口头上和书面上运用日语的能力，为进一步学习和运用日语打好基础。同时，通过教学扩大学生的语言文化视野，以利于发展思维和提高文化素质。"

从以上描述不难发现，与以往相比，这个时期的日语教学目的中增加了"扩大学生的语言文化视野""发展思维和提高文化素质"的要求。这与当时国际外语教学界推崇功能交际法不无关系。功能交际法重视语言的交际功能、社会文化、心理背景对语言运用的影响，强调培养学生在实际生活中运用语言进行交际的能力。

该大纲中依然强调"外语是学习文化科学知识、进行国际交往、获取各方面信息的重要工具"，同时把"提高整个中华民族的思想道德素质和科学文化素质"处于突出位置，明确提出"日语的教学任务，是通过基础知识的学习和基本技能的训练，使学生获得运用日语进行交际的能力"。而要顺畅地开展交际，就必须了解所学语言国家的社会文化，否则就难以正确理解对方语言的意思和准确表达自己的思想。所以，语言是文化的重要载体。语言与文化密不可分的这种联系，被越来越多的人所认识。这促使日语教学大纲增加了对文化视野和文化素质的阐述，以期在日语教学中处理好语言与文化的关系，使学生在学习语言和了解别国社会文化中发展思维能力，同时加深对本国、本民族文化的理解，达到提高自身文化素质的目的。在该大纲的试验修订版（2000 年颁布）中，教学目的又有如下修改：

"全日制普通高中日语教学的目的是：在义务教育初中日语教学的基础上，使学生巩固、扩大基础知识，发展听、说、读、写的基本技能，提高初步运用日语进行交际的能力，侧重提高阅读能力；使他们在日语学习过程中，受到思想品德、爱国主义和社会主义等方面的教育，增进对外国文化，特别是中日文化异同的了解；在学习中，发展学生的智力，培养创新精神和实践能力，形成有效的学习策略，为他们的可持续发展奠定基础。"

从这段描述更可以触摸到迈入 21 世纪的时代脉搏，爱国主义教育、了解中日文化异同、发展学生智力、培养创新精神和实践能力、形成有效的学习策略、为可持续发展奠定基础，这些内容都体现出我国社会发展对培养所需人才提出的新要求。

（二）教学内容

要全面深入地开展有效的日语教学，则必须不断完善和优化教学内容。日语教学与教学内容之间存在着一定的矛盾和辩证关系。一方面，教学内容要保持相对的稳定性，这样才能有正常的教学秩序；另一方面，教学内容又需要适应社会和科技的进步，保证学生了解社会需求和变化，掌握新的知识和技能，并能为将来的发展不断积累经验。

日语教学内容与学校的日语教学之间的这种矛盾是长久存在的。日语教学内容可能会随着社会发展增减项目或发生较大变化；而学校的日语教学一般力求稳定，即便改革教学，也需要有一段转变的时间，需要根据新的教学目的和任务更新教学观念，消化和理解改革的精神，探寻改革教学的方法，开展师资培训和教学实验等。当这种矛盾的发展处于和谐状态时，可以促使学校日语教学得到良好的改善；而当教学内容变化过快，致使多数学校的实际教学难以跟进时，教学内容就会脱离教学实际，使教学改革的目标落空。

为了处理好这对矛盾，使它们发挥相互促进的作用，日语教育需要善于预测教学一线的发展，避免矛盾过分尖锐化，应该善于敏锐地觉察社会发展的最新需要，把握住从量变到质变的时机，把握住需要修改教学大纲、课程标准、教科书和教学法等的时机，因势利导地更新教学内容。这种更新可能只是局部的变动和修改，也有可能是对学科内容做全盘改革，而后者往往是社会和科学技术蓬勃发展时期固有的特点。当信息化时代、数字化时代一步步走来，进入 21 世纪我国的教学内容改革就突显出这种通盘调整的特点。科技革命时代的一个显著特点是信息的迅猛增长和加速老化，这就要求人们在生产劳动及各项工作中善于学习，不断补充自己的知识、技能。为此，学校教育需要加强日语教学的发展性作用，即在教学日语的同时发展学生的思维、智力、意志和情感，其中首先是发展学生的思维。

进入 21 世纪，课程改革已经走过一段历程，对新的教学大纲或课程标准及教科书，教学一线的日语教师已经比较了解并开展了课改实验，课程标准和教科书也在试用一段时间后进行了修订。这就有必要对已有的改革过程做些回顾和评述，看看决定教学内容改革的基本方针是不是根据现代社会的进步和科技革命的需要在最大可能范围内确定的，是不是能全面、深刻地反映社会对全面而和谐发展的人才的需求。

为了更圆满地实现《国家中长期教育改革和发展规划纲要（2010—2020 年）》提出的"坚持育人为本，以改革创新为动力，以促进公平为重点，以提高质量为核心"的目标，日语教学内容必须进一步优选，使之既适合时代发展的需要，又适合学校教学的实际情况和学生的兴趣、爱好与能力。在制定教学内容时，既要考虑学生继续升学的需要，也要采取灵活的办法解决学生职业定向和未来发展等问题。为此，既要有奠定基础的必修内容，也要有多样化的选修内容，为学生实际运用日语铺路，这样有助于他们在打开用日语看世界这个窗口时，进一步拓展才干。

关于教学内容，本书第五章还将专门论述，这里从简。

（三）教学条件

国家为基础教育阶段规定了明确的教学目的、教学任务和教学内容，而教师在具体实施这些教学目的、教学内容时，还需要考虑日语教学条件的问题。教学条件主要包括日语教学过程中学生学习的潜在可能性、学校教学的物质基础、学校卫生状况、家庭环境、社区环境、班级的精神心理气氛等。

1. 学生学习的潜在可能性是最需要关注的教学条件

日语教学过程能否达到最优化，考察、分析和研究学生是首要环节。教师结合当时的教学条件选出教与学相互影响的最优形式，也是教学过程最优化程序中最重要的因素。教师在每种具体场合都要选出最恰当的教学相互影响方案，既要恰如其分地估计学生本身的可能性，创设有利条件使他们在日语学习中发挥独立性，也要预先定出控制其日语学习活动的合理形式，以便在最短时间内获得尽可能好的效果。这里必须强调的是，按照死板的公式来组织这个环节或教学过程是不可行的，一定要创造性地对待这件事，这样才有利于日语教学的开展。

2. 学校教学的物质基础

随着国家对教育的日益重视，缩小城乡教育差距，改善农村办学条件成为义务教育面临的主要任务。近年来，国家加大了对农村学校的投入，日语教育资源得到有效整合，开设日语课程的农村学校的办学条件也得到极大改善。国家为农村学校建造和配置了大量教学设施、设备，缩小了城乡学校硬件方面的差距，这为提升农村学校的教育水平和教学质量奠定了良好的物质基础。日语教师应将这些教学设施、设备充分而有效地应用起来，因为教学设施、设备的功效需要通过使用才能实现。如果教学设施、设备被束之高阁，成为昂贵而奢侈的"展览品"，那无疑会造成极大的资源浪费。可以从使用率、使用效果、存在问题以及影响因素四个方面测评学校教学设施、设备的有效应用水平。通过实地走访调查，目前开设日语课程的农村学校的教学设施、设备与城市学校的相比已无差别。但也要看到农村学校的各类教学设施、设备的有效应用水平仍然很低，设备或者被闲置，或者由于使用率低而影响了效果的发挥。影响教学设施、设备有效应用的因素有很多，综合来看，有些学校缺乏配套的人力资源，有些日语教师有"舍不得用"的复杂心态，农村日语师资水平不达标等是其共同的原因。提升开设日语课程学校教学设施、设备的有效应用水平是改善教学条件的重要途径。

3. 学校的卫生状况[1]

学校的卫生状况直接关系到学生群体的身心健康，需要不断强化和完善。我国有不少关于加强学校卫生工作的规范性或指导性文件，其中《学校卫生工作条例》《中共中央国务院关于增强青少年体质的意见》《中小学健康教育指导纲要》等是学校开展卫生工作的主要依据。按照《学校卫生工作条例》规定，教学卫生及学校卫生环境的改善是学校卫生工作的主要方面，但多年来，学校的环境噪声，室内空气质量，照明、采光、课桌椅的设置等是否符合国家相关标准，地方卫生部门还未能做到全程严格监管、监测。据了解，部分学校里从事卫生工作的人员不足，虽然有医务室和校医，但一些是外包给医疗机构或自行配置的，不能保证医务室及校医的专业性；而且校医的职能一般局限在治病，并不能开展系统的健康宣教或传染病的防控工作。一些开设日语课程的学校的健康教育缺乏社会适应性和心理健康方面的内容，讲解方式单一，内容往往不实用，甚至把健康教育课堂默认为自习课。受应试教育影响，学校领导和师生未清醒地认识到身心健康在个人和社会发展中的作用。在一些学校，学生体质监测也没有完全按照《学校卫生工作条例》的要求定期进行，学校不能掌握学生的发育和健康情况，没有健全学生体检制度，未建立学生健康档案，未对学生体检结果进行追踪。

上述问题对日语学习环境、日语学习过程、学日语学生的身心健康等无疑会产生影响。这类涉及整个学校环境、卫生的问题往往不是日语教师能够解决的，但在设计日语教学过程最优化时，这些方面是需要思考和关注的教学条件之一，不能忽视。为学生争取卫生、健康的成长环境也是日语教师应尽的义务。比如，日语教师可以恰当地布置教室环境，

---

[1] 安瑞芳. 中学学校卫生现状及存在问题探析 [J]. 基层医学论坛，2013，17（19）：2561-2562.

整齐、优雅的环境能给日语学生，特别是新生一个良好的印象，使他们初步认同学校和班级。当新生走进教室，看到崭新整齐的桌凳、洁净的地面，黑板上写着"ようこそ"（欢迎你，新同学），白墙上挂着"五十音图"及与日语学习有关的墙报，他们可能会产生对未来的憧憬，认为这里是自己学习和生活的好地方。当然，环境布置需要根据时间推移不断丰富和更换。

4. 家庭环境

家庭环境的影响也是日语教学过程需要考虑的教学条件之一。对学生而言，家庭对其性格形成和发展具有重要和深远的影响。例如：父母的个性是拘谨型、火爆型、鲁莽型、孤僻型还是冷漠型等都会直接影响学生个性的形成；父母的教育方式是民主型、专制型、溺爱型还是忽视型，对学生个性形成产生不可估计的影响；父母关系的和谐，直接关系到学生的个性形成；父母的家庭收入、受教育程度也会影响学生的个性发展。为此，日语教师要了解并关注每个学生的家庭状况，特别要关注单亲家庭子女、留守儿童等表现出来的情绪变化，帮助他们处理好家庭环境带来的影响，适时调节自己的情绪。这样有利于学生形成活泼乐观的性格，使学生热爱家庭、尊重老师，有良好的同伴关系，从而保持强烈的求知欲，富有生气，具有独立精神。这对日语教学过程中学生积极参与各项活动、开动脑筋、解决问题、开展合作学习等都是非常有益的。

5. 社区环境

狭义的社区环境主要指人们在社区里居住生活所处的公共空间的自然环境状况，包括地理环境、建筑环境、绿化环境、水体环境、噪声环境、视觉景观环境等[1]。随着社会环境的不断变化，基础教育的不断发展，人们的人才观念、人生观念、价值观念、教育观念和生活观念都发生了很大变化。社区环境中的道德意识、文化意识、心理意识及生理意识等不断呈现多元化，这些因素对学习日语学生的心理发展也会产生很大影响。

学生的不良心理倾向一方面可能是由学生自身的遗传因素和学校教育不当引发，另一方面也可能是受社会环境中不良社会风气、腐朽的伦

---

[1] 周代湘. 社区环境对小学生心态影响的研究［R/OL］.（2015-12-04）［2019-01-28］. http://wenku.baidu.com/view/805557aa844769eae109ed28.html.

理道德、消极的人生态度、人际交往的腐败现象和杂乱的自然环境影响而产生的。各种智力因素、非智力因素及内因、外因的影响造成了不同程度的心理障碍，直接影响学生的日语学习和心理发展。为此，需要呼吁加强青少年的心理健康教育。《面向21世纪教育振兴行动计划》中强调要全面实施心理健康教育，培养学生的健康心理。课程改革中学校开设了综合实践活动课程，通过开展社区服务和社区实践活动，增强学生社会实践能力，培养学生认识社区、改造社区的能力。为此，日语教师也要研究环境对日语学生心态的影响，这种研究有很强的时效性和现实性，对探索培养日语学生良好心理素质的途径、方法，探索构建和谐社会、净化社区环境、优化社区教育的策略非常重要，既有理论价值又有实践意义。

6. 班级的心理气氛

日语班级与其他班级一样，是组成学校的基本单位，是学校这个大集体中的小集体。在日语班级这个小集体里，存在一定的社会情境、人际交往、角色影响，同时有相对的封闭性。因此，日语班级具有社会化、个性化，选择性、保护性的功能，有助于培养和发展学生的智力和非智力品质。日语班级中也会显现出各种文化，诸如教师文化与学生文化、个体文化与群体文化、班级文化与学校文化，这些对学生的心理素质有明显影响。班级中的各种交互关系，诸如师生关系、生生关系、师师关系乃至校长与教师、校长与学生的关系，都可能影响学生心理素质的培养与发展。班集体对日语学生个性心理特征、个性心理品质、个性心理倾向等心理素质的培养，也有着别的集体、群体无法替代的作用。为此，建设正气十足，学习风气积极（愿学、乐学、好学、自学）、健康的良好班集体，是日语教学过程最优化的必要条件之一。

日语班级的心理气氛离不开教室环境。试想一下，如果我们把教室及一切可视的有形物质环境和设施作为学生可活动的空间，那么弥散于其间，渗透于其中又超越于其上的学生可感的意识性氛围和精神，会成为学生心灵与大脑活动的空间以及学生情感与理性存在的空间。在这种物质性与意识性的空间中，学生的各种合理或不合理的需求、动机和兴趣受到班集体什么样的态度和对待，会成为引发与导向他们心理素质发展的重要因素。一旦班集体形成良好的心理氛围，那么，这个班集体将会很快成为学生身体与心灵都依恋的环境。在这个特殊的社会环境与生活时空里，学生之间可能产生积极的模仿，以及从众、认同、接纳、归因等良好的学习心理活动。

良好的班集体心理氛围，对形成学生个体心理素质和班级整体心理素质都有不可估量的作用。而且学生的心理机制、年龄特点等主体因素与班集体的文化、精神等客体心理氛围因素的和谐统一，会对培养学生健康心理素质产生积极作用。因此，营造班集体良好的心理氛围，是培养学生健康心理素质的重要保证。

班集体的指导——日语学科任课教师，尤其是兼任班主任的日语教师对班集体的主体——学生的影响是最直接和持久的。教师指导与学生主体之间的联系，主要以日语教学活动为中介，通过日语课程管理等来实现。鼓励成功是激发学生内在动力的灵丹妙药。教师可以根据日语学科的特点，充分利用对话课、看图叙述、小表演、做游戏、背诵、听写、诗朗诵等形式让每个学生都积极参与，及时给予反馈，让学生品尝成功的喜悦。如果教师能够让学生及时了解自己日语学习的结果，特别是让学生从教师和家长这里时常得到恰如其分的肯定性评价，学生就会不断从自己的点滴进步中获得心理满足，产生积极的情绪体验。这对端正学生的学习态度、提高自信心，促使学生把"苦学"变为"乐学"，激发学生不断追求成功的日语学习欲望大有裨益。

营造班集体良好心理氛围的关键是提高日语教师心理素质及相关理论修养。日语教师应在实践中学习心理素质教育的理论、原则和方法。在理论上，教师应结合自身和所教班级的实际情况，思考并分析如何通过营造良好的班集体氛围来培养学生的健康心理素质。日语教师还须明确健康心理素质的内涵、标准以及相关的内容，根据班集体的具体情况，制订切实可行的心理素质教育计划，探索出打造良好班集体的有效途径。日语教师既要依据心理学的理论、方法来研究实际遇到的问题，也要依据教育学原理、方法等来剖析心理素质教育中的现象和问题，认真研究班集体对学生心理素质发展的作用。同时，运用"依法执教"的原则来规范、制约自己在心理素质教育中的行为，提高自己的心理素质水平和心理素质教育能力。

（四）教学组织形式

日语教学组织形式是日语教学活动中教师和学生的组织方式及教学时间和空间的安排方式，根据一定的教学思想、教学目的、教学内容以及教学主客观条件组织安排教学活动。教学组织形式的作用是保证教学任务和教学内容得以实现，教学组织形式直接影响教学质量、教学效率和教育规模。

随着社会政治经济和科学文化的发展及对人才培养要求的不断提高，日语教学组织形式与其他学科一样，在不断发展和改进。特别是完成特定日语教学任务时，教师和学生需要按一定要求开展教学活动。为此，日语教学组织形式应多种多样，而不是固定不变的。在日语教学史上先后出现的影响较大的教学组织形式有个别教学制、班级授课制、分组教学制、开放教学制、协作教学制、现场教学制、复式教学制和设计教学法等。

1. 个别教学制

个别教学是教师在同一时间以特定内容面向一个或几个学生进行教学的组织形式。这种教学组织形式办学规模小、速度慢、效率低，但能较好地适应个别差异。17 世纪以后随着班级授课制在世界范围的普遍采用，个别教学制成为教学的非主要组织形式。但在 20 世纪五六十年代，个别教学在欧美各国重新受到重视。

2. 班级授课制

17 世纪捷克教育家夸美纽斯在其《大教学论》中提出了班级授课制，即把一定数量的学生按年龄和知识程度编成固定的班级，教师根据周课表和作息时间表安排有计划地向全班学生进行教学的制度。19 世纪中期，班级授课制成为西方学校主要的教学组织形式。我国最早采用班级授课制的是 1862 年创办的京师同文馆。班级授课制在 1904 年颁布的"癸卯学制"中以法令的形式确定下来。清末的日语教学多采用班级授课制。

3. 分组教学制

分组教学制是 19 世纪末、20 世纪初，为了适应儿童的学习程度和个性差异，对班级授课制实行改良或改革实践的产物。属于改良班级上课制的是分组教学。分组教学又分为：能力分组，即学生学习的课程相同，学习的年限不同；作业分组，即学生的学习年限相同，学习的程度不同。属于改革班级授课制，进行个别教学的为温内特卡制、道尔顿制[1]。

20 世纪 70 年代以后，美、英、法、联邦德国等国家的分组教学常采取另外两种方式，即外部分组和内部分组。分组教学能照顾学生的学习水平和能力差异，但也给一些学生在心理上造成不良影响。

中国中小学日语教学以班级授课制为基本组织形式。为了因材施教，有时也采用小组教学和个别教学作为辅助形式。温内特卡制和道尔顿制过高地估计了学生的主动性，教师在教学中的主导作用受到限制。不过，第二次世界大战以后发展起来的程序教学和机器教学，吸收了温内特卡制和道尔顿制的一些方法。

4. 开放教学制

开放教学制以知识教学为载体，把关注人的发展作为首要目标，通过创造一个有利于学生、生动活泼、自主的教学环境，给学生提供充分发展的空间，从而促使学生在积极主动的探索过程中全面发展各方面素质。因此，可以说开放教学制不仅是一种教学组织方式或教学模式，更是一种教学理念，其核心是以学生为主体，以促进学生的全面发展为根本，以学生在主动探索中发现并获取相关知识，形成终身学习能力为目的。21 世纪课程改革以后，这种开放教学在日语教学一线越来越被重视，用以培养日语学科核心素养。

5. 协作教学制

20 世纪 50 年代初，美、英等国为了解决提高教学质量与中、小学师资不足的矛盾，提出了一种教学组织形式——协作教学。它由教师、实验教学人员、视听教学人员和图书资料人员组成教学小组，共同研究拟订教学计划，然后分工合作，协力完成教学计划。协作教学能同时发挥教师的集体力量和个人专长，并能充分利用图书、仪器等教学设备。日语教学中为了充分发挥各自的特长，由中国教师和日籍教师合作开展的

---

[1] 温内特卡制和道尔顿制都是美国因地名产生的教学组织形式和方法，20世纪30年代在一些国家很盛行，中国的一些地方也进行过实验，但在那之后日渐少用。日语学科基本上未用，所以在这里不进行介绍。

教学活动，也属于这种协作教学。

6. 现场教学制

我国在贯彻教育与生产劳动相结合的教育工作方针时期，曾较广泛采用现场教学这种教学组织形式。语言是实践性很强的学科，只讲语言知识，学生不容易掌握真本领。在日语教学中，把现场教学当作一种辅助形式，可以为师生接触日语创造条件。比如组织学生参与和日本人交流的活动，有助于学生理解和掌握日语知识，并通过言语实践培养运用已学知识开展交流的能力。当然，在这种现场教学过程中，教师须根据具体情况，现场确定指导方法和形式来指导学生开展言语实践。

现场教学作为现代日语教学组织的辅助形式，能在某种程度上弥补课堂教学的不足。在这种教学组织形式下，教师可以结合实际讲授日语知识，使抽象的理论直观化。同时，现场教学可以增强日语教学的趣味性，使日语教学更为丰富多彩。现场教学还可以让学生在轻松、愉快的环境中掌握知识、技能，感受活生生的日语，有利于营造鲜活的情感空间，引导真实的情感体验。可见，通过现场教学，既可以给学生提供丰富的直接经验，也可以提高学生运用日语解决实际问题的能力。

7. 复试教学制

教学组织形式中的学级编制，除单式教学外，还有复式教学。复式教学是教师在同一教室里，用不同的教材分别对两个或两个以上年级的学生进行教学的教学形式。教师给一个年级的学生讲课，同时组织其他年级的学生自学或做作业，使各项活动有计划地交替进行。复式教学是班级教学的一种特殊的组织形式，日语教学中较少采用。

8. 设计教学法

设计教学法是一种实用主义的教学制度，由杜威的学生克伯屈（William Heard Kilpatrick）所创，主张废除班级授课制和教科书，打破传统的学科界限，在教师的指导下，由学生自己决定学习目的和内容，在自己设计、自己负责的单元活动中获得有关的知识和能力。它强调教学的任务是利用环境引起学生的学习动机，帮助学生选择活动所需要的教材等。由于教学目的的不同，设计活动分创作、问题研究、技能训练等。其一般程序为决定目的—制订计划—实行—评价。

日语教学多年来很少用到这种设计教学法，但从 21 世纪课程改革以来，教育理念上越来越强调让学生"开展自主学习"。设计教学法正是采用"设计"方式来指导学生进行学习活动的一种方法，可以在日语教学改革中作为参考。

设计教学法的主要特点如下：

（1）设计是有目的的活动。在设计日语活动中，学生对要完成的任务有明确目的，这个目的可以由学生自己决定，也可以由教师提出，由学生采纳，但要求学生把这个设计当作自己的工作，并专心致志地去做。

（2）设计是有计划的活动。由学生用自己的思想去拟订日语学习计划。先做什么、后做什么，进行的方法和步骤、工作的分配、时间的预算等，都由学生自己计划。实行时，他们须依照计划逐步推进，有条不紊。

（3）设计要在实际的情况中进行。比如，教师教学生阅读日语文章，就要从实际去选文，理解文章的中心思想，思考学生能从中学到什么。

（4）设计必须手脑并用。在设计日语活动时，学生一方面要实际操作，一方面要用脑去想，手脑并用，因而可以获得真实的日语知识，养成纯熟的日语技能。在实施计划时，学生还要一面做，一面运用思想；做完之后，再运用思想去评价实际成果。比如，就某个主题编写一期日语墙报，这就是一个实际的问题。要解决这个问题，学生先要计划墙报的内容、编写的方法、需用的材料、工作的分配；然后运用具体材料，实地去做；最后还要收集同学们的稿件编成一张壁报。

（5）设计是一个完整的作业。在设计日语活动时，一个学习单元，不是某一章或某一课，而是一个完整的学习任务。学生做了一个设计活动之后，就可以获得一份完整的经验，而不是零碎的知识。比如，学生编辑一期墙报之后，就知道墙报内容应当包括哪些材料，这些材料应当怎样写，各栏材料应当怎样排列，插图应当放在什么地方……完成后他们对于编墙报这一件学习任务，就有了一次具体经验。大单元设计活动更不受学科界限的束缚，可以随时用到各科教材。比如，做一个"庆祝国庆"的大单元设计教学，教师指导学生排演短剧，练习合唱、舞蹈，准备讲演，写标语，布置会场，打扫校内场地等，这样就把日语、音乐、美术、体育、社会等学科的材料结合起来，组成了一个整体活动。

（6）设计是自主的作业。在设计日语教学中，活动从头到尾都要由学生自己决定目的，自己拟订计划，自己实施，自己评价，而教师则处于指导地位。

从上述情况可以看出，日语教学组织形式是随着时代的变迁而发生变化的，也是随着教学目的、要求和内容的不同而调整的。日语教师必须在各个具体场合找出有利于日语教学最优化的组织形式和方法。

（五）教学活动方法

教学活动方法是教师和学生为达到既定教学目的而进行的相互关联的活动办法，它反映了活动的基本结构。日语教学活动方法是在日语教学过程中，教师和学生为实现教学目标、完成教学任务而采取的教与学相互作用的活动方式的总称。

日语教学活动方法是日语教学过程整体结构中的重要组成部分，是日语教学的基本要素之一。它直接关系到日语教学工作的成败和日语教学效率的高低。日语教学活动方法能使日语教学活动以一定的方式组织起来，用相应的刺激引起活动的动机并加以强化，用检查和自我检查来查明与日语教学活动目的的接近程度，对日语教学活动做必要的修正，并为开展日语教学活动创设有利条件。

日语教学活动的方法基本有三类：组织和自我组织日语学习活动的方法，激发和形成学习动机的方法，检查和自我检查教学效果的方法。

二、日语教学过程最优化的标准

我国日语教学多年来缺乏一定的衡量标准，特别是针对日语教学过程最优化的标准。

在巴班斯基教学过程最优化理论中，"最优化"并不指"最理想""最好"，而是指从一定的标准来看，对一定条件来说是最好的。为此，弄清楚最优化的标准十分重要。日语教学过程最优化是针对具体的教学任务而言的，只有对选择的具体标准或总的标准加以衡量，其最优化才有意义，即需要弄明白究竟什么应当最优化，按照既定目标，该系统的何种参数应该达到最优值。应了解这些标准是外部给予的，还是根据事先一般指标在控制进程中拟定出来的。有了最优化的标准，日语教学研究者和教师就会知道，在这一控制过程中最重要的是哪些参数，哪些参数应该达到其最优值。

巴班斯基的论证教学过程最优化标准有三种类型。

第一种：选择最佳行动方案，保证在花费最少人力物力的条件下达到既定结果。

第二种：为获得最大成果而寻找可利用人力物力的最佳方案。

第三种：在没有严格规定结果和人力物力的情况下，探索最佳方案。

教学过程最优化的标准存在各种各样的观点，这里不详述。巴班斯基在研究了不同说法后提出：应该特别注意几种标准衡量最优化的必要性和在选择方案时使之相互协调的可能性。巴班斯基认为，首先必须把解决教学教育任务的效果、质量以及教师和学生为解决这些任务所花费的时间和精力作为教学过程最优化的最重要标准[1]。参照这个观点，分析得出如下几个日语教学过程最优化的标准。

（一）效果和质量标准

判断日语教学过程的效果，首先要依据学生的学习成绩以及他们的品德、发展的成果。换句话说，衡量学生在教养、教育和发展三个方面是否达到其在该时期内实际可能达到的水平，是日语教学过程最优化的第一个标准。

日语学科教育与其他学科一样，评价的标准不能只偏重日语学习成绩，而要从育人出发，在教养、教育和发展三个方面衡量学生的品德修养、日语能力及其日语学习发展的潜力。当然，学生日语学习的实际水平应不低于规定的及格水平。

判断日语教学质量好坏，需要检验教学成果是否符合学校教学的总目的和任务要求，是否适应每个学生在一定发展阶段的最大可能性。诚然，衡量学生达到的实际水平不能根据教师的主观判断，而需要客观依据。这个依据就是国家颁布的教学大纲、课程标准，其中列出的关于学业的要求或评价标准，包括品德、技能等。高等教育阶段日语教学大纲最早颁布于 1980 年，即由人民教育出版社出版的《日语教学大纲（草案）》，

---

[1]巴班斯基.教学过程最优化：一般教学论方面［M］.张定璋，等，译.北京：人民教育出版社，2007：58.

这个教学大纲供高等学校理工科本科四年制试用，其中规定的基本上是对语法知识、词汇数量和阅读水平的要求。基础教育阶段日语教学大纲的起点是 1982 年教育部颁布的《中学日语教学纲要》，其要求学生"掌握语音和语法的基础知识和基本技能"。随着时代的发展，日语教学大纲和课程标准不断改进，增强了对语言能力、文化素养、学习能力等方面的要求，对评价学生的品德修养、日语学习心理发展等也提供了比较具体的评定标准。特别是进入 21 世纪以后颁布的日语课程标准，提出了评价主体多元化、评价方式多样化、评价目标多层次的理念，学校、班级、教师和学生可以根据自身的条件和实际情况开展评价，这不仅是数量上的，更是质量上的评价。

（二）时间和精力

学业成绩这个概念不仅有数量和质量上的意义，还有速度和时间上的意义，即学生在规定时间内，达到了这一时期的国家日语教学大纲和评分标准的水平。

日语教学过程的时间计算包括课上和课下、学生和教师所用的时间。学生所用时间即课堂学习时间和课下完成作业的时间；教师所用时间包括备课、批改作业、辅导学生时间和课堂教学时间。

学生和教师在完成教学任务过程中消耗时间和精力的最优值，需依据现行学校卫生标准确定。这是衡量在单位时间内完成多少教学任务，是否到达教学过程最优化的第二个标准。

教学计划严格规定了日语课堂教学的活动时间。例如，1982 年的《中学日语教学纲要》规定，中学六年除复习、考试外，实际授课时数为 932 课时；1988 年的《九年义务教育全日制小学初级中学教学计划》规定，"六·三"制初中的外语课为 400 学时，"五·四"制初中的为 528 学时。学生家庭作业时间则受普通中小学条例中确认的学校卫生标准的限制。比如，1990 年由国家教育委员会和卫生部颁布的《学校卫生工作条例》第五条指出："学校应当合理安排学生的学习时间。学生每日学习时间（包括自习），小学不超过六小时，中学不超过八小时，大学不超过十小时。学校或教师不得以任何理由和方式，增加授课时间和作业量，加重学生学习负担。"这些规定在当时条件下就是最优的。学生的精力有限，如果学习时间过长，学生会感觉疲劳，从而注意力减退，精神不集中。这不仅影响学习效果，还会影响学生的身心健康。学生在不健康的状况下坚持学习，必然影响学习成绩和智力发展。学生的最优时间用量，巴班斯基认为可以随着年级的升高，家庭作业的分量则逐渐增多。如果低年级家庭作业量以每天 1~2 小时为限，可以随着年级的升高，逐步提高到 2.5~3 小时，再慢慢增加到 4 小时[1]。这里的时间应该是所有家庭作业时间，而不是某个学科家庭作业时间。

由于每个学生的学习状况不同，计算学生的时间用量不能采用取平均数的做法。把平均计算优等生和差生的时间用量归为最典型的计算方法是错误的，因为这种计算方法从表面上看，学生的负担似乎不重，符合卫生学对学习时间的规定，但是这样的统计不能反映真实的学习时间，只有分别计算，才能了解学生的实际情况。

教师的最优时间用量，巴班斯基参照当时的高等学校教职员劳动定额，间接地提出中学教师的工作量最多是每周上课 18 节和备课及批改学生作业、辅导等 18 小时[2]。

巴班斯基认为，为防止学生成绩不佳而花费的时间，其最优化的标志是减少或取消教师用于补课和课外提问学生的时间；学生用于家庭作业的时间减少到学校卫生学所允许的最高标准内，减少暑假作业量，减少留级现象。

精力耗费的具体标准非常难定，因为还没有可以客观评定这种消耗的科学标准。巴班斯基认为，折算的办法特别重要。如果既定教学任务是在时间定额内完成的，而且这些时间定额是根据学生和教师的最优工作能力确定的，那么这样耗费的精力可以认为是最优的。这便是间接观测法。超过这些时间定额就是在间接发出信号，表示可能会出现师生过度疲劳的现象。精力耗费最优化的标志是：增加学生和教师经过课间休息和在家休息后恢复正常的工作精力，减少用于准备教学材料和批改学生作业的精力，减少教师在一周内进行各种"准备工作"的次数以及上、

［1］巴班斯基. 教学过程最优化：一般教学论方面［M］. 张定璋，等，译. 北京：人民教育出版社，2007：86.

［2］同［1］：62.

下午都有课的次数，减轻由于课外事物过多而造成的过重负担等。

除了以上衡量学校工作最优化的两方面标准，还可以综合考虑其他方面的因素。比如，用于教学过程的经费支出标准，这些标准主要是财政预算决定的。这是从经济学角度研究的范围，如果能够综合评定也不失为日语教学最优化的一个侧面。

应该说衡量学校工作最优化的标准不是一成不变的，而是随着社会的发展不断完善和提高的。20世纪80年代基础教育阶段的日语教学的目的一般是希望全体学生可以健康、顺利地毕业、升学，这样就达到了最优化的标准。这是长期以来的社会观念形成的认识。国家外语教育方针和政策，以及教学大纲、课程标准的改进，对日语教学过程最优化提出了更高要求。如何在达到同样教学效果的前提下，科学合理地使用时间、精力和经费，将会成为实现日语教学过程最优化必须关注的问题。

三、日语教学过程最优化的基本方法

要做到日语教学过程最优化，就要依据开展教学活动的一般方法论。巴班斯基认为，教师必须在清楚教学活动的整体及具体阶段的目的的前提下选择教学方法；依据教学活动的规律、原则、具体目的、内容和形式及其运用于类似情景的经验来确定组织、激发和检查活动的方法；还要拟定展开教学活动时运用各种形式和方法的顺序，形成最优组合。他把选择并最优解决教学任务分为六个步骤，在不同阶段提出了相应的方法。以下从日语教学过程的角度分析这六个步骤。

第一步，教师领会教学任务。

日语教学活动往往设置为不同的教学任务，教师要在领会整体要求的前提下，明确当前任务在全部教学活动中的地位；通过研究学生及所在集体的可能性、校内外环境对学生的影响、教学的物质条件和教师自身的可能性，收集使任务具体化的相关信息；要厘清本次教学任务与整体的关系，查明可以利用或依靠的优点，在实际教学中尽量发挥好的一面，防止不利方面的发展；思考如何调动每个学生的最大可能性使学生掌握本次任务中所含的日语知识和技能，包括智力的、意志的、情绪的，还有生活经验、品德修养、学习动机、兴趣爱好、生活目标或需求等。

第二步，选择完成既定任务的优先标准。

根据当前任务的特点，把现行教学大纲或课程标准中关于日语知识、技能等的评定标准进一步具体化；选择能判断师生用于该教学任务的时间是否合理的标准。

第三步，选择最佳手段和计划。

日语教师要分析该任务，明确任务内容对教学形式和方法的要求，确定能最全面、最深刻展示该教学过程所需的综合性教学手段；充分了解与该任务相关的教学法建议，如教师教学用书中提出的教学建议，考虑这些建议的优缺点和在本班实施的可能性，使教学法具体化；查询并把握以往类似条件下解决教学任务的先进经验，分析自己过去解决类似任务时的经验。综合上述信息，选出最合理的教学形式和方法。比如，依据学生的年龄，小学和初中阶段多采用较直观的教学形式和方法，高中以上阶段适当采用抽象的教学形式和方法。教师要按最恰当的顺序分配该活动各部分所需时间，选择解决该教学任务的最优活动速度。

教师还要把以上分析和思考以课时计划或教学计划的形式加以提炼，使教学任务完成的全过程清晰地呈现出来。

第四步，改善教学条件。

为了教学过程的最优化，日语教师要为解决教学任务做好理论和实践上的准备，尽可能为完成教学任务改善教学物质条件和学校卫生条件，如制作直观教具、准备技术设施、改善课堂光线和温度、减少嘈杂等；还要尽可能改善完成教学任务的精神、心理条件，如事先让成绩较差的学生对学习和完成该任务有所准备，为这些学生创设成功的机会，在他们取得初步成绩的时候及时予以奖励。教师要在处理班级中的学生冲突、师生矛盾、家长与学生的矛盾等方面有所作为。

第五步，实施教学计划。

进入实施教学计划的阶段，日语教师要调动学生努力完成教学任务的积极性，并按照既定计划的工作顺序组织教学活动；要以当时条件下最快速度开展该项教学活动，千方百计地激励学生积极独立地完成教学任务；同时，在进程中随机应变地对活动顺序、活动速度做出必要的修正。

第六步，回顾与反思。

该教学活动实施后，回顾全程并加以反思也是日语教学过程可持续最优化的重要方法。主要确认以下几个点：

1. 是否以尽可能大的效果和尽可能高的质量完成了该项日语教学任务，班集体和每个学生是否达到了教师预定的日语学业成绩和发展水平；

2. 在达到预期效果和水平的情况下，是否超过了师生课内外活动的预设时间；

3. 如果日语教学任务的某些方面没有达到最优，其原因是什么；

4. 归纳能基本保证最好地完成日语教学任务的因素，积累日语教学过程最优化的经验，将它们记录在教学法研究资料中。

上述各步骤的全部工作呈现出一个在具体条件下实现教学过程最优化的完整程序。在这样的实际工作中，教师需要熟悉教学大纲或课程标准的要求，认识日语学科的性质，掌握开展教学活动的方式方法，还要熟悉日语教科书的内容，每课要掌握的知识、技能，蕴含的教育意义等。当然，教科书是基本的教学资源，但它不能随时修改，无法反映最新的时代状况，也无法完全适应各地区或学校的实际情况。因此，教师要根据学生的认知规律，按照系统性、连贯性、科学性和可接受性，以及教学与实际相结合、理论联系实际等原则，论证展开教学的合理性，根据需要对教科书编排的内容进行取舍，同时确定需要什么课型和作业，哪些内容可以放在课外让学生自学，哪些学过的内容需要复习等。

实施日语教学过程最优化，还可以对下列问题进行研究：教师口头叙述和讲解知识的方法如何与学生独立学习的方法相结合；边讲边巩固知识的方法和讲授后巩固知识的方法，哪种更有效果；一般教学方法与程序教学方法在效果上有什么不同。

虽然这种按照课题设计的程序看上去比较复杂，但事实证明，经过认真思考，采用最优化基本方法设计的教学程序及其实施效果都是令人满意的。日语教师要掌握教学过程最优化的程序，就要学会对学生进行全面、细致的研究，在此基础上选择具体条件下的最佳方案，善于依靠现代教学资料和手段最大限度地改善教学条件，千方百计地发挥学生的积极性，善于从完成任务的效果和质量、师生付出的时间和精力的合理性来分析教学结果。经过长期积累，教师将自己取得的经验加以总结、提高，写成论文加以发表，对自身素质的提高也很有帮助。

　　其实，上述选择日语教学过程最优化的结构和基本方法都不是新东西，但是把它们连成一个系统，就呈现出了日语教学过程最优化的崭新面貌。日语教师在选择教学内容、形式和方法时，分析了自己的工作实践后便会看到，最优的选择程序中哪些因素由于何种原因被忽视了，只要有针对性地做出努力，就能保证大大提高教学效率。日语教师要有目的地组织教学过程，统一考虑教学原则、教学特点、各式各样可利用的教学形式和方法、班级和学生的特点及现实的可能性；在系统分析的基础上，自觉地、有科学根据地从多种可用方案中选择组织教学过程的最佳方案，从而保证达到该条件下尽可能大的教学效果。同时，充分利用现代化信息技术和信息资源，科学地安排教学过程的各个环节和要素，也是实现教学过程最优化的有效途径。

第三章　日语教学目标和原则

教育是一种培养人的、有目的的社会活动，教学是教育活动的重要组成部分，而教学目标是教学过程中的重要元素。教学目标是教学设计过程各个阶段对教学目的的具体化，使教学目的更加清晰、准确，为在实际教学过程中选择教学内容、教学程序和教学方法提供直接依据，也为测量学生的学习成绩提供标准，为教学质量和教学效果提供准则。随着教学理念的更新，教学目标的描述也有所改变。当前的日语教学目标注重体现教学期望学生能够做什么，即学生完成学习任务后的可观察、可评价的行为表现。

教学原则是根据一定的教学目的、遵循教学规律而制定的指导教学工作的基本要求，贯彻于教学过程的各个方面和始终。它既受教学目的的制约，又为实现教学目的服务。教学原则反映了人们对教学活动本质特点和内在规律的认识，对教学规律认识得越深，提出的教学原则就越明确，对指导教学实践也就越有效。教学原则在教学活动中的正确和灵活运用，对提高教学质量和教学效率发挥着重要的保障性作用。

由此可见，教学目标和教学原则，对教学内容、教学活动和教学方法等来说，前者是依据、是指标，后者是要求、是指导。本章分别阐述日语教学的目标和原则。

第一节 日语教学目标

一、日语教学目标的概念

在谈论日语教学目标的时候，可能有人会问，这里说的教学目标与教育目的有什么不同？

在教育领域，教育目的一般是指国家或社会对教育所要造就人的质量规格所做的总体规定与要求，也是人们对受教育者达成状态的期望，即期望通过教育，使受教育者在身心诸方面发生什么样的变化或者达到怎样的预期结果；而教学目标是指教学活动实施的方向和预期达成的结果，是一切教学活动的出发点和最终归宿，它与教育目的、培养目标既相互关联，又有所不同。教育目的和培养目标是通过一系列具体的教学目标落实到教学活动中去的，可以说，教学目标把教育目的和培养目标进一步具体化。日语学科的教学目标就是将日语教育目的和培养目标进一步具体化。

日语教学目标须以日语课程内容为媒介，它与课程内容的选择和组织密切相关，并与日语学科具体的课程内容一起呈现给教师和学生。教学目标可以分为不同层次，有总目标、不同阶段的目标、不同课次的目标等，而直接体现某一项或某一组教学目标的又称为教学任务，其中包括学生需要掌握的教学内容。所以，教学任务的完成情况直接决定教学目标是否能够实现，以及在什么程度上得以实现。

具体的日语教学目标同时也是测量和评价日语教学质量的指标，可以经过适当的定性和定量分析，用一定的数据衡量学生在日语学习方面的发展水平。因此，日语教学目标既是教学活动的出发点，也是教学活动的归宿。要保证日语教学工作取得预期的成功，就必须提出明确而切实的教学目标，并紧紧围绕既定目标开展教学活动，最后通过检验查看教学目标是否达到，判定教学工作是否取得成功。

由此可见，在日语教学过程中确定目标是一个非常重要的环节，需要也值得进行全面、深入的探讨。

二、日语教学目标的分类

确立日语学科的教学目标需要分类吗，应该如何分类？或许有人会提出这样的问题。要回答这样的问题，需要对教学目标做一些理论分析。由于这类理论一般都说"教育目标"，所以，在谈日语教学时，我们要尊重历史形成的结果，涉及相关理论时则要按照已有成果加以阐述。

（一）教育目标分类理论

早在 1920 年前后，美国教育家鲍比特和查特斯就曾经试图通过对"成人社会"的"活动分析"来确定课程目标。后来，经过查特斯的门生泰勒（Ralph Tyler）和泰勒的门生布鲁姆（Benjamin Bloom）的研究，形成了完整的教学目标分类理论。1956 年，布鲁姆出版的著作所定的标题就是《教学目标分类学》，他于同年率先发展了认知领域的教育目标分类系统。1964 年，克拉斯沃尔等人发表了情感领域的教育目标分类系统。1965 年和 1972 年，辛普生和哈罗又分别提出了动作技能领域目标分类提纲。此外，还有加涅（Robert Mills Gagne）的学习结果分类理论、梅瑞尔的教学目标分类理论等。然而，这些教学目标分类理论对我国在 21 世纪之前日语教学的影响是有限的。特别是 20 世纪 50 年代，我国受苏联教育的影响非常大，苏联的教育学和教学论在当时提出的教学目标主要是三类：知识、技能和技巧。1983 年，巴班斯基主编的《教育学》中，对教学目标的分类比较系统和全面，论述了教学必须执行的三种职能：教养职能、教育职能和发展职能。这实际上是把教学目标分为三类，即教养目标、教育目标和发展目标。其中，教养目标包括掌握知识，形成专业和一般的学习技能和技巧；教育目标包括形成道德、劳动、审美和伦理观念、观点和信念，形成在社会中相应的行为方式和活动方式，形成理想、态度和锻炼习惯等；发展目标包括发展感知、智力、意志、情感、动机等个性。只是这些理论在 21 世纪之前对我国日语教学目标的影响相对滞后和有限。

（二）我国中学日语教育目标梳理

从我国各阶段的日语教学大纲和课程标准可以看出日语教学目标的变化。中华人民共和国成立至今，我国针对高等教育的日语教学一共出版了 10 部教学大纲或教学要求（见表 3-1）。

表3-1　高等教育日语教学大纲或教学要求

时　　间	名　　称
1980年	日语教学大纲（草案）高等学校理工科本科四年制试用
	日语（第二外语）教学大纲（草案）高等学校理工科本科四年制试用
1989年	大学日语教学大纲
1990年	高等院校日语专业基础阶段教学大纲
1993年	大学日语（第二外语）教学大纲（非日语专业本科用）
2000年	大学日语教学大纲（第二版）
	高等院校日语专业高年级阶段教学大纲
2001年	高等院校日语专业基础阶段教学大纲
2005年	大学日语第二外语课程教学要求
2008年	大学日语课程教学要求

针对基础教育的日语教学出版了 12 部教学大纲或课程标准（见表3-2）。

表3-2　基础教育日语教学大纲或课程标准

时　　间	名　　称
1982年	中学日语教学纲要
1986年	全日制中学日语教学大纲
1988年	九年制义务教育全日制初级中学日语教学大纲（初审稿）
1990年	全日制中学日语教学大纲（修订本）
1992年	九年义务教育全日制初级中学日语教学大纲（试用）
1995年	九年义务教育全日制初级中学日语教学大纲（试用）第2版
1996年	全日制普通高级中学日语教学大纲（供试验用）
2000年	全日制普通高级中学日语教学大纲（试验修订版）
2001年	全日制义务教育日语课程标准（实验稿）
2003年	普通高中日语课程标准（实验）
2012年	义务教育日语课程标准（2011年版）
2018年	普通高中日语课程标准（2017年版）

这里仅以基础教育日语教学大纲或课程标准为例，揭示日语教学目标及其分类的变化。

1. 20 世纪 80 年代至 90 年代前期的日语教育目标

1982 年出版的《中学日语教学纲要》只提出了教学目的和要求。"中学日语的教学目的，是对学生进行听、说、读、写的基本训练，培养在口头和书面上初步运用日语的能力，在高中阶段着重阅读能力的培养，为进一步学习和运用日语打好基础。"要求"中学日语课从初中一年级起开设"，"学生通过初、高中六个年级的学习，掌握语音和语法的基础知识和基本技能，学习2500~3000个单词和100个左右的惯用型（详见其所附《中学日语常用词汇及惯用型表》），能阅读一般题材的浅易日语读物。具有初步的听、说、读、写的能力"。

从这段文字可以看出，当时的纲要没有关于教育目标的描述。从上述教学目的和要求来看，教学目标与苏联提出的"知识、技能和技巧"三类比较相似。其后，1986年出版的《全日制中学日语教学大纲》及1990年的其修订本、1988年出版的《九年制义务教育全日制初级中学日语教学大纲（初审稿）》、1992年出版的《九年义务教育全日制初级中学日语教学大纲（试用）》以及1995年的第二版均与上述纲要接近，都是从教学目的和教学要求上加以描述，内容大致相似，当然也都含有对思想品德方面的目的要求，这里从略。

2. 20世纪90年代后期的日语教育目标

1996年国家教育委员会（以下简称"国家教委"）基础教育司编订的《全日制普通高级中学日语教学大纲（供试验用）》及2000年颁布的其试验修订版首次在教学目的下设置了教学目标。

根据《全日制普通高级中学课程计划（试验修订稿）》，《全日制普通高级中学日语教学大纲（试验修订版）》把全日制高级中学日语教学目标分为一级目标和二级目标。一级目标是全日制普通高级中学毕业的较低水平；二级目标是普通高级中学毕业的较高水平。一级目标和二级目标的教学内容相同，而对语言运用能力的要求不同。在第一、二级目标里，对听、说、读、写、语音、词汇、语法分别做出规定，但没有涉及范围更广的目标。不过，以往教学大纲中虽然没有单独设立教学目标，但应该说教学目的和教学要求中包含了教学目标的内容。1996年颁布的《全日制普通高级中学日语教学大纲（供试验用）》及2000年的其试验修订版的教学目的与以往有所不同，这里做如下对比。

"全日制普通高中日语教学目的是：在义务教育初中日语教学的基础上，使学生巩固、扩大基础知识，发展听、说、读、写的基本技能，提高初步运用日语进行交际的能力，侧重提高阅读能力；使他们在日语学习过程中，受到思想品德、爱国主义和社会主义等方面的教育，增进对外国文化，特别是中日文化异同的了解；在学习中，发展学生的智力，培养创新精神和实践能力，形成有效的学习策略，为他们的可持续发展奠定基础。"

从这段文字可以看出，日语教学不仅强调知识和技能，而且要培养运用日语进行交际的能力，强调在日语学习过程中需要开展思想品德、爱国主义和社会主义教育，特别提到了了解中日文化异同，还提出要发展智力、培养创新精神和实践能力，形成有效的学习策略等。其中，文化异同、创新精神和实践能力及学习策略等是以往日语教学大纲中未曾涉及的。从中可以窥视到所含教学目标的变化。这些变化映射出国内教学论在吸收国际学术思想方面对日语教学大纲研制的影响。

整体上看，课程目标分类与苏联的教学理论比较接近，即教学目标分类是包括了教养目标、教育目标和发展目标。教养目标主要体现在掌握日语知识，形成一定的言语技能和有效的学习策略；教育目标主要体现在思想品德、爱国主义和社会主义教育以及创新精神和实践能力的培养；发展目标主要体现在发展智力，培养和提高学生人文素养等方面。值得注意的是，巴班斯基等在发展目标中包含的发展运动、意志、情感、动机等个性方面在日语教学大纲中还没有体现。布鲁姆等提出的教学目标包括三个主要方面，称为"认知领域""情感领域""技能领域"。其中，情感领域是由克拉斯沃尔（David R. Krathwohl）于1964年提出的。提出后曾引发不同意见，例如：认为情感目标难以用行为变化描述，所以没有意义；情感因素，特别是价值观、态度等是潜移默化的，教学中难以控制；等等。这些理论上的争论是不是当时我国基础教育阶段日语教学大纲在发展目标上尚未提及情感因素的原因呢？

3. 进入21世纪以后的日语教育目标

2001年颁布的《全日制义务教育日语课程标准（实验稿）》和2003年颁布的《普通高中日语课程标准（实验）》遵循《基础教育课程改革纲要（试行）》的精神，在明确了日语课程性质的基础上，在新的改革理念指导下提出了全面提高学生素质的日语课程目标。课程目标分为总目标和不同层面、级别的目标。总目标为培养学生的综合语言运用能力，这种能力的形成建立在语言知识、语言技能、文化素养、情感态度和学习策略等综合发展的基础之上。分级目标采用了国际通用的方式，将义务教育阶段的日语课程目标设定为一、二、三级；高中阶段设定为四、五、六级。这样的目标分类突破了以往历次日语教学大纲的描述，体现出日语教学目标多视角的层次和水平。而且，与以往日语教学大纲不同的另一个特点是，上述课程目标主要是对学生经过一定努力之后的学习结果做出行为描述，即经过日语学习过程，学生可以运用日语做什么事。这就不仅有了巴班斯基提倡的教养目标、教育目标和发展目标，布鲁姆等划分的认知领域、情感领域和行为技能领域的教育目标也显现出来了。

例如，《全日制义务教育日语课程标准（实验稿）》[1]的一级目标如下：

能在教师的指导下做游戏。能唱简单的日语歌曲。

能用日语交换简单的个人信息，围绕日常生活、学习用品、家居、学校设施等话题开展课堂内外的学习活动。掌握问候、告别、感谢、道歉等最基本的日常寒暄表达方式。

能书写单词，能根据图片或提示写简单的句子。

对日语学习中接触的文化背景感兴趣。乐于了解异国文化。

对日语学习表现出兴趣，乐于学习，积极合作。

能在学习中主动请教，积极探索适合自己的学习方法。

《普通高中日语课程标准（实验）》[2]的四级目标如下：

日语学习动机比较明确，乐于大胆地用日语表达和交流。

从所学范围的视听或书面材料中获取主要信息，并简短表达自己的意愿和观点。用比较规范的格式书写便条和简短的信函，比较准确地介绍身边的事物。

在义务教育阶段的基础上，进一步了解交际中语言文化背景，体会其内涵。

---

[1]中华人民共和国教育部. 全日制义务教育日语课程标准（实验稿）［M］.北京：北京师范大学出版社，2001：8.

[2]中华人民共和国教育部. 普通高中日语课程标准（实验）［M］.北京：人民教育出版社，2003：8.

比较有针对性地制订学习计划，提高日语学习效率。有效地询问信息和请求帮助，在教师的帮助下，主动参加多种言语实践活动。

2012年出版的《义务教育日语课程标准（2011年版）》在课程目标上没有突出变化，而2018年出版的《普通高中日语课程标准（2017年版）》的课程目标因国家课程方案的调整而有较大变化，强调"学科核心素养是学科育人价值的集中体现，是学生通过学科学习而逐步形成的正确价值观念、必备品格和关键能力"，"日语学科素养由语言能力、文化意识、思维品质、学习能力组成，彼此相互联系、相互融通，是日语学科育人的根本要求。"其教学目标不再按照级别描述，而是强调以立德树人为本，整合日语学习的知识和技能、过程与方法、情感态度与价值观三者之间的关系，通过以"理解与梳理""表达与交流""探究与建构"为主要路径的日语实践活动，使学生在语言能力、文化意识、思维品质、学习能力等方面得到均衡发展[1]。其中既包含认知性的教育目的，也包含非认知性的教育目的。认知性的教育目的可以用行为目标的形式来呈现，如《普通高中日语课程标准（实验）》中的行为描述；而非认知性的教育目的，如学生的个性与创造性等，则需要通过表现性目标来加以陈述。《普通高中日语课程标准（2017年版）》的课程目标正是在这一点上迈进了一步。

4.日语教育目标分类分析

从上述目标设定，我们可以了解到日语教学目标与以往相比发生了很大变化，出现教育目标分类的多元化。它体现出新课程理念的三个方面：知识与技能、过程与方法、情感态度与价值观。其中，"知识与技能"一直是我国基础教育课程的主要目标，它强调基础知识和基本技能的获得；"过程与方法"让学生学会学习，使学生在获得知识的过程中获得学习方法和发展能力；"情感、态度与价值观"不仅涉及人的理性发展，更致力于学生的人格完善。这三个方面体现出国家对学生全面发展、个性发展和终身发展的要求，体现出素质教育与学科课程的有机联系，也体现出时代对基础性学习能力、发展性学习能力和创新性学习能力培养的整体期待。

"知识与技能""过程与方法""情感、态度与价值观"这三个方面的

---

[1] 中华人民共和国教育部.普通高中日语课程标准（2017年版）[S].北京：人民教育出版社，2018：5.

理论依据是什么？我们尝试从布鲁姆、加涅、马扎诺等学者对教育目标分类的研究成果一探究竟。

　　布鲁姆是美国芝加哥大学教育学、心理学教授。1948 年，他与 30 多位"学院和大学考试委员会"成员组成一个研究小组，对制定教育目标分类体系展开了大规模研究。教育目标分类学体系分为认知、情感、动作技能三个领域。布鲁姆完成的主要是认知领域，以克拉沃尔和哈罗（A. J. Harrow）为主分别完成情感领域和动作技能领域。这三册书分别于 1986 年和 1989 年介绍到我国，其中第一分册由安德森（L. W. Anderson）和克拉斯沃尔组织相关专家历时 4 年完成修订工作，于 2001 年正式发表：《学习、教学和评价的分类学：布鲁姆教育目标分类学修订版》（*A Taxonomy for Learning，Teaching and Assessing：A Revision of Bloom's Taxonomy of Education Objectives*），因此安德森等人的教育目标分类学又被称为"2001 版教育目标分类学"。

　　1956 年出版的《教育目标分类学第一分册：认知领域》将学习的认知领域分为知识、领会、应用、分析、综合、评价六个层次[1]，认知目标分层次递进，教育行为按照由简到繁的次序排列，学习者的思维活动由低级到高级排列，显示出较强的系列性和积累性；1964 年出版的《教育目标分类学第二分册：情感领域》具体描述该系统的各个部分——接受、反应、价值评价、组织、由价值或价值复合体形成的性格化五个部分，并给出各部分教育目标的实例[2]；1972 年出版的《教育目标分类学第三分册：动作技能领域》由心因与动作构成，可以表示意向动作或随意动作，包括六个类别：反射动作、基础性基本动作、知觉能力、体能、激情动作、有意沟通[3]。其中反射动作和基础性的基本动作是随身体发育自然形成的，不是习得的技能。

　　加涅是继布鲁姆之后，又一位对目标理论有重大影响的美国当代著名

[1] 布卢姆，等. 教育目标分类学：第一分册　认知领域 [M]. 罗黎辉，丁证霖，石伟平，等，译. 上海：华东师范大学出版社，1986.

[2] 克拉斯沃尔，布卢姆，等. 教育目标分类学：第二分册　情感领域 [M]. 施良方，张云高，译. 上海：华东师范大学出版社，1989.

[3] 哈罗，辛普森. 教育目标分类学：第三分册　动作技能领域 [M]. 施良方，唐晓杰，译. 上海：华东师范大学出版社，1989.

教育心理学家，教学设计专家，代表作有《学习的条件》（*The Conditions of Learning*）和《教学设计的原理》（*Principles of Instructional Design*）。加涅把预期的教育目标归纳为五种学习结果：言语信息、智力技能、认知策略、动作技能、态度。其中，言语信息、智力技能和认知策略属于认知领域，动作技能属于动作技能领域，态度属于情感领域。加涅的学习结果分类几乎涵盖了人类学习的所有内容，其教育分类理论得到了美国教育界的普遍认可，在教学设计领域也得到了广泛应用。

马扎诺（Robert J. Marzano）博士是美国中部地区教学实验室（Mid-continent Regional Educational Laboratory，McREL）的高级学者，也是一位课程改革专家。

2000 年，以马扎诺为代表的团队编著了《设计一个新的教育目标分类学》（*Design a New Taxonomy of Educational Objectives*）一书，于 2001 年正式出版。这本书继承了布鲁姆教育目标分类学理论，结合近年来人们对"大脑是如何工作的""知识的本质"以及两者之间相互作用的研究成果，详细论述了一个人的学习行为模型。2007 年，马扎诺与肯德尔（John S. Kendall）合作，修订了该书第一版的部分内容，出版了《教育目标的新分类学》（*The New Taxonomy of Educational Objectives*）第二版，进一步明确和完善了马扎诺新教育目标分类学的二维框架模型，如图 3-1 所示。

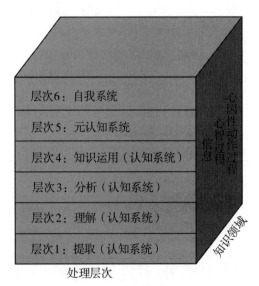

图 3-1 马扎诺教育分类模型

这个分类模型建立在人的学习行为模式基础之上，它构成一个立方体。一侧从上至下分别描述三个思维系统，即自我系统、元认知系统和认知系统在心智加工处理过程中的六个层次。下面四个层次代表认知系统的四个组成部分：提取、理解、分析、知识运用。第五层是元认知系统，第六层是自我系统。模型的另一侧描述了知识领域的三种不同类型：信息、心智过程和心因性动作过程。

马扎诺的新教育目标分类学对布鲁姆学说的改进主要体现在两个方面。一是将知识从心智活动中分离出来，将元认知定位于认知过程之上，将自我系统置于加工水平的顶端；二是重构了学习活动中思维水平分类层次，即三个知识领域贯穿心智处理过程中加工水平的六个层次，并以不同的方式相互作用。

从布鲁姆教育目标分类学（2001版）来看，知识分为四个层次——事实性知识、概念性知识、程序性知识和元认知知识。在日语教学中，事实性知识指学习者在掌握日语时必须知道和了解的基本要素，如日语词汇。概念性知识指按一定结构组织起来的能够使语言要素互相作用、互相影响的知识，如日语语法规则。程序性知识是一套做事的步骤，强调的重点是如何做，如日语五段动词的词尾变化怎么呈现、日语阅读技巧、日语写作步骤等。元认知知识指有关认知的知识，包括一般认知和自我认知的知识，例如：正确地认识自己的兴趣、爱好、学习习惯、能力及其限度；知道记忆、理解有不同的水平，集中精力在认知活动中的重要性，人的认知能力可以改变；知道不同认知活动的目的和任务可能是不同的，有的认知活动可能有更多、更高、更难的要求；知道认知活动有哪些策略，各种认知策略的优点和不足是什么，它们应用的条件和情境如何，对于不同认知活动和不同认知任务，什么样的策略可能是有效的；等等。从上述分析出发，日语课程标准的语言知识、语言技能、文化素养、情感态度和学习策略中都含有"知识"的成分。语言知识、文化背景多属于事实性知识、概念性知识，一部分属于程序性知识，而情感态度和学习策略多属于元认知知识。

马扎诺教育目标分类学中的"心因性动作技能"分为三个层次：单个动作、简单动作组合、复杂动作组合。日语课程标准中，语言技能中的听、说、读、写以及文化素养中的言语行为特征和非言语行为特征可以是单个动作，也可以是不同技能的简单动作组合或复杂动作组合。

对情感、态度、价值观我们尝试做以下分析：

在研究教育目标分类理论中，研究态度的领域一般分为认知和情感两个方面。马扎诺的自我系统思维在研究态度时很大程度上带有认知方面的影子，而克拉斯沃尔、布鲁姆等则在态度研究中呈现由引起或伴随的情感成分。

人们对价值观的认识有多种看法，布鲁姆认为，价值较少部分是个人自己的价值评价或评定结果，较多部分是一种逐渐被内化和接受的社会产物，是被学生用来作为自己的价值准则的社会产物。在布鲁姆教育目标分类学"情感领域"的五个类别（接受、反应、价值评价、组织、性格化）中，前两个类别"接受""反应"中均未涉及"价值"，而且这两个类别的行为是不稳定的，带有个人偏爱和性情好恶的波动性。第三个类别"价值的评价"涉及"价值"。布鲁姆倾向前三个类别是"情感连续体"[1]，它从"个体觉察到某种现象并能直觉到"这个（认知）层次出发，经过"愿意注意某些现象"，再对这些现象做出反应，并具有积极的情感，最后这种情感强烈到让人体特别努力地做出反应。在上述进程中，该个体把自己的行为和情感概括化，使之组织成一个结构，这个结构不断复杂化，以至成为该个体的人生观。

举个例子来说，学生阅读一个有关处理垃圾的日语网页，对其中涉及的垃圾分类方法感兴趣，于是非常关注这个网页，并学会用日语表示相关事项，联想到身边的垃圾和自身的行动，与同伴们讨论应该为处理垃圾和再生资源做什么。长此以往，学生不仅学习了日语，认识了垃圾分类的方法，学会了处理垃圾的方法，也会逐渐养成节约能源、资源再利用的好习惯，以至形成自己的人生观、价值观的一部分。因此，日语教学不仅是帮助学生学习日语，还需要按照课程标准的教育目标分类来组织教学活动，使学生既能掌握知识和技能，又能通过这种学习及情感体验把所学的东西内化成习惯，在发现问题、分析问题、解决问题的历

---

[1]克拉斯沃尔，布卢姆，等.教育目标分类学：第二分册 情感领域［M］.施良方，张云高，译.上海：华东师范大学出版社，1989：23.

练中促进价值观的生成和发展。

三、日语教学目标的设计及其表述

明确了日语教学目标的含义，了解了日语教学目标的分类，再来讨论一下如何设计和表述日语教学目标。

（一）日语教学目标的设计

设计日语教学目标需要思考许多问题，重点有以下几个方面。

1. 课程标准

日语课程标准是当下设计日语教学目标的重要依据，其中规定了总的课程目标、内容标准、实施建议等，同时提供了具体的案例。课程标准对日语教学具有指导性、导向性，是学校和课堂教学都必须遵循的。

2. 日语学生

设计日语教学目标还必须研究自己学生的具体情况，要关注他们的一般特征和实际能力。一般特征指处在基础教育阶段或高等教育阶段学习者的普遍心理特点；实际能力指学习者在学习某项内容之前已经具备的知识、技能以及他们对学习内容的认识和态度。

从学习者的年龄特征看，不同的年龄需要区别对待。儿童和青少年需要获得一定的系统知识，为今后的学习打下牢固的基础。当他们具备一定基础和经验后，就可以不断地提出问题，学会分析问题和解决问题。从学习者的个体差异看，每个学生获取信息的速度、对外界刺激的感知和反应不同，显现出来的学习特点和思维方向也不同。有的学生动手能力强，有的学生勤于思考，还有的学生乐于表达、愿意与人交流。根据学生的特点制定日语教学目标，可以提高教学的准确性和教学效率。

从学习者的实际能力看，需要了解他们学习某项内容之前已经具有的相关技能、知识，以及对即将学习的内容是否感兴趣。如果学习者表现出积极的态度，就说明他有学习动机，并对掌握这项内容有一定的信息，如果按照预期实现教学目标，学生会产生满足感。这与学生的现有水平和可能发展的水平相关，维果斯基（Lev Vygotsky）将学生现有水平与发展水平之间的差距称为"最近发展区"[1]。而日语教学最需要着眼的正是这个最近发展区，为学习者提供有一定难度的内容，调动学习者的积极性，发挥他们的潜能，让学习者争取超越他们的最近发展区，达到较高的发展水平，然后在此基础上进入下一个发展区。确定学习者的受教育程度和基本能力水平，这样就可以预测学习者的最近发展区，从而有利于学习者进行系统化学习。

3. 教学内容

对基础教育而言，教学内容主要指教学大纲或课程标准中规定的相关知识和技能。就日语教学来说，分析教学内容是为了确定具体教什么，用什么方式和策略来教。这就需要将教学大纲或课程标准中规定的内容加以细化，根据不同时期、不同阶段、不同类别确定教学目标。

分析教学内容分为两个步骤：第一，按照学习类型将日语教学要求分类；第二，分析教学要求，确定达到该要求的主要步骤。

4. 环境分析

这里的环境分析包括学习环境分析和应用环境分析。学习环境分析包括两方面内容，即现状和应该具备的条件。现状指教学将发生在一个什么样的环境中，如教室、校园或是所需的校外场所，分析这个教学环境及其对教学产生的影响。应该具有的条件指支持教学所需的设施、设备和教学资源。

应用环境分析指所学知识和技能将在什么环境下应用，这个环境的特点是什么。学习日语不仅是为了应付考试，重要的是所掌握的知识和技能及学习态度会被应用到课堂以外的某个场合，如从事翻译工作、进行外事接待等。从建构主义的观点看，详细分析应用环境，可以帮助学生建构知识，提升应用意识。

（二）教学目标的编写

日语教学目标的编写形式多种多样，其中比较典型的有三种：一是行为目标，二是生成性目标，三是表现性目标。

---

[1] 维果斯基. 维果斯基教育论著选 [M]. 余震球，译. 北京：人民教育出版社，2005.

1. 行为目标

行为目标指可以通过观察、测量具体行为变化并加以陈述的目标，它被广泛应用于教学，在这里我们主要指学生参与日语教学活动后发生的行为变化。

行为目标有三个特点:（1）强调目标的具体性、可操作性、可观测性；（2）统一性；（3）预定性。

行为目标的概念由美国俄亥俄州立大学的泰勒教授最先提出。泰勒认为，最有用的目标陈述形式就是行为目标，即用可观察的学生行为来陈述某一特殊的学习结果。然而，不同的人对如何编写行为目标有不同看法。

美国当代著名教育心理学家、教学设计专家加涅认为，一个行为目标包括四要素或五要素。四要素指引发行为的刺激环境、表示行为的动词、表示动作作用对象的名词和说明动作完成好坏的词组；五要素指环境、工具和约束、动作、对象以及能力，其中的环境、工具和约束是用于定义条件的元素。

美国行为派心理学家马杰（R. Mager）在泰勒的影响下，于 1962 年出版了他的《准备教学目标》一书，系统提出了用行为术语陈述教学目标的理论。

马杰提出教学目标的编写包括三个基本要素:行为表现、条件和标准。

行为表现指用行为动词描述教学结束时学生的终点行为，同时还要说明学生的这种行为表明他具有的能力。比如，从日语教学结果来说，学生能区分日语文章中陈述事实和发表议论的部分是学生的行为表现。

条件指学生在什么情况下表现出上述终点行为，即对学生的预期行为做出规定。例如，环境因素（空间、光线、温度、气候、室内或室外、安静或嘈杂等），人的因素（独立、小组、班级，是否有教师指导等），设备因素（计算机、网络、投影仪、手机等），教材因素（教科书、资料、笔记、词典、图表等），时间因素（时间限制、语速要求等）。比如，日语活动描述的目标是"通过阅读，预测故事情节的发展"，可以设定在 20 分钟内、课上、借助插图、允许使用工具书等条件限制。

标准指学生达到目标时表现出来的、可以通过考核或检测的最低行为水平，也是合格行为的最低标准。这个标准用于评价学生表现出来的终点行为。标准一般根据行为的速度、准确率和质量三个方面决定，须对终点行为做出说明，使教学目标具有可操作性。比如，日语活动的某项标准设定为在两分钟的听写过程中，选择性地记录关键信息，理解语篇中的主要人物关系。

马杰的教学目标编写理论在我国被广泛应用，可以说 2000 年制定的新课程标准的基石之一就是马杰的行为目标理论。在那本简短而可读性极强的《准备教学目标》中，马杰提出教学目标应该陈述课堂结束时学生的终点行为，即"学生能做什么，以证明他的成绩以及教师怎样知道学生能做什么"。日语教师用这种方式设定教学目标，可以把学生内隐的心理状态转化为外显的行为表现，呈现出学生在课堂教学结束时应该达到的行为指标。

2. 生成性目标

生成性目标指在教育情境中，随着教育过程的展开而自然生成的课程与教学目标，它关注的不是由外部事先规定的目标，而是强调教师根据教学活动的实际进展而提出的相应目标。生成性目标把课程与教学视为一种动态生成的过程，强调学生与教育情境的交互作用，因而表现出对"实践理性"的追求。

生成性目标是英国课程理论家劳伦斯·斯坦豪斯（Lawrence Stenhouse）在教育研究和探讨课程的设计发展方面做出的卓越贡献。他在大量理论研究并吸收英国许多课程编制实践经验的基础上，提出了著名的"过程模式"课程理论，并对泰勒的"目标模式"作了详细分析和批判。斯坦豪斯的过程模式的基本思想主要体现在其代表作《课程研究与编制入门》中。斯坦豪斯认为，课程的研究和开发应该是一个动态的、持续发展的过程，课程的设计应该是研究、编制、评价合一的。人们可以用详细说明教学内容和过程中各种原理的方法来合理设计课程，而不必用目标来预先指定希望达到的结果。

在日语教学活动中，生成性目标同样反映出学生在体验语言实践过程中产生的内在要求，日语教师可根据学生先前的经验和活动过程了解学生需求，从而形成灵活的、适应学生兴趣和当前发展的学习目标。过程原则是指导日语课程全过程的总要求或总目标，而这里的总目标不同于目标模式的预定目标，因而它不构成最后的评价依据，是非行为性的。总目标的主要功能是概述日语教学过程中可能出现的各种学习结果，使教师明确日语教学过程中的内在价值标准及总体要求，而无对课程实施最后结果的控制。

3. 表现性目标

针对行为目标的局限性，美国的另一位课程理论的研究者艾斯纳（E. W. Eisner）提出"表现性目标"的概念。这也是课程目标编写的一种主张。

艾斯纳认为，课程目标的编写有三种不同的形式：行为目标、解决问题的目标和表现性目标。解决问题的目标不是把重点放在特定的行为上，而是放在认知灵活性、理智探索和高级心理过程上的。表现性目标是唤起性的，而非规定性的。它不规定学生在完成学习活动后所习得的行为，而是描述教育中的"际遇"，即指明学生将做作业的情境、要处理的问题、要从事的任务，但并不指定学生将从这些"际遇"中学到什么。

艾斯纳认为，所有的学习活动都是具体的，所有的课程活动结果都应该是开放的，他给出了一些怎样叙写表现性目标的例证，如"参观幼儿园并讨论那里发生的有趣的事情""使用铁丝和木块发展三维形式"。[1]由此可见，表现性目标关注学生在活动中表现出来的某种程度上首创性的反应形式，而不是事先规定的结果。

艾斯纳区分了教育的两种目的：使学生掌握现成的文化工具和培养学生的创造性反应。后一点超出了已有的文化工具性，有助于发展文化并使其个性化。在此基础上，他区分了适合于第一个目的的教学目标与适合于第二个目的的表现性目标。艾斯纳写道：

"一个表现性目标既为教师也为学生提供了一份请帖，邀请他们探索、追随，或集中争论探讨者们特别关心或特别重要的问题。一种表现性目标是唤起性的，而非描述性的。表现性目标旨在成为一个主题，学生围绕它可以运用原来学到的技能与理解了的意义，通过它扩展、拓深那些技能与理解，并使其具有个人特点。应用一种表现性目标，人们期

[1] EISNER E W. The art of educational evaluation: a personal view [M]. Philadelphia: Taylor & Francis, Inc, 1985: 54–55.

望的不是学生反应的一致性，而是反应的多样性。在表现性目标的背景中，教师希望为学生提供一个情境，在这一情境中，各种意义是个性化的，学生创造其产品，这些产品既包括定性的，也包括定量的，并像这些学生一样是千差万别的。随之而来的，这种情境的评价工作并不应用某种共同标准，而是以创造出来的产品为基础，揭示其独特性与重要意义。在表现性目标的背景中，产品给其创造者带来的惊喜与给予教师的惊喜一样多。"

这些描述反映出艾斯纳的表现性目标对人文主义的追求，它重视人的个性，尤其是教师和学生在课程教学中的自主性、创造性。同时，艾斯纳并未完全否定行为目标的合理性，但他认为行为目标只适合人在发展中的较低层面。所以，他以解决问题的目标进一步补充行为目标的不足。

4. 日语教学目标编写的多样性

制定教学目标是日语教师备课与教学的重要内容。如何编写教学目标也是日语教师需要思考的问题。自开设日语课程以来，教学目标的呈现形式经历了一个不断发展的过程，我们对如何呈现日语教学目标的认识也有一个不断深化的过程。

传统的日语教学目标规定了学生要做的事，或者列出日语课程要涉及的课题、概念等内容要素，如掌握语音基本知识，提高听、说、读、写基本技能；或者规定能概括出来的各种行为形式，如培养口头上和书面上运用日语的能力，着重培养阅读能力，态度端正，养成科学的学习方法和良好的学习习惯等。

由于上述呈现形式没有反映学生通过日语学习出现的变化，在21世纪初课程改革时，根据教育部的整体部署，在课程标准中改用行为动词的形式描述经过一段时间的学习，学生的行为变化和达到的水平。行为目标的陈述形式便于操作，具有可测量、可观察的优点，因而受到追捧。由此形成一种观念，认为课程目标应该具体、清晰，且操作性强，教师在叙写教学目标时要以课程标准的行为动词为依据，科学、合理和准确地运用这些行为动词。受到行为目标的影响，一些日语教师在教学实践中，从传统且较模糊的目标陈述走向更加具体、可操作和可测量的行为目标。这种变化有其积极的一面，但任何事物都不能走极端。诸如人文与科学素养这类具有个性化的品质就难以用行为目标的方式呈现出来。

如前所述，行为目标是泰勒最早提出的。于此同时，就有人开始反思和批判行为目标的局限性，即当教育的所有结果都尝试以行为目标呈现的时候，这种目标模式不仅不能达到其指导教学的目的，还会妨碍达成更加有意义的教育结果。斯坦豪斯在《课程研究与编制入门》一书中就对此有系统的展示与分析。有关行为目标批评的焦点是有一些教育结果不能用行为目标来描述，真正有价值的教育结果未必表现在学生的行为上。

艾斯纳提出的"表现性目标"概念旨在表明一种课程目标陈述的取向，即如果我们对教育目的做出有意义的区分，则不同的教育目的会有不同的目标陈述形式。认知性的教育目的可以用行为目标的形式来呈现，而非认知性的教育目的，如学生的个性与创造性等，则需要通过表现性目标来加以陈述。行为目标作用的边界就是表现性目标的功能领地。行为目标与表现性目标并不是相互冲突的，就教学和指导学生而言，它们是相互补充的。不同的目标呈现形式有着不同的适应对象和适用范围，对日语教学也有着不同的指导意义。我们必须在课程理论和课程开发中为不同的目标找到其恰当位置和适用范围，明确它们以何种方式相关联，这样才能更有利于不同类型的学生开展不同的学习活动。

第二节　日语教学原则

一、日语教学原则的概念

日语教学原则是根据日语教育目的及教学规律制定的指导日语教学工作的基本要求，也是指导日语教学活动的一般原理。

日语教学原则制定的客观依据主要包括以下几个方面。

（一）教学原则来自教学经验的总结和提升

在长期的日语教学工作中，总会不断探索出一些成功的经验或失败的教训，反复认识这些经验教训，不断深化，由感性认识上升到理性认识，再经过概括、抽象就可以提炼成为教学原则。比如"听、说领先，读、写跟上"。当然，先哲们自古以来提出的"学而时习之""因材施教""教学相长"等教学原则同样适用于日语学科。这些教学原则是从教学实践中总结归纳的，其又反过来指导着教学实践。

（二）教学原则反映教学规律

古今中外，尽管各级、各类的教育活动有很大差异，但作为一种认识过程都存在着共同的、不以人主观意志为转移的客观规律。从实践中总结归纳的教学原则之所以被广泛采纳，是因为它们符合教学规律。

教学原则是教育者根据主观判断提出来的，它受到人们对客观规律认识的制约，越符合客观规律就越会被长期使用。当然，教学原则也会随着时代的变迁有所变更，并留下时代的印迹。我国自 1949 年以来，在一段时间内受苏联教育思想影响很大。苏联教育家凯洛夫（И. А. Кайров）总结了 20 世纪 20 年代的经验教训，根据 20 世纪 30 年代的时代要求提出的直观性原则、自觉性与积极性原则、巩固性原则、系统性与连贯性原则、通俗性与可接受性原则；20 世纪 70 年代，巴班斯基从四个方面提出的九个教学原则（从教学目的方面提出的教学方向性原则，从教学内容方面提出的教学与共产主义建设实际相联系原则、科学性原则、系统性原则、连贯性原则、可接受性原则，从选择教学形式和方法方面提出的全班教学、小组教学与个别教学合理结合原则，口头教学、直接教学、实践教学、再造性教学和探索性教学及其他教学方法合理结合的原则，从分析教学效果方面提出的教学的教养效果和教育效果统一的原则）都对我国各学科制定教学原则产生过很大影响。但教学原则不是僵化不变的，随着社会和教育事业的发展，我国自主制定的教学原则也在不断发展完善。

（三）教学原则受教学目的的制约

任何教学原则的提出都应服从一定的教育目的。我国是社会主义国家，育人目的是让学生在德、智、体、美等方面都得到发展，成为社会主义现代化建设的有用之才。在这样的教育目的指导下，教学原则中必须包括促进学生全面发展、理论联系实际等内容。注重培养创造性、因材施教等内容也从不同侧面体现出社会主义教育目的的要求和教育工作的基本方向。

（四）教学原则与教学规律和教学原理的关系

日语教学原则与日语教学规律和日语教学原理相关，但他们的范畴并不相同。日语教学规律是客观存在的，它可能会被我们意识到，也可能不被我们所意识。日语教学原理是教育研究者归纳和表述的日语教学规律。

教学原理的任务及特点在于说明教学规律，而日语教学原则与日语教学原理最大的不同在于，它在反映日语教学规律时，带有明确的目的性和实践性。日语教学原则要从教学原理中得出付诸实施的行动要求。如果日语教学目的和教学实践的需求不同，依据同一条教学规律，可能会得出不同的教学原则。比如，"教学永远具有教育性"是客观的教学规律，但在不同社会、不同阶级提出的教学原则是不一样的。

日语教学原则对日语教学规律的反映也不是直接的，而是通过教学原理来反映的，即教学原则对教学规律的反映直接取决于研究者对教学规律的主观认识。由于主观上对客观教学规律的认识不同，在同一条规律面前就可能提出不同的教学原则。比如，"日语教学中理论和实践具有辩证关系"是一条客观存在的规律，据此既可以根据马克思主义的教学原理提出理论联系实际的教学原则，也可以根据杜威的主观经验论或实用主义教学论，提出"在做中学"的教学原则。

因此，教学原则、教学原理、教学规律有时是彼此符合乃至重合的。我们提出的一些教学原则，如思想性和科学性统一原则、理论联系实际原则，这些既可以看作是教学原则，又可以看成是教学原理，还可以视作教学规律。但是，它们毕竟不是同一个东西，只是在某一场合下，教育目的、教学目的、对教学客观规律的认识与客观规律取得或基本上取得一致。事实上这样的情况很少，大部分的情况下它们是互不一致的。

所谓互不一致，是说教学原则、教学原理、教学规律这三者不是一条教学原则对应一条教学规律，而往往是一条教学原则反映多条教学规律，或一条教学规律反映在多条教学原则上。例如"系统性原则"综合反映教学须与日语知识本身逻辑相适应的规律、与学生知识和智力及其认知结构发展相适应的规律等；"直观性原则"综合反映出日语教学中，词与事物或形象相互作用的规律、日语理论知识与感性认识密切相关的规律、学生思维发展的一般规律等。又如，学生在日语教学中主要掌握的是间接经验的规律，教师主要掌握的是指导的规律等，这些规律几乎都贯穿在各个教学原则中。

总之，教学原则、教学规律、教学原理之间既有联系，又有区别，不能混淆。

（五）教学原则需要一个完整的体系

日语教学原则对教学工作具有指导作用，但这种作用并不是某一项教学原则能够发挥和完成的，需要建立一个完整、有机的教学原则体系，才能对日语教学过程及教学活动的各个环节发挥指导作用。如何建立一个完整、有机的日语教学原则体系？至今尚无研究成果问世。从教育理论界来看，学者对这个问题的看法并不一致。主要是因为论述的出发点不同，有的侧重心理学方面，有的侧重教育史或社会学方面，还有的从控制论的角度加以论述。

建立教学原则体系需要注意哪几点呢？

1. 由于教学原则是用于指导教学的，因此教学原则应该是具体的，而不是抽象的。

2. 确定一个合理的统一视角、划分基础或标准有利于建立日语学科教学原则体系。

3. 应全面理解和认识日语教学过程及其中涉及的各种矛盾之间的关系。

二、我国基础教育阶段的日语教学原则

日语教学是学科教学的一部分，教学原则体系的建立不能脱离一般教学论，当然也要有日语学科自己的特点。中华人民共和国成立之初，日语教育基本处于停滞状态。1972 年中日邦交恢复正常，两国交往日益频繁，日语教育也从自发兴起到逐步走上正轨。鉴于日语教学的实际情况，这里仅以 1982 年以来颁布的基础教育阶段日语教学大纲、课程标准为例，分析和归纳日语教学原则。

（一）《中学日语教学纲要》中的教学原则

《中学日语教学纲要》是 1982 年 12 月，由教育部颁布、人民教育出版社出版的基础教育阶段的指导性文件。从此，日语成为我国中学外语课程开设的语种之一。其中，列出了以下教学原则[1]。

1. 日语教学要注意研究总结中国学生学习日语的规律，提高教学效率，使学生循序渐进地学到合乎规范的日语。入门阶段教学，应安排简单的句式，选用日常生活中最常用的词汇和学生所熟悉的题材。随着学生语言能力的提高，选材范围应该逐步扩大，要选择一些浅易的和经过改写的原著以及科学文化、历史地理等知识性的文章，还要有一些反映日本风俗习惯的内容。选材要注意思想性、科学性，还要注意多样性、趣味性和实用性。

2. 中学日语教学应重视培养学生实际运用日语的能力。要讲授一些必要的知识和有关的规则及用法，但是必须处理好语音、词汇、语法知识和语言实践的关系。一般说来，教一个新的语言项目时，应从口头适量的练习开始，在学生对这个项目有了一定感性认识的时候，再进行简要的归纳讲解，效果会比较好。如果练习充分，归纳得法，还能进一步有效地指导语言实践。当然，这也并不完全排除在教某些语言项目时先扼要地做一些说明引导，然后再进行口头练习的可能。

---

[1] 中华人民共和国教育部. 中学日语教学纲要 [M]. 北京：人民教育出版社，1982：2-3.

3. 日语教学必须进行听、说、读、写的全面训练，而在不同的教学阶段分别有所侧重。在初中阶段，应从听、说训练入手，以听、说训练为主，适当兼顾读、写训练，并使之与听说训练相互为用，使学生养成良好的听、说习惯，具有初步的读、写能力。高中阶段归纳总结基本语法现象，侧重进行读、写训练，培养阅读理解能力，同时继续进行听、说和写的训练。口头训练为书面训练打好基础，书面训练又可以提高学生口头语言的准确性，促进听、说能力的提高。

4. 要重视教师在教学中的主导作用。教师要力求自己的语音准确，书法规范，语言熟练；要努力提高自己的口语水平，尽量做到用日语组织课堂教学；要针对青少年的特点，钻研教学方法，认真备课，不断提高教学质量。

教师要关心学生在德、智、体诸方面的健康成长；要使学生明确学习日语的目的，态度端正，有科学的学习方法、良好的学习习惯；要使学生充分认识到学好一种语言要下苦功夫；要让学生大胆开口，认真模仿，反复练习，用心记忆，敢于提问，刻苦钻研；要对学生因材施教，及时鼓励学生；对有困难的学生，要耐心帮助。

教师要想方设法帮助学生开展课外的日语活动，为学生多创造语言实践的环境，使学生生动活泼地学习。

从上述内容可以看出，这份日语教学纲要从总结规律提高效率，重视培养实际运用日语的能力，全面进行听、说、读、写训练和发挥教师主导作用等几个方面提出了中学日语教学要求。其中，在总结日语教学规律提高效率时从选材角度提到了"思想性、科学性、多样性、趣味性、实用性"的原则；在培养日语运用能力方面提出"处理好语音、词汇、语法知识和语言实践的关系"等原则；在技能训练方面，提出初中阶段"从听、说训练入手，以听、说训练为主，适当兼顾读、写训练，并使之与听、说训练相互为用"，高中阶段"侧重进行读、写训练，培养阅读理解能力，同时继续进行听、说和写的训练"等原则；同时，提出发挥教师主导作用的原则。

从这些原则可以看出，20世纪80年代的日语教学非常注重日语教学中的选材；重视从听、说入手开展语言技能的全面训练，更侧重阅读能力的培养；重视日语教学中教师的主导作用。

（二）《全日制中学日语教学大纲》中的教学原则

《全日制中学日语教学大纲》是在上述纲要的基础上，根据国家教学计划制定的，是中华人民共和国成立后第一部中学日语教学大纲。这个大纲于1986年12月由国家教委颁布实施，确立了日语在中学课程设置中地位。

这个大纲中提出了以下教学原则[1]。

1. 尊重语言教学规律，思想教育寓于语言教学之中。

2. 精讲语言基础知识，更好地培养运用语言的能力。

3. 综合训练，阶段侧重。

4. 教学中尽量使用日语，适当利用母语。

5. 发挥教师的主导作用，调动学生的积极性。

6. 直观教学、电化教学和外语环境。

大纲中对上述教学原则做了进一步阐述，这里不再赘述。从整体上看，这个日语教学大纲的教学原则比《中学日语教学纲要》更加清晰，从思想教育、语言知识和技能训练、教学方法、教学策略和教学资源、教学环境等方面显现出一定的体系。

在思想教育方面，强调将思想教育渗透到教材和教学之中；语言知识讲解不要求全面、系统，提倡精讲多练，虽然要求技能的全面训练，但初中阶段以听、说为主，高中阶段侧重培养阅读理解能力的原则没有变化；教学方法上提出尽量采用日语讲解，少用或基本不用母语，同时指出两种语言的异同，发挥母语的正迁移作用；在教学策略上依然强调教师的主导作用，同时关注了学生积极性的调动，提出教师及时鼓励学生的进步，对有困难的学生要热忱、耐心地帮助；在教学资源等方面强调利用直观教具（实物、模型和图片），包括表情和动作等创造外语环境，帮助学生在语言和实物、动作、情景之间建立联系，通过开展适合学生语言水平和年龄特点的课外活动增加语言实践机会。这些反映出日语教学原则随着时代发展产生的一些变化。

---

[1] 中华人民共和国国家教育委员会.全日制中学日语教学大纲［M］.北京：人民教育出版社，1986.

1990 年，根据国家教委《现行普通高中教学计划的调整意见》（教基〔1990〕004 号文件），这个大纲做了修订并发行第二版，即《全日制中学日语教学大纲（修订本）》，这个版本在教学原则方面没有变化。

（三）《九年义务教育全日制初级中学日语教学大纲》中的教学原则

这个大纲与各学科义务教育教学大纲一样，经过初审稿、试用版两个阶段。《九年制义务教育全日制初级中学日语教学大纲（初审稿）》是以《中华人民共和国义务教育法》和 1988 年 9 月颁布的《义务教育全日制小学、初级中学教学计划（试行草案）》为依据，以 1986 年颁布的《全日制中学日语教学大纲》为基础制定，于 1988 年 5 月出版的。与以往相比，这个大纲没有"教学原则"项目，改以"教学中应该注意的几个问题"的形式对教学提出要求，包括以下几个方面[1]。

1. 寓思想教育于语言教学之中。

2. 重视言语实践。

3. 正确对待本族语。

4. 培养学习兴趣与自觉性。

5. 加强视听觉直观教学。

6. 从实际出发改进教学方法。

7. 注意发展智力。

大纲中对上述条目做了进一步阐述。不难看出，这些条目是针对日语教学中实际存在的问题提出的改进措施。与 1986 年的《全日制中学日语教学大纲》相比，有了一些改变：该大纲强调语言的工具性，更加重视言语实践；由于日语在汉字及汉字词上与汉语有相同或相近之处，可以触类旁通，建议采用与少数民族语言地区同样的教学原则，但尽可能少用本族语；强调培养学生的兴趣是日语教学取得成效的重要心理因素，适当引导学生认识日语规律及与本族语的差异，不局限于课堂，提供更多的言语活动机会；强调教学不能整齐划一，在吸收教学法方面要博采众长，发挥各自优势；促进学生发展智力、观察力、注意力、记忆力和逻辑思维能力，提高学生对日语的感知力和运用能力等。

---

[1] 中华人民共和国国家教育委员会. 九年制义务教育全日制初级中学日语教学大纲（初审稿）[M]. 北京：人民教育出版社，1988：9–12.

　　根据 1991 年 9 月国家教委颁布的《义务教育全日制小学、初级中学教学计划（试行草案修改稿）》，对上述初审稿做了修订，颁发了《九年义务教育全日制初级中学日语教学大纲（试用）》。其中对"教学中应该注意的几个问题"的修改不大，主要是将"本族语"改为"母语"，去掉了"加强视听觉直观教学"中的"直观"二字，压缩了"注意发展智力"的内容，增加了第 8 项"测试"，提出日常考查和结业考查两种方式，测试以考查综合运用语言知识进行交际的能力为主，等等。

　　1994 年 7 月，国家教委颁布《义务教育全日制小学、初级中学"六·三"学制课程设置的调整意见》，于是大纲试用版又做了部分调整，于1995 年 6 月发行《九年义务教育全日制初级中学日语教学大纲（试用）》第 2 版，上述"教学中应该注意的几个问题"内容不变。

（四）《全日制普通高级中学日语教学大纲》中的教学原则

　　全日制普通高级中学日语教学大纲经历了"供试验用"和"试验修订版"两个阶段。《全日制普通高级中学日语教学大纲（供试验用）》根据国家教委《全日制普通高级中学课程计划（试验）》，在《全日制中学日语教学大纲（修订本）》的基础上编订而成，于 1996 年 5 月出版。与《九年义务教育全日制初级中学日语教学大纲》一样，这里也没有出现"教学原则"字样，而以"教学中应注意的几个问题"的形式对教学提出要求，包括以下几个方面[1]。

　　1. 寓思想教育于语言教学之中。

　　2. 着重培养学生用日语交际的能力。

　　3. 进行听、说、读、写综合训练，侧重培养阅读能力。

　　4. 教学中尽量使用日语，适当利用母语。

　　5. 正确处理语言教学和文化的关系。

　　6. 发挥教师的指导作用，充分调动学生的学习主动性和积极性。

　　7. 积极开展课外活动。

　　8. 充分利用直观教具和电化教学手段，创造日语学习环境。

　　与以往的日语教学大纲和上述义务教育阶段日语教学大纲相比，突

---

[1] 国家教育委员会基础教育司. 全日制普通高级中学日语教学大纲（供试验用）［M］. 北京：人民教育出版社，1996：7-9.

出的变化是强调"培养学生用日语交际的能力"和"正确处理语言和文化的关系"。

在培养交际能力方面，力图改变以传授语法为主的教学方式，在日语教学中贯彻交际教学思想。要求在全面发展听、说、读、写技能的基础上，提高运用日语交际的能力。

在语言教学与文化的关系方面，明确指出语言是文化的重要载体，二者关系密不可分。这样的阐述在日语教学大纲中首次出现，这与贯彻交际教学思想不无关系。要学好外语就必须了解所学语言国家的社会文化，否则就难以正确理解对方语言的意思和准确表达自己的思想。这一点与教学目的中增加了对文化视野和文化素质的阐述相呼应，旨在培养学生在学习语言和了解别国社会文化发展的思维能力，让学生加深对本国、本民族文化的理解，达到提高学生文化素质的目的。

2000年10月，根据教育部基础教育司《全日制普通高级中学课程计划（试验修订稿）》，教育部颁发《全日制普通高级中学日语教学大纲（试验修订版）》，其中对"教学中应注意的几个问题"做出以下调整[1]。

1. 树立符合素质教育精神的日语教育观。

2. 处理好语言知识和语言运用的关系，培养学生用日语进行交际的能力。

3. 听、说、读、写综合运用，侧重培养阅读理解能力。

4. 尽量使用日语，适当利用母语。

5. 处理好语言和文化的关系。

6. 确立学生的主体地位，发挥教师的指导作用。

7. 提高课堂教学质量，积极开展课外活动。

8. 积极使用现代教育技术，广泛利用和开发各种教育资源。

从以上内容可以看出，除了文字上的调整，最突出的变化体现在第1和第6点。

第1点反映了时代的需求。进入21世纪，知识经济已见端倪，世界范围内的科技竞争、经济竞争，尤其是人才竞争日趋激烈，国力的强弱

---

［1］中华人民共和国教育部. 全日制普通高级中学日语教学大纲（试验修订版）［M］. 北京：人民教育出版社，2000：8-11.

越来越取决于劳动者素质的高低，取决于各类人才的质量的高低和数量的多少。为此，要加强高素质人才的培养。基础教育是国民素质教育的奠基工程。同时，素质教育不是某个学科能够完成的，需要贯彻到教育领域的方方面面，而实施素质教育有一个转变观念的过程。这就不难理解，为什么在日语教学大纲中提出要树立符合素质教育精神的日语教育观这个问题了。

第6点体现的突出变化是提出"确立学生的主体地位"。这与20世纪80年代的"重视教师在教学中的主导作用"形成鲜明对比。它反映出学生是学习的主体，唱响了21世纪教育的主旋律。虽然我国自古就有"授之以鱼，不如授之以渔"的教育思想，教育家叶圣陶先生也曾说过"教是为了不需要教"。然而长期以来，"教师一言堂"的现象比比皆是，学生只能被动地听，死记硬背。

回顾1982—2000年的历次大纲的教学原则或"教学中应该注意的几个问题"中的相关表述，见表3-3，可以看出其变化轨迹。

表3-3　1982—2000年我国日语教学纲要或大纲中教学原则相关表述

表　　述	日语教学纲要或大纲
要重视教师在教学中的主导作用。	1982年颁布的《中学日语教学纲要》
发挥教师的主导作用，调动学生的积极性。	1986年颁布的《全日制中学日语教学大纲》
从实际出发改进教学方法	1988年颁布的《九年义务教育全日制初级中学日语教学大纲（初审稿）》
发挥教师的指导作用，充分调动学生的学习主动性和积极性	1996年颁布的《全日制普通高级中学日语教学大纲（供试验用）》
确立学生的主体地位，发挥教师的指导作用	2000年颁布的《全日制普通高级中学课程计划（试验修订稿）》

从以上对"教"与"学"的描述可以明显看出，自20世纪80年代起步，中学日语教学的轨迹逐渐从重视教师的"教"——顾及教和学双方——向重视学生的"学"的方向转化。到了21世纪，基础教育改革在方向上确立了学生是学习的主体，教师为学而教的理念，教学工作把以"教"为重心转移到以"学"为重心，由"主导"转为"指导"，把以"研究教法"为重心逐渐转变为"研究学法"为重心。总之，是要让学生爱

学习，学会学习，养成良好的学习习惯，让更多的学生参与到学习活动中来，成为认识和学习的主体。

（五）《全日制义务教育日语课程标准》中的教学原则

全日制义务教育日语课程标准经历了实验稿和正式版（2011年版）两个阶段。《全日制义务教育日语课程标准（实验稿）》是依据《基础教育课程改革纲要（试行）》，在现状调查研究、国际比较研究的基础上研制的，于2001年7月出版。这个课程标准中没有出现"教学原则"字样，而以"实施建议"的形式对教学提出要求。实施建议包括教学建议、评价建议、课程资源的开发与利用和教材的编写与使用四个部分[1]。

教学建议分为教学注意事项、内容标准的教学指导建议和教学案例三部分。教学注意事项包括以下四项：

1. 开展活动教学，发展综合语言运用能力。

2. 营造接近实际的语言环境，培养得体地运用日语交际的能力。

3. 加强学习策略指导，为学生的终身学习奠定基础。

4. 科学安排课时，提高教学效果。

其突出的变化是提倡活动教学、提出营造接近实际的语言环境、加强学习策略指导。

开展活动教学与确立学生是学习主体密切相关，要求教师根据学生身心发展的程度和特点为学生设置日语情境，引导学生凭自己的能力参与阅读、讨论、会话、汇报等。活动教学的特点就是学生不再像以往那样被动地听，而是通过听觉、视觉、空间知觉、触觉等参与到实际日语活动中，不仅获取日语知识、日语技能，还要在情感态度、文化素养和学习策略等方面有所发展，形成综合语言运用能力。

营造接近实际的语言环境与开展言语活动密切相关，在中国学习日语最缺乏的就是语言环境，所以要想办法让学生在模拟的、接近实际的语言环境中开展学习。同时，语言交际离不开理解和表达，虽然它们属于交际过程的不同阶段，但都受制于语言环境。例如，同样一句话，在这个场合由这个人说出，与在另外一个场合由同一个人说出，表达的意

---

［1］中华人民共和国教育部. 全日制义务教育日语课程标准（实验稿）［M］. 北京：北京师范大学出版社，2001：14-39.

思可能不同；同样一个意思，在这个场合对这个对象说，与同样在这个场合对另外一个对象说，使用的语句也可能不同。另一方面，在口语交际中，在能够看到对方的情况下，加上一些辅助性的非语言行为，如表情、手势、态度、语调等，要达到相互理解比较容易。但书面语交际就不同了，孤立的一句话，如"どこへ行きますか"，就很难理解。是谁对谁说的？是一般的打招呼，还是想确认后判断自己要不要同行？是粗声粗气地说的，还是心平气和地说的？没有语境就弄不明白。营造语境并在其中学习日语，是为了让学生学会在合适的场合对合适的人说出合适的话，让学生明白只有做到表达得体，才能使交际顺利进行。

学习策略这个词在以往的教学大纲中从未出现，这个课程标准中强调学习策略与培养学习能力密切相关。随着社会进步和科技发展，特别是进入 21 世纪，被称为"知识爆炸"或"信息爆炸"的时代向我们走来，科学技术日新月异，新知识、新成果层出不穷。在这种知识大爆炸的时代，自主学习能力是人们必须掌握的。有了自主学习能力，才能更快地学习新知识，紧跟时代步伐，适应社会发展。而学习策略是提高学生学习能力的有效手段。掌握了学习策略，学生就掌握了学会学习的锐利武器，为终身学习提供了有力保障，打下了坚实基础。

内容标准的教学指导建议包括对语言知识（语音教学、词汇教学、语法教学）、语言技能（听、说、读、写）、文化素养（文化背景知识、日语言语行为特征和非言语行为特征）、情感态度（兴趣、动机、自信、意志、合作精神、祖国意识和国际视野）、学习策略（认知策略、调控策略、资源策略和交际策略）的教学指导建议。其中蕴含着一些教学原则，例如"避免孤立地讲解某一个词，引导学生注意词语搭配、功能和语用条件""课堂教学以学生的活动和练习为主，教师讲解的时间总体上不宜超过学生活动和练习的时间"，文化素养的教学、情感态度的教学"应该贯穿语言教学与实践活动的始终"，学习策略教学"应结合日语的特点，指导学生有意识地形成适合自己特点的学习策略"，等等。

教学案例给出了词汇教学、听力教学、会话教学，促进听、说、读、写四种技能互动教学，语言知识与文化背景相结合、在情景和集体活动中学习语法、看图讲故事等教学活动的实例，这里不做论述。

评价建议分为评价注意事项和评价案例两部分。评价注意事项包括以下八项。

1. 评价主体多元化，促进学生健康发展。

2. 评价方式多样化，评价目标多层次。

3. 注重形成性评价对学生发展的作用。

4. 终结性评价重在考查学生综合语言运用的能力。

5. 单项评价与综合评价要相得益彰，重视综合评价。

6. 注意及时反馈评价结果，调控教学过程。

7. 合理、恰当地使用评价手段，注重实效。

8. 评价要以标准所规定的课程目标为依据。

教学评价是教学整体的一个重要环节。然而多年来，评价基本上局限在期中考试、期末考试、结业时老师给的评语等。而以上内容提出了过去大纲中不曾有的说法，从多视角、多方面对评价展开叙述。这与基础教育课程改革的目标之一"改革课程评价过分强调评价的甄别与选拔功能，发挥评价促进学生发展、教师提高和改进教学实践的功能"相关联。这里不仅提出评价主体多元化、评价方式多样化、评价目标多层次，还提出形成性评价和终结性评价、单项评价和综合评价要相得益彰等，形成浑然一体的态势。这对不同个性、不同水平的学生了解自己，通过反思调节和改进自己来发展自评能力非常有利。

实施建议的第三项是"课程资源的开发与利用"，合理利用和积极开发课程资源是日语教学的重要组成部分。教科书是日语课程资源的核心部分，但仅有教科书还不够，报纸杂志、广播影视、录音录像、直观教具和网络都可以成为学习资源，学校里的电视机、计算机、VCD 播放器、DVD 播放器等设备越来越齐全，发挥的作用也越来越大。鉴于客观实际状况的改变，这一项里蕴含的教学原则是尽可能多地使学生从不同渠道、以不同形式获取日语信息，接触和学习日语，亲身感受和直接体验日语、运用日语。信息技术的进步和互联网的发展，提供了广泛的知识和信息来源，为学生的个性化学习和自主学习创造了有利条件。学校和教师可以根据当地的经济水平及学生家长的经济承受能力，开发多层次、多类型的日语课程资源，满足不同需求；同时也要充分利用现有资源，适时更新和补充，避免课程资源的闲置和浪费。

"教材的编写与使用"也是实施建议的一部分。以往教学大纲的教学原则部分也提到教材编写，如入门阶段教材要"选用日常生活中最常用的词汇和学生所熟悉的题材。随着学生语言能力的提高，选材范围应该逐步扩大，要选择一些浅易的和经过改写的原著以及科学文化、历史地理等知识性的文章，还要有一些反映日本风俗习惯的内容。选材要注意思想性、科学性，还要注意多样性、趣味性和实用性。"[1]这个课程标准针对教材编写和使用进行了详细阐述，有八条之多，涉及设定话题、选择地道的有时代感的语言材料、设计以学生为主体并接近实际的教学活动、从易到难、由简到繁、重视信息技术等现代科技对内容的影响、教材品种多样化等内容。

上述四个方面的实施建议是为保证课程标准制定的课程目标和内容能够具体落实到教学实际而提出的。以往的教学大纲，重点在阐述教学目的、教学目标或要求、教学内容，提出教学中应该注意的问题等。课程标准的实施建议则不仅提出要求和建议，还提供具体的案例，使实施建议部分的文字数量超出从前言、课程目标到内容标准部分的字数约一倍，这是以往教学大纲中不曾出现过的。

《全日制义务教育日语课程标准（实验稿）》投入实验 10 年后，《义务教育日语课程标准（2011 年版）》于 2012 年初正式出版，其中对实施建议部分也做了修改。虽然还是四个部分，但顺序上有所调整，改为教学建议、评价建议、教材编写建议和课程资源开发与利用建议。

教学建议分为注意事项、具体建议和教学实例三部分。其中的注意事项由原来的四条改为五条，见表 3-4。

---

[1] 中华人民共和国教育部.中学日语教学纲要［M］.北京：人民教育出版社，1982：2.

表3-4 义务教育日语课程标准实施建议的变化

教学建议	全日制义务教育日语课程标准（实验稿）	义务教育日语课程标准（2011年版）
注意事项	1. 开展活动教学，发展综合语言运用能力 2. 营造接近实际的语言环境，培养得体地运用日语交际的能力 3. 加强学习策略指导，为学生的终身学习奠定基础 4. 科学安排课时，提高教学效果	1. 更新教学观念，提高日语教学水平 2. 创造接近实际的语言环境，培养综合语言运用能力 3. 加强学习策略指导，为学生提高自主学习日语的能力奠定基础 4. 实现日语课堂教学公平 5. 科学安排教学时间，提高日语教学效果

从条目内容上看，增加了"更新教学观念"和"实现日语课堂教学公平"。这是针对课程改革实验过程中出现的问题提出的。长期以来，教师传授、学生接受的单一教学模式相当稳定，很难一下子改变。教师要从知识的传授者转变为学生学习的促进者、指导者、组织者、帮助者、参与者和合作者，不在根本上转变教学观念这样的转变是无法实现的。所以，更新教师的教学观念成为改革能否成功的大问题。"实现日语课堂教学公平"，强调教师应尊重每个学生享有的平等受教育权利和发展机会，从高度的工作责任心和社会责任感出发，根据学生的不同特点采取适合其个性发展的教学方式或方法。

具体建议的结构内容没有大变化，教学案例做了少许调整，具体内容改放置附录。

评价建议由原来的两项改为与教学建议相同的注意事项、具体建议和评价案例 3 项。其中注意事项仍旧是 8 条，见表 3-5。

表3-5　义务教育日语课程标准评价建议的变化

评价建议	全日制义务教育日语课程标准（实验稿）	义务教育日语课程标准（2011年版）
注意事项	1. 评价主体多元化，促进学生健康发展 2. 评价方式多样化，评价目标多层次 3. 注重形成性评价对学生发展的作用 4. 终结性评价重在考查学生综合语言运用的能力 5. 单项评价与综合评价要相得益彰，重视综合评价 6. 注意及时反馈评价结果，调控教学过程 7. 合理、恰当地使用评价手段，注重实效 8. 评价要以标准所规定的课程目标为依据	1. 评价主体多元化，促进学生健康发展 2. 评价方式多样化，全面了解学生的进步 3. 评价目标多层次，实现公平、公正的评价 4. 注重形成性评价对学生发展的作用 5. 终结性评价重在考查学生综合语言运用的能力 6. 单项评价与综合评价要相得益彰，重视综合评价 7. 注意及时反馈评价结果，调控教学过程 8. 合理、恰当地使用评价手段，注重实效

从以上比较可以看出 2011 年版日语课程标准对评价注意事项改动不大，重点是增加了"实现公平、公正的评价"，这与教学建议部分注意事项中的"实现日语课堂教学公平"相辅相成。评价部分增加的具体建议与教学部分的具体建议相应，也从语言知识、语言技能、文化素养、情感态度和学习策略五个部分提出评价建议，评价案例的处理与教学建议部分相同，不再赘述。

"教材编写建议"与原来相比，不仅顺序上提前了，而且参照 2003年出版的《普通高中日语课程标准（实验）》对其内容做了调整，将原来的八条建议改为四条"编写原则"，删除了有关"教材使用"的内容。这四条编写原则是思想性原则、科学性原则、趣味性原则、灵活性原则。

"课程资源开发与利用建议"的整体表述也参照《普通高中日语课程标准（实验）》做了调整，提出日语课程资源包括有形资源和无形资源的观点，将大段陈述归纳为以下三条建议[1]：

1. 努力配备硬件，充分利用设施。

2. 积极开发课件，有效利用现代科技手段。

3. 挖掘无形资源，鼓励资源共享。

其中特别强调有效利用现代科技手段、挖掘无形资源和防止现有设施的闲置和浪费等。

（六）《普通高中日语课程标准》中的教学原则

普通高中日语课程标准经历了实验和正式版两个阶段。《普通高中日语课程标准（实验）》依据《普通高中课程方案（实验）》，在现状调查研究、国际比较研究的基础上，与义务教育日语课程标准框架保持基本一致的情况下研制的，于 2003 年 4 月出版。与义务教育阶段同样，标准中没有出现"教学原则"字样，而以"实施建议"的形式对教学提出要求。实施建议包括教学建议、评价建议、教科书的编写、课程资源的利用与开发四个部分。

教学建议包括教学注意事项、内容标准的教学指导建议和教学案例。

教学注意事项包括以下 5 项[2]：

1. 更新教学观念，与新课程同步发展。

2. 为学生终身发展奠定共同基础。

3. 提供多种选择，加强对选修课的指导和实施。

4. 开展活动教学，营造接近实际的语言环境。

5. 加强学习策略指导。

上述注意事项中，提倡活动教学、营造接近实际的语言环境及加强学习策略指导的内容与义务教育阶段相同，其他条目则有差别。这里仅就有差别的条目加以分析。

《普通高中日语课程标准（实验）》把更新教学观念提到了重要位置。鉴于《全日制义务教育日语课程标准（实验稿）》颁布以后的实施状况，

---

［1］中华人民共和国教育部. 义务教育日语课程标准（2011年版）［M］. 北京：北京师范大学出版社，2012：30–31.

［2］中华人民共和国教育部. 普通高中日语课程标准（实验）［M］. 北京：人民教育出版社，2003：14.

同时受到历史的局限，且高中阶段的日语教学尚未摆脱"高考指挥棒"的困扰，实施过程中仍有重语法、轻技能，重知识灌输、轻能力培养等现象。教师不更新教学观念就不能适应新时代的要求，跟不上课程改革的步伐。为了进一步推进课程改革，要求日语教师更新教学观念成为必然。所谓更新观念，最重要的是树立符合学生发展需求的教学观。

高中阶段的教学任务仍旧是打基础。课程标准规定了必修课程和选修课程，其中必修课程是对所有高中生的基本要求，是为每个学日语的学生奠定综合语言运用能力的共同基础，应着重培养学生探究日语知识，用日语获取、处理和传递信息的能力。

同时，高中课程的选修部分为学生提供了多样化选择的余地和发展个性的空间。所以学校和教师要让学生充分了解选修课的内容和特点，帮助学生自主选课，满足学生的学习需求，进而让学生学会规划自己的人生。

评价建议与义务教育课程标准相同，分为评价注意事项和评价案例，其中案例有所不同。评价注意事项与义务教育课程标准基本相同，只是增加了"评价应体现必修课和选修课的不同特点"，要求必修课评价立足于共同基础，选修课评价注重差异性和多样性，突破传统、刻板的评价模式，探索生动活泼、灵活多样的评价方式，等等。

教科书的编写建议首次提出：为学生学习而设计，使学生主动参与教学的全过程，改善学习方式，提高自主学习能力。同时确立了日语教科书编写四原则：思想性原则、科学性原则、趣味性原则和灵活性原则。这些原则在义务教育日语课程标准修订时予以采纳。

课程资源的利用与开发主要分为三个部分：能力配备硬件，充分利用设施；积极开发课件，有效利用网络；挖掘无形资源，鼓励资源共享。这些条目在义务教育日语课程标准修订时也予以采纳，并进一步做了调整。

时隔多年，普通高中日语课程标准也在实验的基础上修订了。与以往不同，《普通高中日语课程标准（2017年版）》在实施建议部分提出了"教学与评价的基本原则"，主要有以下几项[1]：

1. 日语学科核心素养的培养要贯穿教学与评价的全过程；

2. 教学与评价要有利于日语实践活动的开展；

3. 教学与评价的情境设计要突出问题导向；

4. 教学与评价的设计要保持目标一致；

5. 教学与评价要注重多元化；

6. 教学与评价要合理运用信息通信技术。

基本原则包括核心素养的培养、日语实践活动、情境设计、目标的一致性、注重多元化和运用信息通信技术六个方面，每一条原则都有具体说明。然后在上述原则下又进一步提出了教学与评价建议，包括日语实践活动实施建议和日语实践活动的评价实施建议。与以往的教学大纲或课程标准只有教学注意事项或教学建议等内容相比，《普通高中日语课程标准（2017年版）》的教学和评价原则更加明确了，只是这些原则是基于教学与评价联动的视角提出的，所以与一般意义上的教学原则并不一样。

---

[1] 中华人民共和国教育部. 普通高中日语课程标准（2017年版）[M]. 北京：人民教育出版社，2018：27-28.

第四章　日语教学主体

　　教学是以教师的教和学生的学为基础构建而成的一个相互依存、相互作用的活动体系。教师和学生是教学活动中最为活跃的构成要素。没有教师和学生就不存在教学。教育教学研究界对教师与学生在教学活动中的重要地位，有着广泛的共识。但是，对于到底谁才是教学活动的主体这一问题，虽然不少学者从不同的角度进行了诸多思考和探讨，至今仍未形成完全一致的认识。

第一节　教学主体理论

教学主体问题实质上是对教学过程中学生与教师关系的认识问题，也就是学生和教师在教学过程中各处于什么样的地位，学生的学和教师的教是何种关系的问题。

一、国外的教学主体理论

针对学生的学和教师的教之间的关系，最先提出的是"学生中心论"和"教师中心论"这两种截然不同的观点。"学生中心说"以卢梭、杜威等为代表。这种观点认为学生的发展是一个自然的过程，教师不能主宰这一过程，主张教育过程中教师应尽量减少干预，放手让学生去经历或体验，学生只有在个体经验中才能获得发展。"教师中心论"以赫尔巴特等为代表。这种观点认为学生的个体发展受到教师的教学形式、教学方法的影响，因此十分重视教师的权威，强调发挥教师在教学过程中的绝对支配作用。这两种观点从理论上分析都有偏颇之处，前者过分强调内因的作用，倾向于人本主义理论，忽视了教师等外部因素对学生个体发展的推动作用；后者则过分强调外因的推动作用，倾向于行为主义理论，认为学生的个体发展完全取决于教师的引导和教育。这两种观点各执一端，未能从辩证的角度对教学活动中教师和学生的地位和关系做出科学合理的解释，对教学实践的指导作用有限。[1]

20 世纪 30 年代开始，苏联教育理论学界对"学生中心论"和"教师中心论"两种理论进行了分析和批判，对教学过程中教师与学生的关系进行了新的探索，提出了"主导主动说"。这种学说肯定教师在教学过程中的主导作用的同时，指出要发挥学生的自觉性、主动性和积极性，较为合理地反映了教学过程中教师和学生的辩证关系。[2]中华人民共和国成立之初，我国教育理论界几乎全面接受了这种观点。

［1］李秉德.教学论［M］.2版.北京：人民教育出版社，2001：103–105.

［2］李森.现代教学论纲要［M］.北京：人民教育出版社，2005：135.

二、主导主体说

伴随着我国政治、经济、社会的不断进步，我国一些教育理论工作者对以往的教学制度进行了抨击，反对过去那种以教为中心，教师讲、学生听的做法，希望推动实现教学重心由"教"转向"学"。20 世纪 80 年代，我国学者明确地把"学为主体"与"教为主导"的提法结合起来，认为教学中必须坚持教师的主导作用，同时确立学生的主体地位，而且教师的主导作用必须要与学生的主体地位相一致，形成了被我国教育界广泛认可的"主导主体说"[1]。

"主导主体说"认识到教学活动有别于一般认识活动的特殊性。教学活动主要是一种认识活动，但是这种认识活动的主体明显区别于一般认识主体。此外，教学认识的客体也是特殊的，学生不是以客观事物作为认识的直接对象，而是主要以课程教材为中介去认识客观世界。在这一过程中，教师起着主导作用，引导学生认识客体。

"主导主体说"认识到教师和学生所从事活动的不同性质。认为教师所从事的活动主要是一种实践活动，即教学生进行认识的实践活动；学生所从事的活动主要是一种认识活动，即在教师引导下认识世界的活动。[2]

"主导主体说"还认识到教师的教授活动和学生的学习活动在层次上的差异。学生学习活动的基本内容是学习和掌握人类千百年来积累起来的经验，并将这些知识经验转化为个人的知识结构，同时发展自身，属于第一层次的活动。教师的教授活动要求教师控制和引导学生的学习活动，使学生迅速、高效地进行学习，使学生从无知到有知，从缺乏能力到具备一定的能力。[2]

总体来看，"主导主体说"较为准确地反映了教学过程中教与学的辩证关系。20 世纪 80 年代中期以后，虽然出现了"师生双主体说""教师单主体说""学生单主体说""阶段主体说""否定主体说""复合主体说"等各种观点，但是"主导主体说"依然受到了我国教育理论界和教学一

线的教师广泛认可。

在当今我国的日语教育界，"以学生为主体，以教师为主导"这一观念同样具有广泛的影响。它改变以往以"教师讲、学生听"为主要课堂形式的状况，充分发挥学生的主体作用，提高学生学习日语的积极性、主动性，发挥他们的主观能动性；同时充分发挥日语教师的主导作用，使教师能更好地引导学生开展日语学习，从而提升学生的学习效果。

"以学生为主体，以教师为主导"这一观念在不同的著作、文件中却存在着多种近似的表达方式，具体到中学日语课程标准来说，其中提出的说法是"教师指导"而非"教师主导"。例如，《义务教育日语课程标准（2011年版）》的"第一部分前言"的"二、课程基本理念"中提出"日语课程是学生在教师指导下自主构建知识、发展技能、活跃思维、展现个性和拓展视野的过程"。《义务教育日语课程标准（2011年版）》和《普通高中日语课程标准（实验）》的"实施建议"中都提出，在实施日语课程的过程中，"教师应树立符合学生发展需求的教学观念，改变以教师为中心、以传授书本知识为目的的单一教学模式，从知识的传授者转变为学习的促进者、指导者、组织者、帮助者、参与者和合作者，使教学过程成为一个教师与学生交流的互动过程"。对这一观点的表述方式虽然不同，但总体来看，内涵基本一致。鉴于外语课程标准中的提法是"教师指导"，本书以下采用这种表述方式。

第二节　教　师

日语教师在日语教学中起着指导作用，是日语教学活动的组织者，日语知识、技能的传授者，生生关系、师生关系的协调者，对学生的学习积极性和最终的学习效果有着重要的影响。日语教师要想在日常教学中充分发挥自己的指导作用，需要科学地认识自己的职责和职业特征，需要具备基本的教学能力和专业素养，同时还应该努力提高自己的教学水平，形成和改善自己的教学风格。

一、日语教师的角色

学生、家长、学校和社会分别从各自的角度对日语教师提出了多种多样的期望和要求，赋予了日语教师多方面的职责和功能。日语教师需要根据各方面的不同要求，扮演多重角色。教师最重要的职责是教学，单从教学的角度来看，日语教师大致需要扮演以下几种角色。

（一）日语知识和技能的传授者

日语教师在教学中最首要的角色是日语知识和技能的传授者，这是日语教师扮演的核心的角色。学习一门新的语言，学生需要从教师那里获得关于这门语言的形成背景、形成过程、基本构成等基础知识，同时还需要掌握数量众多、形式纷繁复杂的语言表达。就日语教学来说，这些内容都需要教师通过各种各样的方式来传授。需要注意的是，教师传授日语知识，不能只是把知识直接告诉学生，还需要注意引导学生关注学习方法，在传授知识的同时教会学生如何学习日语。这是我国以往的日语教学中不够重视的地方，在现行的义务教育和高中阶段日语课程标准中对学生的学习能力都提出了明确的要求，一线教师需要对这一方面给予特别的关注。

此外，伴随着近年来科学技术的巨大进步和互联网技术的迅速推广，信息的传递与获取变得更加方便。日语教师仍然是日语知识的重要传递者和信息源，但已不再是唯一的传递者和信息源，而且这种趋势会越来越明显。日语教师应该清醒地认识这一趋势，并采取正确的态度认真对待，要学会利用科技带来的便利，与时俱进，做一个日语知识渊博，又能活用新科技为教学服务的日语教师。

同时，语言还是一门实践学科，语言运用能力与语言知识有着密切的关系，但是语言运用能力的形成除了依靠语言知识，还需要反复进行各种训练。日语教师还应承担培养学生日语运用能力的职责，设计、组织、指导、评价学生各种语言能力训练活动。与日语知识相比，日语运用能力的培养是我国日语教育的更高目标。日语教师应该科学地认识日语知识与日语运用能力之间的关系，精心设计教学的各环节，努力提高学生的日语运用能力。

（二）日语课程的构建者

在传统的课程理念和教育环境下，日语教师的作用受到很大限制。一般来说，日语教师严格遵照学校的教学计划以及日语学科的教学大纲、教材开展教学就算完成任务。但随着课程理念的更新和教学理论的发展，日语课程要求学习内容与学生的日常生活相结合，并尽可能进行实践练习，这对日语教师的教学提出了更高的要求。日语学科课程标准和日语教材也在按照课程的精神提出更高要求，同时为一线的教学活动预留了广阔的拓展空间。

日语教师需要根据课程的要求，从自己学校的实际出发，选择课程内容，构建日语课程体系。特别是我国中学日语教育的情况较为复杂，学校条件差距较大，学生素质不均衡，学习目的各异。因此作为一名日语教师，必须肩负起构建适合本校学生的日语课程的职责。

（三）课堂活动的设计者和组织者

日语教师除了要参与日语课程的构建，还需要设计、组织日常的课堂教学活动，肩负起指导课堂教学的职责。教师是课堂教学活动的"总指挥"，需要熟悉本班学生的学情（学习日语的动机、积极性、学习能力、已有的日语水平、其他学科的学习情况等），结合课程的培养目标，设计出课堂活动的"蓝图"；还要在课堂上组织学生按照"蓝图"开展各类学习活动，并实时监控课堂教学活动的开展情况，预测可能出现的风险，解决已经发生的问题，尽最大可能保证将"蓝图"变为现实。

我国学习日语的中学生，一些是因英语成绩不佳而选择日语的。很多学校的学生在高中阶段（甚至是从高二）才开始学习日语，这些学生需要用很短的时间来完成国家规定的 6 年时间完成的学习任务，可以说时间非常紧迫，学习任务非常繁重。因此，在日常的课堂教学过程中，很容易出现学生跟不上教师的节奏，完不成学习任务，无法取得令人满意的学习成绩，学习积极性不高和自信心不足等问题。如何合理地安排学习计划，科学地选择学习内容，灵活地设计教学活动，是中学日语教师们不得不认真思考的重要问题。

（四）班级集体的领导者

学校的日语教学活动大都是以"班"为单位展开，日语教师"领导"着整个班集体。教师的领导方式和管理策略，影响着整个班在上日语课时的课堂气氛，甚至对整个班的班风、学风也产生影响。合理有效的领导方式不仅为日语教学活动的顺利开展提供有力的保障，长远来看，还对学生个性的发展和行为模式的养成都具有重要的意义。

从我国中学日语教育的现状来看，各学校的"日语班"（以日语为第一外语）的数量较少，一般会由该校的日语教师担任"日语班"的班主任，或者承担类似的管理职务。如何提高学生的自信心，调动学生学习日语的积极性，形成良好的学习风气，带领学生顺利完成各项学习任务，帮助学生取得令人满意的成绩，这些都考验着日语教师对班集体的领导能力。

（五）与同事交流、与家长沟通的协作者

术业有专攻，每个日语教师的知识结构、专业背景都各不相同，特别是大部分中学日语教师的日语专业教育水平有限（中学日语教师一般为大学本科、专科毕业），因此，同事、同行间的交流和探讨就显得尤为重要。

中学阶段学生的学习内容复杂、科目较多，因此，日语教师需要着眼于学生综合成绩的提高，与其他科目的教师进行沟通和交流，了解学生在各科目学习中的总体情况，以便统筹、协作，制订更科学合理的指导计划。

学生学习成绩的提高、个体素质的发展不仅靠学校和教师的尽职尽

责，还依赖家庭、学校和社会的全面合作。作为一名任课教师，要学会与学生的家长展开有效的沟通和合作。特别是从现实情况来看，中学学习日语的学生一般情况较为特殊，日语教师应该多和家长沟通，让家长了解孩子的真实学习状态，并与家长一起制订个性化的指导计划，做到因材施教，尽可能发挥学生的优势，激发学生的潜力，帮助学生为将来做出合理的规划。与家长良好的沟通，不但有助于教师展开教学活动，也有助于教师获得家长的理解与支持。

（六）终身学习者和教学研究者

日语作为一门语言，其内容纷繁复杂，而且与日本社会文化和日本人的思维都有着紧密的联系，要做到对日语深入研究、科学理解和全面把握是非常困难的。虽然一般来讲，日语教师的专业素养要远远超过其所教的学生，但是在日常的教学过程中，教师仍然经常会碰到难以圆满解答的问题。特别是伴随着知识信息化的迅速发展，学生获取的信息越来越丰富，获得信息的渠道也越来越多。在这样的背景下，日语教师只有不断学习，提高自己的专业素养，才能更好地完成教师答疑解惑的职责。

此外，我国的中学日语教师普遍存在着教育教学理论水平不高的情况。很多老师从大学日语专业毕业之后就参加到中学日语教师的队伍当中，对教育学、心理学（中小学生）以及教学理论的了解较少，这会对其教学产生严重的阻碍。教学实践的积累、教学经验的总结也是教师的职责之一，有助于教师加深对教学的理解和把握，实现优秀教学成果的共享。我国的中学日语教师在教学理论的学习和教学研究方面还需要继续努力。

日语教师承载着学校、家长、学生多方面的期待。很多教师除了教学方面的职责，还承担着班级管理工作，甚至承担着学校的管理工作和对外联络工作。中学教师承担的职责是多样的，扮演的角色是多重的，工作压力是巨大的。

二、日语教师的专业素养及发展

如上所述，我国的中学日语教师承担着多重的职责，以他们的知识、能力及人格因素对学生产生影响，通过他们的管理工作对学校的发展贡献力量。教师要成功履行自己所肩负的职责，需要具备较高的职业道德素养、较为完整的知识结构以及多方面的能力。

（一）职业道德修养

教师的职业道德即师德，是指教师从事教育教学工作时所必须遵守的道德规范，它是调节教师活动及教师与学生之间、教师与教师之间、教师与家长之间等各方面关系的行为准则。师德是作为教师任职的基本条件，也是先决条件。不具备过硬的师德，无法成为一名好老师。

我国的外语教师应该具有坚定的理想信念，科学的世界观、人生观、价值观，要热爱人民教育事业，热爱学生，为人师表，并且善于团结协作，相互尊重，勤奋好学，严谨治学，等等。其核心的内容包括爱国、奉献、公正和责任感。[1]

我国和日本之间的关系较为复杂，无论是学生还是家长甚至社会都对日本和与日本有关的东西抱有特别的感受。作为一名教授日语的中学教师，必须保持正确的历史观，对中日之间的历史、现实和未来有着正确的认识和判断。只有这样，教师才能引导学生客观地看待历史，正确地认识中日关系；才能更好地和家长进行交流，得到家长的理解和支持。

（二）知识结构

传授日语知识、培养学生的日语能力是中学日语教师所肩负的最核心的职责。日语教师必须具备丰富的日语专业知识、日语教育科学知识以及普通文化知识。

1. 日语专业知识

与大学日语专业的教学内容相比，中学日语教学的内容相对要浅显一些，但是仍然涉及日语本体知识（语音、词汇、语法、语篇等）和日本社会文化知识，还涉及日本人的思维习惯、行为方式等。这就要求承担日语课的教师必须对日语的结构特征、日语的组成部分、具体的表达形式具有相对深入的认识，还需要对日本政治、经济、社会、历史、文学、文化等内容也要有所涉猎。没有上述专业知识作为支持，日常的日语授课将无法进行，即使勉强开展，其效果也不会理想，很难顺利地完成课

---

[1] 鲁子问. 英语教学论 [M]. 2版. 上海：华东师范大学出版社，2010：44.

程的教学目标。

从我国中学日语教师的构成来看，大部分教师为大学日语本科或专科毕业，教师们虽然在学校进行了较为系统的语言训练，一般也上过有关日本社会、历史、文化的课程，但是总体来说，对日语的理解还不够深入，对日语语言知识的了解还不够全面，对日语语言能力的掌握程度还有限，对日本社会、历史、文化等相关背景知识的涉猎更是因人而异。中学日语教师需要通过自学、研修等各种渠道不断丰富自己的专业知识，提高自己的专业能力。

2. 日语教育科学知识

精深广博的日语专业知识是顺利完成日语教学工作的坚实基础和必要条件，但是，仅有这些还不能算是或者说很难成长为一名优秀的日语教师。想要有效地向学生传授日语知识，发展学生的智力，完善学生的人格，教师还必须掌握适合中学日语教学的教育科学知识。日语专业知识是教学的基本内容，教育科学知识是操作教学内容的工具，只有掌握了工具才可能高效地教授教学内容。

一般来说，中学日语教师的教育科学知识应该包含三个组成部分，即关于中学生身心发展规律的知识、学生接受和掌握知识的特点、教学的基本方法和技能。中学生正处于身体发育和心理发展的关键阶段，在认知方式、智力发育、交流与合作等方面都存在着这个年龄段学生独有的特点。教师在日常教学以及与学生的交流过程中需要注意这些方面的特点，选择合适的教学方法和交流技巧。课程安排、教学计划和教授方式都必须尊重学生的学习规律。教师应坚决避免仅凭自己的主观意愿，无视客观学习规律的情况发生。此外，语言教学有其基本的方法和技能，这是顺利完成教学任务的重要保证。日语教师缺乏日语教育方面的科学知识，则会阻碍中学日语教育水平的提高和教师自身专业素养的提高。

教学是一门艺术，也是一门科学。教师没有足够的教育科学知识，仅凭自己的热情和经验，或者仅靠模仿，都会导致教学盲目性增强、预见性缺乏。丰富的教育科学知识，能大大地增强教师在教育教学工作中的创新能力。

3. 普通文化知识

日语教师除钻研日语专业知识，学习必要的教育科学知识外，还应具备广博的文化知识。一方面，现代科学技术的发展使各方面的知识通过广播、电视、报刊、网络等各种媒介迅速传播，学生获得知识、信息的渠道得到了前所未有的拓宽。学生通过各种渠道获得的丰富信息也必将反映到日语课堂上，日语教师必须对各领域的知识有所了解才能够给学生答疑解惑。另一方面，我国课程的综合化倾向越来越明显，日语课程亦是如此。日语课程标准和日语教材在与其他学科内容的综合方面也做出了不小的努力。日语课堂的教学内容除了日语，还会涉及历史、地理甚至科学等方面的内容，要求任课教师具备多学科的知识背景。此外，日语教学过程中经常会开展一些竞赛、展览、展示等文化活动，教师具备一定的文学、音乐、绘画、体育方面的才能，会有助于活动的开展、提高教师威信、改善师生关系。文化知识广博、兴趣广泛的教师更容易受到学生的欢迎。

（三）能力结构

教师除了需要具备先进的观念和全面的知识，还需要有称职的能力，只有具备了相应的专业能力，才可能开展有效的教学，从而有效地促进学生构建自己的知识，发展自己的能力。从我国中学日语教师的工作实际来看，教师至少应该具备日语教学能力、教学研究能力、人际交往能力这三种能力。

1. 日语教学能力

教师的教学能力是教师完成教学任务的必备要素。作为一名合格的中学日语教师，应该在理解和运用教材，语言表达，观察、了解学生，组织、管理、调控教学活动以及教学研究方面具备一定的能力。

（1）具备理解和运用教材的能力

中学日语教科书是依据教育部颁布的日语学科课程标准，结合日语学科的课程结构和中学生的认知特点编写而成的。教师在实施教学之前，必须对作为课堂主要学习材料的教科书进行深入的分析和理解。教师应该明白整套教材的编写理念是什么，明确教材的编排体系和培养目标，知道教材是如何反映课程标准的内容和要求的，还需要根据学生的认知特点和教材的逻辑结构，明确教材的重点和难点。运用教材的能力包括根据学生的具体情况采用适当的教学方法和手段，控制对教材内容的讲解程度，做到详略得当，避免"眉毛胡子一把抓"；合理安排讲解的顺序，关注新旧内容的衔接。优秀的教师应该学会"用教材教"，而不是"教教材"。

（2）具备汉、日语的表达能力

语言是教师在授课过程中使用的最主要的媒介，简明准确、生动活泼、具有幽默感和感染力的教学语言能吸引学生注意，帮助学生更好地抓住知识重点，有助于学生对知识的准确理解。日语语言现象复杂多样，这与日本社会文化背景有着密切的关系。同时，中学生的汉语知识储备和汉语理解能力仍然有限，这就需要中学日语教师提高自己的汉语表达能力。此外，对于日语教师来说，日语表达能力是必不可少的基本功。全日语教学的学校自不必说，即使是主要使用汉语进行教学的学校，在课堂上教师也不可避免地要进行领读、带领学生进行会话训练等，教师的日语是学生模仿的重要对象，这都对日语教师的日语表达能力提出了硬性的要求。

（3）具备组织、管理和调控教学活动的能力

教师在教学过程中的指导作用主要体现为控制和调节教学过程中的各种要素和变量，最大限度地调动学生的学习积极性。因此，教师对教学过程的组织、管理和调控能力对教学效果具有重大的影响。

教师对教学的组织管理贯穿教学的全过程。就我国的中小学日语教学来说，首先，日语教师要制订完整细致的教学活动计划，统筹安排好教学活动，其中包括取舍教材的内容、预计教学所需时间、选择适当的教学方法和组织形式、准备教具等。这些课前准备工作是教师日常工作的重要组成部分，也是课堂教学顺利开展的重要保证。

其次，教师需要在教学过程中随时观察学生的注意力、兴趣和学习积极性的变化，以此对教学的节奏和环节安排进行调整。比如，如果发现学生对某一语法项目难以理解的情况，教师需要临时调整教学计划，想办法将该项目讲授得更清楚。教师还应预测教学过程中可能出现的问题，对各种偶发事件进行正确判断、适当应对，采取有效措施解决问题。比如，授课过程中，当学生对自己教授的某些内容提出不同看法，对自

己的讲解提出了质疑时，教师需要客观看待学生的质疑，与学生共同探讨，或者告诉学生课后解决，以保证课堂教学的顺利完成。

最后，教师还应能够根据从教学中获得的有效反馈信息，及时调整自己的教学安排和教学方式、方法。教学计划毕竟是教师在综合教学内容、学生情况、学年教学目标的基础上预先做出的判断，难免出现与现实不契合的地方。特别是教龄较短、教学经验还不丰富的教师，更容易碰到这种情况。我国的中小学日语教学情况较为特殊和复杂，一方面由于日语生的人数较少，全国同行间的交流和沟通较少，教学资源也相对缺乏，各学校的教学很大程度上处于各自为战的状态。另一方面，一些学生学习日语的积极性不高，学生的学习能力差别较大。在这样的背景之下，日语教师更应该关注教学反馈情况，以及时调整自己的教学安排和教学方法。

（4）具备观察、了解学生的能力

观察、了解学生的能力也是日语教师必备的教学能力之一。我国中小学普遍采用班级制教学组织形式，这一教学组织形式的缺点之一就是很难充分适应每个学生的学习特点和学习进度。为了尽可能地做到因材施教，满足每个学生的学习需求，教师要通过课堂观察、作业完成情况、考试成绩的变化、和家长的沟通等多种渠道，了解学生的学习情况和个性特征。

在此需要特别指出的是，日语教师对学生的观察、了解不能局限于课堂和作业，更不能只看其日语学习成绩。课堂表现和作业完成情况是任课教师了解学生的重要依据，但是，学生作为一个完整的生命个体，教师应该全方位地、客观地了解学生的生理、心理、思想意识等。同时，伴随着时代的发展、科技的进步，教师与学生之间的交流也变得更加便捷和多样。教师只有通过各种渠道和学生"打成一片"来获得一手的、真实的情况，才能实现对学生的深入了解。

2. 教学研究能力

教育科学研究不只是教育理论工作者的事情，教师也应该具备初步的教育科学研究能力。日语教师几乎每天都和学生交往，都要研究日语教材和教学法，在教学实践中有很多经验和体会。日语教师应该将这些经验和体会进行整理并上升到理论的高度，为我国日语教学理论的发展和日语教学法的更新做出贡献。从全国教师优秀的研究成果来看，教师具备初步的教育科学研究能力对促进教学的科学化、大面积提高教学质量是有积极意义的，对教育科学的发展也起着不可低估的作用。[1]

3. 人际交往能力

交往是指人在社会生活中交流信息、沟通情感和相互作用的过程。中学日语教师的教学工作与学校、同事和家长有着直接的联系，教师要想很好地完成教学任务，取得较好的教学效果，应该具备良好的和学校、同事、家长进行人际交往的能力。

日语教学在学校整体的教学安排之中，处于学校教学管理部门及其他管理部门的统一管理之下。日语教师应该学会与学校管理部门进行沟通和协调，结合日语课的实际，认真接受管理，并根据实际情况，合理提出日语课的特殊需求。

教师与同学科教研室的同事之间，以及不同学科教研室的同事之间要积极地进行沟通和协调，保证教学内容的衔接和课时安排的合理性。教师应从教研室工作全局的角度看待工作安排，从提高学生综合能力的角度与其他教师协同对学生进行指导。

与家长的沟通也是必不可少的。教师应通过家长会、校园参观活动等积极、主动地与学生家长沟通学生的学习、生活情况，并学会活用现代通信手段，通过微信群、QQ 群等方式与家长保持有效的沟通。家长的支持和理解对教学活动的开展和教学效果的提高具有重要的作用。

（四）日语教师的专业发展

教师的专业发展是关系着每个教师切身利益的个人问题，也是事关教育事业生存和发展的重大社会性问题。近年来，我国教育理论界和各级学校等教育机构对教师的专业发展越来越关注。随着国内日语师资短缺问题的逐步解决，日语教师的专业发展逐渐受到各级教育机构的重视。国内日语教学实力较强的大学、各级日语教学研究组织和日语教学相关的出版机构等协调配合，一方面积极推动日语教师教育专业的确立和发展，另一方面努力创造各种进修、培训的机会，为我国日语教师的专业

发展做出了不懈的努力。

日语教师的专业化发展是一个动态发展的过程，教师的思想观念、动机态度、价值取向、专业知识和技能都在不断调整和修正，并不断被重新审视、评价、塑造，不断接受挑战和考验。日语教师专业发展的内容也非常丰富，包括专业知识、专业技能、专业态度、学历、教育知识、教学能力、职业道德、自我评价、自我发展的需求和意识等。

从个人的角度出发，我国中学日语教师要想实现自己的专业化发展，可从以下几个方面努力。

1. 保持不断学习、提升自我的强烈意识。无论学校对于教师的专业发展持有何种态度，教师的内部动力永远是教师专业发展最基本的条件。强烈要求学习、进步的教师才有可能利用各种途径促进自己的专业发展。

2. 积极参加各级各类教师培训、教师研修、教学竞赛等活动。在中学日语教师相关的教研活动较少的现实背景下，抓住一切可以提高自己的机会非常重要。除日语教学相关的教研活动外，相关学科的教研活动日语教师也应该主动参加。

3. 积极开展与日语专业知识、日语教学理论相关的自学活动。外部的教学教研活动是教师无法控制的，但是看书学习却是可以自己安排的。日语教学方面的书籍可以丰富教师的专业知识，提高专业技能，为日常教学提供源头活水。

4. 增强教学反思意识。教学反思被认为是教师专业发展和自我成长的核心因素。日语教师要学会对自己的教学行为进行细致的观察，针对自己遇到的问题，进行系统的、科学的分析和研究，最终提高自身教学的质量和理论水平。

5. 勇敢进行教学研究，撰写科研论文。很多中学日语教师认为自己的工作就是上好日语课，教学研究距离自己较远，且认为自己不具备进行教学研究的能力。这种想法是需要改变的。虽然对中学教师在科研方面的要求不像大学老师那样高，但是适当的教学研究能够帮助教师总结自己的经验，提升自己对教学的认识，对日常的教学也有很大的促进作用。从中学教师职称的评定标准来看，教育科学研究也应该是中学教师的众多职责之一。中学教师一直工作在教育的第一线，对学生、教学有着最直接、最生动的理解，一线教师优秀的研究成果和成功教学实践具有重要的推广意义。

三、日语教学艺术及风格

一名优秀的日语教师除了具备德、才，还应该掌握高超的教学艺术，形成自身独特的教学风格。高超的教学艺术和独特的教学风格会使一名合格的日语教师，变成一位独一无二的"日语教育家"。

（一）日语教学艺术

"教学是一门艺术"，这是教育学界普遍接受的观点。对于什么是教学艺术，教学艺术包含哪些具体内容，不同的研究者从各自研究的角度出发，分别给出了不同答案。一般来说，教学艺术是教师在一定教学思想的指导下，通过综合运用各种教学技能、技巧，遵循美的规律进行的创造性教学实践活动[1]。日语教学艺术是指日语教师在一定教学思想的指导下，通过综合运用各种外语教学技能和技巧，遵循美的规律进行的创造性的日语教学实践活动。日语教学艺术对学生的成长具有重要的推动作用，对教师的发展也具有积极的引导意义。

从学生的角度来说，高超的日语教学艺术能够陶冶学生情操、提高日语学习的效果、创造愉悦的学习环境。平等和谐的日语师生关系，生动活泼的日语教学氛围，丰富多彩的人际交往，都能够让学生潜移默化地受到感染和教育。教学艺术高超的日语教师往往能以优雅、自然、亲切的教态，生动、形象、幽默的教学语言，吸引学生的注意力，建立良好的个人权威，使学生对教师产生好感，从而大大提高学生学习日语的兴趣。日语教师教学艺术的水平在一定程度上左右着学生学习日语的积极性。教学艺术精湛的日语教师还能够发挥学生的优势，并给学生留出足够自我发挥的空间，鼓励学生自己总结概括日语的特点、探究日语背后隐藏的文化背景、构建自己的日语知识结构，实现学生的自主学习。情趣化也是日语教学艺术的重要组成部分。日语教师简洁、流畅的日语表达，自由插入的日本小故事，惟妙惟肖的日语模仿，忘情的日语诗歌

---

[1]李森.现代教育学论纲要［M］.北京：人民教育出版社，2005：257.

朗诵、日语歌曲演唱等都能够缓解学生学习的疲劳，避免课堂的单调，营造一个轻松愉快的日语学习环境。

从日语教师的职业发展来说，具有高超的日语教学艺术是一名日语教师成熟的重要标志，会增强该教师对自己职业的认同感和自信心，让其感受到日语教师这个职业的美和独特之处，也会更加激励其提高自身的修养和各方面的能力。

（二）日语教学风格

日语教学风格是指日语教师在长期教学实践中逐步形成的、富有成效的一套日语教学观点、日语教学技巧和日语教学作风的独特结合和表现，是日语教学艺术个性化的稳定状态。我们常说某某老师的日语课幽默风趣、轻松愉快，某某老师的日语课视野开阔、内容丰富，某某老师的日语课声情并茂、发人深省，这些说的都是日语教学风格。

日语教学风格是日语教学艺术成熟的重要标志，也是教师教学上创造性劳动的结果。日语教师只有在教学中善于总结经验、勤于摸索教学规律、勇于创新实践，才会形成自己特有的日语教学风格。日语教学风格具有独特性，每个日语教师的教学风格都是这个教师所独有的。日语教学风格是基于日语教学规律的，能够吸引学生的注意力，因此有助于提高学生日语学习的效果。此外，日语教学风格具有相对稳定性，一名日语教师无论上基础课还是上复习课，无论上听力课还是上会话课或写作课，都会体现出自己的教学风格。当然，日语教学风格也不是一成不变的，随着教师日语教学经验的积累和教学思想的更新，优秀的日语教师会不断对自己的教学风格进行调整和完善。

日语教学风格的形成具有阶段性的特点。在模拟阶段，教师由于缺乏教学经验和独立教学的能力，往往通过模仿教学专家、优秀教师或者周围同事的教学设计、方法来开展教学。模拟教学一般带有其他人教学风格的影子，缺乏自己的个性。达到了熟练程度之后，教师会开始独立思考、独立创造，努力探索适合自己的日语教学风格，这是教学风格形式的创新探索阶段。虽然教师在这一阶段会慢慢积累一些自己的经验，形成自己一定的教学风格，但是这种风格还不够稳定，特色还不够鲜明。进入教学风格形成的最后阶段，教师教学的特色逐渐稳定，特色越来越鲜明，面对不同的学生和不同的教学场所、教学内容都能够从容应对。

　　日语教学风格的形成需要日语教师做出不懈的努力。一方面必须热爱日语教育事业，全身心投入。只有热爱，才能够不断尝试，只有不断尝试，才有可能形成自己的风格。另一方面，日语教学风格是具有科学性的，教师必须掌握教育教学（特别是日语教学）规律，苦练日语教学基本功。任何风格都不是凭空存在的，必须要在日常的教学中得以体现。此外，教师还必须认清自己的特点，确立具有自身特色的教学风格。总之，日语教学风格的形成无法一蹴而就，也不能简单地用教学时间来衡量。日语教师必须不断地学习、不断地尝试、不断地创新，才有可能形成自己的教学风格。

第三节　学　生

　　学生是教学活动的主体，同时也是教师教学实践的对象。日语教师要完成自己承担的日语教学任务，充分发挥学生的教学主体作用，使学生获得丰富的日语知识、掌握熟练的日语技能，实现自己的学习目标，就要对自己所教授的学生有充分的了解，同时秉持科学的态度，形成科学的学生观。

　　教师的学生观是教师对学生特征和培养方向所持有的基本认识和根本态度。它支配着教师的教育行为，决定着教师的工作态度、工作方式和工作效果，对师生关系产生着重要的影响。作为一名中学日语教师，应该积极了解、研究学生的具体情况和个性特征，科学、客观地看待自己的学生。

一、学习日语的学生的特点

　　在我国的中小学外语教育中，学习日语（特别是选择日语作为第一外语参加高考）的学生数量有限，在总体学生中算是"少数派"。这些学生既具有同龄学生在生理、心理上的共性，从某种意义上来说，也具有与其他同龄学生有所区别的特点。

（一）学习日语的学生正处在发展阶段

　　中学生正处于身心发展的重要阶段，他们的生理和心理都尚未成熟，在认知方式、情感表达等方面都会体现出与成人不同的特点。因此，日语教师在教学过程当中，应该关注学生的这些特点，并加以充分利用。因为学生不同于成人，教师在教学中不能采用"成人模式"，也不能假设学生具备成人一样的学习能力和自我监控能力，更不能完全按照成人的标准去评价和要求学生。一些日语教师抱怨自己的学生不听话，不能按照要求完成学习任务，不够刻苦等。即使这些现象现实中确实存在，教师也应该反省一下自己的要求是否符合学生的实际能力，自己是否能够以更加宽容的心态来对待学生的"不成熟"和"不懂事"。

正是因为中学生的身心特征都处于变化之中，他们的发展具有极大的可能性和可塑性。这一年龄段的学生往往对外界充满了好奇，特别是对自己感兴趣的东西，他们会抱着极大的热情，主动去了解、学习。日语教师应该抓住学生的这一特点，充分利用学生的兴趣爱好，激发学生对日语的好奇心，调动他们学习日语的积极性。教师还应该尽力在教学中穿插对日语学习方法的介绍，在教学过程中，帮助学生养成学习日语的好习惯，掌握学习日语的有效方法。

（二）学生是完整的生命个体

学生是完整的人，作为独立的社会个体，具有生理、心理、社会、物质、精神、价值、信仰等多层次、多方面的需求。教师在教学活动中，要将学生作为完整的个体来看待，要关注他们各方面的需求，而不能仅仅注重其中某些方面。有些教师过分注重学生的成绩，对学生的兴趣爱好严加限制，甚至是强制其放弃。有的教师不顾学生的实际情况，为了完成教学计划，布置堆积如山的作业，认为教师的权威至上，学生应该无条件服从教师的要求。还有的教师对学生的不良情绪不管不问，甚至是一味指责。这些做法都是教师没有把学生当作一个完整的人来看待的表现。学生的兴趣爱好是学生个人发展中必不可少的，学生应该有发表自己意见的权利，学生的身体状况、精神状态应该得到关注。学生的发展应该是全方位的，教师对学生的教育和培养也应该是多方面的。

（三）学生之间存在个体差异

不同学生可能在兴趣、爱好、志向等方面有很多共同之处。但是，受到先天条件、后天教育等因素的影响，学生之间总是存在着这样那样的差异。这就要求教师遵循学生的个性特征，按照并充分利用每个学生不同的兴趣、能力、气质和性格特点等因材施教。

虽然我国的中学日语教育普遍采用班级授课制度，每个班的学生人数较多，要实现对每个学生的个别指导并非易事，但是在满足大多数学生的共同学习要求的基础上，对特别需要教师引导和帮助的学生给以特别关注是可以实现的。

二、日语教师学生观的更新

日语教师的学生观是指教师对学习日语的学生所持有的基本观点。受不同时期教育教学理论和实践的影响，我国日语教师所持有的学生观也处在不断变化、发展之中。

受我国"尊师重道"等传统教育思想以及苏联师生关系说的影响，"老师说的一定没错""老师要求的任务一定要完成""不听老师的话不是好学生"等观点曾经被广泛接受，学生的独立性、自主性没有得到充分的重视和调动，学生的主体性没有得到确立。同时，受到"知识中心主义"和"应试思想"的影响，有些教师认为"考试成绩好就是好学生"。受以上思想影响的教师对学生能力的培养和全面发展的关注不够。

进入 21 世纪，进行课程改革以后，日语教师的学生观发生了明显的变化，主要体现为开始关注如何发挥学生在教学中的主体地位，尊重学生作为生命个体的尊严和平等，追求学生的全面发展等。但是，观念的改变并非一朝一夕能够实现，需要国家教育行政机构、各级教育实施机构以及教师自身的共同努力。如何看待学生直接影响着教师教学活动的设计和实施，与日语学科教育目标的实现息息相关。可以说，没有教师学生观的根本改变，新课程改革的实施效果必将受到影响，课程改革、教学理念革新的尝试也难成功。

要发挥学生的主体作用，需要通过座谈、观察、问卷等各种方式了解学生的学习需求（学習者のニーズ）、学习风格（学習スタイル）以及语言学习观（言語学習観）等。学习需求是指学生的学习目的、学习目标等，例如：学日语是为了高考、留学还是发展兴趣；希望学到初级、中级还是高级；希望会说还是能写。学习风格是学生在学习过程中所具有的或偏爱的方式，换句话说，就是学生在研究和解决其学习任务时，所表现出来的具有个人特色的方式。例如，有的人喜欢看纸质材料（视觉刺激）进行学习，有的人喜欢通过听录音（听觉刺激）开展学习，有的人喜欢一个人学习，有的人喜欢和其他学生一起学习。语言学习观是学生对自己所学语言以及语言学习过程所持有的看法和信念。学习需求、学习风格和语言学习观对学生的学习态度、学习计划、学习方法以及最后的学习效果都有重要的影响。教师应注意了解学生在这些方面的特点，并在教学设计、实施以及日常交流中利用学生的这些特点，还可通过教学活动修正学生固有的一些不科学的观念，培养学生科学的外语学习习惯。

关于学习风格、语言学习观，有各种量表可供选择，这里介绍一种日语学习观调查表[1]，见表4-1，供一线的日语教师参考。该调查表包含五个大项，即日语学习动机（第3、11、16、21、27、32、35、39、44条），学生学习的自主性（第5、14、23、29、31、33、36、41条），教师的职责（第4、9、12、17、18、22、28、40、45条），教材和课程设置（第6、13、19、20、24、30、37、46条），教学法及学习策略（第1、2、7、8、10、15、25、26、34、38、42、43条）。各大项下设数个具体的调查内容，共计46条。教师在使用时，可根据这五个大项对学生的日语学习观进行总结和分析。比如，通过综合分析第3、11、16、21、27、32、35、39、44条的回答情况，就可以大体掌握学生学日语的动机。教师还可根据自己学校的具体情况，对其中的内容进行修改或删除。

表4-1　日语学习观调查表

请你逐条阅读，每一条都有5个选项：1表示非常赞成；2表示赞成；3表示既不赞成，也不反对；4表示反对；5表示非常反对。请你仔细考虑，认真选出符合自己想法的选项

1. 我认为如果在初级阶段允许日语表达错误的存在，那么在以后就很难把日语说得准确了	1—2—3—4—5
2. 有日本人在场时，我想积极地同他们交谈	1—2—3—4—5
3. 因为有利于同日本人交流，我才学日语	1—2—3—4—5
4. 希望老师能教给我们日语学习的方法和学习重点	1—2—3—4—5
5. 自己发现并纠正错误，最利于学习	1—2—3—4—5
6. 希望老师在课堂上能补充一些教材上没有的内容（如日本年轻人的生活）	1—2—3—4—5
7. 用正确的发音说日语很重要	1—2—3—4—5
8. 语法上的疑点搞不清楚心里就会觉得不踏实	1—2—3—4—5

[1] 李友敏. 关于大学日语公选课学生日语学习观的调查研究［D］. 北京：北京外国语大学，2008.

续表

9. 要想学好日语，必须有好老师	1—2—3—4—5
10. 只有学会正确地使用日语时才可以开口说日语	1—2—3—4—5
11. 我学日语是想了解日本的文化	1—2—3—4—5
12. 希望老师能告诉我，我在日语学习中存在的不足	1—2—3—4—5
13. 不使用教材，只做口头练习的方法不适合自己	1—2—3—4—5
14. 通过同学之间的讨论来制订学习计划是浪费时间	1—2—3—4—5
15. 即使多花些时间，也希望能由浅入深地学习句型，这样日积月累最终才能有真正的收获	1—2—3—4—5
16. 我们国家的人认为会说日语很重要	1—2—3—4—5
17. 由老师进行的定期小测验对学生来说是一种帮助	1—2—3—4—5
18. 应由老师来对学生做出评价	1　2　3　4　5
19. 以会话为中心的课程最好	1—2—3—4—5
20. 按部就班照教材授课比较好	1—2—3—4—5
21. 我想更加了解日本人，所以才学习日语	1—2—3—4—5
22. 老师必须让学生拼命学习	1—2—3—4—5
23. 如果有明确的目的，日语学习会进步很快	1—2—3—4—5
24. 比起以读、写为主的课，我更希望上以听、说为主的课	1—2—3—4—5
25. 遇到不认识的单词，要会推测它的意思	1—2—3—4—5
26. 听录音练习日语是很重要的	1—2—3—4—5
27. 如果我日语说得好，肯定会有更多的机会找到好工作	1—2—3—4—5
28. 作业应当由老师布置给学生	1—2—3—4—5
29. 按照老师的要求去学习，进步会很快	1—2—3—4—5
30. 要做到流畅地听说日语，现在的日语课就足够了	1—2—3—4—5
31. 老师的建议即使并不适合自己，也照着去做	1—2—3—4—5
32. 我想流畅地说日语	1—2—3—4—5
33. 在日语学习中，我喜欢听取老师的建议	1—2—3—4—5
34. 反复、大量的练习是很重要的	1—2—3—4—5

续表

35. 我想结识日本朋友	1—2—3—4—5
36. 制订计划学习日语，进步会很快	1—2—3—4—5
37. 我希望有更多机会说日语	1—2—3—4—5
38. 背单词或短语是很重要的	1—2—3—4—5
39. 能说流利的日语对我将很有帮助	1—2—3—4—5
40. 应由老师来规定我的学习内容	1—2—3—4—5
41. 我知道自己的日语学习哪里需要改进	1—2—3—4—5
42. 在其他同学面前说日语我觉得不好意思	1—2—3—4—5
43. 通过自己感兴趣的话题来学日语是很有意思的	1—2—3—4—5
44. 我是因为考试的需要才学日语的	1—2—3—4—5
45. 日语学习不见长进，大部分责任在老师	1—2—3—4—5
46. 教材应该更接近现实生活	1—2—3—4—5

第四节　师生关系

师生关系是教师和学生在共同的教育教学活动中，通过认知、情感互动和交往形成的人际关系。可以说，师生关系是教学活动中最基本的人际关系，在教学活动中起着重要的作用，直接影响着教学的有效性。甚至有人指出，师生关系是影响教学目标达成的关键因素，是否能够正确处理师生关系是衡量一个教师专业素养高低的重要标准。

一、日语教学师生关系概述

师生关系的内容丰富，师生关系的表现形式多样。在我国的中小学日语教学中，师生关系主要体现在教学活动和日常交际两个方面。教师和学生在教学任务、课程计划、学校规章制度及其他行政措施指导下，形成一种以教与学为主要内容的"工作关系"，它是建立其他方面师生关系的基础。在教与学的活动中建立良好的师生关系，主要取决于教师指导作用的发挥。教师必须充分了解学生的实际，不能主观、盲目地开展教学；必须充分调动学生学习日语的积极性、主动性，不能采用注入式教学。此外，师生之间要保证足够的民主、平等，积极协作，不能采取"教师一言堂式"的做法。只有这样师生之间才能建立良好和谐的"工作关系"，也只有这样才能够保证教学活动的顺利开展，保证教书育人目标的实现。

除了课堂，日语教师和学生还会在日常生活中发生接触、产生交流。日常的交际也是形成良好师生关系的重要途径。教师在日常生活中的言行举止是其自身修养的直接体现，直接影响学生对教师的印象。学生只会对自己尊敬的、向往的教师产生好感。师生之间产生交流的愿望，就有可能建立起良好的师生关系。

二、良好师生关系的特点及构建

（一）师生冲突的原因及影响

没有老师希望自己与学生之间的关系出现问题，但是在现实中，师生冲突时有发生。在我国现有的教学环境中，一些教师仍然受到传统的"尊师重道"教育思想的影响，过分强调教师的权威，习惯对学生进行严格的要求和控制，把学生看成是被动和机械的受体。随着社会的发展，学生的主体意识得到了提升，学生对民主、平等有着强烈的呼唤。学生希望得到教师的尊重，希望能与教师进行较为平等的交流。这就形成了一个问题：师生双方都认为对方侵害到了自己的"面子"以致产生冲突。此外，师生双方的期望不一致，师生之间的年龄代沟，以及某些教育体制的不完善也是引起师生冲突的原因。

师生冲突对教师和学生都有不利的影响。师生冲突可能直接破坏课堂教学，甚至导致课堂教学中断，影响教学效果。从学生角度看，冲突发生后，有的学生受到教师施加的压力，对老师耿耿于怀，情绪对立，长期处于消极反应状态，这直接影响学生的身心健康。从教师角度看，师生冲突会使教师感到沮丧，严重挫伤教师的工作积极性。

当然，如果师生冲突能够得到较好的解决，师生双方能够从中吸取教训，能够增进彼此的了解，冲突也可能成为师生共同进步的一个契机。

（二）良好师生关系的特点

和谐融洽的师生关系一般具有相互尊重、民主平等、公平宽容、相互信任等特点。

相互尊重是形成良好师生关系的前提条件。不管是教师还是学生都有被尊重的需求，如果教师不尊重学生，必然会引来学生强烈的反感和愤怒；如果学生不把教师放在眼里，对教师没有应有的尊重，教师也必然对这个学生心生芥蒂，在教学中无法做到一视同仁。

民主平等是师生交流顺利进行的基本保障。民主的班级氛围能让学生身心放松、思维活跃，充分表达自己的观点和感受，能让教师深入地了解学生的真实情况。教师与学生在专业知识、专业能力方面是不平等的，但是同样作为一个独立的社会个体，人格是绝对平等的。平等的关系才能够实现真正坦诚的沟通和交流。

公平和宽容也是维持师生间良好关系不可缺少的重要因素。公平主要是指教师在对待所有学生时一视同仁，赏罚分明。宽容是指教师应该用发展的眼光看待学生，明白中学生尚处于"不成熟"的发展阶段，对学生的一些不当言辞和过激行为，能够以一颗宽容的心去对待。

相互信任是师生间建立、保持良好关系的根本保证。信任是一切交流的基础，没有信任，真正的交流无从谈起。

（三）良好师生关系的构建

从日语教师的角度来说，要建立良好的师生关系，需要从宏观和微观两个方面努力。宏观上来讲，教师需要树立正确的教师观和学生观、不断提高自己的亲和力，并注意加强学校、家庭、社会三方面之间的理解、交流与合作。

一是正确认识教师、学生及其之间的关系。

教师要对自身的工作性质、职责做出正确的认知，对学生身心情况做到切实的掌握，从教育科学的角度对教学规律以及教学中师生的关系加以认识。观念决定态度，态度影响行为，科学、正确的教师观和学生观是建立和保持良好师生关系的关键。

二是做一个有亲和力的老师。

教师本身的教育观念、个人气质、知识结构，校园和班级氛围等对教师亲和力的影响比较明显。提高教师的亲和力，要求教师尊重和信任学生，多与学生进行交流，开展形式多样的师生活动，在交流中加深师生感情；同时还要学会正确处理教学活动中的师生冲突，注意掌握一些基本的师生交往的技巧。

三是加强学校、家庭、社会三方之间的理解、交流与合作。

教师要以家长为桥梁，积极地与家长沟通；做到以兴趣为纽带，连接师生关系，调动学生参与教学活动的积极性，加强师生之间的交流；要重视和加强教育与社会生活的结合，调动多方面的积极因素。

从微观（日常教学、交际）方面来看，教师需要将构建和谐师生关系贯穿到教学的各个环节，贯彻到与学生的每次交流当中，注意学习一些"小技巧"和"大智慧"，真正将构建和谐师生关系看作自己工作的重要内容。

1. 把尊重学生放在首位

日语教师与学生虽然社会角色不同，在专业知识储备方面存在明显的差距，但是在人格上是平等的。在一些教师的思想认识中，还不能够完全认同这种"平等"，特别是在日常教学以及与学生的交际过程中，很容易出现无视学生的感受、唯我独尊、对学生指手画脚的情况。这样的观念和做法不符合现代教育的精神，也与学生所处年龄阶段的心理要求格格不入。师生冲突的起因往往是教师与学生一方或双方的不尊重。

2. 设身处地为学生着想

鉴于我国中学日语教学的实际情况，一些学校的日语教学时间紧张、任务繁重，对学生来说是一个不小的挑战。同时，学生还有其他科目的学习任务，需要多方兼顾。因此，日语教师在制订教学计划、布置学习任务时，需要从学生的学习实际出发，坚决避免不顾学生的学习时间，提出过高学习要求的做法。

语言的学习内容众多，是一个艰苦的过程。教师为了完成语言教学任务，很容易采取满堂灌教学方式，导致学生失去学习兴趣。因此，教师要注意把社会文化融入课堂，改良自己的教学方法，尽量让日语课堂活泼起来。此外，日语教师还应该在学习方法方面对学生加以指导，针对学生提出的难点，多思考一些实用的教学方法，帮助学生更好地理解和掌握知识。

3. 赏识每个学生

每个学生的学习背景、学习能力不同，其学习的效果自然不同。作为一名日语教师，应该学会发现学生的进步和闪光点，从细节出发，从具体事件出发，表扬和鼓励学生。同时要注意，表扬避免过度集中于部分学生，应该让各层次的学生都感受到关怀和温暖。表扬必须从实际出发，做到准确、到位，避免过度表扬和形式化表扬。

4. 和学生进行有效的沟通

构建和谐的师生关系，有效的沟通必不可少。沟通可以有多种形式，如当场沟通、课后沟通、个别沟通、集体沟通、面对面沟通、电话沟通、网络沟通等。沟通的效果更多取决于沟通的内容和方式。和学生沟通时必须坚持实事求是、以理服人、把握分寸、因人而异的原则。批评学生要有理有据,不可主观臆断;与学生探讨问题要以理服人,不可用高压逼迫学生接受;与学生产生分歧时,要控制情绪,避免急躁,把握节奏,掌握局面;面对不同的学生,应该根据学生的性格特征,选择合适的沟通方式。

5. 公平对待每个学生

学生一般具有强烈的平等观念,希望教师能公平对待自己。教师一定要秉持一颗公正之心,制定、执行各项规章制度,避免出现偏爱、袒护等行为。尽量发挥每个学生的优势和特长,让学生感受到班级对自己的重视,认识到自己的价值。

构建和谐的师生关系,涉及教学的方方面面,体现在每一堂课中,体现在教师与学生的每一次交往之中,需要教师多角度审视,全方位思考。教师应该时常反思自己与学生的关系,客观评价,积极改善。

下面提供一个教师行为自测表,见表4-2,供大家参考。

表4-2　教师行为自测表

请根据自己的实际情况,看看自己是否做到了表中列出的各项内容,并在对应评价栏中画○

自测项目	较好	一般	较差
1. 我尊重每个学生,努力呵护每个学生的自尊心			
2. 我和学生交流时,尽量以朋友的身份,以商量的口吻			
3. 我会设身处地地考虑学生的学业负担,不给学生布置过重的学习任务			
4. 我努力让自己的课堂活泼起来			
5. 课堂上,学生表达自己的观点时,我会耐心倾听			
6. 学生提出不同观点时,我不会不高兴			
7. 有争议时,我会让全班同学发表意见			
8. 学生考试成绩不理想时,我不会在班上刻意公布,更不会冷嘲热讽			
9. 我不会根据日语学习成绩来整体评价一个学生			
10. 学生在任何方面的突出表现我都会为他们高兴,并积极找机会表扬			

续表

自测项目	较好	一般	较差
11. 学生完不成作业时，我不会不停训斥，我希望能找到原因			
12. 我不会在班上不停表扬学习成绩好的学生			
13. 我不会体罚学生			
14. 学生犯错误时，我不会愤怒，我希望能和他进行深入交流			
15. 我不会用统一的标准要求学生			
16. 我一定赏罚分明			
17. 我不会欺骗学生			
18. 我不会威胁学生			
19. 我会用学生常用的沟通方式（如QQ、微信等）进行沟通			
20. 我希望了解学生喜欢的一些流行歌曲、明星等			

　　选择"较好"越多，表明教师在与学生的沟通方面做得越好；选择"较差"越多，表明教师在与学生沟通方面做得越差。希望教师通过这一自测表，反思自己在与学生交流方面存在的问题，改正自己的不当做法，努力创建良好的师生关系。

第五章 | 日语教学内容

　　教学内容这个概念现在提得比较少，而更多用课程内容这个词取而代之。本书认为，只要教学活动存在，就必然会有教学内容；教学内容的重点在"内容"，而课程在我国教育中虽然一般指有计划的、系统的教学内容，但从其实质看，课程更侧重对教学内容的安排，而不局限在内容本身。本书名称为"日语教学论"，统一冠以"教学"二字，在体系上更加齐整。

　　由于多年来人们对教学原理和方法的研究比较多，所以教学论比较早地从教育学中分离出来，成为一门独立的学科；而20世纪80年代以前，我国对课程原理和方法研究得比较少，曾把它们放在教学论里用"教学内容"的标题专门列一章来讲。这是沿用苏联教育学或教学论的体系。陈侠先生认为，无论在教育学的教学论部分还是在教学论专著里，最好仍用"教学内容"这个标题或者用"课程和教材"这样的标题来概括所讲的知识，不宜用"课程论"做标题，以免使人认为课程论只是教学论的一部分，以为课程论是教学论的下位理论而引起不必要的误解[1]。

---

[1] 陈侠. 课程论 [M]. 北京：人民教育出版社，1989：10.

第一节　日语教学内容概述

一、日语教学内容的概念

人类经历了漫长的历史，在不断劳动、不断探索中积累了涉及人类生活各方面的丰富的经验和知识，这些知识需要传承，所以就成了学校教育的内容。日语教学也是如此，提到教学内容，往往首先想到的就是日语知识。

经验告诉我们，不具备观察、思考、判断、想象、表达、鉴赏、操作、创造等能力和技能，就不能掌握知识；不提高应用已有知识解决各种各样问题的能力和技能，知识也不能在实际生活中发挥作用。因此，发展获取知识的能力和技能是教学的重要内容。

同时，教学是教育的有力手段。学生通过学习各方面的知识，会形成有关人生的认识、见解，最终形成自己的世界观、人生观、价值观，即学生所接受知识会对他的"三观"、政治态度和道德修养产生重要影响。培养正确的"三观"、科学的生活态度、优良的道德修养也应该是教学内容之一。

还有，学生以什么方式进行学习，是专心致志还是心不在焉，是勤于思考还死记硬背，对学生的学习态度、处事方式和性格都有重要影响。因此，引导学生改善学习方式、掌握终身学习的方法、形成良好性格、处理好同学关系，为走上社会做准备也是重要的教学内容。

总的来说，教学内容的总体概念应该包含上述几个方面，而不仅是知识的传递。为此，《中国大百科全书·教育》给"教学内容"做出如下定义：

教学内容（teaching content）

学校给学生传授的知识和技能，灌输的思想和观点，培养的习惯和行为等的总和，也叫课程[1]。

---

[1]中国大百科全书总编辑委员会《教育》编辑委员会.中国大百科全书：教育［M］.北京：中国大百科全书出版社，1998：155.

《中国大百科全书·教育》最早出版于1985年，1992年再版中的"教学内容"与1985年版一样。"教学内容"这个词条是我国出版的第一部《课程论》的作者陈侠执笔的。陈侠明确了最早的教学内容和逐渐丰富起来的教学内容，并说："中国现在把规定教学内容的文件称作教学计划、教学大纲和教科书，它们是教学内容的具体化。"

日语教学是整体教学中的一个学科，日语教学内容有自己的特殊性，也有各个学科都有的共性。本书将日语教学内容定义为：

国家教学（课程）计划、日语教学大纲或课程标准规定的，需要学校在日语教师与学生开展教学互动过程中引导并帮助学生学习和逐步形成的日语学科素养。

日语教学内容在日语教育体系中居中心地位，日语教育的目的必须依靠一定的教学内容来体现和实现，日语教学方法、教学组织形式等也都受日语教学内容的制约并为教学内容服务，日语教学质量、教学水平和学业标准也要以日语教学内容实现的情况来加以评定。

二、日语教学内容的分类

日语教学内容是学生在校期间需要学习和逐步形成的日语学科素养，它包括什么，又如何分类呢？这个问题长期以来很少有人认真地思考和研究过，日语教学内容的分类基本上是继承前人的做法，凭经验判断形成的。然而，随着社会和日语教学事业的发展，日语教学内容越来越丰富，甚至超越了日语学科本身。因此，有必要对其做一个梳理。

（一）日语知识

我国早期的日语教育可以追溯到清末。从当时出版的日语教科书可以看出，那个时候的日语教育以传授日语知识为主。而所谓传授日语知识最初就是学习日语词汇，如第一本被认为是中国人编写的日语教科书《东语简要》[1]基本上就是一本词汇集。后来，语音、语法和日语文字也被写入教科书，如《东语入门》[2]，其中出现了"伊吕波歌"和五十音图，还有词汇和短句。随后读本类、会话类、语法类等教科书相继问世。由

---

[1] 作者为玉燕居士，1884年发行。从内容结构等看，称之为教科书非常勉强。
[2] 陈天麒编纂的可以称作教科书的日语教材。1895年以石印本发行。

于清末学习日语主要是为了阅读日文，并通过日文转译西方书籍，所以很多学习者追求日语速成。他们从"书同文"的认识出发，认为只要掌握语法规则，颠倒、钩转词语位置就能将日文资料翻译成汉语。为此，清末时期的日语教科书中，语法类的比重最大，语法也成为日语知识的重中之重，长期在我国日语教学中占据主导地位。其实，日语文字也是日语知识的一部分，然而日语汉字因为是中国人学日语时的长项，所以往往被忽视，或被归为词汇处理。直到现在，说到日语知识，公认的最基本的要素还是语音、词汇和语法。

（二）日语技能

日语技能是我国日语教育长期以来的"双基"之一，这与我国提出基本知识和基本技能的"双基"教学理念有紧密联系。"双基"教学起源于20世纪50年代，60年代至80年代得到大力发展，80年代之后不断丰富完善。从日语教学大纲中，可以清楚地看到日语双基教学的历程。因为我国教学历来是以纲为本，双基内容被大纲所确定，双基教学也来源于教学大纲的导向。在双基教学理论的指导下，学习一门外语不能只掌握语言知识，还必须掌握一定的语言技能。日语教学大纲中对日语知识和技能要求的演进历程呈现出日语双基教学理论的形成轨迹，日语双基教学随着日语教学大纲提出的要求得到不断加强。

日语技能一般指听、说、读、写这四种基本技能。然而我国早期的日语教学重阅读而轻口语，这不仅是因为当时学习日语的主要目的是为了翻译资料，还有客观条件上缺少语言环境、缺少专业的日语教师等诸多原因。不难看出，清末只有日本人编纂的日语教科书比较重视口语交际，如长谷川雄太郎编写的《日语入门》[1]；民国时期，在基础教育阶段，一些学校使用的日语教科书之所以重视听、说，是因当时日本占领的地区的日语教育着力推行直接教学法，即不允许使用母语，要求用动作、图画等直观手段学习词语。中华人民共和国成立之初的日语教学，根据实际需要，外语教学界曾有"听、说领先，读、写跟上"的提法，也有"四会并举"、相互促进的主张。虽然，高校日语专业或职业教育中有翻译技

---

[1] 1900年由关东同文馆刻印刊行，另有1901年日本善邻书院的石印刊本。

能教学，进而有听、说、读、写、译的提法，但最基本的技能仍指听、说、读、写这四项。

作为双基教学内容，日语知识和日语技能既相互独立又相辅相成。因为语言交际有口头和书面两种形式。人们开展语言交流时，必须通过有声语言（听和说）或者文字记录的语言（读和写）进行。没有一定的语言知识或语言技能作为基础，就不可能实现这两种形式的交流。特别在基础教学阶段，日语语言知识的学习必须在听、说、读、写活动中开展并得以巩固，而听、说、读、写同时是提高语音、词汇、语法等基础知识教学质量的可靠保证。这可能就是日语知识和日语技能长期以来成为日语"双基"教学内容的根本原因吧。尽管如此，从我国 21 世纪以前的日语教学大纲来看，语言技能多列为教学目标要求，而列入教学内容的主要是日语知识。

（三）功能意念

长期以来，我国日语教学内容规定的主要项目是语音、词汇和语法，也包括一些惯用型或句型。这种现象在 20 世纪 80 年代末期发生了重大变化。

20 世纪 80 年代初，我国的英语教学蓬勃开展，*Follow Me*，*New Concept English* 等英语教材风靡全国，*New Concept English* 的编者路易·亚历山大被邀请到中国讲学。路易·亚历山大是欧洲文化合作委员会主持和制定外语教学大纲的参与者，也是"功能 – 意念法"的积极推广者。他在中国的讲演报告录音被整理、翻译成汉语，归纳为《语言教学法十讲》，由科学技术文献出版社于 1983 年出版，对中国的外语教学产生了很大影响。

功能意念法（the functional-notional approach）是以社会语言学、功能语言学和心理语言学为理论基础，是注重培养交际能力的外语教学法，是世界范围内影响较大的外语教学法流派。功能意念法产生于 20 世纪 70 年代初的欧洲，从分析学习者的实际需要出发，以发展学习者运用语言进行交际的真实本领为目的。功能意念法主张以功能意念为纲，交际为目的和手段，组织全部外语教学。这种教学思想也影响了我国的日语教学。

1989 年出版的《大学日语教学大纲》首次列入了功能意念表和语言技能表，强调"日语教学的最终目的是培养学生运用日语进行笔头、口头交际的能力。"[1]并提出大学日语基础阶段必须以日语的语言共核[2]作为教学重点，努力帮助学生打好语言基础。1990 年出版的《高等院校日语专业基础阶段教学大纲》也列入了功能意念表，强调"外语教学的最终目的是培养学生具有语言交际能力。"[3]还有论文称，"功能意念表"所包括的具体项目怎样、数量的多少都姑且不论，仅仅是将"功能意念"列为"大纲"教学内容这一点，它的意义就非常大了，确实可以说这是中国日语教育的一项改革[4]。

1992 年出版的《九年义务教育全日制初级中学日语教学大纲（试用）》也强调"外国语是进行国际交往的重要工具""教学的目的是让学生初步掌握这个工具"。同时借鉴功能意念的有关内容，增加了"基本表达方式表"。这个表是参照《大学日语教学大纲》提出的，其中的一些句子比较抽象，不太适合初中学生。1995 年发行的该大纲的第 2 版中，"基本表达方式表"改为"日常交际用语简表"，内容删减了许多。

1989 年以后，我国的日语教学在致力于培养交际能力方面不断进取，各级各类日语教学大纲或课程标准都不同程度地呈现出相关内容。只是基础教育阶段日语教学大纲中未采用功能意念这样的术语，改称"表达方式"，后来进一步删除了表示意念的词语，保留会话体的句子，改称为"日常交际用语"，在 21 世纪的课程标准中又改称"交际项目"。这是因为英美等国的一些语言学家在对这一概念进行批评和探讨的基础上，提出了一个含义更为深广的概念——交际能力，即语言使用者的语言能力不仅包括他对语言本身的知识，同时还应该包括他在一个具有多种多样语言环境的社会中，恰当地运用语言知识的能力。交际教学法就是基于这种

［1］大学日语教学大纲修订组. 大学日语教学大纲［M］. 北京：高等教育出版社，1989：6.

［2］不同学科，不同交际领域所使用的日语，尽管在词汇、语法、功能意念等方面各有特色，但是最基本的东西是共同的，这就是所谓的语言共核，是语言基础的关键部分，是基础阶段日语教学的重点所在。——《大学日语教学大纲（非日语专业本科用）》修订说明.

［3］日语专业基础阶段教学大纲研订组. 高等院校日语专业基础阶段教学大纲［M］. 北京：高等教育出版社，1990：9.

［4］胡振平. 中国日语教育中的一件大事：试论《大纲》的学术性［J］. 日语学习与研究，1991（4）：59-65.

认识而产生的，交际教学法以语言行为而不是语言形式为出发点，教学内容是依据学习者的学习目的来选取和安排的，而不是像传统方法那样以语法为纲。可是，经过一段时间的实践，人们发现情景教学也不是尽善尽美的，比如情景远远包括不了所有交际所需的语言行为，也无法作为学习者学会表达具体情感、理性态度和一些常见的概念所需的语言形式的载体。

功能意念表或交际项目在教学大纲中的从无到有，反映出中国日语教育从重视语法规则到重视交际能力培养的重要变化。然而，由于功能意念项目的分级不够科学，功能性太强而系统性不足，对如何解决结构与功能的有效结合等问题存在局限性，而且功能意念项目与语法项目往往出现重叠现象，所以在日语教学实践中存在不少亟待解决的问题。《普通高中日语课程标准（2017年版）》规定的教学内容中取消了存在多年的交际用语相关附录，强调以主题为引领，不主张死记硬背词汇、语法和表达方式，而更加注重理解和表达的内容。据了解，取消交际项目的主要原因有三个：一是缺少选择依据，交际项目中罗列的是一些句子，一旦脱离语境则变数比较大；二是交际项目没有止境，数量和难度难以把握；三是原"交际用语"部分条目与语法条目重合。

（四）文化素养（文化理解）

语言与文化不可分割。然而初期的语言教学基本上局限在语言本身，忽视了语言文化教学。随着交际教学思想的传播，人们慢慢地认识到，接触和学习一门外语需要站在外国人的思维、历史角度等去体会他们的文化。不过，文化是个很宽泛的概念，对于日语教学来说，如何界定相关教学内容，是必须思考的问题。

1996年出版的《全日制普通高级中学日语教学大纲（供试验用）》首次提出正确处理语言教学与文化关系的问题，即"通过教学扩大学生的语言文化视野，以利于发展思维和提高文化素质"，这是从语言是文化的载体，熟悉相关文化知识有利于提高运用语言能力的视角提出的。2000年出版的《全日制普通高级中学日语教学大纲（试验修订版）》进一步强调"处理好语言知识和语言运用的关系，培养学生用日语进行交际的能力"，同时，提倡在日语教学中使学生适当了解日本社会、文化和日本人的生活习俗，帮助学生学好日语，开阔眼界，增强世界意识，加深对本民族文化的理解；让学生在潜移默化中接受文化熏陶，养成健康的审美情趣，培养学生对自然美、社会美、科学美和艺术美的感受力、鉴赏力、表现力和创造力。这样的描述比供试验用版更具象并有了提升，但日本语言文化包括哪些内容并不具体。

2001 年和 2003 年先后出版的《全日制义务教育日语课程标准（实验稿）》和《普通高中日语课程标准（实验）》提出培养学生初步、基本的综合语言运用能力的总目标，这种能力的形成建立在学生的语言知识、语言技能、文化素养以及情感态度和学习策略等方面综合发展的基础之上。其中，将文化素养分为文化背景知识、言语行为特征和非言语行为特征，并列出了具体学习项目[1]。

2005 年出版的《大学日语第二外语课程教学要求》也把社会文化项目列入教学内容，分为价值观、言语行为、非言语行为和社会文化背景四项并列出具体内容。2008 年出版的《大学日语课程教学要求》的教学内容中也列入了社会文化项目，分为世界观与价值观、言语行为特点、非言语行为特点和社会文化四项并列出具体学习内容。

2012 年出版的《义务教育日语课程标准（2011 年版）》在文化素养方面略有修改，但没有大的变化。2018 年出版的《普通高中日语课程标准（2017 年版）》在课程目标上将"文化素养"改为"文化意识"，在课程内容上列为"文化理解"。其中指出"文化理解是指对不同国家、地域和民族文化的理解与尊重，是对中华文化的深入理解与认同。文化理解涵盖物质和精神两个方面，物质文化主要包括饮食、服饰、建筑、交通等；精神文化主要包括哲学、科学、文学、艺术、价值观等。文化理解还包括用对方易于理解的方式讲述身边的人和事、介绍熟悉的中华文化现象等。"[2]

以上教学内容的增加对培养学生交际能力和提高学生异国文化理解能力具有重要意义，也呈现出日语教学内容随时代发展变化的轨迹。

---

[1] 详见本书第五章第二节的"五、21世纪课程改革及日语课程标准规定的教学内容"。

[2] 中华人民共和国教育部. 普通高中日语课程标准（2017年版）［M］. 北京：人民教育出版社，2018：15-16.

（五）情感态度和学习策略

进入 21 世纪，初高中日语课程标准都确立了培养"综合语言运用能力"这个总目标，除了语言知识、语言技能、文化素养，还关注学生的情感态度和学习策略，而且将情感态度和学习策略定位为形成综合语言运用能力的两个不可或缺的方面。因为"情感态度是影响学生学习和发展的重要因素；学习策略是提高学习效率、发展自主学习能力的重要保证"。这是以往日语教学大纲不曾提及的，是新增加的教学内容。

情感、态度都不是凭空产生的，必须以学生的言语实践过程做基础，任何省略过程的学习都不会让学生真正产生情感、态度乃至形成正确的价值观。只有积极的情感体验和全身心参与才有助于学生保持学习日语的内在动机和兴趣，以较强的自信心和坚定的意志，学会与他人合作并相互促进，增强祖国意识，开阔国际视野。

学习策略也与情感态度一样，是进入 21 世纪以后同时被写入初高中日语课程标准的。为的是让学生改变学习方式，学会自主学习，提高学习效率，具备终身学习的能力。

情感态度和学习策略成为日语教学内容的一部分，不能不说是一种跨学科的拓展，而且还设置了下位分项和具体的内容标准[1]，使课堂教学有依可循。

（六）话题/主题

21 世纪初出版的初高中日语课程标准都提倡通过围绕话题完成交际性任务等方式开展多种教学活动，为此，首次将"话题"列入附录。这一变化是为了更好地培养学生的交际能力，通过选择符合学生年龄和心理特征的话题，帮助学生开展接近实际的学习活动，使交际性任务目标更加明确，内容更加具体、实用，交际教学思想也更容易落到实处。《普通高中日语课程标准（2017 年版）》将"话题"提升为"主题"，提出"主题是围绕人们的生活、学习和工作的某一范围展开的内容，是情境创设的线索和开展日语实践活动的内容基础"。在教学指导性文件中列入"话题"、规定"主题"，都是以往教学大纲不曾有过的。这体现出交际教学

---

［1］详见本书第五章第二节的"五、21 世纪课程改革及日语课程标准规定的教学内容"。

思想的进一步深入，要求日语教师通过创设与主题内容密切相关的情境，充分挖掘特定主题所承载的信息，设计与主题相关的问题和任务，激发学生参与学习活动的主动性，帮助学生提高日语的理解和表达能力，拓宽视野，形成多文化视角，增强思维能力。

（七）语篇

1989 年版的《大学日语教学大纲》率先提出"不仅要重视句子水平上的语言训练，还要逐步发展语篇水平上的交际能力"。

接着，1990 年版的《高等院校日语专业基础阶段教学大纲》也提出要注意语言知识与语言情景、交际形式、交际意向之间的关系，努力做到表达得体；要克服只重视语言形式和结构，忽视语言功能的偏向，不仅要重视句子水平上的语言训练，还要逐步培养在语篇水平上进行交际的能力。"要打破语言研究的最大单位是句子这种旧的观念，建立起语篇或话语的观念，并逐步做到在语篇水平上组织教学。"只是，如该大纲"研订说明"所述："由于目前主客观条件限制，大纲只能提出这个问题，暂时还不能做出具体的规定。"

2018 年出版的《普通高中日语课程标准（2017 年版）》终于迈出实质性的一步，将语篇正式列入课程内容，并列出语篇类型和不同级别的具体内容标准。这在一定程度上对《大学日语教学大纲》和《高等院校日语专业基础阶段教学大纲》曾经涉及而没能具体化的教学内容进行了完善。所谓语篇，《普通高中日语课程标准（2017 年版）》指出："语篇是包含口语、书面语等不同语体、不同文本体裁、图表和音视频资料等多模态的语言素材。"[1]学习和接触不同类型的日语语篇，主要是为了引导学生把握不同语篇类型的特定结构、文体特征和语言表达特点，为有效获取、理解和使用不同类型的语篇信息，有效表达自己的观点和与他人交流奠定基础。

[1]中华人民共和国教育部.普通高中日语课程标准（2017年版）[M].北京：人民教育出版社，2018：14.

第二节　日语教学内容的选择

一、选择教学内容的标准

如何选择和组织教学内容，历来是教育的重要问题。只要有教育就有一定的教学内容，但在原始社会，教育还没有从生产和生活中分化出来的时候，教育内容是零乱的、不成系统的。到了 19 世纪，近代学科已经大体确立，选择和组织教学内容的问题受到特别的关注。然而，正当发展人的所有方面能力的全方位课程终于接近完成的时候，近代学科又有了长足进步，逐渐对教学提出新的要求，各门学科内容不断得到增补，这使教学内容迅速膨胀，甚至显现出抑制和阻碍学生发展的危险。为此，必须研究满足学校课程需求最本质的问题——教学内容是什么，应该如何组织，并找出选择和构成教学内容的原理与方法，这就必然涉及课程。

（一）维护政权的课程

我国古代社会高度发展的西周，已经形成了一套相当完备的学制体系。那时的课程主要包括宗教、政治、军事、伦理、礼仪等方面的内容，其中，"六艺"（礼、乐、射、御、书、数）是课程的核心内容。在春秋战国时期，以孔子为首的诸子百家对教育进行了重大改革，并加深、加宽和丰富了教学内容，以《诗》《书》《礼》《乐》《易》《春秋》为基本课程，全面向学生传授政治、伦理、礼仪、文学、历史、音乐和军事等各种知识，而不关心生产劳动知识和技能的传授。孔子建立起来的儒家课程体系经过汉唐官方的巩固和加强，成为我国古代社会学校课程的主体结构，在两千多年中没有发生过根本性变革[1]。

西方的古代社会中，教育也是为政权服务的，只是课程内容与中国古代不同，如希腊有"七艺"（辩证法、文法、修辞、算数、几何、天文、音乐理论）。在文艺复兴运动的冲击下，宗教神学的权威被打破，哲学、法律和文学艺术在新的历史条件下迅速发展。自然科学的发展也给学校课程注入了新内容、新精神。

---

[1] 李秉德.教学论 [M].2版.北京：人民教育出版社，2001：150–151.

上述课程虽然有明确的内容，但并没有相关的理论说明或论证及严格的年级和年限，各课程之间也没有确定的联系，只是把学生需要学习和掌握的经验分成一定的门类，分配给不同年龄和水平的学生学习，在不同类型的学校设置不同的课程。这些课程反映出当时选择教学内容的思想，打有深深的历史和阶级烙印，是后来建立和发展课程理论的出发点和基础。

（二）有益于实际生活的课程

日本广岛大学名誉教授佐藤正夫认为，第一个提出教学内容选择标准的是英国的赫伯特·斯宾塞（H. Spencer）。他在 1859 年发表了题为 *What Knowledge is of Most Worth*（什么知识最有价值）的随笔，主张以是否对实际生活、社会生活有用来确定各门学科及知识的相对价值。依据这个尺度，他按照生活领域的顺序排列知识、学科：①直接有助于自我保护的活动；②通过确保生活必需品，有助于间接保护自己的活动；③以子孙的养育与训练为目的的活动；④维系适当社会、政治关系所必需的活动；⑤充实生活闲暇，有益于满足趣味与感情的各种活动。

斯潘塞的思想越过大西洋，在 20 世纪的美国实用主义土壤中开花结果。在 19 世纪末，美国的全国教育协会（National Education Association）的两个委员会（十人委员会和十五人委员会）曾写出建议缩短初等教育的相关报告书，批评每当提出新要求，总要在传统课程的基础上增补不少教材，却没有削减旧的内容，致使僵死的、多余的教材内容庞杂堆积，需要加以评判和取舍。20 世纪初，美国全国教育研究协会（National Society for the Study of Education）研究通过确定小学课程最低限度的必要因素来节约时间的问题。其第一份报告书认为，最低限度的必要因素应当是有助于满足所有美国普通儿童共同的社会需要的。沿着这条思想路线，第一次世界大战后，研究协会由于采用新的测量法而能够更加大胆和彻底地展开社会调查，即借助科学测量法为基础的社会调查来确定教育目标，据此从根本上改造课程。这一运动的先锋是博比特（Franklin Bobbitt）和查特斯（Werrett W. Charters）。

博比特认为，教育的目的是要求"为构成成熟的成人生活的活动，或是为应当构成的活动做好准备"。[1]他查阅了报纸、百科全书、文学、科学等方面的材料，将人类生活的主要领域分为十类：语文活动、健康活动、公民活动、社会活动、娱乐活动、闲暇活动、宗教活动、亲子活动、业余活动和职业活动[2]。又将这些主要领域进一步分成许多子目，从前九项引申出以能力、技能、习惯、知识来表达的821个特殊目标，加上第十项，即每个人可选择特定职业所要求的特殊目标，构成每个人的具体的教育目标。

查特斯从上述教育目标得出确定课程内容的原理，补充了博比特的思想。他首先确定主目标，再把主目标分解成亚目标，渐次地分成更细微的项目，最后达到博比特追求的应该达到的特殊、直接的目标。然后，将这些直接目标按照社会有用性的顺序加以排列，考虑其适合使用的时间，从这些直接目标中选择重要的部分，据以构成活动课程。[3]

遵循这个思路，首先将活动分析法彻底用于课程编制的是在哥伦比亚大学的卡斯威尔（H. L. Caswell）和坎贝尔（D. S. Campbell）的指导下于1931年开始，1934年完成的弗吉尼亚计划。该计划认为，课程是为指引儿童有效地参与现实社会生活而编制的，为此，分析了生活的主要领域或社会功能，据此确定课程内容的广度，即所谓范畴（scope）。卡斯威尔和坎贝尔所说的社会功能意为"当你了解一下集体生活时，你就会发现存在着几个主要的中心。个人的活动及团体的计划与问题都围绕着这几个中心。这些中心谓之社会功能。这是一切有组织的团体共同的、无论何时都存在的倾向。"[4]弗吉尼亚计划用来确定课程内容的基础社会功能有生命财产及天然资源保护、物质生产与生产报酬的分配、商品及物质资料的消费、商品与人员的沟通和运输、娱乐、审美需要的表现、宗教需要的表现、教育、自由的扩大、个人的统合（integration of the individual）、探险，共11项。他们抽取这些领域中反映出来的恒常性问题构成课程，即选择适应社会生活需要的、有助于实际生活要求的知识、能力、态度作为教学内容，使学生一步一步了解和掌握。

[1]博比特.课程［M］.波士顿：霍顿·米夫林公司，1918：3.
[2]博比特.如何编制课程［M］.马萨诸塞州剑桥：滨河出版社，1924：11-29.
[3]布鲁巴克.教育问题史［M］.单中惠，王强，译.济南：山东教育出版社，2012：297.
[4]卡斯威尔，坎贝尔.课程编制［M］.纽约：美国图书公司，1935：173-174.

（三）儿童中心课程

1. 儿童中心思想的源头

18 世纪主张人的尊严与自由，是一个完全摆脱中世纪强权与专制的时代。教育界迎来使儿童从一切权威和专制中解放出来的辉煌"儿童世纪"。与教学内容现实生活化并驾齐驱，开展了将教学内容的选择、组织、课程编制纳入儿童中心轨道的运动。这个运动的主要代表人物是卢梭、裴斯泰洛齐和福禄培尔。

卢梭（Jean-Jacques Rousseau）的立场是，万物的本性全是善的。因此，人的本性生来也是善的，有善本性的人无论在精神还是肉体上，生来就具备自发成长和发展的冲动[1]。他写了《爱弥儿》这本书，主张教育目的在培养自然人；反对封建教育戕害、轻视儿童，要求提高儿童在教育中的地位；主张改革教育内容和方法，顺应儿童的本性，让他们的身心自由发展。

卢梭的思想由裴斯泰洛齐和福禄培尔实现了。

裴斯泰洛齐（Johann Heinrich Pestalozzi）用全部生涯探求如何挖掘儿童的潜能，增长儿童正在萌动的能力，使他们成为完全的人，不再沉沦于国民教育的无底深渊[2]。他认为"直观是一切认识的绝对基础，这是教学的至高无上的原理"。无论将人的教养与"个人境遇"结合起来，还是企图在人与自然的现实结合上去培养人，归根结蒂，教育都必须从儿童自身出发，以儿童为中心加以实施。儿童从日常反复观察和经历的事物开始认识世界，要发展儿童的初步认知能力，以此种能力为中心或线索，逐渐使他们达到把握更复杂关系的智力与能力，使他们凭借自发的活动，有机地、自然地实现自我发展。

福禄培尔（Fredrich Froebel）的基本观点同上，他认为，儿童的本性是与生俱来的，是善的。儿童不是成人可以随心所欲地自由玩弄的蜡和黏土。儿童具有不断主张并表现出自己天赋的本性，他们不断生成、不断发展，朝着无限的目标一步步前进。学习是从儿童内部发生的，是

---

［1］稲富荣次郎.教育的本质［M］.东京：学苑社，1977：82.

［2］裴斯泰洛齐.葛笃德如何教育她的子女：第一封信［M］//裴斯泰洛齐.裴斯泰洛齐教育论著选.北京：人民教育出版社，2001.

内部东西的外化过程，是实现内部自我的过程。所以，教学内容的选择与组织、课程编制必须置于儿童的能动本性之上。课程必须是从儿童的生命出发，以它为标准，按照同心圆结构不断扩展的一种范型[1]。

卢梭、裴斯泰洛齐和福禄培尔都强调基于儿童内部冲动的自我活动去获得自我发展，但他们并未无视社会文化，并不拒绝外部赋予文化教养的内容。卢梭在《爱弥儿》中说，从12~15岁的理性觉醒教育期内，应当授予有用学科：天文学、地理学、物理学、化学、博物学等。裴斯泰洛齐也充分认识到知识与技能对于人的陶冶的价值与意义：生活和历史作为历经多少世纪的经验与智慧的结晶，要让儿童学习。福禄培尔认为，为使儿童内在本性受到有效影响，要充分认识依存于外部世界的必要性。他相信，儿童唯有通过接触世界，并将外在的东西化为自身的东西，才能使内在的本性获得外在的表现。

2. 乡土教育思潮

19世纪的普鲁士，裴斯泰洛齐以儿童生命为中心的有机发生学原理与当时处于优势的有机整体世界观相结合，发展成为乡土教育论。

有机整体观源于新柏拉图学派，经17、18世纪的莱布尼茨、沙夫茨伯德倡导，成为18世纪末至19世纪赫德和歌德强调的世界观。这种思想把世界视为内部有规律、相互关联的具有生命的统一有机整体。以这种思想为母胎，里塔、洪堡、拉尔把地球当作一个有机整体，从而发展了承认人类与自然环境具有统一关系的人类地理学或人文地理学。

哈尔尼希（Ch. W. Harnisch）是普鲁士的裴斯泰洛齐主义的支持者，他的"世界科"就是将儿童生命为中心的有机发生学原理与有机整体世界观相结合而发展为乡土教育思想的典型。"世界科"第三版（1820）的副标题是"关于地理学、矿物学、地质学、植物学、动物学、人类学、民族学、历史学的教学指南"。该书以同心圆结构组成，第一卷是西里西亚研究，第二卷是德国研究，第三卷是世界研究。这些书不是各种实质性学科知识的单纯堆积，而是使学生获得关于世界有机体的综合、全一的知识，并从儿童的乡土生活及其直观范围里寻求知

---

[1]福禄培尔.人的教育［M］.孙祖复，译.北京：人民教育出版社，1991：55.

识的起点。从这种中心点出发，随着儿童的生活与直观范围不断扩大，有机、统一地发展知识，实现"从儿童出发"的原理与"追求知识综合"的理念。

19世纪80年代，深受洪堡影响的德国教育家、理科教育改革家荣格（F. Junge）试图让生命统一及生命观察的整体观理念在教学法中开花结果。荣格在《生活共同体——乡村池塘》中主张，儿童要从凭借自身直觉容易抓到的小范围生物的生活共同体（与生物相互依存的共同生活），即从乡村公园、牧场、池塘和丛林出发，进而认识大范围的共同体——世界。

20世纪以前"乡土"概念受当时处于统治地位的自然主义、实证主义的巨大影响，被视为自然空间存在或是客观的自然环境。然而从20世纪开始，在德国哲学家狄尔泰（W. Dilthey）、德国哲学、社会学家辛梅尔（G. Simmel）的生命哲学，施普兰格和德国教育家、哲学家里特（T. Litt）等精神科学派思想影响下，人们对"乡土"的看法改变了。

施普兰格说，人无论居住在什么地方总是处在一定环境之中的，但环境并不就是乡土。他认为所谓乡土，是主体同已经体验到的土地的完整结合。乡土不纯粹是自然环境，它是被主体的体验同化了，因而精神化了的自然，是被主体人格化了的自然。施普兰格认为乡土科教育有两点教养价值：一是乡土研究促使我们克服知识的抽象分离，从原子论、机械观转向有机的整体观、综合观；二是乡土研究凭借乡土的种种意义和关系，与儿童有机结合起来，最贴近儿童、亲近儿童，是与儿童生命结成一体的。乡土源于儿童生命本身，所以乡土研究将在每一个儿童身上唤起强烈、积极的研究冲动和学习热情。乡土研究中的教材是儿童自身与种种意义、关系相结合的产物，一切知识都是预先围绕着中心点——儿童排列的。学习过程即便是独立的个人也能展开，特别具有形成力和教养力。

乡土研究受到当时国家主义和民族主义的有力支持，拟通过理解乡土，加深同乡土精神上的结合，培养扎根乡土、热爱乡土的精神。为此，乡土教育在20世纪20年代成为世界教育改革的一个重要理念。自1919年德国萨克森州的小学开设乡土科以来，乡土科作为一门独立的学科得到普及^[1]。

3. 合科教学

在乡土教育思潮中，20世纪还产生出以德国课程改革为代表的合科教学（Gesamtunterricht）运动。这个教学运动是从追求纯粹的完人、内在文化与真正教养的时代渴望中产生的。它致力于综合统一诸多彼此独立分离的学科，"从儿童出发"，以儿童生命为中心的有机发生学原理为根本依据，强调学科的综合与教学的统一，使课程与儿童自然合拍，使儿童受到真正的教养，成为完全的人。

合科教学的首倡者伯绍尔德·奥托（Berthold Otto）把个性与自发原理作为他教育学的根本原理，强调儿童兴趣是合科的中心。他认为，德意志教育不应从外部灌输，而应该源于学生自身；依据学生的内部冲动与兴趣，使之能自由成长。基于这一观点倡导的"机会教学"就是他所谓的合科教学。奥托的合科教学打破了学科界线，不分班级，让全体学生共同讨论全局性的世界问题或日常生活的实际问题。讨论的题材不是事先计划好的，而是当场依据学生意愿决定的。他在自己创办的学校中推广家庭式教育。就像一家人快乐地围坐在餐桌旁聊天那样，学生自由自在地交换各自的感想、体验，从而增长见识，陶冶全人格。他把这种学校称之为"家庭教师学校"。

在生命哲学、结构心理学、形态心理学等整体观思想浪潮下，奥托开创的合科教学发展为德国一大课程改革运动。但奥托的合科教学概念内隐含的两个意义中，"不分班级，全体学生共同讨论一个问题"的意义消失了，只保留和发展了"综合探讨全局性的世界问题"的意义。而现代，合科教学一般对分科教学而言，强调废弃传统的学科划分，统一、综合地开展各门学科教学的意义。

4. 经验课程、活动课程

19世纪至20世纪，美国在经济繁荣发展背景下，兴起了经验课程、活动课程运动。这个运动是欧洲新教育思想的产物。19世纪60年代，裴斯泰洛齐的直观教学促进儿童自我活动的思想，通过有名的奥斯

---

[1] 佐藤正夫.教学论原理 [M].钟启泉，译.北京：人民教育出版社，1996：151.

维戈（Oswego）运动在美国教育界广泛普及。福禄培尔的思想也经德国移民中自由主义思想者的努力移植到了美国。瑞士的费伦贝克（P. E. Fellenberg）和芬兰的尤诺·赛戈纳乌斯继承和发展了卢梭、裴斯泰洛齐、福禄培尔的教育思想，他们开展的通过儿童自发表现活动去发展儿童潜在创造力的手工劳作教育运动或手工教学运动于 18 世纪传至美国，最终发展为经验课程、活动课程运动。

美国教育家帕克（Francis W. Parker）曾留学德国，深受福禄培尔等人重视儿童活动与经验的影响。1875—1880 年帕克在马萨诸塞州昆西市任督学时，首次提出"教育要使学校适应儿童，而不是使儿童适应学校"的原则，在教育理论、课程与方法上进行了许多改革。改革的主要内容是：重视发展儿童个性，学校以儿童为中心而不再以课程为中心；增设了手工、游戏等科目；废除背诵法，强调领悟与理解；地理与自然的教学都着重从观察出发；废除强制与威胁制度，把教师的因势利导作为教学的最高准则。此外，还组织教师教学研究会并首倡设置家长会等，形成了"昆西教育更新运动"，带给美国教育很大影响。他基于自我发展原理，力图发展由儿童的统一经验活动组成的课程，开辟了经验课程的道路。

然而，完善经验课程的理论与实践，给予课程运动强力指导的是 1896 年在芝加哥大学创办"实验学校"的杜威。约翰·杜威是美国哲学家、教育家，实用主义的集大成者。他在实验学校里继承了卢梭、裴斯泰洛齐、福禄培尔的思想，尤其是通过劳作教育运动发展起来的思想，同时又做了一些修正和改造，设计了将烹饪、裁缝、木工等儿童熟悉的活动置于课程的中心地位。因为这类活动是儿童日常生活中熟悉并感兴趣的，从而可以抓住儿童的全部冲动，也为他们的反省提供更多机会。

杜威认为，人是在自我与环境的交互作用中生存的。人类生活或经验本来就是受环境的作用而又反作用于环境的。人类的生活就是对环境的不断适应，不断面临迫切需要解决的问题。而解决问题、适应环境的一连串行为变化就是活动。人类在这种活动中发展思维，获取知识。所以，杜威说，所谓学习就是通过活动"从经验中学习"。他认为，学校应该为儿童达到自己的目的而提供工具和材料，使他们能够做些什么。让儿童边对环境施加影响，边对照目的理智地反思自己施加影响的程度和结果。儿童做一件事，便要儿童去思考，促使儿童主动地认识事物之间的关系，结果便形成了学习。因此，杜威要求儿童的活动不是随心所欲的创造活动或是自我表现活动，也不是指令性练习或机械性活动。儿童在实现冲动性目标的过程中，要给他们提供调查与实践的机会，使他们深化对工具、材料、事实、过程的认识，并在过程中获得认识与理解，调节自身冲动，改变自身行为。唯有这种尝试、实验、理性反省和朝向目标的源源不断的经验重构才是具有教育意义的活动（activity）；唯有在这种自我活动中才可能进行真正的学习。杜威以作业活动为核心的课程，不仅是出于对儿童冲动产生动机的考虑，还基于具有一定目的并带来某种结果的活动，这对儿童的注意力、判断力是有要求的，儿童在不断能动地活跃思维时，会生动活泼地发展其认知和思维能力，而且还会产生对社会道德的认识。这是因为生产性作业会在学校中不可避免地形成社会组织，使所有儿童彼此分工，理智地积极合作，最终使儿童认识社会道德的伦理与提升洞察能力[1]。

杜威的理论和实验证实了课程必须以儿童自身潜在的冲动为基础，以儿童自身的创造性、建设性、探究性活动为内容来训练儿童的思维，发展他们的科学知识，让他们形成社会道德和态度，从而确立经验课程的基础。为此，20世纪20至30年代，"做中学"成为教育界的一般口号。那以后，很多人对经验课程、活动课程做出种种解释。可以归纳为以下几点[2]。

（1）有目的的学习活动，而且是学习者感兴趣的学习活动最有效果。因此，学习要以青少年的要求为依据，采用反映青少年兴趣爱好的经验或社会审核经验，以适合学习中需要、兴趣、能力、程度的有计划的经验单元为基础。

（2）应该视学习者为能动的创造性存在。他们对学习计划或设计有兴趣，对其成果也会感兴趣。所以，应该让他们参与学习活动的构想、计划、

［1］杜威.民主主义与教育［M］.王承绪，译.北京：人民教育出版社，2001：163-169，180，317-320.

［2］佐藤正夫.教学论原理［M］.钟启泉，译.北京：人民教育出版社，1996：161.

实施、评价，选择他们认为重要的活动，而且能理智地、自由地评价这种学习活动。

（3）应该视青少年为"全一的存在"。学习需要多方面的努力，是全人格参与的过程，而不是单纯的智力活动。"想"与"做"应该同时进行，两者相辅相成。学习中情绪性的伴随物——动机和成果极其重要。尤其对学习者来说，社会道德成果与智力成果同等重要。

（4）必须重视个别差异。需要时时关注学习者的不同能力、情绪倾向、各种特殊障碍、社会境遇等。课程必须在此基础上加以编制和实施。同时，根据学习者的能力及其倾向，组织小组学习，琢磨分工协作的学习方式。

综上所述，儿童中心教育，如乡土教育等的学习课题与儿童有着千丝万缕的内在联系，与儿童的生命结为一体。因此，他们所学的是自己最感兴趣的东西。合科教学也同样选取了儿童日常生活中司空见惯、可以观察到、经历到的自己感兴趣的教学内容。经验课程和活动课程更是主动基于儿童内部的冲动、要求，选取反映儿童兴趣爱好的、生活中的实际问题，让学生自己去探求、去解决。学生的发展，是他们在成长过程中以环境为媒介的自身创造。学生积极主动地选取对他们发展来说是最重要的环境要素——学习对象，并有目的、有意识地开展创造性活动，是学生发展的基本条件。没有儿童自发的、积极的、有目的、有意识的创造性活动就没有教育，也没有发展。因此，为了使儿童活动能够主动、积极、创造性地展开，就得充分考虑他们的要求、兴趣、爱好，他们的情绪倾向和能力。依据这些选择并组织适于儿童发展的题材是编制课程的重要标准。

然而这并不意味着凡是儿童要求和感兴趣的任何事都要满足他们，因为并非一切都有教育意义，也未必都有助于儿童发展。这里，杜威还提出了"交互作用"（interaction）原理：人的要求、兴趣、爱好及人的活动与经验不是单纯地源于个体内部的，仅仅是个体内部进行的过程，同时受到外部的影响，在外界刺激和条件影响下发生和进行。为此，他主张展望儿童未来的教育目标，引导他们的要求、兴趣、爱好并加以改造，然后提出实现教育目标的一个又一个基础——学习题材、课题、问题，引导儿童去解决。这样就可以编制出能够一步步有计划地发展儿童知识和能力的课程了。而且，这样的课程不是合科的、综合的，而必须是分科组织的。因为德国的合科教学或美国的经验式综合学习都是依据儿童要求选取，从某种意义上说是从儿童的生命出发，以此为中心展开的学习。在这个过程中获得的知识全部出自儿童自身的要求，以儿童人格为中心综合、统一了儿童自身，以实现人格的统一。然而，这种学习不能保证儿童的知识、能力遵循教学目标一步步扩大，只能停留在偏于主观的低水准上，不能扩展、上升至普遍性、客观性的高度，也就不能实现真正意义上的人格发展。

要真正发展儿童的人格，在考虑儿童发展特征的同时，还要考虑教学内容客观的有逻辑性的组织结构，借助这种结构才能使儿童获得发展的力量和方向。各门科学都有独特的观点、观察方法和研究方式，有其固有的系统和秩序。要有计划地发展知识和能力，就不能无视各门学科固有的逻辑与系统。要以生活经验与直观事实为出发点，由此生动活泼地发展认识与思考力，即要求所有学科、所有教学内容都按照教育目标统一起来，结合儿童的兴趣、爱好、要求，通过积极热情、主动创造的活动来展开。这样组织的课程才能统一发展儿童的人格，使之不断扩展、提高。

（四）现代课程发展的基本理念

学校教育的主要内容是什么，这个与课程存在千丝万缕联系的问题，成为历次教育改革、教育理论和实践关注的焦点。那么，现代课程研究有哪些进展和趋势呢？

裴娣娜主编的《现代教学论基础》集众人之力，实现了对教学论学科发展理论研究、实践研究成果的梳理和升华，其中包括现代课程观与课程设计的相关问题。该书指出，随着知识经济的到来和科学技术的迅猛发展，世界教育的基本理念正在发生深刻变化，更加强调教育民主化、国际理解教育、回归生活教育、教育的可持续发展、个性化教育、创新教育等。为此，现代课程的基本理念呈现出许多新特点和趋势。尽管各国课程发展的基本理念不完全相同，却有许多相似之处。这里仅取其中涉及教学内容选择标准的部分并将其归纳为三个方面：全人发展的课程价值取向、科学与人文相结合的课程文化观、回归生活的课程生态观。

1. 全人发展的课程价值取向

前面我们已经谈到历史上曾经对学校课程理论和实践产生过深刻影响的课程价值取向，有突出伦理政治的课程价值取向、适应社会生活的课程价值取向、强调个人发展的课程价值取向等。20世纪90年代以后，全球经济、科技、社会和文化的发展又对教育提出了前所未有的挑战，世界各国掀起了新一轮课程改革热潮。这次课程改革的显著特征就是以学生为本，着眼于学生的全面发展。这种价值取向使基础教育课程目标呈现出一些新特点。靳玉乐、张家军将其归纳为六个方面：一是注重课程目标的完整性，强调学生的全面发展；二是重视基础知识的学习，提高学生的基本素质；三是注重发展学生个性；四是着眼于未来，注重能力培养；五是强调培养学生良好的道德品质；六是强调国际意识的培养[1]。

2. 科学与人文相结合的课程文化观

科学主义是科学文化发挥到极致的表现，它的核心是"科学崇拜"和"工具理性"。所谓"科学崇拜"，即把科学视为全知全能的"人类救世主"，成为人类精神上另一个"上帝"，认为科学能解决所有问题，甚至能检验精神、价值和自由问题[2]。科学主义影响下的课程目标致力于把学生培养成工程师、科学家或技术工人等；课程内容上重理轻文，自然科学成为课程的主要内容，提倡科学精神的形成和科学方法的掌握；课程实施上重视教师权威、书本知识和严格的课堂教学[3]。

人本主义是人文文化发挥到极致的表现，它反对社会的划一性和人的机器化，否认人的理性作用，否认科学技术的价值。认为只有人的非理性因素（情感、意志等）才是人的存在、人的本质，而理性和科学不过是意志的工具[4]。人本主义下的课程目标注重人的"自我实现"，追求学生的个性发展。在课程内容和结构上，强调人文学科的重要性，要求"课

［1］靳玉乐，张家军.国外基础教育课程目标的特点及其启示［J］.外国教育研究，2000（4）：28-34.

［2］李正风."科学主义"辨析［J］.哲学研究，1993（1）：62-66.

［3］靳玉乐，田继万.教学改革论［M］.重庆：西南师范大学出版社，1998：123.

［4］裴娣娜.现代教学论基础［M］.2版.北京：人民教育出版社，2015：215.

程的全部重点必须从事物世界转移到人格世界"[1]。认为重要的科目不是自然科学，而是历史、文学、哲学、艺术等人文学科。因为它们更直接、更深刻地反映了人的生活，学生可以从中获得人生的意义和价值，而不是冰冷的事实和无情的规律。在课程实施上提倡"以学生为中心"，要求师生之间建立起真诚、理解、尊重和信任的人际关系，共享精神、知识、智慧和意义。在这个过程中，学生发挥自己独特的自觉性、能动性和创造性。

科学主义的课程文化观与人本主义的课程文化观一度表现出"非此即彼"的尖锐对立，使一些思想家和学者感到担忧。于是，寻求科学文化与人文文化的沟通与融合，成为不同领域学者们共同关心的问题。20世纪末，教育领域里寻求科学主义与人本主义之间的平衡已经成为一种集体行动。特别是1996年4月，国际21世纪教育委员会向联合国教科文组织提交的重要报告《教育——财富蕴藏其中》指出教育应围绕四种基本学习加以安排，这四种基本学习将是每个人一生中的知识支柱：学会认知，即获取理解的手段；学会做事，以便能够对自己所处的环境产生影响；学会共同生活，以便与他人一道参加人的所有活动并在这些活动中与人合作；学会生存，这是前三种学习成果的主要表现形式。[2]同时指出，人类社会正向知识社会过渡，科学发现、技术革新、知识应用变得日益重要的同时，强调"在这个过程中的伦理问题也同样不应忽视"。这里体现出整合科学主义与人本（人文）主义的课程文化取向。

伴随着科学主义教育与人本主义教育逐步走向融合，科学人文性课程也逐渐确立。科学人文性课程以科学为基础，以人自身的完善和解放为最高目的，强调人的科学素质与人文修养的辩证统一，致力于科学知识、科学精神和人文精神的沟通与融合，倡导"科学的人道主义"，力求把"学会生存""学会关心""学会尊重、理解与宽容""学会共同生活""学会创造"

［1］白恩斯，白劳纳.当代资产阶级教育哲学［M］.瞿菊农，译.北京：人民教育出版社，1964：12.

［2］国际21世纪教育委员会.教育：财富蕴藏其中［M］.联合国教科文组织总部中文科，译.北京：教育科学出版社，1996：75，85.

等当代教育理念贯穿到课程发展的各个方面[1]。

3. 回归生活的课程生态观

现代课程观强调回归生活，是因为如果课程过多关注间接经验、书本知识和科学世界，漠视学生的直接经验、生活世界和心理世界，就会造成人与自然、人与他人关系的危机，使人失落其主体性和创造性。回归生活的课程生态观，其本质就是强调自然、社会和人在课程体系中的有机统一，使自然、社会和人成为课程的基本来源。因此，重返生活世界，找回失落的主体意识，确立一种新课程生态观，是当代课程发展的一个重要理念。它关系到 21 世纪教育的成败与人类自身的命运。[2]

《现代教学论基础》诠释了现代课程生态观的基本命题：自然即课程、生活即课程、自我即课程。

自然即课程，意味着课程向自然界开放，与自然融为一体，使学生有机会走向自然，并在感受、认识和探索自然的过程中谋求人对自然的伦理精神、审美体验和求真意志的统一，进而成为自然的关爱者、有创造力的生产者和有责任心的环境保护者。

生活即课程，意味着课程直接面向社会，与生活融为一体。使课程与学生生活和现实社会之间保持密切联系、使实践和生活成为学生个人发展的活的源头。

自我即课程，意味着课程应向自我开放，尊重个人的感受、体验和价值观念，关注个人知识和自我知识，把学生看成是知识与文化的创造者，而不是知识与文化的被动接受者。学生在这样的课程里可以自由展示自己的智慧和情感，学会自主学习、自主选择和自主创造。

回归生活的课程生态观，意味着学校课程要突破学科疆域的束缚，向自然、生活、社会和人的自我回归，使人性与理性完美结合，使自然、社会和人在课程体系中有机统一起来，使学生在面向自然、面向生活、面向自我和他人中和谐而全面地发展。

上述课程价值取向和课程观都对教学内容的选择标准产生重要影响。正确选择教学内容，是实现课程价值、课程理念和以"学生发展为本"

---

[1] 靳玉乐，田继万.教学改革论［M］.重庆：西南师范大学出版社，1998：219.
[2] 裴娣娜.现代教学论基础［M］.2版.北京：人民教育出版社，2015：219.

的需要，也是实施现代外语教育教学思想的需要，还是发挥教师优质资源、创新和发展日语教学的需要。我国日语教学内容的选择需要关注这些课程价值取向和课程观的动向，以学生发展为本，研制选择教学内容的标准。

二、选择日语教学内容的制约因素

选择日语教学内容是一件非常重要的事情。基础教育有众多学科，每个学科都在同一学习阶段得到一部分课时，这些课时分配到每个学科的不同学年、不同学期，甚至每一节课都是十分有限的。在这样有限的时间内，一个学科选什么教学内容更有利于学生全面发展，需要经过科学思考和验证才能确定。

（一）外部因素和内部因素

选择日语教学内容，不仅要考虑外部因素，更要考虑在外部因素影响下的自身发展。

1. 外部因素

所谓外部因素，主要指日语知识、社会需求和条件、学日语的学生。

基础教育日语课程从日语知识总和中选择什么，直接关系到开设该课程的成败。社会需求和条件也是决定教学内容的因素，例如国家需要和可能培养什么样的日语人才，需要学生学会日语来做什么，都影响和制约教学内容的选择。学习日语的学生也是选择教学内容时不能忽视的重要因素。必须从学生原有知识和能力的水平、可接受性来确定教学内容。教给中小学学生学习的内容与教给大学生（专业或非专业）、成年人有明显区别，甚至同年龄阶段的学生，因生活在城市、农村或少数民族地区，对教学内容的需求也有所差别。

以上三个方面对教学内容的影响和制约，实质上是日语学科结构、社会结构和学生心理结构对教学内容的制约和影响。除了上述三个主要因素，还有其他一些条件也是需要考虑的，如教师水平、学校设施等。中学日语教师中，特别是在大城市，硕士生已不在少数，还有少量博士生担任日语教师。师资力量不同，对教学内容的要求也不一样。另外，在只有一支粉笔、一块黑板的教室里和具有视听设备、电脑、多媒体等现代化设备的课堂中,对教学内容的需求也会有一定区别。特别是数字化、网络化教学技术的发展,也会对教学内容提出新的要求。

2. 内部因素

以上涉及的是制约日语教学内容的外部因素。影响日语教学内容的内部因素很少有人研究,目前只能从历史经验和现实经验中摸索出一些。

首先,是日语教学的传统内容。无论日语课程如何改革,都是在已有基础上的改革,教学内容的更新可能是减少一些,改变一些,增加一些,而不可能凭空捏造,另起炉灶。而且,教学内容的变化是缓慢的,不可能在短时间内打碎旧的一套,重建新的一套,因为这不符合日语学科发展的客观实际。

其次,是教学论,特别是课程论的观点。我国的日语教学改革、课程改革都是随着教学理论、课程理论的发展而展开的。由于多年来忽视了相关的理论研究,教学内容的选择存在着不同程度的经验论倾向或盲目性,而缺乏科学的理论指导。这是今后应该认真思考和改进的。

最后,是日语学科自身相对独立的规律与相关学科的横向联系。由于受多方面因素和条件的影响,日语教学已呈现出综合化、个性化、开放化和多样化的趋势,日语教育已经不能囿于语言教育本身,而要为学生的终身发展,培养合格的公民和具有国际视野的社会主义现代化建设人才服务。科学的迅猛发展,信息化社会的突飞猛进,儿童心理学、大脑生理学等研究的新突破,都对日语教学及其内容的选择提出了新的要求。因此,日语教学内容也需要在保存和发扬已有正确、合理内容的前提下跟随时代步伐,不断加以改善和拓展。

（二）日语教学内容与教学目标的相关性

日语教学目标是日语教学的出发点和归宿,教学目标对教学内容的取舍有重要的制约作用。有了明确的日语教学目标,就在一定程度上确定了日语教学内容选择和组织的基本方向。说到教学内容,不能不提及课程内容,二者几乎是等同的。自从课程成为一个独立研究领域以来,对课程内容的解释大多围绕三种不同取向展开,而这三种取向分别代表着不同的教学目标。一是课程内容即教科书,其教学目标主要是传授知识;二是课程内容即学习活动,其教学目标主要是开展学生的学习活动;

三是课程内容即学习经验，其教学目标主要是为学生提供有意义的学习经验。

1. 以传授日语知识为教学目标

传统的日语教学内容历来被认为是向学生传递的日语知识。以传递日语知识为教学目标时，往往把日语知识编入教科书，并把教科书与教学内容等同起来。这种把重点放在教科书上的观点，有利于系统地设置日语学科知识，使教师和学生都明确教什么、学什么，课堂教学工作也有据可依。甚至许多日语教师不知不觉地认为，自己的任务就只是教授日语教科书上的知识。

然而，著名教育家杜威指出，即使是用最合逻辑的形式整理好的最科学的教科书，如果以外加的和现成的形式提供出来，在它呈现到学生面前时就失去了其优点。因为对学生来说，这样的学习内容是外部力量规定他们必须接受的东西，而不是他们自己感兴趣的东西。于是，教师们想方设法采取各种教学方法让学生感兴趣，用"糖衣"把学习材料裹起来，让学生"在他正高兴地尝着某些完全不同的东西时，吞下和消化并不可口的食物"。[1]这种描述确实形象地反映出传统日语教学的一些实际情况。

2. 以开展日语活动为教学目标

20世纪以后，科学技术的进步对社会发展影响明显，为了在学校教育中有所反映，美国的博比特等几位课程专家[2]通过研究成人的活动识别各种社会需求，把它们转化成课程目标，再进一步转化成学生的学习活动。博比特认为既然社会是一个人既定的存在，教育是社会的代理机构，那么教育的职责、功能是就在为个体有效地参与社会活动做准备，教育目标就应在社会中寻找。人类在社会中的生活无论如何变化，都不外是从事特定的活动，只要运用科学的方法就可以发现人类的基本生活活动，而教育的目标就是使个体具备成功从事这些活动的能力。在这样的教学目标指导下，传统的日语教学内容，即用教科书传授知识的观念受到挑

---

[1] 杜威. 学校与社会·明日之学校［M］. 赵祥麟，任钟印，吴志宏，译. 北京：人民教育出版社，1994：130-133.

[2] 这里指美国课程与教学论专家博比特、查特斯和塔巴（H. Taba）等人。

战，它不关注向学生呈现什么内容，而是使日语学习活动成为教学的主角。这种以开展活动为中心的日语教学在我国中学课堂上也存在。有些日语教师虽然也按照教学进度上课，但在课堂上的开展非常活跃，甚至很热闹的教学活动，目的是让学生在积极参与各种活动的过程中了解日语知识、获得日语经验。这种做法也曾受到质疑。事实上，每个学生从日语活动中获得的意义、理解的方式各不相同，只关注外显的活动则无法看到学生如何同化所学内容。这种趋向各种各样活动的日语教学，容易忽视深层次的学习结构，偏离日语学习的本质。

3. 以提供学习经验为教学目标

泰勒在课程原理中使用了"学习经验"这个术语，是为了区别那些把课程内容等同于教材或学习活动的观点。他认为，学习经验既不等同于一门课程涉及的内容，也不等同于教师从事的活动，而是指学生与外部环境的相互作用。因为学习是学生的主动行为，取决于学生自己想做什么，而不是教科书呈现了什么或教师要求学生做什么，所以坐在同一课堂的两个学生会获得不同的学习经验，即"教育的基本手段是提供学习经验，而不是向学生展示的各种事物"[1]。在这样的教学目标指导下，日语教学内容被视为学生的学习经验，而不是外部施加的东西。学生真正理解多少，取决于学生的心理建构。从某种意义上说，学生已有的认知结构及情感特征对所学内容起着决定性作用。然而，这样一来课程编制者难以确定学生的学习经验，因为这是一种学生的心理体验，只有学生自己才了解这种经验的真正结果，而教育者无法清楚地知道学生心理是如何受特定环境影响的。这就会导致学校课程内容受学生支配，后果可想而知。泰勒对学生的关注无疑具有积极意义，但他把课程内容等同于学习经验，着重从教学有效性的角度思考"学习经验的选择准则"，这已经超出我们所指的教学内容的范围，把我们通常所说的教学实践也包括进来了。日语教学如果仅为学生提供学习经验，也是难以实施的。

从以上三种不同的课程或教学目标与教学内容的关系可以看出，不

---

[1] 泰勒. 课程与教学的基本原理 [M] . 施良方，译. 北京：人民教育出版社，1994：49-50.

同教学目标下的教学内容有很大差异。虽然它们都有其合理因素，但也都存在明显的缺陷。如果坚持某一个方面，牺牲其他方面或使之相互对立是不可取的。选择日语教学内容需要辩证地处理好几方面的关系，兼顾日语学科体系、学习活动和学习经验等多方面的因素，这样才能更好地实现预定的教学目标。

（三）日语教学内容选择的主体

由于教学时间有限，教学内容必须在众多方面中精选那些必须的、有价值的东西。而这些必须的、有价值的内容是由谁判定、选择的？

我国日语教学内容在 21 世纪以前，主要由国家制定的日语教学大纲来规定。其他学科也是一样，即国家权力机构掌握着整个教育系统资源与权利的组织、分配，控制着学校的所有课程（教学内容）。参与课程决策的主要是教育部门的高级行政管理人员、教科书出版机构（人民教育出版社）、高等教育机构、全国性的专业协会等。日语教学大纲就是国家教育部委托人民教育出版社的学科专家起草，并组织相关高校的专家、学者、日语教研员等共同研讨决定的。其中，一般经过教学实践认定，符合国家教育方针、适合基础教育阶段学习的教学内容才能列入基础教育阶段的教学大纲。这样的教学大纲是全国统一的，采取自上而下的推广模式，形成了集权制的课程开发传统。这种课程较少照顾到地域差异，主要体现国家对学生素质发展的共同要求。

20 世纪 80 年代末，单一国家课程或校本课程的开发模式在世界上大多数国家中陆续退出历史舞台。不少国家都承认单一的课程开发模式不能解决学校遇到的所有课程问题，应该由国家、地方和学校共享课程决策权，分担教育责任。21 世纪以后，我国基础教育课程改革坚持民主参与、科学决策，积极鼓励高等院校和科研院所的专家、学者及中小学教师投身基础教育课程教材改革。2001 年 5 月颁布的《国务院关于基础教育改革与发展的决定》指出，要实行国家、地方、学校三级课程管理。各地区或学校可开发适合各地或学校特点的课程，探索课程持续发展的机制，组织专家、学者和经验丰富的中小学教师参与基础教育课程改革。

国家课程是集中体现国家意志，专门为培养未来国家公民而设计，根据未来公民接受教育之后所要达到的共同素质而开发的课程，即制定中小学课程发展的总体规划，确定国家课程门类和课时，制定国家课程标准，宏观指导中小学课程实施。国家课程是国家基础教育课程计划框架中的主体部分，也是衡量一个国家基础教育质量的重要标志。

地方课程是在保证实施国家课程的基础上，鼓励地方开发的适应本地区的课程，是在国家规定的各个教育阶段的课程计划内，由省一级的教育行政部门或被授权的教育部门依据当地的政治、经济、文化、民族等发展需要而开发的课程。

校本课程是在具体实施上述两类课程的前提下，通过对本校学生的需求进行科学评估，充分利用当地社区和学校的课程资源而开发的适合本校学生特点的课程。校本课程强调以学校为基地（本位）与外部力量的合作，能充分利用学校内外的课程资源。这是国家课程计划中一项不可或缺的组成部分。

实行国家、地方和校本课程三级管理，是现代课程政策民主化的重要标志，有利于地方，特别是校本课程的发展。在这种民主化课程管理下，学校的自主权更大，日语教师更容易成为本学科课程的研究者和设计者，日语课程及教学也会更加开放、民主。

（四）选择日语教学内容的原则

1. 日语教学内容的基础性

基础教育阶段的基本任务是让学生掌握人类文化遗产中的精华，发展学生各方面的能力，以适应未来社会发展的需要。因此，教学内容应该包含使学生成为社会合格公民所具备的基础知识和基本技能，同时也要能培养学生以后可持续学习和发展的能力。当代社会信息量剧增，要指望学生吸收所需的全部信息已不可能。所以，必须教会学生具备丰富自己知识的能力，以及在复杂的社会里辨别方向的应变能力。日语教学内容的选择，同样要注意学科知识的基础性，把握所教日语知识的广度和深度的平衡。强调日语课程内容的基础性，就是指那些经得起时间检验，长期以来一直被选为教学内容的、有价值的日语知识，如五十音图、基本句式、用言活用，这些都是学好日语所需要的知识，学生只有掌握了这些基本规则，才能更好地运用日语。

2. 日语教学内容的生活性

日语教学内容对学生生活和社会有什么实际意义，这是选择教学内容时需要考虑的问题。

我国学校教育的教学内容历来以各门学科的基础知识和基本技能为主，因为每门学科内容都有自身的逻辑结构，很难与学生的实际生活和社会一一对应起来。而且，事实证明，那种以实际生活或社会为中心的课程不利于学生掌握系统的科学文化知识。但是，与此同时，我们也应该看到，学生是社会的一员，长期以来完成基础教育的学生大多数直接进入社会就业。所以，教学内容要让学生了解社会、接触社会，掌握一些解决现实生活和社会问题的基本技能。日语教学内容也不例外，应尽可能地结合学生生活、社会需求，让学生在学校所掌握的技能可以较好地发挥效用。

当我们考虑教学内容与日常生活和社会实践相互关联时，不仅要注意与现实生活和社会相关，还要注意与未来生活和社会相关。综观当今世界，用"变化迅速"来概括丝毫不过分。尽管谁也无法断定未来几十年会发展到什么地步，但是学校课程应该帮助学生更好地觉察未来的各种选择及其后果，使学生意识到，未来是可以由我们自己的抉择决定的。所以，教学内容必须有利于促进实际生活改善和社会发展，不仅使学生能在实际生活中得以运用，还要适应社会，肩负起建设和改造社会的重任。

然而，把"学了就能派上用场"作为衡量基础教育教学内容与实际生活和社会需求相结合的尺度是不对的，这实际上是一种肤浅的功利主义思想。基础教育不能完全以就业为导向，因为科学与技术的发展使职业的流动经常发生变化，新的职业不断涌现，我们不能详细提供学生将来从事的职业需要的知识、技能。所以，实际生活和社会需要什么教学内容就包括什么，是一种"社会中心课程"的翻版，历史已经证明了它的短命。现代教学理论认为生活和社会是人获得意义的基础和来源，应选择体现生活和社会发展的教学内容，并实现学科与现实生活、社会需求的整合，体现其重要价值。

3. 日语教学内容的适切性

所谓适切性，主要是指教学内容应照顾到学生的兴趣、需要和能力，与之相适应、相契合。这样的教学内容容易为学生所同化并成为学生自身的一部分，能促进学生个性的发展。

儿童和青少年的生理和心理发展有不同阶段。选择教学内容必须考虑其与学生年龄发展相适应的问题。苏联心理学家鲁宾斯坦认为，儿童的各种心智功能是否发展，以何等速度向何方向发展，是受儿童从事了什么活动所制约的[1]。这说明人的心智功能发展受外界环境的影响，特别是教育作用的影响。日语教育提供什么教学内容、如何指导，直接影响学生的发展时期、发展速度和发展方向。然而，这些属于外部影响。学生在外部影响下形成自己内在的东西，即获得经验和知识，掌握思维与行为的能力，形成正确的态度，这些内在素养反过来又会成为制约外部影响的条件。

由于日语教育和教学是以学生的内部条件为中介来发挥作用的，所选择的教学内容是否能产生预期效果，不仅取决于外部影响是否与学生的内部条件、每个学生的具体发展状态和心理特性相结合，还取决于以什么方式相结合，结合到什么程度。如果选取的教学内容适合学生的发展状态和心理特征，有利于他们全身心地投入到日语学习中去，并活跃思维和参与语言实践活动，则日语教育教学作用更容易取得成效。

三、日语教学内容的组织原则

经过精选的日语教学内容需要按照一定的顺序和方式加以组织，使之成为一个有机的整体，这样才有利于开展教学。

如何编制日语教学内容，泰勒在《课程与教学的基本原理》中总结前人的研究成果，确立了有效组织学习经验的三个基本原则：连续性、顺序性和整合性。教学内容的组织，需要处理好几个关系：一是逻辑顺序与心理顺序的关系，二是直线式与螺旋式的关系，三是纵向组织与横向组织的关系。

（一）逻辑顺序与心理顺序的关系

逻辑顺序指根据日语学科本身的逻辑顺序和系统性来组织教学内容；

---

[1]鲁宾斯坦.普通心理学纲要［M］.柏林：国营人民与知识出版社，1962：200-203.

心理顺序指按照学生心理发展特点来组织教学内容，强调学生的兴趣、需要、经验背景的重要性。对于基础教育阶段来说，更需要以学生的成长和发展为重，将日语学科逻辑顺序置于从属地位。因为片面地强调学科的逻辑顺序，会使学生失去兴趣，难以把日语学科的知识结构转化为学生的认知结构。当然，也不能只顾及学生心理顺序，那样也难以使学生获得相对系统的基本知识和基本技能。所以，逻辑顺序与心理顺序的统一和整合是处理这层关系的关键。一方面要考虑日语学科的体系，日语语言自身的规律和内在联系；另一方面也要考虑学生的认知发展特点，根据学生学习日语的独特性组织适合学生思维方式的内容。

（二）直线式与螺旋式的关系

直线式指把基础教育阶段的特定日语内容组织成一条逻辑上前后联系的直线，前后内容基本不重复，或是成递进关系的。螺旋式指在不同学段，日语教学内容以不断加深程度或扩大范围的形式重复出现。

由于过多地重复会使学生厌倦，只有不断在原有基础上呈现出新的内容才能使学生有新鲜感，从而保持浓厚的学习兴趣；同时，教学内容的核心是日语学科的基本结构，要围绕这个基本结构在不同年级以逐渐加深、螺旋式上升的方式使学生不断学习一些内容，获得越来越深入的理解，直至基本掌握。

直线式和螺旋式各具特点，直线式可避免不必要的内容重复，螺旋式则顾及学生的认知特点，加深其对内容的理解。在课程内容组织实践中，一般是把两者不同程度地结合起来。

（三）纵向组织与横向组织的关系

纵向组织指按照一定的准则以先后顺序排列教学内容，这种组织方式也称序列组织；横向组织则打破学科界限和传统的知识体系，以某一主题为核心组织相关教学内容。

纵向组织比较传统，按照由简到繁、由易到难的序列安排教学内容。美国认知心理学家加涅运用学习结果分类理论为教学内容的纵向组织提供思路，他按照学习的复杂程度把人类的学习分为八个类：信号学习、刺激—反应学习、连锁学习、言语联想学习、辨别学习、概念学习、规则学习、问题解决学习。组织教学内容时应考虑先让学生辨别，再学习概念，在此基础上掌握规则和原理，最后解决问题。

20 世纪 70 年代，随着学科综合化趋势日益明显，出现教学内容的横向组织。横向组织主张采用"大概念""广义概念"等作为组织教学内容的要素，使教学内容与学生经验有效地联系起来，使学生更好地探索社会和个人关心的问题。较之纵向组织方式，横向组织方式更关心知识的应用而非知识的形式，学习心理学中的"随机通达学习""登山式学习"为横向组织教学内容提供了学习论基础。

四、我国历届日语教学大纲规定的教学内容

我国长期缺少日语教学的指导性文件。高等院校设置日语课程比基础教育阶段早，但开始只是制定了理工科院校的非专业日语教学大纲，如 1980 年颁布的《日语教学大纲（草案）高等学校理工科本科四年制试用》和《日语（第二外语）教学大纲（草案）高等学校理工科本科四年制试用》。后来，非专业日语、专业日语也开始陆续制定了教学大纲。进入 21 世纪以后，教学大纲这个名称随着时代的发展产生了变化。高等教育阶段部分日语教学大纲采用"课程教学要求"的名称来替代。这样，便于各学校以课程教学的基本要求为依据，结合本校和本专业的特点，自行拟订各门课程的教学大纲。

基础教育阶段的日语教学大纲始于 1982 年，至 2000 年止，共出版了八个大纲[1]。

下面依次看看不同教学大纲规定的教学内容（同一教学大纲，不同版本的归在一起）。

（一）《中学日语教学纲要》规定的教学内容

本纲要将教学内容分为初中和高中两个阶段。

初中阶段的教学内容共 9 项，包括语音、词汇、语法三个方面，语音 1 项、词汇 1 项、语法 7 项。高中阶段的教学内容共 8 项，全部是关于语法的。

初中阶段的语音学习项目包括清音、长音、浊音、半浊音、促音、拗音、

---

[1]详见本书第三章第一节的"二、日语教学目标的分类"。

拗长音、拗促音、拨音，并了解送气音和不送气音的区别。还介绍了日语声调符号。

词汇学习规定学生六年接触 2500 至 3000 个单词，其中包括日语常用汉字的音读、训读和部分外来词，要求掌握其中的 60% 至 70%。

语法项目初、高中内容衔接，除了词汇部分，还包括 100 个左右的惯用型和现代日语口语语法的基础知识。

在句子方面，初中学习判断句、存在句、描写句、叙述句的简体、敬体表达方法，学习肯定、否定、疑问、推量等表达方式。高中学习句节的相互关系，即主谓关系、动宾关系、修饰和被修饰关系、接续关系和并列关系；学习句子的基本成分，即主题、主语、谓语、连体修饰语（定语）、连用修饰语（补语、状语），在此基础上学习一些句子的特殊成分，即感动语、同位语、对象语、接续语、提示语；还要学习敬语的使用，包括敬语动词、尊他表达方式、自谦表达方式和敬体。

助动词、助词和形式体言是初、高中都有的项目，只是初、高中的具体内容有所不同。初中学习判断助动词、时相助动词、否定助动词、使役助动词、被动助动词、愿望助动词；高中对时相助动词、否定助动词做了补充，增学能、尊敬、自发助动词，推量助动词，样态助动词，传闻助动词，比喻助动词。助词方面均分为格助词、副助词、接续助词和终助词，只是初中阶段学习 9 个格助词、11 个副助词、7 个接续助词和 8 个终助词的基本用法，高中阶段继续或深入学习 5 个格助词、9 个副助词和 8 个接续助词的用法。形式体言初中学习最基本的 4 个，高中继续学习 9 个。

此外，初中阶段学习的项目还有 3 个授受动词和 5 个接续词；高中还有补助用言（包括授受关系），还学习一点构词法，了解各种品词的基本语法职能。

大纲附《中学日语常用词汇及惯用型表》，所列词汇和惯用型未分初、高中。除了按五十音顺排列的词汇，还列出了指示代名词、人称代名词、基数词、序数词、助数词、量数词（年龄）、年、月、日、星期，过去、现在和未来，常用计量单位。其中列有惯用型 100 个。

（二）《全日制中学日语教学大纲》及其修订版规定的教学内容

《全日制中学日语教学大纲》及其修订版规定的教学内容仍然包括初中和高中两个阶段，不同的是，分年级规定课时和需要学习的内容。初中一年级列出语音、词汇、语法和课文4项，其他年级是词汇、语法和课文3项。

语音内容列出清音（平、片假名五十音图）、浊音、半浊音、长音、促音、拨音、拗音（拗长音、拗促音、拗拨音）。

词汇从初一到高三各年级分别规定为600、500、500、500、500、500个左右单词（包括习惯用语及一定数量的日语汉字）。

语法也从初一到高三各年级分别规定，初中先学习日语的词类、体言（包括数量词）和用言等基本概念，然后以用言活用形为主线划分：初中一年级学习动词连用形（最基本的），形容词和形容动词的连体形、连用形（最基本的）；二年级学习动词连体形、连用形（继续）、未然形，形容词和形容动词的连用形（继续），用言终止形；三年级学习用言假定形，动词命令形。与上述主线平行，初中一年级重点学习"こそあど"指示词，初中二、三年级学习形式名词、补助动词，助动词和助词的划分与《中学日语教学纲要》大体相同，不再赘述。在句子方面，初中一年级接触判断句、存在句、描写句和叙述句的基本句式，初中二年级接触句子的简体和敬体，初中三年级将所学日语的基本句式，词类按独立词和附属词及形式名词、补助动词加以总结归纳。

课文规定得比较详细，包括课文数量、课文形式、题材、体裁等方面。

从初一到高三的课数分别是32课、24课、20课、18课、18课、16课。

初一年级的题材包括学习、劳动、家庭、自然、祖国、世界以及星期、日、月的说法等；初二年级的有四季、山川、人体、生产知识、英雄人物、科学家的故事等；初三年级的包括学习、祖国、志愿、科学常识、道德教育、英雄人物等；高一年级的包括学习、生活、思想品德教育、人物介绍等；高二年级的有中外寓言、故事、自然知识、思想品德教育、英雄人物等；高三年级提出在前两年基础上进一步扩充题材，更多反映日本的风土习俗。

体裁上要求各年级不同，初一年级要求引入判断句、存在句、描写句和叙述句组成的课文，以便于听说的对话为主，兼有简单的叙述文；初二年级要求在前述四种句式的基础上，以一般性叙述文、说明文为主；初三年级半数课文的语言内容要适合初中阶段的语法小结，体裁上同初二年级；高一年级提出绝大部分课文是原文或原文的改写、节选，以叙述、说明文为主，兼有会话、日记等文体；高二年级仍侧重叙述文、说明文，兼有会话、书写等文体；高三年级也要求以叙述、说明文为主。

从上述要求可以看出，这个时期的大纲对教学内容规定得很细，题材方面多关注学习、思想品德、英雄人物等，体裁方面不太丰富，多集中在叙述文、说明文，而符合青少年心理的故事等比较少。

（三）《九年义务教育全日制初级中学日语教学大纲》规定的教学内容

九年义务教育全日制初级中学日语教学大纲包括"初审稿""试用"及"试用"第2版。"初审稿"规定的教学内容分为语音、词汇、语法、课文四个部分，除了词汇表，基本都列在正文部分；"试用"及"试用"第2版规定的教学内容分为语音、词汇、语法、基本表达方式和课文五个部分，前四项都只列项目，而具体内容见附表。

《九年制义务教育全日制初级中学日语教学大纲（初审稿）》规定的教学内容如下：

语音包括清音、浊音、半浊音、长音、促音、拨音、拗音（拗长音、拗促音、拗拨音）及音调和音拍知识。

词汇因分为"六·三""五·四"两个学制，词汇量各有不同，"六·三"学制初中掌握900个常用词，"五·四"学制初中掌握1000个常用词。

语法分为10项：1. 基本句式及其扩展；2. 敬体和简体；3. 句子的基本成分（主语、谓语、连体修饰语、连用修饰语);4. 日语的词类知识；5. 体言（名词，含形式名词、代词和数词，数词指基数词、序数词和助数词）；6. こそあど指示词；7. 连体词、接续词、副词和感叹词；8. 用言（形容词及其活用、形容动词及其活用、动词的种类及其活用）；9. 助动词（敬体助动词、过去助动词、判断助动词、比喻助动词、否定助动词、传闻助动词、愿望助动词）；10. 助词（格助词、副助词、接续助词、终助词）。

课文要求"六·三"学制初中学习 60 课左右，"五·四"学制初中学习 70 课左右。选材以便于听说的对话，一般性叙述文、说明文为主，兼有其他题材，题材多样。

从上述内容可以看出，大纲规定的教学内容基本上是语言知识，与之前初、高中合体的《中学日语教学纲要》和《全日制中学日语教学大纲》相比，只是把初中部分分离出来，并做了部分调整，如增加了音拍知识等，没有根本变化。

《九年义务教育全日制初级中学日语教学大纲（试用）》规定的教学内容按"六·三""五·四"学制分为一级水平和二级水平，在大纲正文中只列出语音、词汇、语法、基本表达方式和课文五项，其中前四项均列在附表，只有课文部分有简要叙述，内容与初审稿相同，不再赘述。

试用版大纲共有关于教学内容的四个附表，分别是语音项目表、词汇表、语法项目表和基本表达方式表。

语音项目表共 9 项，其中提出了音节概念，分为清音音节 44 个、浊音音节 18 个、半浊音音节 5 个、拨音音节 1 个，促音音节 1 个，长音音节 1 个，拗音音节 33 个，均用罗马字表示。另外两项是声调规则和音拍知识，没有具体描述。

词汇表除了按五十音顺排列的词汇外，还单独列出指示代名词、人称代名词、基数词、序数词、量词，年、月、日、星期，过去、现在与未来，常系计量单位。

语法项目表分为十项：1. 基本句式及其扩展；2. 敬体和简体；3. 句子的基本成分；4. 日语的词类知识；5. 体言；6. こそあど指示词；7. 连体词、接续词、副词和感叹词；8. 用言；9. 助动词；10. 助词。具体内容与初审稿大体相同，不再赘述。

基本表达方式表是初审稿中没有的，以往的教学大纲中也不曾列入类似内容。该表分为 29 个大项，65 个小项（含 289 句话，170 个词）。其包括的内容见表 5-1。

表5-1　基本表达方式表中包括的内容

大项目	小项目
一、友好往来	1. 寒暄语；2. 欢迎；3. 告别和告辞；4. 惜别；5. 介绍；6. 感谢和应答；7. 祝贺和祝愿；8. 道歉和应答；9. 遗憾和同情；10. 邀请和答谢；11. 提议、接受和拒绝；12. 其他日常客套
二、分类、命名、定义	1. 分类；2. 命名；3. 定义
三、存在	1. 有和没有；2. 存在和不存在；3. 表示场所的词语
四、空间描述	1. 位置；2. 方向；3. 距离；4. 面积和容积
五、时间	1. 时刻；2. 时段；3. 时间关系；4. 频度；5. 时序
六、数量	1. 数；2. 量；3. 足量、过量和不足量
七、移动	（无小项）
八、变化	（无小项）
九、过程和推移	（无小项）
十、态度	1. 希望和愿望；2. 意志；3. 义务、当然和必要；4. 允许和许可；5. 禁止；6. 否定；7. 喜欢不喜欢；8. 责怪和后悔；9. 判断和见解；10. 决心；11. 可能和不可能；12. 鼓励
十一、询问和疑问	1. 询问；2. 疑问
十二、要求、委托和命令	（无小项）
十三、转达	（无小项）
十四、相似和比喻	（无小项）
十五、比较和对比	1. 比较
十六、推测	（无小项）
十七、传闻	（无小项）
十八、手段和方法	（无小项）
十九、材料、形状和颜色	1. 材料；2. 形状；3. 颜色
二十、效用	（无小项）
二十一、感情	1. 感叹；2. 惊奇；3. 赞美和称赞；4. 安心和放心；5. 焦虑和担心
二十二、计量	1. 准确计量；2. 近似；3. 平均和均等分配；4. 比率和比例；5. 最大和最小
二十三、结构	1. 部分和整体；2. 部分之间的联系
二十四、区分	（无小项）
二十五、目的和目标	（无小项）
二十六、原因、理由和结果	（无小项）
二十七、转折关系	（无小项）
二十八、计算	1. 加、减、乘、除；2. 倍数和百分比；3. 增加和减少
二十九、立论	1. 例证；2. 概括；3. 结论

当时，大纲中加入表达方式表的研制背景是"为了加强基础知识和基本技能的教学，特别重视实际能力的培养，对教学内容和方法提出了改进要求。即将以前的以语法为中心的教学方法改为以表达方法为中心的教学方法；或者二者并行。为此增写了表达方法表"。同时，"表达方法就是通过日语句型、词语表达各类型的事物，思想意念、行为等的用法。结合实际的教和学，这些成套成句表达方法（句子），既具体生动又实用，因此容易产生兴趣，学习效果好"[1]。

然而，从所列内容可以看出，新增的基本表达方式表不仅项目多，而且比较繁杂，其中有些内容与语法内容是重复的，可以说这个表的设计受当时功能意念教学法的影响[2]。

《九年义务教育全日制初级中学日语教学大纲（试用）》第 2 版的教学内容仍按"六·三""五·四"学制分为一级水平和二级水平，在大纲正文中只列出语音、词汇、语法、基本表达方式和课文五项，其中前四项均列在附表。教学内容方面的变化重点体现在减轻负担。由于一级水平的课时从 272 课时减少到 204 课时，词汇量也从 600 个减到 450 个。原语音项目表用拼音字母表示日语语音，不便于教师操作，修改为用日语假名列出清音、拨音、浊音、半浊音、拗音、促音、长音等，并附上罗马字标音，但未要求学习罗马字，也不做考试要求。变化最大的是"附表 4"，从"基本表达方式表"改为"日常交际用语简表"，与第一版相比，内容大大减少，不再分 29 个大项，改为 29 个小项，具体内容由原来的170 个词、289 句话改为 37 个词，83 句话。

从上述修改可以看出，与第 1 版相比，第 2 版规定的内容减少了许多，难度也降低了，但是罗列项目比较琐碎，有些项目只有一句话，如果适当归类或合并，会显得更简洁、清晰。

（四）《全日制普通高级中学日语教学大纲》规定的教学内容

全日制普通高级中学日语教学大纲包括"供试验用"和"试验修订版"两个版本。

---

［1］谷学谦.关于大纲"前言"部分的说明［M］//国家教委基础教育司.九年义务教育全日制初级中学日语教学大纲（试用）学习指导.北京：人民教育出版社，1992：2.
［2］详见本书第五章第一节的"二、日语教学内容的分类"。

《全日制普通高级中学日语教学大纲（供试验用）》的教学目标分为两级，第一级目标是高中毕业标准，第二级目标是高等院校升学标准。为了达到上述目标及要求，教学内容结构与义务教育教学大纲的近似，列出语音、词汇、语法和日常交际用语四项。由于语音教学内容与初中相同，所以这份大纲在教学内容方面只有三个附录，即词汇表、语法项目表和日常交际用语。

词汇方面分为两级，一级要求在初中掌握 900 个左右词的基础上再掌握 800 个左右词和一定数量的习惯用语；二级要求在初中掌握 900 个左右词的基础上再掌握 1000 个左右词（包括一级目标的 800 词）和一定数量的习惯用语。

语法方面包括九项：1.动词（可能态、被动态、使役态，可能动词，授受动词及其补助动词，补助动词）；2.补助形容词；3.助动词；4.助词；5.形式名词；6.复合词（复合名词、复合动词）；7.接头词和结尾词；8.である体；9.敬语（见敬语表达方式表，包括尊敬语、自谦语和郑重语）。

继义务教育阶段日语教学大纲收入表达方式表之后，高中日语教学大纲改"日常交际用语简表"为"日常交际用语"。日常交际用语是《全日制中学日语教学大纲》及其修订本中没有的，这是重视培养学生实际运用日语能力，让学生在口头和书面上具有一定交际能力的具体体现。这个表共有 30 项，约 150 句，包括以下内容（括号内为这项内容所包含句式的数量）：

1.问候和应答（9）；2.谈论天气（3）；3.邀请和应答（3）；4.访问和应答（5）；5.欢迎（4）；6.介绍（7）；7.告别（5）；8.感谢和应答（7）；9.祝贺和应答（3）；10.赞扬和应答（11）；11.道歉和应答（5）；12.请求和应答（8）；13.劝告、建议（7）；14.同意、赞成（4）；15.遗憾、同情（4）；16.禁止、警告、提醒（4）；17.焦虑、担心、为难（5）；18.责备、抱怨（3）；19.疑问、怀疑（5）；20.希望、鼓励（2）；21.惊奇、喜悦（7）；22.就餐（7）；23.问路（3）；24.购物（3）；25.约会（6）；26.转告（2）；27.打电话（4）；28.身体不适（8）；29.引起注意和随声附和（5）；30.语言困难（5）。

可以看出，该大纲规定的教学内容在一定程度上参照了功能交际教学法，力图转变以传授语法为主的教学方式，提高学生运用日语交际的能力。

《全日制普通高级中学日语教学大纲（试验修订版）》规定的教学内容有些变化，主要体现在词汇的阐述方面。词汇部分仍分两级，一级和二级在数量上没有变化，但要求掌握的是常用词、习惯用语及固定搭配；两级均要求理解词义，并能在口头和书面交际中正确使用。此外，一级还要再学习 500 个、二级学习 800 个左右单词和一定数量的习惯用语及固定搭配，只要求在语篇中理解其意义。这实际上是为了扩大学习词汇数量的范围，但不做硬性规定，避免给学生造成学习负担。

语法部分略有减少，具体内容不在这里一一列举。

"日常交际用语"减为 29 项，约 141 句。将原来的"1.问候和应答"与"2.谈论天气"合并为"1.寒暄语"，仍为 12 句，没有变化。其他项目的顺序随之跟进，所列句子也有所减少。例如"3.访问"和"4.欢迎"各减少 1 句，原 17、18 合并为"17.责备、抱怨"后只列 1 句，"20.惊奇、喜悦"减为 5 句，"27.身体不适"减为 7 句，"28.引起注意和随声附和"和"29.语言困难"均减为 4 句。

五、21世纪课程改革及日语课程标准规定的教学内容

进入 21 世纪，基础教育新一轮课程改革在世纪之交拉开帷幕。教育部制定了《基础教育课程改革纲要（试行）》，确定了改革目标，日语学科与其他学科一样，研制了义务教育和高中阶段的课程标准。载至 2018 年，出版了以下课程标准。

2001 年出版了《全日制义务教育日语课程标准（实验稿）》。

2003 年出版了《普通高中日语课程标准（实验）》。

2012 年出版了《义务教育日语课程标准（2011 年版）》。

2018 年出版了《普通高中日语课程标准（2017 年版）》。

下面依次看看其中规定的教学内容（同一课程标准，不同版本的归在一起）。

（一）《全日制义务教育日语课程标准》规定的教学内容

全日制义务教育日语课程标准包括"实验稿"和"2011 年版"。

基于国内外基础教育的现状与发展趋势，为了使 21 世纪的公民能更

好地承担起建设与发展的重任，1999 年 6 月，国务院召开了第三次全国教育工作会议，批转了教育部《面向 21 世纪教育振兴行动计划》，2000年 6 月国务院召开了全国基础教育工作会议，做出《关于基础教育改革与发展的决定》，全面启动了我国基础教育课程改革。

此次改革旨在全面推进素质教育，重视培养学生的创新精神和实践能力，为学生的全面发展和终身发展创造条件，为实施"科教兴国"战略，提高全民族的思想道德和科学文化素质，振兴中华民族奠定坚实的基础。《全日制义务教育日语课程标准（实验稿）》（以下简称"实验稿"）就是在这样的背景下产生的。

课程改革提出的理念和目标能否落实，关键在教学内容的更新。由"教学大纲"到"课程标准"，最根本的变化是从重视教师的"教"转变为更加重视学生的"学"，强调学生通过与教师、同学的共同活动开展日语学习和语言实践。课程标准作为衡量教育质量的准绳，比教学大纲的各项规定更加具体、明确，可操作性强，涉及学生发展的多个角度。与教学大纲相比，"实验稿"在框架结构、课程目标、教学内容、教学实施等方面都有新的尝试。特别是课程标准不是对教学内容的具体规定，而主要是对学生在经过某一学段之后的学习结果的行为描述，称之为"内容标准"。

内容标准包括语言知识、语言技能、文化素养、情感态度和学习策略五个方面。与原初中日语教学大纲相比，新的课程内容强调情境学习、活动学习，通过围绕话题完成交际性任务等形式提高学生的综合语言运用能力。这是因为尽管原大纲规定的教学内容除了语音、词汇、语法，还增加了日常交际用语，已经体现出外语教学重视交际能力培养的总趋势，但尚未达到教学内容整体的有机结合。课程标准"实验稿"根据建构主义的学习理论，重新确定了培养目标，并在语言知识、语言技能、文化素养、情感态度以及学习策略等五个方面提出了相应的"内容标准"。其中，"语言技能"按一至三级列出标准，而其他四项只列第三级标准。同时，附录中进一步列出话题项目、交际用语、语音项目、词汇项目和语法项目。

1. 语言知识内容标准

语言知识内容标准包括语音、词汇和语法。

（1）语音项目包括日语字母与罗马字、音素、音节与节拍、元音的清化、声调、语调，其中采用了一些新的概念和术语。

"日语字母"这个术语以往不曾使用，内容包括平假名和片假名。"表1清音（五十音图）"中同时列有平假名、片假名和罗马字。因为随着网络时代的迅速发展，罗马字已经成为日语输入的快捷手段和不可或缺的技能之一。

"音素"这个概念也是教学大纲中不曾出现的，课程标准将"五十音图"中所列的罗马字母读音看作一个个音素，如"な"由"n"和"a"两个音素组成。音素下列出元音、辅音、半元音、特殊音，其中"特殊音"指拨音、促音和长音。另外，把以往称作"元音无声化"的改为"元音的清化"。

"音节"与"节拍"也是第一次出现。日语假名一般每个假名构成一个音节，但特殊音不能自成音节，必须与前面的元音一起才能成立。音节包括短音节和长音节，由一般假名单独构成的音节是短音节，由一般假名与特殊音组成的音节是长音节。语音项目中用"节拍"的概念规定这两种音节，短音节是单拍，即一个节拍，长音节是双拍，即两个节拍。

语音项目中同时提出"声调"和"语调"。声调列出平板型、头高型、中高型、尾高型四种，语调列出平调、升调和降调三种。

（2）词汇项目包括词汇表、词汇附表和日语汉字表。

词汇表列出义务教育初中阶段应该掌握的800个基本词汇，词条按日语五十音顺序排列。词汇附表包括"こそあど"系列、人称代词、表示时间的词和表示数量的词。日语汉字表将词汇表中出现的日语常用汉字按照汉语拼音的顺序排列，并与日语汉字加以对照，列出日语汉字的字形、读法和词例。

（3）语法项目包括词类、活用、句子分类、语法细目。

词类指词的语法分类，不同的语法体系有不同的分法。以往日语教学大纲中的语法体系基本上是以日本传统的"学校语法"为依据的，词类分为体言（名词、代词、数词）、用言（动词、形容词、形容动词）、副词、连体词、接续词、感叹词、助词和助动词12类。"实验稿"的语法项目中取消了形容动词和助动词，形容词划分为一类形容词和二类形容词，助动词和部分助词看作用语活用的构成部分（构形后缀或活用词尾）；把代词、数词归为名词的下位分类；指示词由于跨名词、连体词、副词等几个词类，未纳入词类体系中去。

用言活用是日语的一大特点，然而当时人们对日语活用体系的认识不统一，为此"实验稿"没有列出用言活用表，由教学一线和教材编者灵活掌握。

句子分类有多种形式，"实验稿"根据句子的表达功能将句子分为陈述句、疑问句、祈使句和感叹句四类。

语法细目按照五十音顺排列，没有采用"句型"这个术语，而是从实用的角度将学习项目一并列出。其中，用符号代替了词性：V代表动词（V1=五段活用动词，V2=上、下一段活用动词，V3=变活用动词、变活用动词），A代表形容词（A1＝形容词，A2=形容动词），N代表名词等，例如"Vたい［愿望］""Aて/で［并列］［原因］［中顿］"。

由此可见，"实验稿"语法项目与以往的日语教学大纲有很大区别，采用了不同的语法体系。这是因为随着日本对外日语教学的不断发展和对日语研究的不断深入，学校语法体系的缺陷暴露出来，受到日语教师和有关专家的批判，所以日本对日语教学语法体系进行了改革。课程标准的语法项目采用了新的日语教学语法体系，这是我国日语教学与国际接轨的新尝试。

2. 语言技能内容标准

语言技能包括听、说、读、写四个部分。听和读是理解的技能，说和写是表达的技能。"实验稿"的语言技能标准分为三个级别，每个级别分别提出与其相应的听、说、读、写的内容标准，尽可能用清晰的行为动词阐述应该达到的学习水平。可以看出，课程标准中不仅罗列了这四种技能基本要求，还强调了它们在开展交际活动中的综合运用能力。

3. 文化素养内容标准

课程标准是首次将文化素养作为教学内容列入其中的日语教学指导性文件。

1992年颁布的《九年义务教育全日制初级中学日语教学大纲（试用）》首次在前言中提及文化，"学习外国语具有广泛而深刻的教育意义，有助于扩大学生的语言文化视野,有利于发展思维和提高文化素质"[1]。从那以后,教学大纲越来越重视语言文化。

1996年颁布的《全日制普通高级中学日语教学大纲》不仅在前言中涉及文化素养,还首次将其写入教学目的。高级中学日语的教学目的,是在初中阶段学习的基础上,进一步对学生进行听、说、读、写的基本训练,提高在口头上和书面上运用日语的能力,为进一步学习和运用日语打好基础。同时通过教学扩大学生的语言文化视野,以利于发展思维和提高文化素质[2]。同时,在"教学中应注意的几个问题"中特别提到应正确处理语言教学和文化的关系。但是,上述大纲都没有规定语言文化的相关内容。

课程标准"实验稿"不仅把文化素养列为课程目标之一,还明确了其定义和内涵,即"主要指对日本文化的理解和运用,包括日本的文化背景知识、日语的言语行为特征和非言语行为特征"[3]。

文化背景知识指对某个国家的国情理解有帮助,但在交际时对某词、某句的理解不容易产生直接影响的知识,如天文地理、物质财富、风俗习惯、历史事件、宗教信仰、文学艺术、经济制度、审美情趣等。"实验稿"中规定的文化背景知识,都是日本社会、文化中最基础的内容,例如:日本的地理位置、国土面积、人口、首都、气候以及樱花、富士山在日本文化中的象征意义;日本中学生的学习生活,日本人的家居特点、饮食习惯;日本的大众体育活动、主要节假日及庆祝方式;日本的一般交通状况等。

文化不同,言语行为就会产生差异。言语行为特征直接反映该语言使用人的价值观念。比如,日本人说话比较委婉,讲究心领神会,他们不轻易将自己的观点强加于人,很重视日常礼仪,表现出其内心存在一种强烈的相互依赖(本国人、本族人)的思想。"实验稿"规定了初中入

---

[1] 中华人民共和国国家教育委员会. 九年义务教育全日制初级中学日语教学大纲(试用)[M].北京:人民教育出版社,1992:1.

[2] 国家教育委员会基础教育司. 全日制普通高级中学日语教学大纲(供试验用)[M].北京:人民教育出版社,1996:1.

[3] 教育部基础教育司. 全日制义务教育日语课程标准(实验稿)解读[M].北京:北京师范大学出版社,2002:47.

门阶段的内容:初步了解日本人的称呼习惯,常用委婉、含蓄的表达方式,表达问候、告别、请求、感谢、原因等时应该注意的问题。

非言语行为指不使用言语的交际行为,在人际交往中同样发挥着重要作用。非言语行为的种类很多,如手或脚的肢体语言、面部表情、走路的姿势、说话的声音大小、穿戴打扮等,这些都能向外界传递信息。"实验稿"规定的非言语行为特征是几项最基本的内容:初步了解日语交际中点头、微笑的含义,鞠躬、坐姿等一般礼仪,遵守时间的重要性和说话音量的适宜程度。

上述内容为学生学会开展跨文化交际,得体地使用日语做了实实在在的铺垫。

4. 情感态度内容标准

情感是人对外界刺激的心理反应,如喜怒哀乐;态度是人对事物的看法和采取的行动,如积极、倦怠、自信、犹豫等。情感和态度有密切的联系,有什么样的情感往往会表现出相应的态度,并采取相应的行动。"实验稿"首次将情感态度列入内容标准,包括兴趣动机、自信意志、合作精神、祖国意识、国际视野五个方面。

兴趣和动机都是对日语学习产生影响的重要因素。稳固的兴趣和正确的动机无疑会激励学生有效地学习日语。"实验稿"规定的兴趣动机的具体内容是"有学习日语、了解日本和其他国家的兴趣和愿望,并将这种兴趣和愿望迁移到主动学习日语上来""有明确的学习动机,保持积极的学习情绪,乐于参加各项日语实践活动"。

自信和意志是学生遇到困难时的有力支撑。如果学生产生畏难情绪,丧失自信就会萎靡不振,甚至放弃学习,所以学生需要在学习过程中学会克服困难,磨砺意志,体会成功。"实验稿"规定的自信意志的具体内容是"能在日语学习活动中克服胆怯心理,大胆模仿,敢于用日语表达""能体会日语学习过程中的乐趣,体验获得成功的喜悦,树立学好日语的信心""能努力克服学习日语中遇到的困难,磨炼意志"。

合作精神是时代发展对人才培养的要求,外语学习也要促进合作精神的形成和发展。开展日语交际活动时,学生需要与其他人共同做调查、收集资料和进行集体讨论。合作学习可以相互启发、相互促进,是完成交际性任务不可缺少的。"实验稿"规定的合作精神的具体内容是"在日语学习的各种活动中积极与他人合作,相互帮助,共同完成交际性学习'任务'"。

祖国意识指了解祖国、热爱祖国,为祖国发展做贡献的精神等情感。中学生处于发育期,日语教学要促进学生正确的价值观的形成。即正确看待本国语言和祖国文化,正确认识中日关系,并从日语和日本文化的角度反观母语和祖国文化。通过语言和文化的对比,发现和吸收其中的精华。"实验稿"规定的祖国意识的具体内容是"能通过日语学习进一步理解祖国的语言文化,增强民族自豪感"。

国际视野指能够站在全球或更广阔的角度上观察事物、看待问题,要求学生学会尊重、认同和欣赏不同文化,拓宽自己的思维,以更加宽广的胸怀去面对现实,面对世界。"实验稿"规定的国际视野的具体内容是"能通过学习日语开阔视野,关注并理解他人的情感,具有初步的跨文化理解意识和国际意识"。

5.学习策略内容标准

学习策略是发展学生自主学习能力,是支持终身学习的有效途径之一。使用有效的学习策略,不仅可以改进日语学习方式,提高学习效果和质量,还可以减轻学生的学习负担。"实验稿"首次将学习策略列入内容标准,分为认知策略、调控策略、资源策略和交际策略四个方面。

认知策略指学生对完成具体学习任务而采取某些步骤和方法的意识和思路,主要作用在优化学生认识事物、理解事物的过程。"实验稿"规定的认知策略的具体内容如下:

(1)利用图像、声音、动作和联想等方法记忆所学知识。

(2)大胆模仿,大声重复所学语言材料。

(3)根据自己的学习特点课前预习,课后复习。

(4)通过问答和自我表述等形式加深理解。

(5)根据语境推测没有听清、没有看懂的部分。

(6)学会记笔记,用提纲、图表等方式归纳整理所学知识。

(7)适当比较中日语言的异同点,帮助理解和掌握所学知识。

调控策略是学生对自己的学习状况进行反思、评价和调整的策略,主要用于学生主观上的自我管理,与情感态度中的部分内容相关联,比如学生要保持学习兴趣、增强自信心等就需要相应的调控策略予以保证。"实验稿"规定的调控策略的具体内容如下：

（1）通过努力学习，体验成就感，树立信心。

（2）遇到挫折时，客观分析失败的原因，克服消极情绪。

（3）在日语学习活动中体验合作的乐趣，保持良好的合作态度。

（4）多从正面评价自己，合理地开展自我奖励和惩罚，用以激发学习兴趣，开发学习潜能。

（5）通过各种学习活动及时自我反馈，了解自己的学习状况，监督学习过程。摸索适合自己的学习方法，维持或修正学习行为。

资源策略是学生合理、有效地利用客观环境，获取日语学习资源，创设运用条件的策略，包括对学习时间、学习环境、学习计划、学习氛围、学习资源的调控和利用。"实验稿"规定的资源策略的具体内容如下：

（1）合理地管理自己的学习时间，制订可行的学习计划。

（2）努力创造一个光线强度适中、整洁安静的良好的学习环境。

（3）通过合作学习等形式，努力建立良好的同学关系，营造融洽的学习氛围。

（4）充分利用他人、集体对自己的督促作用，促进自己的学习。

（5）充分利用各种信息来源，扩大日语及相关信息的摄取量，增强语感，扩充背景知识。

交际策略是学生为了争取交际机会、维持交际进程、提高交际效果而采取的各种策略，主要用于建立良好的人际关系，使交流顺利进行。"实验稿"规定的交际策略的具体内容如下：

（1）在课内外学习活动和日常生活中，积极寻找机会用日语与他人交流。

（2）在交际中，把注意力集中在意思的表达上，不过多地顾虑词语表达的准确与否。

（3）必要时借助手势、表情等进行交流。

（4）交际中遇到困难时，不轻易放弃。有效地寻求多方帮助，设法将交际继续下去。

（5）在交际中意识到中外交际习俗的差异，设法选择得体的、对方容易接受的表达方式。

以上是课程标准"实验稿"的内容标准。可以看出，内容标准与课程目标紧密相关，几乎无法分离。

此外，课程标准的附录中还列出了话题项目和交际用语。

话题项目是以往日语教学大纲不曾出现的，是课程标准"实验稿"列出的开展课内外学习活动围绕的主题，也是学生用日语进行口头、笔头交际涉及的具体内容。课程标准"实验稿"前言中指出"本次课程改革将努力为学生营造宽松、活泼、接近实际的学习环境，通过围绕话题完成交际性任务等方式开展多种交际活动……"为了明确交际活动围绕什么主题展开，要求学生用日语理解和表达哪些具体内容，"实验稿"将话题项目分为生活、学校、自然、社会四个领域，列出22个基本话题和75个内容提示。

自1992年的义务教育日语教学大纲以来，交际用语一直成为日语教学的内容之一，主要包括从日语交际功能的角度归纳出来的句子。"实验稿"的交际用语分为"表1"和"表2"。"表1"主要是礼节性寒暄和特定场景中使用的交际用语，"表2"是不受特定场景限制的交际功能项目。

"表1"包括寒暄、欢迎、介绍，感谢，道歉，祝贺，用餐，食堂、餐馆，购物，赠答，约定，教师办公室，拜访，问时间、地点，贺卡、书信、电子信函，身体不适等场景，共52句；

"表2"涉及会话策略（搭话、结束谈话、搭腔、附和），获取信息（请教、询问），提出要求（请求、邀请、提议），情感态度（鼓励、禁止、警告、赞扬、喜悦、惊奇、同情、担心、放心、怀疑）等方面，共45句。

《义务教育日语课程标准（2011年版）》（以下简称"2011年版"）在《全日制义务教育日语课程标准（实验稿）》的基础上，经过十年的实践探索修订而成，于2012年1月正式颁布。

"2011年版"将原"内容标准"改为"分级标准"。其规定的教学内容上也适当降低了难度，主要包括以下几项：

（1）语言知识分级标准的词汇量从原来的800增加到1000个词，但分为"学习"与"掌握"两个层次，即"学习1000个常用词，掌握其中

800 个词的基本词义和用法"。而且，"2011 年版"附录的词汇表中仍只列出须掌握的 800 个词，这样做的好处是既没有增加学习负担，又为教学和教科书编写留有余地。

（2）"初步了解日语词汇的音读和训读"改为"初步了解日语汉字的音读和训读及所学中日汉字的异同"。这种表述比原来更加准确，同时兼顾了中国学生学习日语时存在汉字正负迁移的双重特性。

（3）原文化素养内容标准中的"日本的一般交通状况"被删除。

（4）附录中"交际项目"有所增减和调整。重要的修改是，原附录名称"交际用语"改为"交际项目"；合并原"交际用语"的"表 1"和"表 2"，统一从交际功能的角度分项；各分项的示例尽量从学生的角度提出，减少成人化语言，并对其使用加注说明；为了内容上简洁，删除了示例中原有的答句，同时补充了一些常用示例。

（5）附录"词汇项目"的调整主要是词汇表根据日本政府 2010 年 11 月 30 日颁布的"改定常用汉字表"修改了部分汉字词的表记（［挨拶］［椅子］［頃］［誰］［匂い］［喉］［箸拭］［く風呂］）。此外，"词汇附表"中原有的"日语汉字表"被删除。

（6）附录"语法项目"中原"句子分类"改为"句子"，分列为名词句、形容词句、动词句；删除了与整体不协调的句型类重复形式，如"N に N がある（あります）"和"N に N がいる（います）"统一归到"N に"处理；有些项目，如接续助词"と""なら"，因为用于比较复杂的句子，所以移至高中；修改了个别术语的表述方式，如"名物化"改为"名词化"，"客体"改为"动作的对象"；新增了"V てみる""V てしまう"两个项目；参照高中课标，各细目中增加了例句。

（二）《普通高中日语课程标准》规定的教学内容

普通高中日语课程标准分为"实验"和"2017 年版"两个版本。

《普通高中日语课程标准（实验）》（以下简称"实验版"）规定的教学内容与义务教育课程标准相衔接，同时设有必修、选修课程，并按照模块设置课程。所谓模块，指有明确目标、围绕某个特定内容、相对完整的学习单元。每个模块的学分和学时相等，均为 2 学分，36 学时。模块之间既相互独立，又相互关联，既有纵向关联，也有横向关联。必修课程的日语 1~5 模块和选修课程系列 1 的日语 6~7 模块与级别挂钩，是纵向发展的；而选修课程系列 2 的影视欣赏入门、小品演剧入门、作品欣赏入门、应用写作入门这四个模块不与级别挂钩，各自向所学内容的广度和深度发展，属于横向关联。

必修课程模块日语 1~5 模块从高一年级开始设置，共 10 个学分，180 课时，模块间呈递进关系。其中日语 1~3 对应"实验版"规定的四级水平，日语 4~5 对应五级水平，五级是高中毕业水平。日语 6~7 对应六级水平，六级是继续升学水平。

"实验版"的教学内容是在上述课程设置框架下选取的。

与义务教育日语课程标准"实验稿"相同，高中"实验版"也对语言知识、语言技能、文化素养、情感态度、学习策略五个方面提出了具体的内容标准。同时，附录中进一步列出话题项目、交际项目、词汇项目和语法项目。

1. 语言知识内容标准

语言知识内容标准包括语音、词汇和语法。

语音不再像义务教育阶段那样在附录中罗列具体项目，而是做出了以下规定：

（1）用正常的语速和基本正确的语音、语调朗读课文，比较准确地传达文章所表现的情感。

（2）根据语调推测说话人的意图和态度。

（3）在交际活动中，基本达到语音和语调自然、流畅，比较准确地表达出自己的意图或情感。

由此可见，高中阶段语音教学的重点是把握日语交际中的正常语速、正确的语音和语调。从中探求说话人的各种情感、态度、意图。

词汇项目与义务教育初中不大一样，只有词汇表和日语汉字表。要求新学 1500 个常用词，熟练掌握其中 1000 个词，同时关注词语的习惯搭配、成语和惯用语等。

词汇表列出高中阶段应该掌握的 1000 个基本词汇，词条按日语五十音顺序排列。日语汉字表将词汇表中出现的日语常用汉字按照汉语拼音的顺序排列，并与日语汉字加以对照，列出日语汉字的字形、读法和词例。

语法项目只有细目的列表。与义务教育课程标准（实验稿）不同的是，句子的谓语形式（主要指动词）更加多样化，义务教育阶段在用言方面主要学习其活用形式，而高中则从理解和表达的需要出发，出现被动、使役等句式，在长度和难度上都有所增加。同时，名词与助词接续后的语法意义范围也更广。

2. 语言技能内容标准

高中日语课程的语言技能与义务教育阶段相衔接，包括听、说、读、写四个部分。高中阶段"语言技能"的内容标准与义务教育阶段呈渐进状态，用清晰的行为动词来呈现各级提出的内容标准，即语言技能的表述主要使用行为动词描述用日语可以做的事，这些事的难易程度是有变化的。比如从一级到六级，对"听"的要求有以下变化：

一级：能听懂简单的课堂提问。

二级：能听懂基本的课堂提问。

三级：能听懂一般的课堂提问。

四级：听懂课堂上教师提出的要求和指令，做出相应的反应。

五级：听懂课堂活动中对方提出的要求和指令，做出相应的反应。

六级：听懂课堂讨论中的不同意见，并适当做笔记。

由此可见，义务教育阶段以活动教学为主，由于学生的词汇量有限，对"听"的要求主要局限在听懂课堂提问。进入高中之后，随着任务型教学活动的深入，四级须听懂活动要求和指令并做出相应反应；五级要求发展到"听懂对方发出的要求和指令"。到了第六级，要求提高到"听懂课堂讨论中的不同意见"，即不仅要听懂一个人的表达，还要听懂不同人的不同表达。因为高中课程标准"实验版"要求日语教学"通过围绕话题完成交际性任务等方式开展多种教学活动"，所以在课堂上开展讨论、辩论等活动成为新课程的一个显著标志之一，自然要求学生的语言技能在各种活动中不断得到提高。

3. 文化素养内容标准

文化素养内容标注的框架结构与义务教育阶段一样，包括文化背景知识、言语行为特征和非言语行为特征，但具体内容和程度有了更深层次的要求。描述上，一部分从义务教育阶段的"初步"，改为"进一步"。

在文化背景知识方面，要求初步了解日本高中生的学习和生活，初步了解日本人的日常生活习惯，进一步了解日本的风土人情和社会概况。

在言语行为特征方面，要求初步了解日语中施受恩惠的表达特点、日语中敬语的表达特点，进一步了解用日语表示感谢、道歉、赞同、拒绝等的语用特点、日语交际中常用的委婉、含蓄、省略的表达特点。

在非言语行为特征方面，要求初步了解日本人交谈时的视线、手势、身势等特征，日本人交谈时双方的间距，日本人在不同交际场合的着装习惯。

4. 情感态度内容标准

与义务教育阶段相比，高中课程标准"实验版"的情感态度内容标准框架不变，包括兴趣动机、自信意志、合作精神、祖国意识、国际视野几个方面，但要求依次提升。

在兴趣动机方面，要求有持续的学习日语的愿望和兴趣，积极参与有助于提高日语能力的各种活动，有正确的日语学习动机，明确日语学习的目的。

在自信意志方面，要求积极主动地用日语交流与表达，在日语交际过程中体验成功的喜悦，增强自信心，自觉克服日语学习过程中所遇到的困难，磨炼意志。

在合作精神方面，要求在日语学习的各种活动中积极与同学协调、配合，有较强的合作精神，在日语学习中乐于与他人分享各种学习资源，相互促进。

在祖国意识方面，要求通过日语学习深化对祖国语言、文化的理解，热爱祖国。

在国际视野方面，要求通过学习日语开阔视野，尊重异国文化，具有较强的国际意识，在日语交际中理解对方的情感，相互尊重，表达基本得体。

5. 学习策略内容标准

高中课程标准"实验版"的学习策略内容标准与义务教育阶段的框架不变，包括认知策略、调控策略、资源策略和交际策略，但在具体要求上更加突出形成与运用自主学习层面的策略。

在认知策略方面，要求从义务教育阶段的模仿、记忆、整理提高到高中阶段的思维、融会贯通。要求在听和读的过程中，借助情景和上下文推测语义或段落大意，包括借助图表等非语言信息理解或表达；在学习过程中，善于抓住重点，做好笔记，利用推理、归纳等手段分析和解决学习中的问题；借助联想思维建立相关知识之间、技能之间以及知识与技能之间的联系；通过参与教学目标的制订、教学效果的评价、自测题的编写等活动，理解、掌握所学知识和技能；遵循记忆规律，提高记忆效果。

在调控策略方面，高中更强调运用学习策略，提高寻求帮助、主动交流、自我监控、自我反馈，侧重加强与他人合作的调控能力。要求学习中遇到困难时，能寻求有效的帮助；积极与教师、同学交流学习日语的体会和经验；在不同的环境下，精力比较集中地学习；通过活动记录卡、做自测题或考试等及时自我反馈，自觉、客观地评价自己的学习效果；监督自己的学习过程，维持和修正学习行为，总结有效的学习方法。

在资源策略方面，高中更强调主动营造良好的学习环境、条件，建立共同学习的融洽气氛，有效利用各种信息资源，侧重个人对共同学习环境建设的贡献和对各种信息资源的有效把握。要求主动营造有利于集中精力学习的良好环境和条件；进一步建立良好的共同学习、共同提高的融洽的学习氛围；主动拓宽日语学习的途径，善于把握和创造学习、运用日语的机会；有效地利用图书馆（室）、广播、电视、网络等资源获得更广泛的日语信息。

在交际策略方面，高中更强调善于通过非语言手段提高交际效果、使用会话技巧、选择得体表达方式等，侧重运用适当的方法增强交际效果。要求在交际过程中，善于利用多种会话技巧克服语言障碍，维持交际；善于借助手势、表情等非语言手段提高交际效果；在交际中注意选择对方容易接受的语言和行为方式。

此外，高中课程标准"实验版"的附录中除了与语言知识内容标准相应的"词汇项目"和"与否项目"，还列出了话题项目和交际用语。

话题项目与义务教育阶段的基本领域未变，仍然是生活、学校、自然、社会四大领域，但基本话题的重心有所转移，内容难度有所增加。义务教育阶段的基本话题范围以日常生活、衣食住行、学校和自然现象为主，社会领域的基本话题多为文化设施、节日等较为轻松的内容。高中阶段的生活、学校领域的基本话题范围比义务教育阶段缩小，但根据高中的培养目标增加了难度，内容提示比义务教育阶段深刻。例如，增加了健康、人生规划相关的示例；自然领域的基本话题增加了资源和环境保护，自然灾害方面提及火山、地震等示例；社会领域的基本话题有所扩展，如内容示例中增加了文化遗产、科学家、历史人物、异文化体验、国际交流、志愿者、老龄化问题、地域活动、未来社会等。

交际用语高中阶段按照情景和功能分为"表1"和"表2"，与义务教育初中相比，内容难度和数量都有所增加。"表1"增加了打电话、主持会议、致辞等情景；"表2"增加了讲解、建议、提供帮助等功能。义务教育阶段的交际用语以简单的问候、寒暄和被动地接受信息为主，而高中阶段，学生已在一定程度上掌握了交际活动的主动权，需要增加主动提供信息、提供帮助的交际用语。从语体上看，义务教育阶段的交际用语基本上用的是普通敬体"です / ます"体，而高中在此基础上向相反的两个方向扩展，一方面，由于同学之间更加熟悉，因而增加了与其相适应的简体表达形式，如"表2"的邀请栏；另一方面，随着走向社会、国际交流的扩大，在各种社交场合使用日语的机会增加，需要掌握一些郑重的敬体表达形式，如"表1"的致辞栏。还给出不同的语体供选择，如"表2"的问候栏。高中课程标准附录的交际用语的表后"注1"指出"表中所列的交际用语，在不影响交际意图的前提下，可以根据具体情景或内容替换句中的名词，也可以转换敬体和简体"。这样，就从语体上提供了简体、普通敬体、郑重体等复杂、多层次的选择。

《普通高中日语课程标准（2017年版）》（以下简称"2017年版"）将课程内容分为主题、语篇、文化理解、学习策略、语言技能、语言知识六个部分[1]。

与"实验版"的"话题"相比，"2017年版"的"主题"仍分为四个范畴，但由原来的"生活""学校""自然""社会"改为"生活""人

---

[1] 中华人民共和国教育部. 普通高中日语课程标准（2017年版）[M]. 北京：人民教育出版社, 2018：13-22.

文""社会""自然"。修改后每个范畴包括八个主题,每个主题提供两个示例。生活范畴包括校园生活、衣食住行、礼仪礼节、休闲生活、国际交流、人生规划和人生价值;人文范畴包括社团生活、传统文化、风俗习惯、文学艺术、世界遗产、法制社会、人物事件和人文修养;社会范畴包括社会服务、社会文明、消费观念、大众传媒、社会保障、经济活动、学校教育和社会福祉;自然范畴包括健康生活、生态环境、安全意识、生态保护、人与自然、地理环境、科学技术和人地观念。

语篇是第一次写入课程标准,指包括口语和书面语等不同语体、不同文本体裁,图表和音频、视频资料等多模态的语言素材。该标准分别对高中阶段四、五、六级提出不同的要求。口头形式包括演讲、访谈讨论、影视作品、漫画动画、戏剧表演、电视专题片、纪录片等;书面形式包括新闻报道、邮件信函、日记博文、记叙论述、文件公函、通告广告、调研报告、文学作品、社论评论、网络信息、即时通信等;其他形式还有目录指南、图表标识、日程告示、地图图例、菜单食谱、条款规定、操作指令等。

在语言文化方面,"2017年版"不再像"实验版"那样称为"文化素养",分成文化背景知识、言语行为特征和非言语行为特征,而是改称"文化理解",内容涵盖物质和精神两个方面。物质文化主要包括饮食、服饰、建筑、交通等;精神文化主要包括哲学、科学、艺术、价值观等。文化理解还包括用以对方易于理解的方式讲述身边的人和事,介绍熟悉的中华文化现象等。文化理解内容仍按四、五、六提出分级要求,但不同的是,"实验版"的要求重在了解或理解日本,而"2017年版"重在对日本或其他国家、地域和民族文化的理解与尊重,对中华文化的深入理解与认同。

学习策略的内容在"2017年版"高中课程标准中与"实验版"相比变化不大,仍分为认知策略、调控策略、资源策略、交际策略四项。具体内容做了部分调整,融入了少量"实验版"标准中"情感态度"的内容。

语言技能的内容在"2017年版"中不再按照听、说、读、写分级描述,而是把听和读归属为理解的技能,说和写归属于表达的技能,各级语言技能都从理解和表达的视角提出内容要求。强调语言技能的培养重在理解意义、陈述事实、表达个人观点和情感态度。

　　语言知识的内容在"2017年版"中仍指传统的三要素——语音、词汇和语法，只是在顺序上列为语法、词汇和语音。其中语法和词汇按四、五、六级提出要求。语法的内涵明确规定包括词法、句法及句子的连接方式。词法关注词的构成及形态变化，句法关注句子的组织和结构。词汇量要求在义务教育阶段掌握800个常用词的基础上，四、五、六级再分别熟练掌握400、600、500个词的基本词义和用法，初高中熟练掌握的词汇总数达到2300个。语音主要是从与理解和表达有密切关系的角度对语音内容提出要求，四、五级内容一样，强调正常的语速，符合意义需求的语音、语调，用不同语气、语调传递信息，完成表述等。六级更关注语篇中的重音、停顿、语调、节奏等，强调理解和传递信息的意图和情感。另一个突出变化是，在以往日语教学大纲或课程标准中一向排在首位的语言知识在"2017年版"中列在末位。"2017年版"强调语言知识的呈现要基于情境、语篇和任务，帮助学生学会在语篇中理解和运用语言知识。

第三节　日语教科书及其他教学资源

在教学内容章中专门列出教科书等教学资源，是因为教学资源最能具体体现教学大纲、课程标准规定的学科内容。

一、日语教科书的定位

长期以来，很多人总是把教科书与教学内容等同起来，认为教科书写的就是要教给学生的，教师教好教科书就完成任务了，而这种认识是片面的。

教科书有广义、狭义之分。广义的教科书泛指能增进人们知识和技能、影响人们思想品德的教材。狭义的教科书指按照教学大纲或课程标准要求编写的教学用书，又称课本。这里讨论的教科书指后一种。

教科书一般对某学科现有知识和成果进行综合归纳和系统阐述，较少做新的探索和提出一家之言，且具有全面、系统、准确的特征。然而，教科书不是随心所欲的产物，是教学大纲或课程标准规定教学内容的具体体现。经过教育部门审定的教科书是教师和学生学习学科知识的主要资源。日语教科书是教科书的一种，是日语教学的核心资源。

（一）日语教科书的性质定位

日语教科书是根据国家颁布的课程方案（课程计划或教学计划）规定的课程设置、课程结构、课程内容及日语学科课程标准（或教学大纲），按照学生年龄顺序编写的文字教材。它反映日语课程标准（教学大纲）规定的教学内容。为此，日语教科书是学校开展日语教育中的核心，也是日语教材系列中的主体部分。

日语教科书是由出版机构按照课程标准（教学大纲），组织有关专家编写的教学用书，其编写思路、框架、内容要符合课程标准（教学大纲）的基本精神和要求。日语教科书的内容既要达到课程标准（教学大纲）规定的基本要求，又不能无限制提高难度。不同地区经济、自然环境、文化等存在差异，教科书编写须关注和体现这些特点，照顾不同地区教育发展水平、学生身心发展水平及特殊需要。

日语教科书不是孤立的学生用书，与其紧密相关的还有教师教学用书、学生使用的练习册、教学挂图、卡片等配套教材以及围绕教学的各种读物等。同时，日语教学与其他语种教学的共性是需要视听教材，长期以来，录音、录像、CD、CD-ROM 等都不同程度地发挥着积极作用。特别是我国进入 21 世纪后进行的课程教材改革，打破了教科书是唯一教学资源的传统观念，提倡教材的系列化、立体化和数字化。为此，日语教科书需要从一开始就制订一份系列编写计划，将相关教材统筹起来，这样才能适应新时期教育教学改革的需要。

（二）日语教科书的特征定位

1. 日语教科书的内容特征定位

日语教科书的内容必须以日语课程标准（或教学大纲）为依据，完整、准确地反映其理念和要求。在我国，日语教科书不仅要承载日语学科知识，还要注重弘扬民族优秀文化，体现时代特点和现代意识，有助于增强学生的民族自尊心和爱国主义情怀，帮助学生树立正确的世界观、人生观和价值观。

日语教科书承载的相关知识应该是已经有定论的、经过教学实践检验的内容。不确切、尚有争议的知识，不宜纳入教科书，特别是中小学日语教科书。

日语教科书须从学生已有的生活经验出发，精选贴近学生生活、符合学生身心发展规律，适应社会发展和个人发展的基础知识、基本技能和为掌握这些知识、技能的活动，用以激发学生的学习兴趣，培养学生的言语实践能力和交际能力。

21 世纪课程改革以来，日语教科书的内容更加注重突出主题，强调语篇类型的多样化。同时，改变教科书专供教师教、不适合学生自学的状况，内容讲解做到简明扼要、深入浅出，语言通俗、易懂，文字流畅、生动活泼。

现代日语教科书不仅要提供教学需要的素材，还要给教学留有一定余地，给教师和学生留出选择和拓展的空间，满足不同学生学习和发展的需要。

2. 日语教科书的形式特征定位

教科书不仅在选择内容上比一般图书要求严格，在形式上也十分讲究。日语教科书的形式也须根据学生的认知水平，精心设计、妥善安排。

日语教科书的内容编排需具有启发性，鼓励学生积极思考、发挥想象力，题材、体裁要丰富多样，为学生设计体验性活动和研究性专题，引导学生掌握学习策略，以利于改善学生的日语学习方式。

日语教科书的呈现方式需由浅入深、由表及里、循序渐进、难易适度，采用直线排列和螺旋排列相结合的编排形式；注意设置真实的语言环境，提供运用日语的机会。

21 世纪课程改革以来，日语教科书的内容设计特别提倡以日语实践活动的"理解与梳理""表达与交流""探究与建构"为路径，体现学习过程，融汇用日语做事的方法；呈现比较完整的交际背景和人物关系，以利于教学时创设真实的情境。

日语教科书与其他教科书一样，需要在符合教学法的同时符合美育要求。标题醒目、内容清楚，字体和字号均须规范，以防损害学生视力；封面、插图尽量美观，与内容相辅相成，比例恰当，图文并茂；版式设计新颖、美观、清晰、有情趣；教科书的形体大小适当，便于学生携带。

现代日语教科书不仅要有纸质教材，还需运用现代信息技术，与音频、视频等多媒体课程资源相互配合，形成立体化格局，充分调动除语言文字作用外的听觉、视觉、触觉感应，达到综合的整体教学效果，并为教、学、评提供更全面的支持。

（三）日语教科书的使用定位

供全国选用的中小学日语教科书，必须经过国家教育部门审定，地方日语教科书由省级教育行政部门审查。国家教育部门每年春、秋两季分别印发"全国普通中小学教学用书目录"，供全国中小学选用。各省、自治区、直辖市教育行政部门根据国家教育部门用书目录和本省的实际情况补充下达"中小学教学用书目录"，供各地区学校选用。教科书出版单位可以发行与教科书配套的教师教学用书、教学挂图等，同时保证印制、发行工作所需时间，做到课前到书。

二、日语教科书以外的教学资源

日语教学除教科书以外，还有许多其他教学资源。这些教学资源可以从不同角度加以分类，如有形资源和无形资源等。受思维定式的影响，一般人对资源的认识存在一定偏差，认为教学资源是有形实物，如教科书、录音带等。其实，用全面的观点看问题，就会发现日语教学资源是一个复杂的系统。日语教学资源既包括有形资源，也包括无形资源；既有校内资源，也有社会资源；既有硬件资源，也有软件资源；既有文化信息，也有个人经验。为此，正确认识日语教学资源系统，分析和研究该系统各要素之间的相互关系，是日语教师和教育研究者需要认真思考和充分利用的。

这里仅从有形资源和无形资源的角度加以分析。

（一）有形资源

随着现代教育技术的飞速进步，教材的概念已经有了多方面的扩展。日语教材到目前为止，所谓有形资源至少包括教科书、教师教学用书、练习册、补充读物、工具书，挂图、卡片等直观教具，录音磁带或 CD、VCD、广播，录像带或 CD-ROM、DVD-ROM，幻灯片（PPT）、电影、电视，播放录音、录像、电影、电视等的相关设备。其中，教科书、教师教学用书和练习册、补充读物、工具书、挂图和卡片等属于纸质资源；录音、广播、录像、影片、幻灯等属于音频或视频资源；而播放设备的录音机、录像机、电视机、计算机、CD 或 VCD 或 DVD 播放器、语言教室、多媒体教室属于硬件资源。

纸质资源是教学自古以来利用最多、最普遍的资源，音像资源和硬件资源是随着科技进步逐步运用到教学中来的。特别是外语教学，必须开展听、说、读、写技能训练，不同教学资源在不同时期对学生学习日语、培养运用日语交际的能力都发挥着不同程度的作用。

（二）无形资源

日语教学中除了有形资源，还有无形资源，如软件资源、网络资源、信息资源、文化资源、个人经验等。与有形资源相比，无形资源往往容易被忽视，但现在无形资源的作用越来越突显，在日语教学中充当着重要角色，发挥出其潜在动能。比如，软件资源中的计算机辅助教学软件、文字处理软件已经被广泛应用，只要打开计算机，输入日语或学习日语都会用到这些软件。多媒体制作软件在日语教学界也用得越来越多，几乎所有开设日语的学校的教师和学生都会用多媒体软件制作相关课件，开展教学活动、交流学习成果等，可谓大有用武之地。

这里，我们以软件资源、网络资源、个人经验为例，说明无形资源的潜在动能给日语教学发展带来的巨大变化。

1. 软件资源

软件资源一般指软件程序，比如我们使用电脑接触最频繁的就是DOS。DOS 是英文 Disk Operating System 的缩写，是一种面向磁盘的系统软件，它像一座桥梁把人与机器连接起来，让我们不必去深入了解机器的硬件结构，也不必死记硬背那些枯燥的机器命令，只需通过一些接近于自然语言的 DOS 命令，就可以轻松地完成绝大多数的日常操作。DOS 还能有效地管理各种软硬件资源，对它们进行合理的调度，所有的软件和硬件都在 DOS 的监控和管理之下，有条不紊地进行着自己的工作。同时，在教学中经常用到的软件也很多，日语教师几乎每天都在用电脑工作、备课，制作 PPT 等。

日语教材在利用新媒体方面也有进展。为了更好地为教学一线服务，2012 年，由人民教育出版社出版的《义务教育教科书·日语》的教师教学用书（七、八、九年级），每册分别配了 1 张 CD-ROM 光盘，这是日语教科书首次配备这种多媒体教学资源。光盘相当于一部电子书，教师上课时可以点击目录，直接进入教科书的任意一页。画面上的局部内容可以适当放大或移动；有录音的地方点击按钮可以发出声音；点击书中的图片，可以显示相应的单词和读音；习题也有相应的互动。这与只有录音带或 CD 相比，进一步方便了日语教师的课堂教学。

在社会日语教学方面，为了丰富学习资源、提高学习效率，国内发行最为广泛的《中日交流标准日本语》在新版的基础上研制了手机应用程序，其内容包括五十音图，各单元课文、生词、重点语法讲解、练习等文字资料及与书本内容配套的所有音频资源。这些利用新媒体开发的教学资源，使日语教材正在逐步构建围绕核心教材的立体化格局。

2. 网络资源

网络资源是指以数字化形式记录的，以多媒体形式表达的，存储在网络计算机磁介质、光介质以及各类通信介质上的，并通过计算机网络通信方式进行传递的信息内容的集合。网络资源富含各种形式的与教育相关的知识、资料、情报、消息等，如馆藏电子文献、数据库、数字化文献信息、数字化书目信息、电子报刊等。网络资源也指以电子数据的形式将文字、图像、声音、动画等多种形式的信息存放在光盘等非印刷型的载体中，并通过网络通信、计算机或终端方式再现出来的信息资源。网络资源可以借助计算机等设备进行共同开发、生产和传递。与传统的信息资源相比，网络资源在数量、结构、分布和传播范围、载体形态、传递手段等方面都显示出新的特点。

网络课程是网络资源的一种，是通过网络传递日语学科教学内容及实施日语教学活动的一种教学方式，是信息时代下日语课程的新的表现形式。它包括按教学目标、教学策略组织起来的教学内容和网络教学支撑环境。其中网络教学支撑环境指支持网络教学的软件工具、教学资源以及在网络教学平台上实施的教学活动。网络课程具有交互性、共享性、开放性、协作性和自主性等基本特征。

一些网课根据日语学习者的需要，将《新版中日交流标准日本语》初、中、高级按照各课顺序进行讲解，在原书基础上增加了随堂小练习、词汇分析、文化背景介绍等，结合文化差异进行讲解。网课教师善于采用启发式教学，让学生带着问题学习，并适时归纳小结。这样的网课对自学者非常有帮助。然而，由于网课影响面大，任课教师的一言一行对参与网课的学生都会产生不同程度的影响，所以网课内容要编排丰富，教师要循序渐进，讲解清晰，语言规范，练习设计生动、有趣，进行阶段复习让学生温故知新。如何在不见面的网课中充分调动学习者的积极性，使学习者主动参与到日语教学实践中来，与教师和其他学习者实现一定程度的互动，是网课建设应该思考的问题。

基础教育阶段的学校日语教学还没有实现网络课程。网络教学支撑环境的建设需要多方面的努力。尽管现阶段还做不到，但考虑到网络课程的特殊优势，未来利用互联网开展日语教学也是一种选择。毕竟互联网可以打破地域和国界，有利于教学单元模块化，这种可以通过电脑实现的学生与教师、同学之间的多向互动，容易激发学生的学习热情。

3. 个人经验

个人经验往往是一种容易被忽视的教学资源。日语教学中的个人经验包括教师的个人经验和学生的个人经验。

（1）教师的个人经验

教师的个人经验包括他的信念和价值观是如何形成的，是否具有坚实的日语学科知识基础，采用什么样的日语教学方法，如何对待学生的日语需求，如何处理日语教学与社会大环境的关系，如何处理同事间在日语教学问题上的分歧与冲突等诸多方面。说到日语教师的成长，人们往往更关注他们的专业素质，例如掌握的日语知识和运用日语的能力，而教师作为一个人，有什么学习和生活经历，如何在中日文化交流中建构知识、形成跨文化交际意识等问题则往往被忽视。

日语教师的职业生涯与其个人的生活经历密切相关，日语教师要不断成长，要搞好日语教学工作，就应该充分认识和探索自己个人经历中的重要事件和人物，从中获取营养、启发和力量；不断反思自己的日语教学实践活动，在教学过程中总结经验、教训，再把它们应用到日语教学中去，促进自我发展。教师的发展不仅是教学技能等专业知识的发展，更应该是自我发展。自我发展可以促使教师有更高的精神追求，是日语教师专业发展的内在动力。

语言与文化影响着一个人思维方式和行为方式，身处不同的文化背景，讲解非母语的另一种语言时，外语教师的知识建构和行为方式必然受到不同文化因素的影响。日语教师在条件允许的情况下，应该争取更多的赴日学习机会，近距离地接触和感悟日本文化，使自身的跨文化交际意识和能力得到提高。日语教师向学生讲述自己学习日语的经历，与学生分享自己学习和教学日语的历程、心得、体会，也会对学生产生言传身教的影响。教师的跨文化意识和能力的提高，会直接影响学生的文化意识，能有效影响学生对多种文化的学习热情。当代的日语教师是教学资源的开发者，其自身经验也是教学资源之一，日语教师可以经过努力，使自己成为灵活的、有创造性的"活教材"。

（2）学生的个人经验

在日语学习过程中，学生们既有共同的学习经验，也有各自的不同的学习方法和独特体验。比如，看过的日语电影、电视，读过的日语书籍、报纸、杂志，听说过的日语故事，凡是有关日语或日本社会、文化方面的东西，都是班级活动时可供利用的学习资源。让学生用自己学到的日语知识相互启发、取长补短，也可以成为日语教学活动的重要一环。

有些学生还有过与日本人交际的实际体验，他们或随父母在日本生活过，或在国内与日本人有过交往，这些同学的经验是日语教学中的重要资源。请他们在班级里讲述或笔录个人的体验，现身说法，是扩充学生的日语知识、提高他们学习兴趣的好方法，也是促进学生之间沟通日语学习经验、交流学习体会的重要手段。

如上所述，无论是教师的个人经验还是学生的个人经验都是一种重要而无形的教学资源。

由以上分析可以看出，与有形资源相比，无形资源具有更突出的优势，因为它具有极大的广延性和极强的适应性。从广延性方面看，它可以渗透到所有国家和地区，也可以存在于一个学校、一个年级或一个班级，甚至某一个人。从适应性方面看，无形资源可以被重复使用，并在反复实践中得到检验和修正，在持续的积累中不断提高。正确看待无形资源，有助于我们更全面、更准确、更深刻地认识日语教学资源系统，并树立起新的资源观，这在理论上和实践上都具有重要意义。

此外，社区和社会机构的支持，也是一种无形资源。充分利用这些无形资源，有利于从社会生产、社区生活的真实需求出发，在真实的环境中习得和巩固知识和能力。为学生提供真实学习环境和机会，也有利于推动 21 世纪核心素养的教育实践。同时，学生核心素养的获得也会给社会带来许多回报，包括经济、环境、金融以及道德等多个方面，学生的个人发展能够带动整个社会的发展。

第六章　　　日语教学组织形式

　　教学组织形式研究主要研究教师如何把学生组织起来开展教学活动，如何分配教学时间，如何利用教学空间等问题。在教学理论和实践中，教学组织形式是整个教学活动的落脚点，教学任务的确定和完成、教学过程的设计和实施、教学方法的选择和运用、课程的建构和设置等，都必须凭借和运用一定的教学组织形式。离开了教学组织形式，教学活动就失去了存在的基础。本章主要概述日语教学组织形式的内涵和功能，梳理日语教学组织形式的演变历史和改革趋势，介绍日语教学工作的基本环节，并尝试探讨日语教案和日语学案的研制。

第一节　日语教学组织形式概述

日语教学是有目的、有计划、有组织的活动，离不开一定的教学组织形式。日语教学组织形式既有一般学科教学组织形式的共性，又具有其作为独立学科开展教学的特点。

一、日语教学组织形式的概念

（一）日语教学组织形式的含义

日语教学组织形式是在日语教学活动中，教师和学生的共同活动在人员、程序、时空关系上的组合关系。概括而言，日语教学组织形式应该包含三个方面的含义。第一，它决定日语教师和学生都必须在特定情境中活动，学生在这一情境中完成日语教师为他们设计的学习任务。第二，日语教师和学生在日语教学过程中都必须按照一定的时间和空间组合形式进行活动，师生之间相互配合、相互作用。第三，在日语教学活动的相互作用中，包括了教学内容、教学方法、教学手段、教学程序在时间和空间上的集结或综合。在日语教师的教与学生的学所构成的教学活动中，必然存在教师与学生如何组合起来发生相互作用，如何对时空条件进行有效控制和利用的问题，这就是日语教学组织形式所关注的问题。

（二）日语教学组织形式的影响

日语教学组织形式在日语教学实践中，处于真正的具体落脚点地位，带有综合和集结教师、学生、教材、教学方法、教学手段等因素的性质。教学组织形式问题如何解决以及解决得是否恰当，关系着整个日语教学活动的质量，对教学任务的完成、教学目标的实现具有重要的作用。

1. 提高课堂教学效率

采用合理的教学组织形式，有助于提高日语教学工作的效率，并使各种有效的教学方法、教学手段得以在相应的组织形式中运用。只有将不同的教学方法和教学手段合理、科学地运用于相应的教学组织形式中，才能充分发挥其应有的效果。一般来说，教学组织形式的改进总是同教学方法的改革乃至整个教学体系的改革融为一体的。[1] 在教学实践中，很难将教学组织形式同教学方法截然分开。教学组织形式和教学方法以及整个教学活动模式的这种紧密关系，决定了教学组织形式对教学活动效果的直接影响。纵观我国日语教学组织形式演变，每次变更都与外语教学方法的发展、教学活动模式的改革紧密相连。

2. 促进课堂教学活动的多样化

采用合理的教学组织形式，有利于促进教学活动的多样化，实现教学的个别化。长期以来，人们对于教学组织形式的探索以及种种尝试，主要是围绕如何使教学活动尽可能地适应每个学生个体的需要、兴趣、能力和发展潜力而展开的。日语作为中学外语教学的"小语种""少数派"，选学日语的学生都有着较为特殊的情况：有的学生对日本文化比较感兴趣，有的学生希望去日本留学，还有不少学生因英语成绩不佳而选择日语。日语学生个体的情况可以说是千差万别的。日语教师要根据学生的不同情况，采取合理的教学组织形式，尽可能组织符合学生需要的多种多样的教学活动，从结果上来看也就是实现了因材施教。

3. 促进教学方法的改进、教学模式的创新

教学方法和教学模式的更新会推动教学组织形式的改变；反过来，教学组织形式改变之后，为了适应新的教学组织形式，为了充分发挥新教学组织形式的优势，教师会去重新审视自己的教学方法，去思考、摸索新的教学方法。这种摸索可能是对某一细小环节的改进，也可能是对教学各步骤关联性的调整，长期来看，甚至会成为整个教学模式创新发展的契机。例如，近年来我国日语教学中出现的小班制，就促使日语教师调整了大班教学背景下采用的"满堂灌"式的教学方法，开始寻找一些适合我国外语教育实际的教学方法。

二、日语教学组织形式的演变

教学组织形式不是一成不变的，一定的教学组织形式是一定社会历

---

[1] 李秉德. 教学论 [M]. 2版. 北京：人民教育出版社，2001：214.

史条件的反映。随着社会生产的变革、科学技术的进步、教育事业的发展，社会对人才培养、教学内容、课程结构、教学手段、教学思想等的要求不断发生变化，教学组织形式也处在不断地变化和革新之中。对教学组织形式的发展历程进行考察，不仅有助于弄清教学组织形式的历史发展脉络，而且有助于我们准确地把握教学组织形式的深层意蕴和内涵。

（一）教学组织形式的演变

纵观古今中外的教学组织形式，其变革与发展是沿着"个别教学—集体教学—集体教学与个别教学相结合"这条逻辑主线实现传承与变迁的。

我国古代的大思想家、大教育家孔子首开个别教学之风，据说拥有弟子三千，贤者七十二。在教学中，孔子提出因材施教、启发诱导、教学相长等观点，至今广受推崇、流传不衰。古希腊哲学家和教育家苏格拉底、柏拉图、亚里士多德等也都是著名的私学大师，当时由他们主导设立的各种学园，也采用个别教学。苏格拉底的"苏格拉底问答法"、亚里士多德创立的著名的"三段论教学法"，均采用个别教学开展教学活动。[1] 古代的个别教学多提倡因材施教，注重发挥和适应学生自身的特点，有助于培养学生的自学能力，有助于激发和调动学生的积极性。但是，其由于教学内容、教学进度各不相同，教学时间没有统一的安排，因而具有进展缓慢、效率低下等缺陷。

社会经济的发展，特别是中世纪以来西方资本主义工商业的发展，客观上要求培养大量的合格劳动者和熟练的技术工人。然而，个别教学由于进展慢、效率低，无法提供社会生产所需要的大量劳动力。在长时间的教学实践和探索过程中，逐渐产生集体教学这一教学组织形式。虽然根据不同的分类标准，集体教学包括多种具体的教学组织形式，但是从总体影响力来看，班组教学和班级授课制教学是影响范围最广、最具代表性的两种集体教学组织形式。其中班级授课制教学是集体教学中最具代表性的教学组织形式，班组教学可看作是个别教学向班级授课制转变的中间过渡阶段。

在我国最早采用班组教学的是唐、宋、元、明、清的书院和官学。

---

[1] 李森. 现代教学论 [M]. 北京：人民教育出版社，2011：361.

书院是我国古代社会的一种教学组织形式，它是教学与研究相结合的高等教育机构，产生于唐代，到清末共有一千多年的历史。书院由名师讲学，实行开放的教学组织形式，提倡学术争鸣，鼓励学生创新。同时，制订较明确的课程设置计划，实行分斋教学，具有严密的组织制度，并在教学上形成了自己的特色。我国的书院虽然还不是严格意义上的集体教学制度，但是它体现了班级授课制的某些特征。[1]

我国的官学是为了巩固政权而建立的庞大的官僚机构，分为中央官学和地方官学。官学制定了较为严密的管理制度，包括入学、考试、放假、开学等一系列教学制度，已初步具有理论与实践相结合的教学方式。这种官学更接近于班级授课制，但仍然不是完整意义上的班级授课制，实质上是一种班组教学。

我国从清末同文馆开始正式采用班级授课制，后通过"壬寅学制"和"癸卯学制"的制定和实施，班级授课制得到了大力的推广和完善，最终成为我国主要的教学组织形式。受到苏联教学思想的影响，这种教学组织形式在中华人民共和国成立后也被确定为我国小学、初中、高中以及大学教育中最普遍的教学组织形式，其地位保持至今。

班级授课制有许多公认的优点，但是同时又存在无法照顾学生的个体差异、缺乏真正的集体性、学生之间不存在合作等明显的局限。为弥补班级授课制的不足之处，人们开始寻找更加适合的教学组织形式。个别化教学是在这种特定的形势下产生的一种教学组织形式，它认为学生是教学的中心，学生在能力、兴趣、需要等方面有着很大的个性差异，千篇一律地对待所有的学生是不正确的。为了提高学习效率，教学必须适应学习者个人的各种条件，实行个别化教学。弹性制、设计教学法、导师制、开放教学、选修制、分组教学、不分级制、个别教学、自学辅导教学等，都属于个别化教学组织形式。

实践表明，在教学中不存在一种万能的教学组织形式，充分利用各种教学组织形式的长处为教学活动服务是最合理的选择。所以，集体教学与个别教学相结合，成为教学组织形式发展的必然。其中，小组合作

---

[1] 李森.现代教学论［M］.北京：人民教育出版社，2011：362–363.

学习是一种备受关注的教学组织形式，采用其开展的教学实践活动较多，教学效果也不错。

（二）日语教学组织形式的演变

对于日语学科来说，从清末同文馆的东文馆算起，我国的近代日语教学走过了一百多年的发展历程。近代以来，我国社会环境的巨大变化，教育教学理念不断更新，教育科学技术不断进步，使我国日语学组织形式也呈现出一定的变化。但整体上看，我国日语教学组织形式的特征是以班级授课制为主，其他教学组织形式零星存在。

中华人民共和国成立后几十年间，由于历史原因，在我国几乎所有学科的教学中，班级授课制一直占据统治地位。我国的日语教学也不例外，几乎所有的学校都以班级制为基本的教学组织形式。虽然近些年来，有些教学条件较为优越、教师资源较为雄厚的外国语学校、普通中学尝试导入"导师制""小组合作学习"等国外较为流行、教育理论界较为推崇的教学组织模式，但是对于大多数普通中学的日语教学来说，无论是从硬件设备（教学人数、教室的结构、教学设备等）还是从软件资源（教师的资质、数量以及教学资源等）来看，都还只能采用传统的班级授课制。此外，高考考核方式、高考成绩对学校及任课教师的巨大影响，也是很多学校选择班级授课制教学组织形式的重要原因。

进入 21 世纪以来，特别是新的中小学课程改革实施以来，我国外语教学的目标、理念等都有了很大进步，这对于中小学外语教学的实施有着巨大的指导意义和引领作用，其中就包括引导一线教师对各种教学组织形式进行深入的研究，选择适合培养目标的教学组织形式，并不断尝试创新教学组织形式。例如《义务教育日语课程标准（2011 年版）》《普通高中日语课程标准（实验）》等课程标准中，都加入了"活动教学""合作学习""任务教学"等涉及教学组织形式的内容，并鼓励教师根据课程内容和教学一线的实际情况改革现有教学组织形式，探索新的教学组织形式。但是，教学组织形式与教学理念、教学方法等有着紧密的联系，同时受到各种现实条件的制约，其具有相当的稳定性，因此，变更需要经过较为漫长的过程，不可能一蹴而就，需要教育行政机构、教学理论界、各级教学实施机构、教师等各方面的共同努力。

三、研究日语教学组织形式的意义

研究日语教学组织形式具有以下三个方面的意义。

1. 有助于实现教学组织形式与日语学科教学的有机融合，提高日语教学的效果。日语作为一个独立的学科具有其独特性，只有深入研究各种教学组织形式在与日语学科结合的过程中显现出的优势，发现其中存在的问题，才能为日语学科的教学选择科学、合理的教学组织形式，并最终形成日语学科特有的教学组织形式，达到提高日语教学效果的目的。

2. 日语教学组织形式与日语课程内容、日语教学方法、日语教学模式等有着紧密的联系，研究日语教学组织形式可以推动和促进日语课程内容的更新、日语教学方法的发展和日语教学模式的优化。

3. 日语教学组织形式是外语教学组织形式的重要组成部分，是一般教学组织形式的一种具体体现。深入研究日语教学组织形式，发现其优势，并努力进行探索、创新，可以丰富外语教学组织形式的内涵，甚至为一般教学组织形式的发展提供启发。

第二节　日语教学组织形式及其改革趋势

　　班级授课制又称课堂教学，在其漫长的历史发展过程中得到不断丰富和完善，特别是在引入我国之后，与我国的基本国情、课程内容等实现了较好的融合。班级授课制在我国日语教学中得到了广泛的应用，并且实现了与我国日语教学的融合。在较长一段时期内，班级授课制为我国日语教学效率的提高、教学效果的提升起到了重要作用，至今仍是我国日语教学的基本组织形式。

一、日语教学的基本组织形式——班级授课制

（一）班级授课制的特点

　　班级授课制就是由一定数量、年龄、文化程度的学生组成教学班，教师根据规定的课程、教学进度、教学时间表，对学生进行集体教学的一种组织形式。一般来说，班级授课制具有以下特点。

　　（1）学生固定：按照学生年龄和文化程度分成固定人数的班级，通常由 30~50 人组成。

　　（2）教师固定：学校按照教师的专业和工作能力分配教学任务，教师对所教学科全面负责。

　　（3）内容固定：教师根据课程标准（教学大纲）和教材对学生展开教学，统一教学内容，统一教学进度，多学科并行，交叉上课。

　　（4）时间固定：有统一的教学日历，有统一的作息时间表。

　　（5）场所固定：教室相对固定，学生的座次也相对固定。

　　以班级制为基本形式的日语课堂，与其他学科相比，又具有一些自己的特点。

　　1. 日语实践活动较多

　　学习日语最终是为了使用日语来开展交流、解决问题，因此，日语学科是一门实践性较强的科目。日语课堂教学的重要内容应该是学生的日语实践活动。教师应该紧密结合所教授的知识和技能，联系生活实际，

尽量创设贴近现实的、真实性较强的课堂活动，让学生充分进行贴近"实战"的实践活动，在练中学，掌握用日语做事的能力。其中，实践情境的创设是关键。

2. 课堂是信息的主要来源

课堂是学生接触日语的主要渠道，日语课堂教学必须保证学生接触到大量的日语语言材料，让学生在大量接触可理解性日语素材的基础上，运用、归纳日语的规则，最终实现日语知识、规则的内化，形成日语运用能力。给学生提供的日语材料，除了在量上要有保证，还应该注意难度与学生的理解能力相当，素材的形式应该多样化，如纸质材料、听力录音、录像等。虽然在当今时代，学生也可以通过网络、电视等渠道获得日语材料，但是，鉴于学生的鉴别水平和选择能力，日语教师应该充分利用多种渠道，搜集、选择、合理组织优质的日语语言材料，保证课堂上日语输入的质量。

3. 内容密集，教学节奏快

语言具有百科全书性质，涉及社会的方方面面。语言课堂一般会以练习作为教学的主要外部手段，因此，语言课堂一般具有内容密集，节奏较快的特点。日语课堂亦是如此。在日语课堂上，教师需要讲清楚日语本体及其与日本历史、社会的联系，还必须通过语言活动来巩固和强化学生的日语能力。因此，日语课堂具有教学量大、环节多的特点。

4. 活动形式多样

日语运用能力是多种多样的，如听、说、读、写、译等，因此日语课堂活动的形式也必须是多种多样的。教师需要设计多种活动形式，尽量在课堂上模拟日常生活中可能会使用日语的各种场景，以提高学生使用日语应对各种现实问题的能力。

（二）班级授课制的优势和缺陷

任何教学组织形式都有其优势和缺陷，班级授课制存在如下优点。

1. 有利于提高教学工作的效率。日语教师面对全班几十名学生进行集体授课，与个别施教相比，大大缩短了授课时间，大大减少了日语教师的精力投入，大大提高了日语教学工作的效率。

2. 有利于提高日语教学质量，完成教学任务。班级授课制有统一的教学要求，目的性、计划性强，可以充分发挥日语教师的主导作用和学生的学习积极性，有利于全面完成教学任务，提高教学质量。

3.由接受过正规日语教育的教师承担教学任务，有利于充分发挥教师的日语专业优势。

4.有利于发挥班集体的教育作用，使学生相互促进。在班级集体中，学生之间有共同的目标和学习经历，他们之间可以相互学习、相互切磋，更可以互相帮助。这样既有助于他们在日语能力方面的精进，也有利于他们思想品德的提高。

5.班级授课制有严格的作息时间，日语学科与其他学科交错进行，有利于师生身心健康发展。

班级授课制的缺陷主要有以下几点：（1）由于其面向整个班级，使用统一的教材，有统一的教学要求和教学进度，因此教学强调所有成员"齐步走"，不利于教师因材施教，不能照顾到学生的个体特点；（2）教学领域主要局限于课堂，不利于学生理论联系实际；（3）教师的主导作用明显，不利于学生主动性的调动。

（三）班级授课制的类型和结构

日语课堂的类型多种多样，根据教学目的、教学内容、操练形式等不同标准，可以进行多种分类。例如：按照教学内容和目的划分，可以将日语课堂分为综合日语课、日语口语课、日语阅读课、日语视听说课、日语写作课、日语翻译课等；按照语言材料划分，可以分为日语语法课、日语词汇课、日语语音课等。一般来说，在大学日语专业教育中，开设的日语课程种类较多。但是在我国中学日语教学中，限于课时和教师等多方面的限制，多以综合日语课为主。

根据教学内容和目的的丰富程度，日语课程还可以分为单一课和综合课两种。单一课是指一节课主要完成一种教学任务的课。以中小学日语教学为例，以讲授日语教材为目的的教授新知识课，以巩固复习已学日语知识为目的的复习课，以培养学生日语技能、表达技巧为目的的练习课，以检查学生日语知识、技能、技巧为目的的检查课等均属于单一课。

综合课又称混合课或复杂课，如上述的"综合日语课"，是指一节课内要完成两种或两种以上教学任务的课。比如在中小学日语教学中，教师采用的将日语新知识讲解、日语技能训练以及当堂检测相结合的授课方式。中小学低年级学生有意注意时间的长度有限，无法长时间集中注意力，综合课有助于调动学生学习的积极性，提高课堂教学的效果。

课的结构是指课的组成部分（环节）及各部分进行的顺序和时间分配。一般来说，每一种类型的课都有一定的结构，课程的类型不同，其结构也不相同。由于不同班级的学生情况不同，不同学科的教学内容不同，不同的教学班、不同的教师，所呈现的课的结构也会有所不同。对于日语课来说，不同班级的日语课结构应该反映本班学生的情况，更应该体现出日语课应有的特点。任课教师在教学中应该避免课堂结构的僵化。

我国中学日语教学中最常见的综合课体现了日语教学的整个过程，便于进行语音、语法、词汇等方面的有机结合，便于训练综合的日语运用能力。综合课一般包含组织教学、检查复习、学习新内容、巩固新内容、布置课外作业等几个部分。

组织教学：上课开始后，教师使课堂迅速保持安静，检查上课人数，集中学生的注意力，这属于组织教学环节。在这一环节，教师可以让学生做好上课准备，为教学有序地、顺利地展开提供条件。

检查复习：通过检查复习考查学生对旧知识的掌握情况，建立新旧知识之间的联系，为新内容的学习做好铺垫。检查复习的内容可以是上一课学习的，也可以是以前接触过的，原则是必须要与下一环节的学习有联系。

学习新内容：学习新内容是本堂课的主体部分，主要目的是使学生理解、掌握新的知识、技能，教师需要运用多种方法和手段向学生呈现新内容，引导学生积极主动地学习，保证学生在积极的状态中展开认识活动、掌握新内容。

巩固新内容：新内容学习结束后，教师可以采用提问、复述、讨论、作业等方式引导学生当堂巩固所学新内容。至此，课堂教学的主要环节结束。

布置课外作业：为了保证学生进一步巩固和消化课堂所学的新内容，并培养学生运用新知识的技能和独立学习的能力，教师一般还会布置课外作业。

任课教师可以根据授课目的、授课内容的特点、学生当时的具体情况等因素对该课的结构进行灵活的调整，但是，必须注意每个环节都应该有明确的目的，必须保证各教学环节之间逻辑合理、联系紧密。

二、日语教学组织形式的改革及发展趋势

虽然我国日语教学的组织形式保持了以班级授课制为主的基本特征，但是，我国日语教育界探索新教学组织形式的脚步一直未曾停止。特别是新课程改革开始以来，日语教学理论界对教学组织形式的研究和讨论越来越多，在教学一线，导入新教学组织形式的尝试也越来越多。总体来看，我国日语教学的组织形式主要体现了班级规模小型化，组织形式更多样、更综合，课外活动越来越受重视以及个别化教学形式逐渐兴起这四大特点。

（一）班级规模的小型化

近年来，我国中小学日语教学组织形式的一个重要变化就是班级规模的小型化倾向越来越明显。班级授课制虽然在教学实践过程中暴露出诸多先天的缺陷，有人曾经提出抛弃班级授课制，但是从历史发展趋势和我国中小学日语教学的实际情况来看，这种主张是不合理的。反而适当缩小班级规模是一种值得推广的做法，其有效性在我国中小学日语教学中也得到了证明。

小班教学具有大班教学不可企及的优点，可以有效弥补班级授课制教学的缺陷。小班教学可以增加师生之间交流的机会，教师可以对学生个体给予更多的关心与照顾，增加学生个体发展的机会；可以调动学生的学习兴趣，学习态度比大班更好，课堂气氛也会更愉快；有利于教学活动和教学方式的多样化，有助于提高学生参加课内外活动的积极性；还有利于教室座位排列方式的多样化，扩大课堂活动的范围，促进学生之间的社交性沟通与交流、师生之间的平等交流。

然而，缩小班级规模就意味着教育经费投入的增大，高水平师资的需求增加，这对于我国大多数普通中学来说，是一个不小的负担。因此，从小班制的实际实施情况来看，大力推进实施小班日语教学的学校多为历史悠久、实力雄厚的重点中学和各地的外国语学校。虽然从现实条件看，大范围实施小班教学还有困难，但是小班制更适合外语教学、更有助于

提高外语教学的效果这一点，已经被越来越多教育行政管理机构、各级教育实施机构以及教学人员认可，这为小班教学的推广实施提供了重要的思想基础。

（二）多样化、综合化

除了尝试采用小班制教学，教学组织形式的多样化、综合化也是一个重要的方面。一方面，我国不少中学的日语教学开始尝试根据不同课程内容和教学目标，采用班级授课制以外的教学组织形式，如活动教学、协作学习、分组教学甚至分层教学等，体现出教学组织形式的多样化。另一方面，不少学校的日语教学希望采用以班级授课制为基础，合理引入其他教学组织形式，以实现不同教学组织形式的有机融合，提高整体的教学效果。这可以看作教学组织形式的综合化。

随着对教学组织形式的发生、发展和变革过程研究的不断深入，人们越来越认识到不存在万能的、完美的教学组织形式，每种形式都有其优势和缺陷，优化、组合、合理选用才是最科学的做法。因此，从长远来看，我国日语教学组织形式的多样化和综合化是一种合理的做法，也是未来发展的趋势。

（三）更加注重课外、校外活动

随着科学技术以及信息技术的飞速发展，学生获得信息和知识的渠道越来越宽，越来越便捷。同时，伴随着我国社会经济水平的提高和家庭经济实力的增强，丰富多彩的课外活动、校外活动已经成为学生个体发展过程中不可缺少的重要推动力。从"育人"这一高度出发，学校和教师已经不能将教学局限于校园之内、课堂之上，应该充分利用学校组织或学生个人参加的各级各类课外活动，并将这些活动纳入到广义的教学当中。

就日语学科来说，日语作文比赛、日语演讲比赛、日语短剧大赛、日语歌曲大赛、日本文化知识大赛、日本文化节、日语配音大赛等各级教育机构组织的课外竞赛活动种类繁多、内容丰富。有些学校有与日本中学的友好交流项目，还有些学校会组织暑期游学等活动。这些活动对学生日语知识扩展、日语能力的提高、跨文化意识的培养都有重要的推动作用，是对课堂教学的有益补充。日语教师应该详细分析、充分利用这些竞赛和活动，实现教学组织形式的创新与探索。

（四）教学组织形式个别化

以往的日语教学多局限于课堂，这与当时的教育科学技术的发展水平有着紧密的联系。近年来，计算机的使用和信息技术的飞速发展，为日语教学提供了前所未有的发展空间。学生可以通过特定的网络渠道获得必要的学习资源，教师也可以通过新技术与学生开展网络上的交流沟通，这都大大促进了教育的个别化。电视大学、慕课、微课等都是这种教学组织形式个别化的鲜明体现。将来，日语教学中的集体教学将会逐渐与个别教学相融合，甚至个别教学的比重会越来越大。日语教育工作者和理论工作者应该积极迎接新的教育技术革命，做好思想上、物质上和技术上的准备。

第三节　日语教学工作的基本环节

日语教师在教学活动中的指导作用主要体现在其对教学活动的准备、组织、调控、评价等方面。日语教师教学工作的基本环节有备课、上课、布置与批改作业、检查与评定学习成绩等。

一、备　课

备课是教学工作的起始环节，是上好课的前提和基础，是教师为上课和其他教学环节所做的准备和策划工作。对日语教师来说，备课的过程需要包含钻研日语课程和教材、了解学生、选用合理的外语教学方法、制订切实可行的教学计划、设计教案和学案等内容。

（一）钻研日语课程和教材

具体来讲，钻研日语教材包括研究日语课程标准、教科书和教学参考资料等。

中学日语课程标准是中学日语教育实施的总方针，也是"课标教材"的编写依据，日语教师应该着重领会其意图，认真研读其中所描述的日语学科的体系结构、学科教学的特点和原则、教学实施的建议等内容，对中学日语学科有一个总体把握。从现实情况来看，很多日语教师并不重视研读、理解课程标准的内容和要求，有些教师甚至不知道课程标准为何物。这必然会对日常的教学产生深刻的影响，甚至会导致教师的教学出现"方向性"错误。

日语教科书是日常教学的主要教学材料，其内容丰富、逻辑严谨，渗透着某些教学理念，反映着课程标准的基本要求。日语教师应该准确理解教科书的编写理念，总体把握教科书的基本构成，熟练掌握教科书的主要内容，如重点、难点、关键点等。有些日语教师在不了解教科书基本情况的基础上，就直接按照自己一贯的教学方法展开教学，认为所有教科书都是一样的，把教科书仅仅看作是教学内容的堆积。这种看法是不科学的，这种做法更是不可行的。只有深入了解教科书编写理念，准确把握教科书的主要内容及其逻辑关系的教师，才能够充分发挥教科书的功用。从某种意义上说，教师对教科书的理解程度决定了其最终的教学效果。

教师用书是教材编写机构给日语教师提供的宝贵的辅助资料，应该成为教师授课的重要参考。教师应该重视、活用教师用书。练习册等资料也是学生学习过程中不可缺少的，对于练习资料的选择，教师应该坚持少量、高效、精选的原则，避免搞题海战术。

教师对教材的钻研和理解，不是一蹴而就的，而是一个循序渐进、不断加深的过程。教师应该在教学的过程中，边教边加深理解，边调整自己的教学。

（二）了解学生

学生是教学活动的主体，是教师教授的对象。每个学生都有自己独特的个体特征，教师只有了解学生的学习基础、学习态度、学习方法、学习兴趣、学习习惯、健康水平甚至家庭环境等，才能够在教学活动中做到有的放矢，实现因材施教。

为了了解学生，日语教师可以在课程开始之初通过查阅学生档案、实施诊断性测验等方式，获得有关学生的基本情况。在教学过程中，教师要注意观察，多组织班级座谈、个别谈心、作业调查、个别辅导等，尽可能加深对每个学生的全面了解。教师还可以利用家长会、家访等形式深入了解某些学生的家庭情况。

想要了解学生基本情况，问卷调查是一种不错的选择。调查问卷方便制作，易于实施，且所获得的数据可信度较高。下面给出一张学生基本情况调查表，见表 6–1，供教师们参考。

表6–1　日语学生基本情况调查表

你是如何开始日语学习的？你喜欢日语和日本吗？请根据你的实际情况，认真回答下面的问题。

1. 你是如何开始日语学习的？（　　　　　）

　　A. 主动选择　　　B. 父母建议　　　　C. 学校安排

2. 你学习日语的目的是什么？（　　　　　）

　　A. 参加高考　　　B. 出国留学　　　　C. 了解日本文化

3. 你喜欢日本和日本人吗？

　　A. 喜欢　　　　　B. 一般　　　　C. 不喜欢　　D. 有的地方喜欢，有的地方不喜欢

续表

4. 你喜欢哪些日本要素？可多选。（　　　　） 　A. 历史人物　　B. 传统文化　　　C. 电视剧　　　D. 电影　　　E. 动漫 5. 你去过日本吗？（　　　　） 　A. 去过　　　　B. 没有 6. 你有认识的日本人吗？（　　　　） 　A. 有　　　　　B. 没有 7. 你以前学习过日语吗？（　　　　） 　A. 已深入学习　B. 学过一点　　　C. 没有 8. 你感觉学习日语难吗？（　　　　） 　A. 不难　　　　B. 难　　　　　C. 不知道 9. 你有信心学好日语吗？（　　　　） 　A. 有　　　　　B. 没有　　　　C. 不确定 10. 你想把日语学习到什么程度？（　　　　） 　A. 顺畅交流　　B. 简单交流　　　C. 学一点算一点　　　D. 无所谓

通过该调查表，教师可以大体了解本班学生开始日语学习的原因、对日语以及日语学习的态度，还可以简单了解学生对日本和日本文化的基本看法，这些信息都有助于教师把握学生的学习动机，成为教师在进行教学内容选择、教学计划安排、教学活动设计时的重要参考。

（三）选择日语教学方法

日语教材给出了日语授课的基本内容，其中包括日语语言知识、日语技能培训、日本文化意识培养等。但是，这些内容需要教师选择合适的教学方法来加以呈现，才能变成学生可以理解、可以接受的内容，仅凭简单的罗列和重复，学生是无法真正理解和掌握的。选择教学方法时，教师需要了解各种不同教学方法的优缺点，还需要对日语学科的内容特点有较为深刻的认识，这也考验着日语教师的教育教学理论水平和日语专业能力。本书第八章将对日语教学方法做详细的介绍，此处不再赘述。

（四）制订日语教学计划

制订日语教学计划一般来说由各学校日语教研室的负责人和任课教师共同制订。教学计划的制订是一个由粗到细、由整体到局部、由笼统到具体的过程，即先制订学年计划，后制订学期计划，再制订单元计划，最后制订课时计划。我国中小学日语教学的种类较多，不同性质日语课程的教学目标不同，教学计划也各不相同。教学计划的制订原则应以从实际出发、适度为原则。

关于设计教案和学案，本书第六章第四节将详细阐述。

二、上　课

上课是日语教学的中心环节，是日语教师面向全体学生进行信息传递、情感交流和行为互动的主要环节。其他环节都围绕上课展开，为上课服务。教师要上好一堂日语课，起码应该做到以下五点。

（一）确立明确的目标

日语教师在上课时，必须要明确本堂课要教授哪些日语知识和技能，要培养学生哪些文化意识，要养成学生哪些情感态度和价值观，以及要让学生掌握哪些学习策略。教学目标是一堂课的方向，如果教学目标不明确，就等于一堂课的方向不明确。没有明确的目标，课堂的实施容易出现曲折，教学效果也很难让人满意。

（二）教授正确的内容

教学内容的正确性是课堂教学效果的基本保障。日语语言知识纷繁复杂，且与日本历史、社会、文化以及日本人的思维特点、审美风格等有着密切的关联，教师必须保证自己所教授内容的正确性。每个日语教师的专业素养和综合知识结构都是有限的，教师应该在日常工作中积极主动学习，并在备课过程中利用图书馆、网络等多种渠道多查、多问。

（三）采用恰当的教学方法

日语教学在其漫长的发展过程中，产生了多种教学方法，常见的有翻译教学法、直接教学法、交际教学法、听说教学法等。不同的教学方法具有不同的特点，也都有利有弊。日语教师应该根据教学内容和学生的具体情况选择教学方法，充分利用现有的设备条件，使学生顺利地掌握本节课的教学内容。

（四）进行有效的组织和调控

有效组织课堂教学活动就要密切关注教学过程，预测教学活动的发展趋势，及时解决课堂上的偶发事件，营造活跃、轻松的课堂气氛，是教师指导作用的重要体现。日语教师应该不断提升自己组织和调控课堂教学的能力。

（五）使用规范的语言、工整的板书

语言是日语教学过程中的主要媒介，板书有助于学生把握课堂主要内容。准确、优美的语言，工整、明了的板书都是优秀日语课堂必不可少的因素。对日语教师来说，语言要求至少应该包含汉语和日语两个方面。一方面，讲课时应该说普通话，语音应该清晰、流畅，语调的抑扬顿挫要自然、得当，语速要适中，语言表达要准确精练、生动形象、富有启发性。另一方面，日语的发音要准确、地道，日语表达要清晰，难度要适应学生的日语理解能力。

板书包括汉语板书和日语板书两个部分。板书内容上要求简明扼要，形式上要求整齐、美观，汉语板书和日语板书要相互呼应。

三、布置与批改作业

课外作业是课堂教学的延续，是教学活动的有机组成部分。课外作业是为了促使学生消化和巩固课堂所学日语知识，熟练日语表达技巧，培养应用知识和技能以及独立自学的能力。日语教师在布置作业时，应该注意：作业内容要符合课程标准的要求，紧密联系课堂所学内容，并适当扩展学生使用日语的能力，避免对课本内容的简单重复；作业的分量要适当，难易程度要适中，避免作业过多、过难；作业需要提出明确、具体的要求，避免要求笼统、含混，缺乏操作性。

课外作业完成之后，教师需要对作业进行及时、认真的批改和反馈。检查、批改学生的课外作业时应该注意以下几点。

第一，按时检查，以帮助学生养成按时完成作业的习惯。

第二，认真批改，以发现学生在知识、技能方面的错误和疏漏。

第三，仔细评定。作业一般应有成绩，教师尽可能写上简短的评语，以对学生提出明确的学习要求，指出其努力的方向。

第四，及时反馈。教师应及时将作业情况反馈给学生，并纠正学生的错误、指出其原因，以强化学生对知识的正确理解和运用。

第五，重点辅导。对大多数学生在作业中普遍出现的错误，教师应该找机会进行纠正、重点讲解。

四、课外辅导

课外辅导是班级授课制的必要补充。辅导的方式有指导学生课外作业，解答学生学习中的疑难，给学习基础差的学生和缺课的学生补课，给学习成绩优异的学生进行个别辅导，为了学生的各种竞赛以及课外活动进行指导等。课外辅导的目的是因材施教，以及对学生进行学习目的、学习态度和学习方法等方面的个别教育和指导。课外辅导虽然是一项课外工作，但是搞好这项工作是为了更好地上课、提高上课的质量，因此，要重视课外辅导，充分认识到它和班级授课制是相辅相成的。

五、检查与评定学业成绩

学生成绩的检查与评定是班级授课制不可缺少的环节，是诊断学生学习情况和教师教学效果、调控教学的重要手段。学业成绩的检查与评定应该从两个方面下手：一是检查与评定学生的学习效果，可以通过日常观察分析、检查作业及各种测验来进行；二是分析评价教师上课的效果，可根据前面所述上好一堂课的五点要求，确定其评估指标体系。

学生学习成绩的检查与评定应该注意：（1）检查与评定应严格按照课程标准和教材规定的范围，不出偏题、怪题，不搞突然袭击；（2）注意考查学生分析问题和解决问题的能力，避免简单的重复；（3）考查、考试的次数和时间要统一安排、适当控制，次数不宜过多，考试的间隔不宜过短。

第四节 日语教案与学案的研制

　　教案和学案是教师教学过程中最常用的两种资料，写教案和设计学案是任课教师日常工作的重要组成部分。教案和学案设定了课堂教学的主要内容和流程，反映着制订者的教学理念和教学方法。提高教案和学案的设计能力，活用教案和学案的功能，是一个优秀教师必不可少的职业素质。

一、日语教案的研制

（一）教案的含义及类型

　　教案也称课时计划，是指教师以课时为单位设计的具体的教学方案，通常包括班级、学科、该课标题、上课时间、课的类型、教学方法、教学目的、教学内容、课的进程和时间分配等，有的教案还列有教具、教学手段（如播放电影、投影、录音、录像等）的使用、板书设计和课后自我分析等项目。[1]

　　按照形式，教案可以分为条目式教案和表格式教案。条目式教案是以顺序排列的条目为结构形式的教案类型，有大致固定的条目及其结构顺序，每个条目之下研究、设计和安排相关内容，是一种常见的教案。条目式教案的主要特点是每个条目的容量具有伸缩性。表格式教案是以特制的专门栏目的表格为结构形式的教案类型，有特定栏目及其结构，在每个栏目之中研究、设计和安排相关内容。表格式教案的主要特点是具有提示特性，适合新教师使用。[2]

　　教案按照篇幅可以分为详细教案和简要教案。详细教案篇幅较长，对教案的每个条目和教学活动过程中的每个细节，均进行思考、研究和设计，并编写计划，对教学活动过程的每个细节的设计和计划，均包括内容、教的活动、学的活动、教具和媒体使用、教与学的统一方式及时间分配等。详细教案是新教师和年轻教师备课时常常采用的类型。简要教案篇幅较短，一般为几百字甚至几十字，一般只需要规划出教学过程的关键内容、使用的新手段和媒体或特殊事例等。简要教案一般是经验丰富的老教师使用。

［1］李朝辉.教学论［M］.北京：清华大学出版社，2010：156.

［2］同［1］：156-157.

下面介绍一例详细的表格式教案[1]，供大家参考。

《普通高中课程标准实验教科书・日语》第18课教案

教材：必修4　　　第18課　　　8回目の教案

想定する学年：高校2年　　　クラスの人数31名　　　第一外国語

この授業のテーマ：大連はこんなところです

---

1. 授業の概要

　　スケジュールを作ったり説明したりすることにより、案内計画を立てさせる。そして、「こんな時あんな時どう言う」（内容を説明する）中の表現を使って発表させる。四つのグループの発表した内容をまとめ、「大連はこんなところ」という小文章をパンフレットに書かせ、最後に発表させる。

---

2. 背景分析

（1）教材分析

　　本授業は第18課の最後の授業として、生徒に習った内容をまとめてもらい、言葉のアウトプットを重視し、作り上げたものである。

（2）生徒の背景分析

　　高校二年の生徒であり、授業の前に歴史、食べ物、自然、ショッピングという四つのテーマで調べたことについて簡単な日本語で表現できる。

---

3. 学習目標

（1）スケジュールが日本語で説明できること。

（2）資料を集め、情報を取捨選択してまとめること。

（3）ほかの人に日本語で自分の故郷が紹介できること。

（4）自分の故郷を知るようにすること。

---

4. 学習項目

（1）活動内容

　　「大連はこんなところ」という小文章を書く。

（2）活動の狙い

　　①生徒にあるところを説明する方法を身につけさせる。

　　②こんな種類の作文を書くことができるようになる。

（3）＜文法・表現＞

　　内容を説明する言い方

　　わたしたちのグループは～について調べました。

　　それでは～について発表します。

　　これから、～について報告します。

　　～をご覧ください。

---

［1］本教案作者为大连市第四十八中学的马敬文老师。

段階	時間	教師の活動	学習者の活動	活動の目的・理由	備考
学習目標を示す	2分	学習目標を生徒たちに読ませ、確認させる。	一人の生徒は学習目標を読んで確認する。	今度の授業の目標を確認し、これからの学習準備とする。	黒板・学案
ステップ1 スケジュールを説明する	10分	まず、教師の作ったスケジュールを例にし、説明する。そして、主な表現に注意してもらう。最後に、一人の生徒に自分のグループを代表してもらい、スケジュールを説明させる。	1. 教師の作ったスケジュールの説明を読む。 2. 主な表現に注意しながら、自分のグループのスケジュールを説明する。	テキストの「書きましょう」—1を宿題として各グループにスケジュールを立てさせる。今度の授業で「書きましょう」—2をやらせ、そして学習目標一に達成させる。	テキスト・学案・PPT
ステップ2 資料をまとめる	5分	1. 生徒に集めた資料をグループで交換させる。 2. 情報を取捨選択して一番紹介したい内容をまとめさせる。	1. 自分の集めた資料をグループで交換する。 2. 各グループは一番紹介したい資料をまとめる。	授業の前に自分で観光資料を集める能力を養う。そして、チームワークで資料を取捨選択するようにさせる。学習目標二に達成させる。	学案

续表

段階	時間	教師の活動	学習者の活動	活動の目的・理由	備考
ステップ3 発表する	10分	1.「こんな時あんな時どういう」の「内容を説明する」言い方を使わせてまとめた資料を発表させる。 2. 発表していないグループの生徒はメモをとらせる。	1.「こんな時あんな時どういう」の「内容を説明する」言い方を使い、自分のグループの調べたテーマについて発表する。 2. ほかのグループの発表内容を聞きながら、メモをとる。	1.「こんな時あんな時どういう」で習った「内容を説明する」言い方を復習させる。そしてチームワークの結果を展示させる。 2. メモをとり、これからの作文の準備とする。	テキスト・PPT
ステップ4 パンフレットを作る	17分	1.「大連はこんなところ」という例の文章を生徒に見せる。 2. 例の文章を参考にさせ、そして四つのグループの発表内容をまとめさせ、小文章を書かせる。 3. パンフレットを作らせ、発表させる。	1. 教師の書いた「大連はこんなところです」という文章を読む。 2. 四つのグループの発表内容をまとめたあと、教師の書いた文章を参考にし、「大連はこんなところです」をテーマに、小文章を書く。 3. 町のパンフレットを作り、発表する。	第18課の学習のまとめとして、「大連はこんなところ」という作文を書かせる。学習目標三と四を達成させる。	テキスト・PPT
ステップ5 目標達成を確認する	2分	今日の学習目標に達成するかどうか確認させる。	この授業を通し、学習目標に達成するかどうか確認する。	今度の授業の学習目標に達成するか確認させ、反省させる。	黒板

续表

段階	時間	教師の活動	学習者の活動	活動の目的・理由	備考
ステップ6 宿題		「大連はこんなところ」をテーマとして300~350字の作文を書かせる。	大学入試の要求どおりに作文を書く。	このタイプの作文を書く方法を身に付けさせる。	プリント

5. 評価の方法

自己評価　　名前（　　　　）

（1）今日の授業をよく聞きましたか。

（2）グループ活動に積極的に参加しましたか。

（3）今日の授業を通して、どんな学習方法を身につけましたか。

（4）どんな知識を身につけましたか。また、分からないことがありますか。

（5）宿題の中で、間違えた問題がどれですか。間違えた原因を何ですか。

（二）日语教案的研制过程

日语教案的研制过程实质上是日语教师对每一节课的教学活动的时间和空间结构进行规范和优化的过程。这是一个循环往复、逐步发展提高的过程，一般包括教案的设计撰写、实施检验和评价修改三个环节。

日语教案是在认真备课的基础上，按照教案的基本结构进行精心设计，并用规范的结构和简练的语言（包括汉语和日语）表达出来的书面教案。

教案完成之后，就需要在教学活动中实施、检验。检验的主要内容包括教学目标设计是否准确、全面、合乎实际，教材教具的准备是否充分，教学过程的设计是否全面，各环节的安排是否合适，时间分配是否恰当，学生的学习积极性是否得到了充分的调动，等等。

在实施完成之后，日语教师需要对自己的教案进行及时的评价和修改。评价要以实施检验为基础，确定修改目标。修改应该以及时、完善、简练为基本原则。在评价的基础上，对教案进行修改，撰写教案修改稿。总体评价一份日语教案的质量，可以关注以下四个方面：

1. 教学目标是否明确、合理。

2. 各课次教学内容安排是否合理，各课次教学目标是否明确、合理。

3. 教学过程设计是否合理，主要考查以下问题：时间分配是否合理，课堂活动是否具有较强可操作性，课堂活动是否体现出了学生的主体性，教学评价设计是否合理，各环节的设计意图是否明确，是否能够达成教学目标。

4. 语言表达是否清晰、准确。

日语教案中常见的问题：教学目标不够具体，教学过程设计可操作性低，教学实践安排不当，活动设计脱离实际，作业过于笼统，各教学环节关联性差，忽视学生的主体性，教学评价不合理，等等。下面对其中的部分现象进行举例说明。

例1：

本课教学目标：（1）能够熟练阅读本课的会话、课文。

（2）学会本课出现的生词和语法项目。

（3）能够理解并运用本课的生词和语法项目。

本课教学目标：（1）要求学生熟练掌握邀请、约定的询问方式以及提醒对方注意危险的表达方式并做到灵活运用。

（2）注意说明事物的性质、状态以及物品的原料等语法表达。

（3）通过会话文和课文的学习，进一步了解中国茶文化对日本和其他国家的重要影响，深刻理解文化交流对促进两国发展有着极为重要的作用，使学生积极主动地学习我国传统文化，培养他们热爱祖国文化的情感。

以上给出了针对同一课内容所确定的两种不同的教学目标。第一种教学目标将重点放在了生词、语法项目的理解上，且在目标的语言表达上较为模糊，没有明确生词、语法项目的具体内容等。这种教学目标设定方式过于随意，没有具体指向，表明该教师对本课教学目标的理解还不够。对比而言，第二种教学目标不光涉及了语言表达目标、语法项目目标，还设定了情感态度及价值观目标。此外，第二种教学目标对各项目标的描述都非常具体和明确，体现出目标设定者对该课内容的准确把握，对课堂教学的顺利实施具有较好的指导作用。

例2：

步骤	时间	教学内容	活动设计	设计意图	教具、资料及注意事项
1	20分	读课文	（1）听录音理解课文内容。（2）反复读课文	让学生将课文读熟练，能加深对语法和表达的感性认识	无
2	25分	通过课文理解语法和表达	（1）让学生自己学习资料的语法和表达。（2）通过课文场景，自己设计场景，小组练习会话	让学生达到理解并应用语法和表达的目的	学生可以自己准备道具等

例2的主要问题是时间安排不合理，活动设计的操作性不强。首先，整堂课仅分为两个教学步骤，不适合外语教学。如前所述，外语课程的内容较为零碎、复杂，且教学环节较多，因此，最好能将课堂活动细化。其次，用20分钟的时间让学生听录音、读课文，时间明显有些过长。日语课堂上听录音、读课文这样的教学活动都是不可缺少的，但是，开展这类教学活动时要注意合理安排时间，而且要有明确的目标。最后，教案中的活动设计非常的抽象、概括，从教学实际来看，通过课文理解语法与表达的活动设计是无法实现的。教师必须详细设计活动的各个环节。

例3：

步骤	时间	教学内容	活动设计	设计意图
课前检测	2分	听写生词	同桌之间互相听写生词	检查学生生词掌握情况
……	……	……	……	……
小结	4分	归纳总结本课学习的内容	找两名学生用日语总结生词、课文内容、语法项目的使用和本课了解到的茶文化	锻炼学生的语言表达能力
作业	1分	熟读课文第一、第二自然段，记住生词，通过查阅资料了解更多关于茶文化的知识	小组共同完成	检测学生对课文内容的掌握情况

例 3 主要存在时间分配不合理、活动设计没有操作性、作业设计不合理等问题。首先，从现实来看，同桌之间互相听写单词很难在 2 分钟时间内完成。其次，在"小结"环节，让学生用日语总结课堂内容的难度较大，且生词和语法项目如何总结也值得深思。最后，"作业"部分，查阅资料是可以由小组共同完成的。但是具体如何实施，小组如何分配，查阅资料如何分工，需要查阅的资料范围是什么，这些问题都没说清楚，学生可能无处着手。

二、日语学案的研制

（一）"学案导学"与学案

自我国 21 世纪初开始进行课程改革以来，从一线的课堂教学实践中涌现出新的教学模式，"学案导学"就是其中的代表之一。随着基础教育课程改革的深入推进，"学案导学"日益受到广大教育研究者的关注，也受到广大一线教师的青睐，逐渐成为中小学教学改革的热点之一。[1]

"学案导学"是指以学案为载体，通过学生的自主学习与教师适时的指导完成教学任务的一种教学模式。"学案导学"是我国原本已有、如今更为倡导的一种教学模式。[2]它试图解决传统教学中存在的诸多问题，努力适应课程改革的要求。"学案导学"在一定程度上解决了以往教学模式中教师教得过多、工作量大，学生学得辛苦、理解程度不高的问题；过分强调教师的主导性，而忽视学生学习主体性的问题；过于重视知识的掌握，而忽视学生能力、态度、情感、意志等的培养问题；过分强调学生的共性，忽视学生的个性差异，在因材施教方面做得不够等问题。当然,不少研究也指出了"学案导学"在实践过程中出现的诸如理解僵化、做法形式主义等问题。"学案导学"作为一种新的教学模式，需要在实践中不断完善。

在"学案导学"中，学案处于重要的地位，它是"学案导学"型课堂推进的主要依据。与"学案导学"一样，学案本身也处在不断发展和完善的过程之中。学案也称"导学案""学习案"等，其定义尚处于百家

[1] 余宏亮，吴海涛.试论学案导学的失范与规范［J］.中国教育学刊，2015（1）：68-73.
[2] 容中逵.学案导学的三重判读［J］.课程·教材·教法，2014，34（8）：92-97.

争鸣的状态。本文赞同李朝辉在《教学论》中对学案所下的定义，即学案是指教师依据学生的认知水平、知识经验，为指导学生进行主动的知识建构而编制的学习方案。学案是教师用以帮助学生掌握教材内容、沟通学与教的桥梁，也是培养学生自主学习和构建知识能力的重要媒介，具有"导读、导听、导思、导做"的作用。[1]

一般来说，日语学案的关键是帮助学生自我发现日语表达的规律、特点；重点是整理日语知识，初步目标就是让学生学会独立地将课本上的日语知识进行分析综合、整理归纳，形成一个完整的科学体系；着力点应该是练习巩固，让学生独立进行一些针对性强的巩固练习，对探索性的题目进行分析。这样不仅能通过解题巩固日语知识、掌握学习方法、培养日语技能，还能优化学生的认知结构，培养创新能力。

（二）日语学案的研制

日语教师在设计学案时，应以"学"为中心去预设。主要解决学什么、怎样学的问题。要用学生的眼光看教材，用学生的认识经验去感知教材，用学生的思维去研究教材，充分考虑学生自学过程中可能遇到的思维问题。应该给学生充分的学习时间，每个知识点学完后，要配以适当的题目进行训练，使学生理解和掌握所学知识和技能。

日语学案设计的一般要求：

1. 厘清教与学之间的关系，努力给学生提供更多的自学、自问、自做、自练的方法和机会，使学生真正成为学习的主人，增强对日语学习的兴趣。

2. 引导学生独立思考，实现掌握知识（学会）与发展能力（会学）的统一，使学案成为学生掌握日语知识体系和日语学习方式的载体，成为教师教学的基本依据。

3. 实现个性发展与全面发展的统一。学案的编写应该充分考虑和适应不同层次学生的实际能力和知识水平，使学案具有较大的弹性和适应性。大体上来说，学案的编制主要按课时进行，与教师上课基本同步。

学案的编写应发挥日语教研组的作用，一人主笔的学案难免失之偏

---

[1] 李朝辉. 教学论 [M]. 北京：清华大学出版社，2010：158.

颇，因此，要编好一套行之有效的好学案，必须充分发挥日语教师集体的作用，通过集体备课来完成。集体分工编写，共同研讨确定。学案的编写应简洁、易懂，一般包括学习目标、学习重难点、自学提纲和检测题等内容。不同的课型（如新授课、复习课、活动课等）的学案应有不同的特点。学案最好以一节课为单位设计，且设计要不断更新，注重新颖性。学案是教师为指导学生编写的讲义，不是教师教案的浓缩。

在学案编写的实践中，常会出现如下问题，需要教师多加注意。

1. 对学案以及"学案导学"教学模式理解不够深入或盲目跟风，或迫于学校要求而开始编制学案。"学案导学"背后有其教学理念的支撑，有国家教育改革的背景，希望教师在深入了解相关内容的基础上，保证学案不走样、不变异。

2. 学案是引导学生学习的"案"，因此其出发点应该是学生，其内容应该反映学生学习的需求，贴合学生的学习过程。很多教师无法准确分清教案与学案的区别，导致学案变成了教案的翻版。

3. 学案要与所教授的内容紧密联系，不同科目、不同年级，甚至是不同学生的学案应该有不同的重点与特色。教学实践中的不少学案止于简单模仿，只是将其他学科、其他教师的学案结构拿来生搬硬套，不顾学生的实际需要，成为一种形式上的学案，缺乏个性和特色，缺乏对自己课堂的适应性。

4. 教师对学生全面发展的关注度不高，对合作学习、探究学习、自主学习等教学理论的理解不够深入，导致其在编写学案时，过分强调学生对日语知识的记忆和掌握，忽视了学生在语言技能方面的训练，也忽视了针对学生情感态度和价值观培养的设计。导致学案内容单一、干瘪，不能完全反映教育目标。

下面介绍一例日语学案[1]，供大家参考。

《普通高中课程标准实验教科书·日语》第18课学案

学习目标

1. スケジュールについて説明できること。

---

[1] 本学案作者为大连市第四十八中学的马敬文老师。

2. 資料を集め、情報を取捨選択してまとめること。

3. ほかの人に日本語で自分の故郷が紹介できること。

4. 自分の故郷をよく知るようになること。

学習方法

1. まず、第 18 課で習った内容を復習してください。特に情報を整理する方法、スケジュールの作り方とあるところを紹介する方法に注意しましょう。

2. 次に、復習したうえで、「予習案」の問題どおりに大連に関する観光資料を集めてください。

3. そして、「探究案」をやります。資料を整理する能力をアップし、グループの発表のために準備します。

4. 最後に、授業が終わったら、習った内容をまとめ、学習目標に達成するかどうか確認します。今後、あるところを紹介するという種類の作文の書き方を身に付けるかどうか確認します。

【予習案】

問題一：あなたは大連についてどのくらい知っていますか。もしあなたがガイドだったら、観光者にどんなところを紹介したいですか。

| |
| |

問題二：あなたのグループは観光者にどんな特色のある観光地を紹介したいですか。四つ挙げてください。

①	②	③	④

問題三：あなたのグループは「問題二」の観光地について観光資料を集めてください。

	地名	観光資料
1		
2		
3		
4		

問題四：ガイドとして案内する前に、コースを決めておかなければなりません。テキストのスケジュール表を参考にして、自分のグループのスケジュール表を作りましょう。

スケジュール表（＿＿＿＿＿＿＿グループ）		
時間	コース	内容

【探究案】

1. スケジュール表を説明しましょう。

2.やってみましょう。

皆さんは自分の紹介したいところについて、どんな観光資料を集めましたか。まず、グループでお互いに自分の集めた資料を話し合いましょう。それから自分のグループが一番紹介したい内容をまとめましょう。

3.発表しましょう。

「こんな時あんな時どう言う」に出た表現を使って、自分のグループの調べた結果を発表しましょう。

> わたしたちのグループは~について調べました。
> それでは~について発表します。
> これから、~について報告します。
> ~をご覧ください。

4.パンフレットを作りましょう。

大連の歴史、自然、食べ物、ショッピングをまとめて、簡単な町のパンフレットを作りましょう。

【巩固案】

宿題:「大連はこんなところです」をテーマにして作文を書いてください。(です・ます体、300字以上)

自己評価:

1.今日の授業をよく聞きましたか。

2.グループ活動に積極的に参加しましたか。

3.今日の授業を通して、どんな学習方法を身につけましたか。

4.どんな知識を身につけましたか。また、分からないことがありますか。

5.宿題の中で、間違えた問題がどれですか。間違えた原因は何ですか。

第七章　日语教学模式

　　"模式"一词源于英语词"model",也译作"模型",通常指被研究对象在理论上的逻辑框架。它既是一种相对稳定的程序化的操作体系,也是一种思想或原理的理论简化结构。美国的教育学者乔伊斯(Bruce Joyce)、韦尔(Marsha Weil)、卡尔霍恩(Emily Calhoun)合著的《教学模式》(*Models of Teaching*)一书于1972年出版,第一次将"model"引入教学领域并加以系统研究。在教学理论中引入"模式"一词,是为了说明在一定的教学思想或教学理论指导下实施的各种类型的教学活动的基本架构,以体现教学过程的程序策略。任何教学模式都是经过一定时期的教学实践逐渐形成的具有相对稳定性的教学活动范式。其教学结构体现了教学活动的整体性;其教学阶段体现了各教学要素的功能及其内部关系;其教学程序体现了教学活动的有序性和可操作性。日语教学模式在教学结构、教学阶段、教学程序等方面体现了日语教学活动的风格和样式。

第一节 日语教学模式概述

一、日语教学模式的概念

日语教学模式就是在一定的教学理论或教学思想指导下，为实现特定的教学目标，经过较长时期的日语教学实践逐渐形成的关于日语教学活动过程的基本程序框架模型。它既是教学理论或教学思想的具体呈现，也是教学经验的系统概括；既可以从长期的教学实践经验中直接概括形成，也可以先提出理论假设，然后在反复的教学实践中加以验证、完善后总结形成。日语教学模式是从教学的整体出发的，不仅是教学思想在教学活动中的具体化，更直接体现了该教学思想所主张的课程设计、教学原则、教学手段以及师生关系等内容。日语教学模式具有典型性、稳定性、程序性、简易性，同时，日语教学模式并不是僵化的教条，而是具有发展变化、灵活性和可操作性的程序框架。

二、日语教学模式的结构

日语教学模式一般包括五个基本元素：教学依据、教学目标、教学条件、教学程序以及教学评价。

（一）教学依据

教学依据即教学模式所依据的教学理论或教学思想。任何教学模式都是一定的教学理论或教学思想的反映。日语教学模式就是在一定的教学理论或教学思想指导下设定的日语教学活动范式。不同的教学模式，其依据的教育理论或教学思想也往往不同。例如，传授式教学模式源于德国教育学家赫尔巴特的四阶段教学法，尤其受美国心理学家斯金纳（Burrhus Frederic Skinner）新行为主义教育流派的操作性条件作用理论的影响。其基本的操作程序是：激发学习动机—讲授新知识—操作练习—检查结果—适时复习。有意义接受学习教学模式主要依据奥苏贝尔（David Paul Ausubel）提出的先行组织者教学理论，强调积极的有意义学习，即学生将新旧知识在头脑里发生积极的相互作用，将外部提供的材料同化进自己的认知结构。其基本的操作程序为：呈现先行组织者—逐步分化—整合贯通。探究式教学模式主要依据当代建构主义学习理论，其基本的操作程序是：创设情境—提出问题—提出假设—逻辑推理—验证假设—总结提高。

（二）教学目标

教学目标是教学活动的出发点和最终归宿，也是开展教学活动的方向和预期达成的结果。在开展教学活动时，首先需要提出明确而切实可行的教学目标，并紧紧围绕该目标实施教学行为。任何教学模式都指向和完成一定的教学目标，它是设计教学模式的操作程序的依据。在教学模式的结构中，教学目标居于核心地位，对教学模式的其他元素起着制约作用。教学目标对教学模式的操作程序和师生组合关系起决定作用，同时也是教学评价的检验标尺。由于教学目标与教学模式具有极强的内在统一性，所以教学目标体现了教学模式的个性。

（三）教学条件

任何教学模式都设有特定的教学条件，只有满足相应的教学条件，教学模式才能发挥作用。因此，教学条件也就是指完成一定的教学目标，能使教学模式发挥效力所必需的各种条件因素。具体而言，教学条件包括对教师、学生、教学内容、教学手段、教学时间、教学环境等因素的特定要求。

（四）教学程序

任何教学模式都有其特定的逻辑步骤和操作程序，它是达成教学目标的步骤和过程。教学程序源自教学阶段的划分，并依据教学内容进行有针对性的具体设计，从而形成相对稳定的可操作的教学步骤。教学程序规定了教学活动中师生的角色和任务。在不同的教学模式中，教师与学生在教学活动中的地位、角色和作用不同，他们的组合方式和互动方式也不同。

（五）教学评价

教学评价是教学模式的重要组成元素之一，它包括衡量教学活动是否达到教学目标的评价方法和评价标准。由于不同的教学模式具有不同的教学任务和教学目标，而且其操作程序和支持条件也不同，因此不同的教学模式的评价方法和评价标准也有所不同。一种成熟的教学模式，往往规定了相应的教学评价方式。

三、日语教学模式的特点

（一）整体性

教学模式是教学现实与教学思想的统一，它把教学活动的教学条件、教学程序、教学评价等与特定的教学理论、教学目标结合起来，共同形成有机的整体。因此，教学模式拥有一套完整的结构和操作要求，这不仅使教学模式整体发挥效用，还体现了理论上的自圆其说和过程上的有始有终。

（二）指向性

任何教学模式都有其特定的教学目标和教学条件，因此任何教学模式都有各自的针对性和局限性。既不存在普遍适用的、万能的教学模式，也不存在最好的教学模式。评价教学模式的标准是在一定的教学条件下达成特定教学目标的有效性。在教学过程中，选择教学模式时必须注意不同教学模式的特点和性能。教师可根据教学目标、自身的条件、学生特点、课程需要以及教学环境等因素合理利用、改造甚至创设教学模式，不能生搬硬套、牵强附会，否则不仅无法得到良好的教学效果，甚至可能适得其反。

（三）程序性

教学模式不是单纯的理论阐述，它把某种教学理论中最核心部分用简化的形式表现出来，使教学思想具体化和程序化。教学模式本身的意义是为教师提供教学行为框架，便于教师理解、把握、运用和推广，使得教师在开展课堂教学活动时有章可循，达到事半功倍的教学效果。

（四）稳定性

教学模式是对大量教学实践的理论概括，在一定程度上揭示了教学活动的普遍规律。一般而言，教学模式并不涉及学科内容，对教学活动起着普遍的参考作用。在此基础上发展而来的学科教学模式，则根据学科课程内容融入了学科的教学特点，对该学科的教学活动起着普遍的参考作用。无论是一般的教学模式，还是学科教学模式，都具有一定的稳定性。然而，任何教学模式所依据的教学理论或教学思想都是一定历史时期的社会产物，因此教学模式又与一定历史时期的社会发展水平相联系，并受其教育方针和教育目的的制约。由此可见，教学模式的稳定性又是相对的。

（五）开放性

教学模式的开放性主要体现在两个方面。一方面，在运用教学模式时，必须考虑具体的教学条件，需要根据学科特点、教学内容、师生条件、教学环境等进行适当的调整；另一方面，随着时代的发展，教学理论、教学思想在更新，教学条件、教学目标也在发生变化，旧的教学模式可以根据新的教学理论、教学条件等加以改造后再利用。

四、日语教学模式的功能

（一）教学模式使抽象的教学理论具体化

日语教学模式是对日语教学理论的简化表达，是对日语教学理论的系统概括和具体再现。任何教学模式都是一定教学理论或教学思想的反映，它通过符号、图式、文字及关系表达等，简明扼要地反映了其理论依据的基本特征，使人们获得比抽象理论更为具体化的教学操作程序。另一方面，教学理论通过教学模式的具体化，为理论与实践架起一座桥梁，使人们能够更加容易理解或接受教学理论，从而使抽象的教学理论得以发挥其指导教学实践的功能。

（二）教学模式是对教学实践经验的理论升华

教学模式来源于实践，是在长期的教学实践活动的基础上对大量的教学实践活动进行选择、提炼、概括、加工的结果。因此，教学模式不仅是对已有教学活动的经验总结，更是为某一类型的教学活动提供的一种相对稳定的操作程序。这种操作程序有着内在的逻辑关系，是对教学实践经验的升华，对于特定类型的教学活动来说具有理论指导意义。随着对教学实践经验的概括、整理水平不断提高，教学模式也随之由低层次向高层次不断发展、完善，进而形成体系完整、指导性强的教学理论。

（三）教学模式从整体上综合地把握教学活动过程

人们对教学的考察长期以来比较重视对教学的各个部分进行分析研

究，而忽视对各部分之间关联性的研究。即使涉及各部分关系的探讨，也往往只是进行抽象的讨论，而缺乏对教学活动可操作性的探讨。教学模式的提出可以说是对教学研究方法论的一种革新。教学模式从整体上综合地把握教学的全过程，不仅关注教学各要素之间的相互作用及其多样化的表现形态，还以动态的观点把握教学过程的本质和规律。此外，教学模式还促进了教学设计的改善和教学过程的优化组合。

第二节 日语教学模式的应用与发展

一、当代国际外语教学模式与日语教学

教学模式是教学理论或教学思想的具体化，不同历史时期、不同研究者所提出的教学理论或教学思想难免存在差异，据此形成的教学模式当然各不相同，甚至存在较大差别。当代国际上出现的教学模式多种多样，其理论依据、教学特点、适用范围等也各有不同。影响比较大的教学模式主要有传授式、自主学习式、探究式、概念获得式、抛锚式、范例式、合作式、发现式、巴特勒式、加涅式、奥苏贝尔式等。这里选择几种在当代国际外语教学领域影响较大，在日语教学实践中有广泛意义的教学模式简要介绍如下。

（一）传授式教学

传授式教学模式由于注重教师对知识、技能的传递，学生处于被动接受地位，所以常称作"传递—接受"式教学模式。该教学模式源于被誉为"教育科学之父"的德国教育学家、心理学家赫尔巴特的四段教学法，后经苏联教育学家凯洛夫（Иван Андреевич Каиров）等人改造后传入我国。该教学模式注重系统知识的传授和基本技能的培养，着眼于充分挖掘学生的记忆力、推理能力以及间接经验的作用，使学生快速有效地掌握尽可能多的信息量。该模式认为知识是由教师到学生的一种单向传递，因而非常重视教师的指导作用和教师的权威性。传授式教学在我国流行甚广、影响巨大，可以说是传统的教学模式。时至今日，仍有不少日语教师在教学中沿用这种教学模式。

1. 理论依据与教学基本程序

传授式教学模式根据行为主义心理学的原理设计，尤其受斯金纳新行为主义教育流派的操作性条件作用理论的影响，强调对学习者行为的强化，即通过不断强化一系列逐渐接近目标行为的反应来塑造预期的目标行为。

传授式教学模式的教学基本程序是：复习旧知识—激发学习动机—

讲授新知识—操作练习—检查结果—适时复习。复习旧知识是为了强化记忆、加深理解、系统整理知识、加强知识之间的联系。激发学习动机是根据新知识创设一定情境，并设计相应的活动，以激发学生的学习兴趣。讲授新知识作为教学的核心，主要以教师讲授为主，学生跟随教师的教学节奏按部就班地完成教师布置的学习任务。操作练习让学生实际练习新学知识，培养运用新学知识解决问题的能力。检查结果是通过学生课堂回答问题、家庭作业、测试来考查学生对新知识的掌握情况。适时复习是通过课堂复习、测试等方式对所学知识复习强化，目的是为了强化记忆、加深理解。

2. 实施条件

教师需要有比较扎实的日语知识，并对日语知识的体系结构等有比较全面的了解。为了充分发挥教师的主导作用，需要根据学生的认知水平对教学内容进行加工整理，使新学知识与学生已有知识结构建立起联系。同时，还要把握学生的学习情况，对遇到困难和问题的学生及时提供帮助和指导。教学活动中需要提供相应的日语教材、教具（黑板、粉笔、白板、马克笔、挂图、模型、音像资料、音像设备等）作为辅助教学条件。

3. 优点与局限性

传授式教学模式的优点是学生在较短时间内可以获得大量信息，所学知识有较强的系统性和体系性，便于学生系统掌握日语知识。因此，不少教师为了让学生在应对偏重知识性考查的考试中获得较好成绩，在课堂教学中往往对日语语法、日语词汇等知识性内容进行大量讲解，甚至认为讲解得越详细越好，把培养学生实际运用日语完成交际的能力放在次要的位置。

传授式教学模式特别注重教师单向的知识传授，很容易形成"满堂灌""填鸭式"的课堂教学，而缺少学生的参与和互动，导致不少学生很难在短时间内接受大量信息，很难真正理解和掌握。长期采用该模式教学日语，学生往往呈现单一化、模式化的人格倾向，既不善于开口说日语，也很难运用日语写作。因此，传授式教学模式既不利于学生的全面发展，也不利于培养学生的创新思维和分析问题、解决问题的能力，以至于不少学生都是"高分低能",日语知识掌握了不少,而实际应用能力严重不足。

(二)探究式教学

探究式教学模式以解决问题为中心,注重学生的独立活动,着眼于培养学生的思维能力和情感态度。在教学过程中,要求学生在教师指导下,通过"自主、探究、合作"的方式尽可能运用日语对教学中的主要知识点进行自主学习、深入探究、合作交流,从而达到预期的目标。其中,认知目标涉及知识、概念、规则、能力的掌握,情感目标则涉及感情、态度、价值观和道德品质的培养。

1. 理论依据与教学基本程序

探究式教学模式的理论依据主要是基于瑞士儿童心理学家皮亚杰(Jean Piaget)创立的"发生认识论"和美国教育心理学家杰罗姆·布鲁纳提出的"发现学习"等教育思想形成的当代建构主义学习理论。探究式教学强调学习过程,要求学生主动参与意义的建构和知识的获得,培养学生的探究和思维能力。探究式教学模式倡导在教师指导下以学生为中心的学习,既强调学生的认知主体作用,又不忽视教师的指导作用。在教学过程中,学生是信息加工的主体和意义的主动建构者,而不是被动的接受者和被灌输的对象;教师是教学活动的组织者、学习活动的帮助者和促进者,而不是知识的传授者与灌输者。

探究式教学紧紧围绕学生探究能力的培养,突出以学生为主体,坚持在运用中学习、在探究中提出问题与解决方案、在合作中培养情感态度。探究式教学模式的基本教学程序是:创设情境—提出问题—提出假设—逻辑推理—验证假设—总结提高。其中"提出问题"环节既可以由教师提出问题,也可在教师引导下由学生提出问题;而"提出假设—逻辑推理—验证假设"等环节需要在教师指导下,由学生通过自主探究、协作交流等方式完成。

(1)创建情境

教师精心设计教学程序,创设与教学主题相关的、尽可能真实的情境,使教学过程能在贴近生活实际的情境中发生。在此情境下学习,学生能够激发自身的联想思维和学习兴趣,能够有效利用已有认知结构,去同化和引出当前的新知识,从而在新旧知识之间建立起联系,并赋予新知识以某种意义。

（2）提出问题

学习对象确定后，在探究之前由教师向全班学生提出若干富有启发性、能引起学生思考并与当前学习主题密切相关的问题，以便全班学生带着这些问题去探究。当然，问题的提出也可以在教师指导下由学生来完成。教师可以引导学生通过质疑、联想、比较、批判等方法，以及学生自我设问、学生之间设问、师生之间设问等方式提出问题，培养学生提出问题的能力，促使学生主动探究。

（3）自主探究

探究式教学模式特别强调学生的自主学习和自主探究，教师需要启发、引导、鼓励学生自己去分析问题、解决问题，在学生的探究过程中教师要适时提供帮助。在整个教学过程中，学生始终处于主动探究、主动思考、主动建构意义的认知主体地位，但是学生的这些行为又离不开教师的引导和帮助，充分体现了学生作为探究学习的主体与教师作为组织、指导主体的有机结合。

（4）协作交流

协作交流与自主探究环节紧密相连，学生只有经过积极思考、自主探究后，再与他人协作交流才能收到应有的效果。在协作交流过程中，学生通过小组协商、交流、讨论，进一步完善和深化对主题的意义建构，并通过不同观点的碰撞，加深或修正对问题的理解，了解问题的不同侧面和解决方法，从而对问题产生新的认知。教师在学生的协作交流过程中起着组织、协调、引导的作用。

（5）总结提高

教师引导学生回答问题并对学习成果进行分析、归纳，在此过程中可以联系实际，对新学知识点进行深化、迁移与提高。

2. 实施条件

探究式教学模式需要有宽松、民主的教学环境，这样才能充分调动学生的学习主动性，发挥学生的动手、动脑能力。在教学过程中，学生的学习主体地位能否得到比较充分的体现是关键，同时学生需要教师及时的引导、帮助与支持。也就是说，探究式教学模式的实施既要充分体现学生的学习主体地位，又要重视发挥教师的指导作用，二者相辅相成，离开其中的任何一方，探究式学习都不可能取得良好的效果。

此外，为了便于学生开展日语学习的自主探究，教师需要向学生提供一定的日语课程资源，如互联网、日语图书资料、日语音像资料等。

3. 优点与局限性

探究式教学模式不仅可以较深入地达到对知识、技能的理解与掌握，更有利于发展学生的创新思维与创新能力，培养学生的民主与合作意识，培养学生的自主学习和独立探究的能力。不过，实施探究式教学通常要求班级学生人数不能太多，而且需要学生具有一定的日语能力，同时需要有较好的日语课程资源和较为宽裕的教学时间。此外，考虑到学生自主探究过程中可能出现的各种情况，教师在课前需要做大量的准备工作。在重视学生自主探究的同时，如何发挥教师的指导作用，何时指导，指导到何种程度等也需要在实践当中灵活把握。

（三）抛锚式教学

抛锚式教学模式又称"实例式教学模式"，这里的"锚"指问题的情境，即结合情境进行教学。抛锚式教学模式提倡教学情境的合理性和真实性，教学活动需要围绕情境设置及问题展开。确定情境及问题被比喻为"抛锚"，能使学生置身于真实的情境中，以此激发学生的学习热情，调动学生的学习主动性和积极性。问题情境一旦确定，就像船被锚固定了一样，整个教学内容和教学进程也就确定了。

1. 教学依据与教学基本程序

抛锚式教学模式的理论依据主要是建构主义学习理论。建构主义认为，学习者要完成所学知识的意义建构，即达到深刻理解新知识所反映事物的性质、规律以及与其他事物之间的关系等，最好是让学习者到真实环境中亲身感受和体验，而不是仅仅听取他人的间接经验介绍和讲解。抛锚式教学将学生引入一个贴近真实生活的问题情境中，通过镶嵌式教学、合作学习等方式，让学生亲身参与体验，并在教学活动中完成知识的意义建构和技能、情感态度的培养，最终达成学习目标。

抛锚式教学模式的基本教学程序是：创设情境—确定问题—自主学习—协作学习—效果评价。

（1）创设情境

教师需要创设与新学内容的关键知识联系紧密或者一致的贴近生活实际的故事情境或问题情境，将学生置身于此种情境中开展教学活动。如引导学生学习表示问候、拜访、问路、拒绝、道歉等交际用语，或者学习表示处所的"Ｎで""Ｎに"、表示方向的"Ｎに""Ｎへ"以及存在句"ＮはＮにある／ＮはＮにいる"和存现句"ＮにＮがある／ＮはＮがいる"等语法项目时，便可以在课堂上利用实物、图片、多媒体等创造或模拟生活情境，让学生融入情境中去直接感受和体验。

（2）确定问题

在所创设的情境下，选定与当前学习主题密切相关的贴近生活实际的事件或问题作为学习的中心内容，让学生去解决问题。例如去日本朋友家拜访、向日本人询问地址或打听某人、制作日语寻物启事等。选定的事件或问题就是"锚"，这一步骤的作用就是"抛锚"。

（3）自主学习

教师不直接告诉学生应当怎样去解决问题，只是向学生提供解决问题的有关线索，重点发展学生自主学习的能力。在此过程中，教师适时进行引导或提供帮助和补充。比如，让学生根据确定的事件或问题自主推理，利用工具书、互联网等搜集、整理相关的日语词汇和表达方式，必要时可向教师请求帮助。

（4）协作学习

组织学生开展讨论、交流，通过不同观点的碰撞，使学生加深对事件或问题的理解，进而补充、修正、完善自己的解决方案。比如，让学生分组交流、讨论，相互提示、提问以获取尽量多的有效信息和解决办法，并对各种解决方案进行评估。在交流、讨论中，学生既能反复用到目标内容，又能发展自身的思维能力。

（5）效果评价

抛锚式教学的学习过程就是解决问题的过程，该过程可以直接反映学生的学习效果。因此，教师通常不需要对学生的学习效果进行专门的测验，只需在学习过程中随时观察、记录学生的表现和完成情况，并结合学生的自我评价和小组成员互评综合评定学生的学习效果。

2. 实施条件

抛锚式教学模式是一种启发式的教学模式，要求所创设的情境能够开启学生的思路，引发学生积极思考，通过近似的情境进行逻辑推理，并以协作学习的方式获得相对全面的解决问题的方案。因此，情境创设需要贴近学生的生活，具有真实性；问题设计需要有开放性，并且难易适中，利于激发学生积极探索。在教学过程中需要充分发挥学生的主体性，激励学生自主学习、合作学习。同时，教师作为教学活动的组织者，需要适时为学生提供指导和协助。

此外，为了便于创设情境和有利于学生开展运用日语的自主学习，不仅需要教师根据教学内容准备实物、图片等，也需要学校提供一定的日语课程资源，如互联网、日语图书资料、日语音像资料、多媒体设备等。

3. 优点与局限性

抛锚式教学模式重视学生的自主学习、协作学习，不仅有利于培养学生的创新思维和独立思考、实际解决问题的能力，还能够培养学生与人沟通、合作的能力。在学习过程中，学生会面临各种问题，有时还会面对复杂的局面，这些都能够考验和锻炼学生的综合素质，促进学生对知识的整合与拓展，提高学习效果。另一方面，抛锚式教学模式要求教师具有较高的综合素养。由于教师不再是知识的传授者，而是学习活动的组织者、帮助者和合作者，这就要求教师不仅要全面地把握教学内容，还要为创设合适的情境在课前做大量的准备工作。同时，教师需要充分了解学生的特点，及时、适度地为学生提供有针对性的线索或指导，但又不能越俎代庖。此外，教师还需要根据"锚"设计各种类似或拓展性的问题，用于帮助学生进一步巩固、提高。这些问题既要与"锚"联系紧密，还要求有一定的深度和广度，而且难度适中。这些问题的设计对不少教师来说具有相当的难度。

（四）有意义接受学习模式

有意义接受学习模式，也称"奥苏贝尔模式"，是由美国认知心理学家奥苏贝尔提出来的。该模式一方面强调学校学习对间接知识的掌握，突出讲授与接受；另一方面又把教学建立在认知结构的同化理论基础之上。奥苏贝尔强调概括性强、清晰、牢固、具有可辨别性和可利用性的认知结构在学习过程中的作用，并把建立学生清晰、牢固的认知结构作为教学的主要任务。该模式围绕认知结构提出上位学习、下位学习、相关类属学习、并列结合学习、创造学习等学习类型，较有说服力地解释了新旧知识的组织形式和原理。由于该模式与我国传统教学活动方式相吻合，并结合了时代的研究成果，因此在我国的教学界产生了巨大影响。这种影响在 20 世纪 90 年代末期我国开始实施的新课程改革的相关论述中可见一斑。比如，《全日制义务教育日语课程标准（实验稿）解读》指出："交际情境的设定要贴近真实，同时，使学习者感到确实有必要掌握此项交际功能而产生学习动力和兴趣。例如，'询问'功能的训练，最好选择发问者不了解的内容，避免诸如'これは何ですか''それは本です'之类明知故问、为操练句型而练的情况。"[1]"特别需要指出的是，人们往往容易认为，只要把教材编好、教学方法选择得当，学生就会很好地学习。但是，从某种意义上说，重要的是要引导学生通过教材，开展有意义的学习，从而构建自己自知识体系。"[2] 再如，《义务教育英语课程标准（2011 年版）解读》在论述改变学生的学习方式和教师的教学方式时指出："根据英语课程要积极促进学生用英语做事情的课程理念，教师更加关注如何为学生提供最有利于语言学习的环境和尽量真实的语境。这促使教师关注社会的发展、学生的生活经验以及学校的教育情境，为学生在有意义的社会环境、生活环境和学校环境中学习英语创设良好的条件……"[3]，同时要求教师在课堂教学中"为语言学习创设有意义的语境"[4]。

1. 教学依据与教学基本程序

有意义接受学习模式的理论依据主要是奥苏贝尔提出的有意义学习理论。奥苏贝尔提出：根据学习效果，可以将学习行为分为"有意义学习"与"机械学习"；根据引起能力变化的学习方式，可以将学习行为分

［1］教育部基础教育司.全日制义务教育日语课程标准（实验稿）解读［M］.北京：北京师范大学出版社，2002：86.

［2］同［1］：114.

［3］教育部基础教育课程教材专家工作委员会.义务教育英语课程标准（2011年版）解读［M］.北京：北京师范大学出版社，2012：11.

［4］同［3］：13.

为"接受学习"与"发现学习"。奥苏贝尔认为，学生的学习如果有价值，则应该尽可能有意义。所谓"有意义学习"，是指"把新获得的信息与记忆中已有的知识相联系，从而习得观点、概念和原理的学习"[1]。同时，奥苏贝尔认为，学生的学习主要通过接受而不是发现去掌握间接的知识。因此讲授教学是主要的教学形式，教师应该给学生提供经过仔细考虑的、有组织的、有序列的、完整的和有用的学习材料。

有意义学习主要有"表征学习""概念学习"和"命题学习"三类。表征学习指学习单个符号或一组符号表示的意义，即学习符号代表什么，如学习日语的词汇、短语、谚语以及"おはようございます""ごめんなさい"等惯用表达所代表的意思。概念学习指学生掌握同类事物的关键特征，如对日语中的"自动词""他动词""命令形"等概念的掌握。命题学习，指学生将所学习的用句子表述的命题与自身的认知结构中已有的概念建立起联系。命题学习必须建立在概念学习的基础之上。根据命题与学生已有命题之间的关系，命题学习通常分为三类：下位学习或类属学习、上位学习或总括学习、并列结合学习。

有意义接受学习模式的基本教学程序是：提出先行组织者—逐步分化—整合贯通。

"先行组织者"是指在呈现新知识之前所呈现的引导性材料，该材料比新知识本身更加抽象、综合、概括，能与学生已有知识结构关联起来，起着连接新旧知识的桥梁作用。奥苏贝尔把这样的引导性材料称为"组织者"（organizer）。由于这些材料是在学生正式学习新知识之前呈现的，所以又称为"先行组织者"（advance organizer）。奥苏贝尔把"先行组织者"分为两类：第一类，学生对新知识完全陌生，可采用陈述性的组织者。学生先行学习这样的材料后，能将材料中高度抽象概括化的观念渗入学生已有的认知结构之中，当学习新知识时，认知结构中就具备了可利用的知识或观念。第二类，学生对新知识不完全陌生，可采用比较性的组织者。学生事先学习这样的材料后，能分清新旧知识间的异同，增强新旧知识间的可辨别性，教师从而将概括性观念渗入学生已有的认知结构

---

[1]申克.学习理论：教育的视角（第三版）［M］.韦小满，等，译.南京：江苏教育出版社，2003：168.

之中，以利于正式材料的学习。

逐步分化是指教师根据人们认识新事物的自然顺序和认知结构的组织顺序，对新知识进行自上而下、由总到分，由一般到个别的纵向组织方式。现代认知结构理论认为，由已习得的包容性较广的总体知识中掌握分化知识，较之由已习得的包容性较小的分化知识形成总体知识更为容易；知识在头脑中呈现分层次的组织结构，包容最广的观念处于结构的顶端，并渐次容纳包容性较小的分化了的命题、概念等知识。因此，教师在呈现教学材料时，应首先介绍具有较高概括性和包容性的知识，然后再呈现概括性渐次减弱的知识。通过逐步分化的策略来呈现新知识，不仅能提高学生的学习效率，而且有利于知识的保持与迁移。

整合贯通是指教师组织学生从横向对已有知识结构进行重新组合，加强学习材料中概念、原理、课题之间的联系，通过类推、分析、比较、综合等方式对知识结构进行梳理，明确新旧知识之间的联系与区别，消除知识之间的矛盾，使学生能够融会贯通，形成清晰、稳定、协调的知识体系。

2. 实施条件

有意义接受学习模式与其他学习模式一样，也需要依赖一定的教学条件，并具有独特的应用范围。除了最基本的教学条件，奥苏贝尔还提出了三个必备的前提条件。

第一，学习材料本身必须按照一定的原则和逻辑进行排列组织。只有具备这种特点的学习材料，才能与学生的认知结构建立起非人为的、实质性的意义联系。如果学习材料本身是任意的，没有任何规律或逻辑，不能表征任何实在的意义，如无意义的音节、任意排列的假名组合等，那么这样的材料就不可能通过有意义学习来掌握，只能是机械地死记硬背。

第二，学生在学习前必须具备有意义学习的心向。也就是说，学习者必须具备积极主动地把新知识与已有认知结构中的适当观念联系起来的倾向性。学生是否具备有意义学习的心向，决定了学生学习行为是否为有意义学习。只有通过有意义学习，使学生已有认知结构不断分化和重新组织，将新知识内化、整合进已有的认知结构中，才能获得有关新知识的明确而稳定的意义,即获得心理意义。缺乏有意义学习心向的学生,即使是有逻辑意义或潜在意义的学习材料,也不会主动地寻求新旧知识间的联系,而是机械地记忆或学习。

第三,学生的已有认知结构中必须具有能够同化新知识的适当观念。认知结构对有意义学习的影响主要取决于原有知识的可利用性、新旧知识间的可辨别性以及原有知识的稳定性和清晰性。可利用性是指学生已有的认知结构中存在可与新知识发生意义联系的适当观念,这些观念对理解新知识的意义起着固定作用,即为新知识与原有认知结构之间提供一个固定点,使新知识能固定在原有的认知结构中,进而与认知结构中的其他有关的观念联系起来。可辨别性是指新知识与原有的起固定作用的知识间的可分化程度,如果新旧知识之间差异很小,不能互相区别,那么新旧知识间就极易造成混淆,新知识就会被原有的知识取代或被简单地理解成原有知识。原有知识的稳定性和清晰性是指学生对起固定作用的原有知识的理解是否明确、稳固。如果学生对原有的知识掌握得不稳固,理解模糊不清、似是而非,那么原有知识不仅不能为新知识提供有力的固定点,还会混淆新旧知识,干扰新知识的同化。

3. 优点与局限性

有意义接受学习模式是人类的一种普遍性学习模式。该模式有利于智力技能,如概念、原理、规律、问题解决等表现出来的陈述性知识、程序性知识以及策略性知识的学习和掌握;有利于丰富和完善学生的知识体系,对培养学生的创造力也有明显的效果。但是,有意义接受学习模式对教师的要求较高,如先行组织者、逐步分化和整合贯通等策略的运用,对学生已有知识结构的掌握等都需要教师深入研究和准确把握教材内容。这一方面强化了教师的中心地位,弱化了学生的学习能动性;另一方面,该模式需要学生运用已有认知结构去同化新知识,而已有认知结构基本上表现为学生已有的知识和技能,忽视了学生的学习态度、兴趣等在同化新知识过程中的应有作用。因此,有意义接受学习模式在激发和培养学生的情感、态度、兴趣、价值观等非智力因素方面具有局限性。

（五）自主学习

自主学习模式是与传统学习模式相对应的一种现代教学模式。顾名思义，自主学习是以学生为学习主体，教师作为组织者和帮助者开展教学活动，通过学生独立完成分析、探索、实践、质疑、创造等活动实现学习目标的教学模式。自主学习并不是要完全否定传统的接受式学习模式，而是强调让学生学会独立学习，通过培育学生强烈的学习动机和浓厚的学习兴趣，从而进行能动的学习，即主动且自觉自愿地学习，而不是被动地或不情愿地学习，为终身学习奠定基础。

1. 教学依据与教学基本程序

自主学习模式的理论依据是以人本主义心理学为基础，以学生为学习和认知主体的现代教学理论。主要体现在以下三个方面：

（1）学习主体自主性发展的教育观

现代社会的发展需要具有创新精神和创新能力的人，这就要求现代教育必须培养具备自主性发展的人。不重视学生自主性发展，只重视知识的掌握，实行整齐划一的教育模式，就会抹杀学生的创新精神、创新能力和个性发展，造成学生被动学习、参与意识不强、实践能力差等弊端。倡导在教师指导下的学生自主学习模式，就是力图实现学生的自主性发展，充分培养学生的创新精神和创新能力。

（2）以"学"为中心的现代教学理念

传统的教学理念基本上以"教"为中心，已经不适应现代信息社会的发展。在信息高度发达的现代社会中，与其教学生"学会知识"，不如教学生"学会学习"。因此，需要重视学生的学习自主性和能动性，确立以"学"为中心的现代教学观念，真正承认学生主体发展和自主发展的地位，使现代社会的教学模式更加符合信息社会对学生学习知识与技能以及学生人格发展的内在需求。

（3）强调学生实践能力的学习观

自主学习模式不仅要求学生理解和掌握书本知识，更要求教师引导学生进行经验的积累和理论化，学生不仅需要懂得"是什么"和"为什么"，更要懂得"怎么做"。

自主学习模式的基本教学程序是：呈现学习策略—学习策略具体化—

鼓励深入学习—组织学习训练。

为了让学生"学会学习",教师首先要向学生提供充分有效的学习策略,并让学生懂得如何使用这些策略;其次要对如何运用这些策略解决具体问题提供清晰的说明;然后提供学习机会,鼓励学生超越书本深入思考和探究,放手让学生为自己的学习利用适合的学习资源,并要求依照学生自己的思考和理解重新组织学习内容,自主总结归纳,得出学习结论;最后要组织学生进行适当的学习训练、问答式对话或讨论,引导学生不偏离学习目标,以获得预期的学习效果。

2. 实施条件

自主学习模式就是学生自立、自为、自律地实施学习行为的教学模式。学生的自立性、自为性和自律性既是实施自主学习的三个基本前提条件,也是自主学习的基本特征。[1]

第一,自立性是自主学习的基础。学生是学习行为的主体,任何人都不能替代学生完成学习。每个学生是具有相对独立性的个体,都具有各自的心理认知系统,学习是学生对外界刺激信息进行独立分析、思考的结果。因此,可以说每个学生都具有自己独特的学习方式,而学习对于每个学生又具有各自不同的特殊意义。学生个体本质上都有获得独立自主的欲望,这正是学生自主性发展的内在根据和动力。学习能力是人与生俱来的基本能力,每个学生都必然具有一定的独立学习的能力,能够依靠自己解决学习过程中的问题,从而获取知识。可见,自立性既是自主学习的基础,是学习主体的内在本质属性,也是每个学习者普遍具有的素质。

第二,自为性是自主学习的实质。学习自为性是学生独立学习的体现,它包含学生对新知识进行自主探索、自主选择、自主建构、自主创造的全部过程。

自主探索通常基于好奇心。好奇心是产生学习需求和学习动力的源泉。自主探索就是学生基于好奇心对事物、环境、事件等的自我求知、探知的过程。自主选择是指学生自主选定外部信息,并将其纳入认知领域。只有被学生注意到的信息才能被学生选择进而被认知。一种信息能够引

[1]曹盛华.自主学习理论与学生自主学习能力的培养[J].华北水利水电学院学报(社科版),2011,27(5):179-181.

起学生的注意，主要是由于该信息与学生的内在需求一致。自主建构是指学生在学习过程中自己建构知识的过程。建构知识既是对新知识的建构，又是对已有知识的改造和重组。自主创造是指学生在建构知识的基础上，创造出能够指导实践并满足自己需求的实践理念模式。自主创造是一种创造性思维活动，在此过程中，学生充分调动、激活记忆信息库中的相关信息，并积极组织知识系统，创造性地获得新知识。"探索—选择—建构—创造"的过程，既是学生学习、掌握知识的一般过程，也是学生自主生成、自主实现、自主发展知识的过程。

第三，自律性是自主学习的保障。自律性是指学生对自己学习行为的自我约束或规范，在学习过程中表现为学生自觉地学习。自律性体现学生的学习责任感，促使学生不断进取、持之以恒，其外在表现是学习的主动性和积极性。主动性和积极性来自学生的学习自觉性。只有当学生自主认识到学习的目标意义，才能促使学生处于主动和积极的学习状态；只有主动、积极的学习，才能充分激发学生的学习潜能，达成学习目标。

自主学习模式的教学条件是学生在学习目标、学习内容、学习方法、学习材料等方面拥有自由选择权。这种自由选择权的大小取决于人为环境和物质环境两个方面。人为环境决定学生自主学习的信任度和宽容度。这里的人为环境既包括国家、社会、家庭以及学生本人对教育的理解和期望，也包括教育思想对教育目的、教育目标的认识。物质环境决定学生可以利用的学习资源，包括能够供学生自由选择的资料、场所、设施等各种物质资源。随着科学技术的发展，为学生提供信息化学习的物质基础显得尤为重要。为了便于学生自主学习，学校和教师应尽可能为学生提供丰富的可自由选择的物质资源。

3. 优点与局限性

自主学习模式有利于发展学生的个性，培养学生的独立能力，使学生得到全面发展。主要体现在以下几个方面[1, 2]：

［1］曹盛华. 自主学习理论与学生自主学习能力的培养［J］. 华北水利水电学院学报（社科版），2011，27（5）：179–181.

［2］李梅，董君. 探究学习动机和自信心在自主学习中的作用：内蒙古工业大学非英语专业学生的个案分析［J］. 内蒙古工业大学学报（社会科学版），2007，16（1）：111–114.

第一，自主学习能够培养学生优良的学习品质。自主学习使学生真正成为学习的主人，学生自己掌握学习的整个过程，并对自己的学习行为负责，大大强化了学生学习的主动性和积极性。在学习过程中，学生逐渐形成适合自己的学习方法，养成良好的学习习惯。在自主学习的过程中，学生能够开阔思路、丰富想象，并根据自身的需求进一步明确学习目标。同时，学生能够根据自身的学习情况调整、完善自己的知识结构、思维方式和学习方式，克服困难和挫折，敢于质疑和批判，勇于进取和创新。

第二，自主学习能够培养学生的自信心。在自由的学习环境、良好的学习氛围中，通过教师的正确引导和适当点拨，学生能够独立自主地探究并独自获取知识，从而体验独自取得成功的喜悦，极大地增强其学习的自信心。在自主学习的过程中，教师尊重学生的观点和问题，课堂氛围宽松和谐、积极进取。在教师的肯定和鼓励下，学生的个性得到充分展示，自信心不断增强，这样进一步激发了学生的学习兴趣和热情。

第三，自主学习能够培养学生的创造力。学生在自主学习的过程中，既有成功的喜悦，也会遭遇挫折乃至失败。由于是学生自觉、自主的学习活动，在教师的指导和鼓励下，学生会乐于进取、积极探索，改进思维方式和学习方法，直至取得成功。在此过程中，学生的个性得到发展，自身价值得到肯定，好奇心和求知欲被激发并获得满足。轻松的学习氛围和活跃的思维状态，有利于培养学生的创新思维，使学生迸发出无穷的创造力。

第四，自主学习能够培养学生独立发展的能力。自主学习强调学生成为学习的真正主人，学生需要自己确定学习目标，自主安排学习内容，自己确定学习方式，整个学习过程要求学生做到心中有数，并以极大的热情投入到整个学习活动之中。这与传统的教学方式极为不同，学生不再是被动的教育对象，学生也不再被动地接受教师确定的发展目标、发展目的和发展方向。在自主学习的过程中，学生的"学"处于中心位置，教师起着帮扶和引导学生完成学习的作用。学生通过自学、探索、发现获得新知识、解决新问题的同时，既了解了自身的特点，发展了自己的个性，也锻炼了独自发现问题、思考问题和解决问题的能力，培养了独立发展的能力。

另一方面，自主学习模式在学校教育的大环境中给学生创造出一定的自主学习的空间，以满足不同学生的需要，使学生获得全面发展的机会，并培养学生的自主学习能力，为学生的终身学习奠定基础。

此外，由于学习态度、学习动机以及个人性格等方面的原因，并非所有的学生一开始就愿意为自己的学习负责，而且传统的教育思想和教学模式也容易导致学生养成过于依靠教师和家长的学习习惯。这就要求教师不仅要改善教学方式，革新教学理念，还要求教师教给学生各种学习策略，进而让学生形成适合自身的学习方法。教师不仅要给予学生充分的信任和宽容，容许学生犯错，还要不断地给予学生引导和鼓励，逐步培养学生的学习自信心和独立学习的能力。因此，自主学习模式并不能替代和否定学校教育，只能是学校教育的组成部分和课堂教学的必要补充。

（六）合作学习

当代合作学习模式兴起于 20 世纪 70 年代的美国，在美国教育心理学家斯莱文（Robert E. Slavin）等学者的倡导下，于 80 年代后期取得实质性进展，成为美国教育界的时尚，进而发展为当代主流的教学理论之一。合作学习是一种富有创意和实效的教学模式，因其在改善课堂内的学习氛围、普遍提高学生的学业成绩、促进学生形成良好的非智力因素等方面成效显著，而在世界范围内备受关注并被广泛采用。国内外采用合作学习的学习方式主要有：

（1）问题式合作：这种合作学习方式可分为生问生答、生问师答、师问生答、抢答竞赛等形式。

（2）表演式合作：通过表演的形式激发学生的学习兴趣，培养学生自主探究的学习品质，或者作为课堂的小结形式，检验学生对所学知识的理解。

（3）讨论式合作：让学生就某一内容或问题进行讨论，在讨论的过程中完成自我教育。

（4）论文式合作：在教师指导下，学生开展社会调查实践，并以论文的形式汇报社会调查实践的结果。

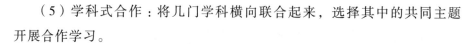
（5）学科式合作：将几门学科横向联合起来，选择其中的共同主题开展合作学习。

1. 教学依据与教学基本程序

当代合作学习模式的理论依据主要是美国社会心理学家多伊奇（Morton Deutsch）提出的目标结构理论和瑞士儿童心理学家皮亚杰等人提出的发展理论。目标结构理论认为：在团体中，因对个体达到目标的奖励方式不同，导致在达到目标的过程中，个体之间的相互作用方式也不同；在合作型目标结构中，团体成员拥有共同的目标，只有当所有成员都达到目标，个体自身才能达到目标；团体中有一人达不到目标，其他人也达不到自己的目标。因此，团体成员之间必须形成积极的相互促进关系，以一种既有利于自己成功又有利于同伴成功的方式活动。合作目标结构促使学生之间建立起积极的同伴关系，而这种同伴关系对学生的学习产生积极而巨大的影响。发展理论认为：在适当的任务中，儿童之间的相互作用能提高他们对关键概念的掌握和理解；学生在学习任务方面的相互作用能促使认知水平提高；学生之间可以通过讨论学习内容、解决认知冲突、阐明不充分的推理而最终达到对知识的理解。目标结构理论从学习动机的角度，强调合作目标对学生完成学习任务的诱因影响；发展理论则从学习认知的角度，关注合作学习对学生完成任务的效果影响。

当代合作学习模式的基本教学程序是：明确学习目标—确定合作组员—选择合作形式—监控合作表现—总结合作成果。

在开展合作学习之前，为了让合作学习正常进行并取得预期效果，必须明确学习目标。反映学习目标的合作学习结果有多种呈现形式，如书面或口头汇报合作学习过程、书面或口头汇报合作学习成果、表演或展示学习成果等。确定合作伙伴包括小组人数、组员构成、角色分配等。一般来说，小组活动最为有效的人数为 4~6 人。组员过少，教师与小组互动时间太少；组员过多，组内讨论等花费时间多，且不容易统一意见。为了增进合作，使小组内能发生不同角度、不同观点的碰撞，应根据学生的性别、成绩、性格特点等进行适当调配，使各个层次、类型的学生都能够在合作学习中有所收获。合作学习还要求对学生在组内或跨组活动中进行任务分工，以增强学生的责任感、提高合作效率，从而达成有效合作。在对学生进行角色分配时，应体现角色平等、职能公平，避免"行政化"的层级结构。合作学习的形式多种多样，包括同伴间的互助学习，如同桌伙伴间的合作学习、课余时朋友间的合作学习等；小组合作学习，如课堂上的小组讨论、小组探究、兴趣小组活动等；全班合作学习，如班级集体讨论、角色扮演活动等。其中，小组合作学习是教学实践中采用最多的合作学习方式。在合作学习过程中，教师应对学生的合作表现进行监控。一方面，教师需要对合作学习中发现的问题、遇到的困难给予及时解决和引导，使每个小组都能够在学习中有所收获，按时完成合作学习任务；另一方面，教师需要按照教学时间安排及时控制合作学习的进程，完成教学任务，不因个别小组出现问题而影响教学的整体进程。最后，需要对学生的合作学习成果进行总结和评估。在进行总结、评估时，需要注意个人表现与小组表现相结合、学术表现与合作技能相结合。总结和评估可以看作是更大范围的合作学习，既可以是教师与学生之间共同交流学习成果的过程，也可以是小组之间合作交流学习成果的过程。根据需要，可以由各组选派代表进行总结、评估，也可以由一个小组进行整体性的总结、评估，其他小组加以补充。

2. 实施条件

为实施有效的合作学习，斯莱文认为，在课堂情境中，小组目标和个人责任是影响合作学习效果的两个最主要的因素。小组目标是合作学习的内在动机，有助于形成集体合作和积极互助的精神；个人责任是达成小组目标的前提，只有每个组员都担负起责任，为小组的学习做出应有的贡献，才是真正的合作学习，才能顺利达成小组目标，同时使每个组员都掌握学习内容，达成个人的学习目标。[1]

同为美国明尼苏达大学教授的约翰逊兄弟（David Johnson, Roger Johnson）认为，有效合作学习必须具备五个要素[2]：

（1）积极的相互依赖：学生不仅要为自己的学习负责，还要为组内

---

[1] R. E. Slavin. Cooperative Learning, Review of Educational Research, Vol. 50, No.2. 转引自王鉴：《课堂研究概论》（人民教育出版社，2007年）234–235页。

[2] 同[1]：第235页。

其他同学的学习负责。

（2）面对面的促进互动：通过组内同学之间的面对面交流互动，相互促进学习成功。

（3）个人责任：明确分工，责任到人，每个学生都必须担当一定的角色，承担一定的学习任务。

（4）合作技能：在小组合作学习中，学生要有一定的组织能力、交际能力、协调能力，并做到相互尊重、平等协作。

（5）小组自评：小组要定期评价共同活动的情况，保持小组活动的有效性。

上述影响合作学习效果的因素或要素都是从学生的角度所做的论述。要使合作学习模式获得应有的教学效果，不仅需要关注学生的学习行为，还离不开教师的组织、协调、引导、帮助与鼓励等。在开展合作学习时，教师需要注意的事项主要包括：

（1）逐步培养学生的合作意识和合作学习能力。尤其在起步阶段，教师需要特别加强指导和鼓励，设定的学习目标应与学生的能力相匹配，让学生体会小组合作学习的作用，获得合作学习的成功和喜悦。教师在教学中还需要为学生创设各种机会，有意识地培养学生的合作意识与合作技能。

（2）处理好自主学习与合作学习的关系。组织合作学习前应留给学生一定的独立思考、自主学习的时间。学生个人事先深入思考，有了各自的想法后，与同伴交流、探讨才会有话可说，这样才能引发深入的讨论，从而达到合作解决问题的目的。

（3）引导每个学生平等参与。在学生进行小组合作的过程中，教师需发挥管理和协调作用，让每个学生都能够平等参与、各负其责，避免合作学习成为少数"权威"的表演。

（4）选择适于合作学习的内容。合作学习的内容选择很重要。合作学习的内容不仅需要有一定的趣味性和实践性，还需要具有深入探讨的价值，以吸引学生积极思考，主动参与共同讨论。

（5）重视合作学习的质量。在组织小组合作学习活动时，应明确角色分工、责任分配，教给学生合作技能，确保合作学习有序推进，取得应有的学习效果。

（6）引导学生积极参与合作学习。教师需要协调小组成员结构，监控合作学习表现，不能放任小组自行其是，对小组合作学习过程中遇到的问题和困难应及时加以调解和引导。

（7）引入竞争机制和激励性评价。小组合作学习对于组内成员来说，应强调相互合作；对于小组之间来说，则有必要引入竞争机制，使合作学习发挥更好的功效。对表现好的小组，教师要及时给予表扬；对表现较差的小组，教师要及时给予鼓励，进一步激发他们参与合作学习的热情。

（8）处理好小组合作学习与其他学习形式的关系。首先，小组合作学习只是合作学习的主要形式之一，还有其他形式合作学习，选择哪一种合作学习方式应根据教学的实际需要。其次，分小组学习并不一定就是小组合作学习，必须体现合作学习实质的学习方式才是真正的合作学习。再者，并不是所有学习内容都适合采用合作学习模式，需要根据教学目标、教学内容、时间安排以及学生人数等情况，把合作学习与其他教学模式有效地结合起来，才有利于提高课堂教学的效率。

3. 优点与局限性

合作学习模式对于学生发展来说，主要有以下优点：

（1）能培养学生的合作精神。作为合作学习的小组共同体，要想使本组取得优异成绩，就必须精诚合作，将个人融入集体当中，一切以集体利益为出发点，尽职完成所担负角色的责任。合作学习的训练与熏陶，能够提高学生的合作意识和合作能力。

（2）能培养学生的交际能力。合作学习能强化学生之间的交往，增进学生之间的感情，促进学生交际能力的提高。同时，通过合作学习，学生还学会关怀和帮助他人，发现并承认他人的优点，正视他人的缺点，听取他人的不同意见。

（3）能培养学生的创新精神。在合作学习的过程中，由于组员构成多样，学生往往会出现一些新的视角，提出预想不到的问题，碰到意料之外的困难。为解决这些问题和困难，学生需要充分发挥创新型思维，尝试各种解决方法，向着学习目标迈进。

（4）能培养学生的竞争意识。合作学习是组内合作，组间竞争。此过程不仅培养了学生的合作精神，同时也培养了学生的竞争意识。这对学生未来进入充满竞争的社会大环境，无疑是大有裨益的。

（5）能培养学生的平等意识。在合作学习中采用异质分组方式，同一小组的组员存在学习能力、学习兴趣、性别、性格等差异。为了完成共同的目标，每个组员既有分工，也有合作，在认真履行各自职责的同时，组员之间还要互帮互助、相互激励。这样，有利于形成平等、民主的同学关系。

（6）能激励学生主动学习。合作学习是由学生合作解决问题的学习方式，教师不再是单向的知识传授者。在合作学习的过程中，学生由旁观者变成了参与者。在合作讨论中，学生或多或少都会得到一些结论。由于这些结论是学生主动参与获得的学习成果，会给学生留下深刻的印象，从而激励学生更加积极主动地学习。

任何一种教学模式都既有优点，也有不足，合作学习模式也不例外。归纳起来主要有以下局限性：

（1）不容易解决学生差异的矛盾。不同的学生学习同一材料的速度存在差异，一些能力差的学生往往跟不上小组的速度，或者对学习内容囫囵吞枣，不能真正掌握学习内容。若追求小组成员均衡发展，就不得不放慢学习速度甚至暂停小组学习，以便辅导差生，这必将影响整体学习进度，甚至影响能力强的学生的学习积极性。

（2）可能出现"小权威"。由于学生存在差异性，小组内很容易出现能力强的学生控制小组的局面，这违背了全组成员平等参与的原则。一方面，"小权威"可能包办所有任务角色，认为自己的想法就是小组的想法；另一方面，能力较弱、性格内向的组员不敢或不愿意表达自己的想法，部分偷懒的学生可能坐享成果，不愿意动脑筋。

（3）不是所有学生都适合合作学习。不同的学生，其性格、文化背景、生活环境等都有所不同，合作学习不可能对每一个学生都是最佳的学习方式。一般来说，性格内向、胆小、害怕受到别人拒绝的学生，不适合小组合作学习。

（4）不是所有学习内容都适合采用合作学习方式。一般来说，简单的知识、技能教学任务没有必要进行小组合作学习，要求发挥集体智慧和力量，具有讨论价值、能够形成认识冲突的学习内容才较适合采用合作学习。

（七）发现学习

发现学习是培养学生探索、发现知识为主要目标的一种教学模式。与接受学习相反，发现学习即在教师的组织和引导下，学生通过独立学习、独立思考，自行发现知识形成的步骤，从而获取知识、掌握原理并发展探究性思维。这里的发现，并不是指发现人类未知的事物，而是指学生发现事先不知道的概念、原理、规律等新知识。发现学习的教学目标是培养学生的探究性思维方法，其最根本的特点是由学生自行发现学习的主要内容。在布鲁纳的影响下，发现学习的方法曾在实际教学中以各种形式得以较广泛的采用。该教学模式曾因有利于优等生，与教育民主化、大众化的教育观念不符，遭到奥苏贝尔等教育学者的尖锐批评，因此在20世纪60年代中后期陷入低谷。20世纪80年代，传统教育因其机械性和低效率再次遭到批判。在建构主义教学理论的影响下，以学习者为中心，以问题解决为基础的教学思想再次成为众多教学改革模式的基本思路，发现学习也再次得到重视。

1. 教学依据与教学基本程序

发现学习的历史十分悠久，古希腊苏格拉底（Socrates）的"产婆术"即包含发现学习的性质。当代发现学习模式的理论依据主要是美国教育心理学家布鲁纳提出的"发现学习"的教育思想。布鲁纳吸收了德国"格式塔"（Gestalt）心理学的理论和瑞士儿童心理学家皮亚杰发展心理学的学说，并在批判继承美国教育心理学家杜威的实用主义教育思想的基础上，经过长期的研究和实践，逐渐形成发现学习的模式和理论。发现学习模式有四个基本特征[1]。

（1）强调学习过程。发现学习强调学习过程，而不是学习的结果。布鲁纳认为，教师的作用是要形成一种学生能够独立探究的情境，而不是提供现成的知识。教学的目的不是让学生记住教师和教科书上所陈述的内容，而是要培养学生发现知识的能力，培养学生卓越的智力，让学

---

[1] 施良方. 学习论 [M]. 北京：人民教育出版社，1994：214-217.

生自己去思考，亲自参与所学知识的体系建构。布鲁纳认为，只有学生自己亲自发现的知识才是真正属于学生自己的东西，所以学生不应是消极、被动的知识接受者，而应是积极、主动的知识探究者。

（2）强调直觉思维。所谓"直觉思维"，就是要求学生在学习过程中不要用正常逻辑思维的方式，而是运用丰富的想象，采取跃进、越级和走捷径的方式进行思维，发展思维空间，去获取知识。布鲁纳认为，直觉思维的本质是映像或图像性的，因此教师在教学中不宜过早语言化，而应在学生的探究过程中帮助学生形成丰富的想象；运用直觉思维不一定能获得正确答案，但是能充分调动学生积极的思维活动，对学生发现知识和掌握知识大有帮助。

（3）强调内在动机。布鲁纳认为，在学习过程中，发现学习有利于激励学生的好奇心，而学生容易受好奇心的驱使，促使学生对探究未知的结果表现出兴趣。布鲁纳认为，好奇心是学生内在动机的原型，外部动机必须转化为内在动机才能起作用。布鲁纳反对运用外在的、强制性的手段来刺激学生的学习，强调教师应尽可能激发学生的学习兴趣，充分调动学生的学习积极性，这样才能取得良好的学习效果。

（4）强调信息提取。布鲁纳认为，人类记忆的首要问题不是对信息的贮存，而是对信息的提取。提取信息的关键在于如何组织信息、知道信息贮存在哪里和怎样才能提取信息。布鲁纳认为，按照自己兴趣和认知结构组织起来的材料是最有希望在记忆中自由出入的材料。因此，记忆的过程也是解决问题和发现知识的过程。

发现学习模式的基本教学程序是：创设问题情境—提出假说—完善及验证假说—得出结论—巩固深化。

在教学过程中，教师首先需要创设问题情境，提供有助于形成概括性结论的实例并提出学生感兴趣的问题，引导学生观察特点，使学生在此情境中产生矛盾，逐步把学生的注意力集中于某个中心点，从而提出需要解决的问题。接着引导学生根据教师和教材提供的相关材料，通过分析、比较、信息转换等对问题的解答提出假说或推测。之后，引导学生深入思考、讨论，从理论和实践上检验、补充、修改和完善假说，并以事实为论据验证假说。在此过程中，教师需要引导学生分析思维过程，厘清并记住此过程中自己的思考方法，并让学生总结思考和讨论的内容，得出最终的结论，使问题得以解决。学生在此过程中就获得了新知识，同时也学到了解决问题的思考方法。最后，为了巩固和深化学生获得的新知识，还需要引导学生将新知识纳入到自己的认知结构中，并用于新的问题情境当中，形成迁移能力。

2. 实施条件

新知识的最初发现不仅需要漫长的时间，还需要发现者具有相应背景知识的积累和正确的发现方法。如果完全照搬新知识的发现过程，让学生进行再发现，必然导致教学效率低下，无法取得理想的教学效果。为此，在采用发现学习模式时，必须运用适当的教学策略以提高发现学习的效率。

（1）选择适合的教学内容。任何教学模式都不是万能的，发现学习模式也有其局限性。最适合开展发现学习活动的是能够引出多种假设，并能够明确地展开逻辑分析和判断的教学内容。因此，即使是同一学科，也不是所有教学内容都适合应用发现学习模式。就日语学科而言，一般来说，在开展词语教学、语法教学时，比较容易开展发现学习活动。通过创设多种情境，让学生推测、发现、判断目标词语或语法项目的意义和用法，并尝试实际应用以验证判断和深化认知。但是，对日语中的假名发音、单词声调、词语书写，以及篇章中人物情感变化等教学内容则通常难以开展发现学习活动。此外，发现学习需要学生具有相当的知识经验和一定的思维发展水平，并不是在学生的任何发展阶段都适用。因此，在选择教学内容时，既要考虑是否适合运用发现学习的方法获得知识，也要考虑学生是否具有相应的背景知识和思维发展水平。

（2）优化教学内容，精简发现过程。对发现难度大的知识，可以通过缩小范围、增加提示等方式降低难度，使学生通过努力能够完成。不要求学生再现原先的知识发现全过程，精简原先发现过程中的岔道和可能性，从而缩短发现学习的时间，提高发现学习的效率。

（3）充分激发学生的好奇心和自信心。教师首先需要创设能引起学生兴趣的问题情境，从而激发学生的好奇心。好奇心是激发学生内在动机的源泉，能够驱使学生主动、积极地投入到发现探索活动中去。当学生在探索过程中遇到困难或感到迷茫时，教师应及时给予鼓励，让学生相信自己能够取得成功。

（4）引导学生走出困境。当学生遇到难以解决的困难，陷入困境时，教师要及时提供帮助和指导，引导学生寻找新知识与已有知识结构的联系。

（5）培养学生解决问题的能力。在教学过程中，教师需要培养学生运用已有知识进行分析、比较、推理、验证等解决问题的能力；培养学生的探究精神，使学生掌握科学发现的方法本身也是发现学习的重要教学目标。

此外，发现学习与接受学习相反，二者在性质、过程、作用方面各不相同，但二者在学习实践中各有优劣。因此，可以扬长避短，综合应用两种教学模式。在实际教学中需要注意：第一，以意义学习理论为指导。第二，以接受为主，发现为辅，互相补充。接受学习对学生获得系统的科学知识来说，是经济实惠的主要途径，但不是唯一途径，还需要发现学习等其他方式作为辅助教学手段。第三，根据具体条件灵活应用。必须根据教学内容、学生心理发展特点等具体情况灵活应用发现学习和接受学习，这样才能收到预期的教学效果。

3. 优点与局限性

发现学习模式的优点主要包括以下几个方面：

（1）有利于智力的发展。发现的实质是对现象进行重新组织或转换，使之超越现实，从而获得新的知识。而这个过程由学生自己去完成，促使学生发挥智慧潜力，思考以最佳方式获得解决问题的办法。

（2）有利于培养内在动机。通过发现学习，学生不仅能获得新知识，还能体会到发现的成功和乐趣，从而获得自我奖赏的内部动力，并将外部动机转化为内部动机，提高学习的自觉性。

（3）有利于掌握发现的方法和探究的方式。学生通过解决问题的练习和发现新知识的过程，不断思考并学会发现的科学方法和探究方式。这种方式方法具有迁移价值，能够有效解决各种问题以及进行科学探索。

（4）有利于记忆的保持。记忆的主要表现在提取信息，提取信息的关键在组织信息。学生亲自发现并组织到认知结构中去的信息是最易于提取的，这种再生能力强的记忆信息比较容易长期保持下去。

但是，发现学习模式也有其局限性。如果不顾知识的特点、内容的深浅、学生背景知识和教学策略等，无限推广运用是行不通的。发现学习的局限性主要表现在如下几个方面：

（1）通过发现学习掌握新知识，时间长、效率低。

（2）适用范围有限。

（3）发现学习要求学生具备相应的内部动机和背景知识，并提出有效的假设，否则发现就会变成碰运气，而非真正意义上的"发现"。

（4）学生不能单凭发现学习模式来学习知识。

二、日语教学模式的选择与运用

当前，适合日语教学的模式多种多样，而各种模式都有其特定的理论依据、教学目标、教学条件以及适用范围，既不存在放之四海而皆准的普适性的日语教学模式，也不存在完美无缺或一无是处的日语教学模式。因此，如何合理地选择和运用教学模式是一个非常实际的问题。影响日语教学模式的选择和运用的问题，归纳起来主要包括三个方面：一是教师对日语教学模式的认识和把握情况；二是选择和运用日语教学模式的制约因素；三是选择和运用日语教学模式的过程。

（一）正确认识日语教学模式

日语教学模式是教学理论与日语教学实践的中介和桥梁，合理地选择和运用日语教学模式，不仅能够使日语教学实践获得理论的支持，还有益于促进日语教师的成长并提高日语教学的质量和效率。然而，由于在理论层面，研究者对教学模式还没有一个相对明晰的定义，导致人们对教学模式缺乏全面的认识，不能正确地把握教学模式的实质。回顾有关教学模式的研究，比较典型的观点有计划说、结构说、程序说、理论说、教学范型说、策略说、方案说、方法说等。这些观点只是反映了教学模式的部分本质。如果将这些观点予以整合，则可以看出：一种完整的教学模式通常包含教学理论（或教学思想）、教学结构、教学设计、教学程序、教学范型、教学策略（或方法）六个方面。[1]综合各种观点，我们可以认为，教学模式实质上是一种教学框架结构，它蕴含着特定的教学理论或教学思想，能促进学生主动学习、达成教学目标，它具有可供参考、有一定操作性的教学结构或活动程序，并且具有配套的基本教学策略或方法。由此可见，日语教学模式应当是一种将日语学科的教学原则、方法和技术有机地统一起来的、兼具理论性和实践性的教学活动框架结构。

尽管教学模式对实施教学活动益处多多，但是在当前追求个性化与提倡变革和创新的时代，人们一方面习惯对"模式化""机械化"的东西持质疑态度；另一方面，一些人过多地创造出各种"新模式"，以至于各种模式泛滥。导致出现这两种现象的原因是人们对教学模式的地位和价值缺少正确的认识。从上述教学模式的实质可以看出，教学模式的地位和价值在连接教学理论与教学实践的同时服务于教学理论与教学实践，是教学理论与教学实践的中介与桥梁。只有对教学模式的实质、地位和价值有了正确认识，人们才会更客观评价、使用、发展现有的、成熟的日语教学模式。

教师在选择和运用日语教学模式前，还有必要了解和把握日语教学模式的类型特点，在此基础上根据实际的教学条件针对不同的教学目标和教学内容选用与之相契合的教学模式。这样才有利于达成教学目标，获得比较满意的教学效果。

根据不同的分类标准，人们对教学模式的分类情况不尽相同。乔伊斯和韦尔根据教学模式指向的对象（指向人类自身还是指向人如何学习），将教学模式分成四类：信息加工类、社会类、个体类和行为系统类。[2]信息加工类模式强调人的内在驱动，通过获得信息和组织信息来认知问题并找到解决问题的方法，从而获得对世界的感知，发展概念和语言，如探究式模式、奥苏贝尔模式、发现学习模式。社会类模式利用集体的力量构建学习型群体，在课堂上创造出一种社会协作关系，如合作学习

［1］韩龙淑. 当前教学模式研究中面临的问题及其思考［J］. 教育理论与实践，2006，26（2）：47-49.

［2］乔伊斯，韦尔，卡尔霍恩. 教学模式（第八版）［M］. 兰英，等，译. 北京：中国人民大学出版社，2014：19.

模式、抛锚式模式。个体类模式从个人发展的角度创建而来，目的是促使学习者更好地认识自己，为学习者自身的教育负责，并使学习者学会超越自我，使学习者自身变得更坚强、敏锐和富于创造力，进而追求更高的生活品质，如自主学习模式。行为系统类模式以社会学习理论为指导，该理论认为人具有自我运行调节系统，可以根据能成功完成任务的信息对行为进行调整，经过不断地试错，最终完成目标任务，如传授式模式、模拟训练模式。有学者根据教学模式的主要教学目标，将教学模式分为五类：以传授知识和认知发展为目标的教学模式、以培养学生交往与合作能力为目标的教学模式、以培养学生自主探究能力为目标的教学模式、以增进学生情感体验为目标的教学模式、以促进学生差异发展为目标的教学模式。[1]此外，根据教学模式所依据的原理及主要教学目的，可将教学模式分为三大类：发展认知能力的教学模式，如探究式模式、奥苏贝尔模式、发现学习模式、抛锚式模式；发展人格的教学模式，如自主学习模式；发展交际能力的教学模式，如合作学习模式。[2]

（二）选择和运用日语教学模式的制约因素

从教学模式的基本构成要素（教学依据、教学目标、教学条件、教学程序、教学评价）以及教学活动的基本组成要素（教师、学生、教学内容）来看，我们认为影响选择和运用日语教学模式的制约因素主要包括以下七个方面。

1. 教学目标

每一种教学模式都有其特定的目标指向，都是为达成特定的目标服务的。各式各样的教学模式所指向的教学目标也各具特色：有的侧重发展学生的认知能力，有的侧重培养学生的交际能力，有的主要培养学生的探究能力，有的侧重发展学生的人格，等等。因此，要做到合理地选择和运用日语教学模式，教师首先应当明确具体的教学目标，进而选择与之相符的日语教学模式。例如：当本堂课或本课程的主要教学目标设定为培养学生的交际能力时，则可以较多地选择和运用合作学习模式；当本堂课或本课程的主要教学目标设定为发展学生的认知能力时，则可

[1]吴晗清.新课改以来我国教学模式研究及对它的思考［J］.教育导刊，2009（3）：11-15.

[2]韩桂风.现代教学论［M］.2版.北京：北京体育大学出版社，2006：155-175.

以较多地选择和运用探究式模式、奥苏贝尔模式、传授式模式。

2. 日语学科属性

不同学科具有不同的课程属性，在学科教学中所适用的教学模式也有所区别。自然学科与社会学科属性不同，其教学模式往往存在较大差异。即使同属于社会学科，经济金融类学科与语言教育类学科的教学模式也很不一样。在选用教学模式时，不能脱离日语学科的课程属性。日语作为外语教育的课程之一，兼具工具属性和人文属性，是实践性很强的应用型学科。在日语教学中，应较多选用有利于学生理解并掌握日语知识和技能、发展日语学习策略、提高思辨能力、形成日语综合运用能力的教学模式，如发现式、探究式、合作学习、奥苏贝尔式等；而不适合选用侧重理论知识、术语概念的讲解和训练的教学模式，如概念获得式等。

3. 教学内容

日语课程的教学内容丰富多样，既包括语音、词汇、语法等传统的日语知识，也包括听、说、读、写等日语技能，还包括情感态度、价值观以及日语学习策略等内容。针对不同的教学内容，所应选择和运用的日语教学模式必然有所不同。例如：当教学内容主要为传授日语新知识时，可以较多选择和运用传授式、发现式、奥苏贝尔式等教学模式；当教学内容主要为训练日语技能时，可以较多选择和运用合作学习、抛锚式等教学模式；当教学内容主要为培养情感态度、训练思维能力时，可以较多选择和运用探究式、发现式、自主学习等教学模式。

4. 学生特点

学生特点主要包括三个方面：学生身心发展水平、学生个体差异和学生人数。处于不同年龄段的学生，其身心发展水平不同。选择和运用日语教学模式时，必须考虑是否符合学生身心发展的规律及其特点。例如：在小学阶段开设日语课程，由于学生的经验知识、认知能力还处于较低水平，且课程目标多以培养学生的学习兴趣为主，因此可以选择和运用形式活泼的教学模式，如合作学习、发现式等教学模式；随着学生年龄增长，其经验知识和认知能力也逐渐发展、提高，在教学活动中可以选择和运用更多样化的日语教学模式。学习行为本质上是学生个体化的活动。学生个体的身心特点、认知能力等不仅与年龄有关，还与性别、性格、生活经验、生活环境等密切相关。每个学生都是具有独特个性和风格的独立个体，学生与学生之间客观上存在个体差异性。因此，在选择和运用日语教学模式时，除了考虑学生整体的身心发展水平，还必须考虑学生的个体差异。尤其是在选择和运用合作学习、自主学习等教学模式时，需要特别关注学生的个体差异性。此外，班级的学生人数在一定程度上也是影响教学模式实施效果的因素之一，比如学生人数很多的班级就不太适合选择和运用探究式、自主学习等教学模式。即使是提倡学生分组协作学习的抛锚式、合作学习等教学模式，当班级人数很多时，如果课前准备不够细致、充分，教师不仅在给学生分配角色时难以照顾到每名学生的个性特点，也难以在分组活动中针对每个学生提供差异化的帮助，从而很可能使教学模式的运用流于形式，达不到预期的教学效果。

5. 教师特点

教师作为选择和运用教学模式的主体，在教学模式的选定和实际运用方面居于主导地位。因此，在选择和运用日语教学模式时，应考虑自身的优势与不足，充分发挥自己的长处，避免出现自己无法掌控的局面。随着自身教学经验和教学能力的提升，教师可以尝试选择和运用更加多样化的日语教学模式。

6. 教学评价

教学效果或成绩如何，通常需要通过教学评价获得反馈信息，不同的教学评价对教学模式的选择和运用会产生激励或阻碍作用。教学评价不存在统一标准，其手段多样、目标多维、主体多元等因素，导致依据不同的评价标准获得的反馈信息很可能存在巨大差异。因此，学校或社会采用什么样的教学评价标准是教师在选择和运用日语教学模式时不可能回避的因素之一。为了获得较好的"教学效果"，教师往往不得不选择和运用与教学评价标准相适应的日语教学模式。

7. 教学环境

教学环境也就是教学模式的实施条件。有的教学模式需要一定的空间场所、技术设备、图书资料等作为物质支撑。如果缺少相应的课程资源和教学手段，部分日语教学模式的实施效果会大打折扣，甚至无法实施。比如，当前在我国的一些偏远农村地区，各种课程资源还相对匮乏，教学手段也相对落后，如果所选择和运用的教学模式要求通过图书馆、互联网、智能设备等收集信息材料，就难以实现。

（三）选择和运用日语教学模式的过程

在实际教学中，选择和运用日语教学模式并不是在某一堂课上完成的，而需要经过了解、选择、运用等基本环节，体现为一个过程。具体而言，大致可以分为以下几个阶段。

1."收集—了解"阶段

日语教学模式多种多样，每一种模式都有其优势、缺点和适用范围。因此，首先需要收集、整理尽量多的日语教学模式，然后了解其基本的结构和特点。如果对某种教学模式根本不了解，也就谈不上选择和运用了。收集和了解的日语教学模式越多，越有利于合理地选择和利用以提高教学效果。

2."分析—比较"阶段

对收集到的各种日语教学模式进行分析、比较，充分把握各种模式的结构与特点，同时综合考虑制约教学模式选择和运用的各种因素，对所掌握的日语教学模式的优点、不足及适用范围等与自身的条件和要求进行对比分析。目的是判断各种模式的实施可能性和预期效果。

3."选择—运用"阶段

经过对比分析，在综合考虑各种制约因素的基础上选择最适合的日语教学模式在课堂上实际实施。每一种教学模式都包含相对稳定的框架结构，这就要求教师在运用选定的日语教学模式时，一方面需要尽可能忠实于原教学模式，充分发挥原模式的作用；另一方面，也必须把握教学模式的灵活性，在原模式框架结构的基础上根据教学实际情况进行适当的调整。

4."反思—改造"阶段

教师在课堂上实际运用选定的日语教学模式之后，应对实施情况进行反思和总结，内容主要包括教学目标的达成情况、教学步骤的贯彻情况、学生的反应、教师自身的掌控情况、教学整体效果等多个方面。如果出现与预期不符的情况，应分析其原因，并提出改进方案。教师通过反复运用、反思、改进教学模式，不仅能够提高教学效果，更可以逐渐形成自己的教学风格，最终将自己的教学风格升华为具有个性特征的日语教学模式。

需要注意的是，尽管每一种教学模式都是针对特定的教学目标而设计的，但是并不是说该教学模式就一定不能用于达成其他的教学目标。就现有的众多日语教学模式而言，既没有一种模式在实现所有教学目标时优于其他的教学模式，也没有一种模式是达成特定目标的唯一选项。日语教育或日语学习作为一个整体，包含多层次、多维度的教学目标和丰富多样的教学内容，教师有必要掌握尽可能多的日语教学模式。这一方面便于根据教学目标、教学内容等有针对性地选择和运用与之相匹配的教学模式，另一方面也便于对多种日语教学模式进行优化组合以提高教学效率。

三、我国日语教学模式的演变及发展趋势

教学模式是教学活动的基本结构，教师在教学活动中都会自觉不自觉地按照一定的教学模式进行教学。由于教学模式是教学理论或教学思想的具体化，而不同历史时期、不同研究者所提出的教学理论或教学思想有所不同，甚至相互对立，相应地所形成的教学模式也各不相同。了解我国日语教学模式的历史发展脉络，既有助于日语教师借鉴传统，加深对当代各种新教学模式的理解，也有助于把握日语教学模式的发展趋势。

（一）我国日语教学模式的演变

我国日语教学模式与当代我国各个时期教学模式的发展和演变是统一的，并未独立发展出专属于日语学科的教学模式。日语教师在教学过程中，会根据日语学科特点和教学内容选择教学模式，并进行相应的调整。因此，我国当代教学模式的发展演变过程，也就是我国日语教学模式的发展演变过程。

新中国成立后直到 20 世纪 70 年代末，苏联教育家凯洛夫提出的"五环节"教学模式，可以说是我国课堂教学的标准教学模式，其基本教学程序是：组织教学—复习旧课—讲授新课—巩固新课—布置作业。该模式源于德国教育家赫尔巴特提出的明了—联合—系统—方法"四阶段"教学模式，是"传授式"教学模式的典型代表。凯洛夫教学模式忽视学

生在学习中的主体地位，片面强调知识的传授，压抑和阻碍了学生的个性发展，因此从 20 世纪 70 年代开始，该模式不断受到教学改革新形势的冲击。

20 世纪 70 年代末，美国教育心理学家布鲁纳倡导的"发现学习"传入我国，在我国教育界产生了很大影响，但学生在"发现学习"中存在较大盲目性，教学效率不高，导致该模式未能得到较大规模的推广[1]。我国教育工作者在"发现学习"的基础上，吸收了苏联教育家赞科夫的"教学与发展"理论，并结合我国的实际情况创造性地提出了"引导发现法"教学模式[2]。这一模式的基本教学程序是：准备—初探—交流—总结—运用。"准备"就是在正式进入发现过程前，让学生清楚认识探索的目标、意义、途径和方法，并且产生"发现"的内在动力，做好探索的物质和精神准备；"初探"就是学生根据教师提出的目标和途径，通过阅读、观察、思考等主动概括出规律、法则，寻求问题的答案；"交流"就是在教师的组织下，学生交流初探的成果和心得体会，并对一些存疑的问题进行深入的讨论；"总结"就是学生根据所要探索的问题，把"初探"和"交流"中获得的知识、结论进行归纳整理，使知识系统化；"运用"就是通过一系列的口头或书面练习，让学生完成有一定难度的任务，引导学生验证所发现的规律、法则，巩固获得的知识，进而将知识应用于解决实际问题，使学生初步获得知识迁移的能力。

20 世纪 80 年代初，我国在教学改革中倡导"双基"教学和素质教育。一些教育工作者提出"学导式"教学模式。这一模式强调自主学习、先学后导、异步学习，即先让学生自学，然后教师有针对性地进行指导，每个学生的进步可以不同步。"学导式"教学模式的基本教学程序是：自学—解疑—精讲—演练。"自学"包括预习、导入新课、自学提示、学生自学等；"解疑"包括提出问题、查阅资料、讨论交流、教师辅导等；"精讲"即教师有针对性地重点提示、讲解或示范；"演练"即让学生实际操练，包括基本演练、综合演练、排除疑惑三个层次。

20 世纪 90 年代，美国教育心理学家斯莱文等学者倡导的合作学习

［1］季银泉.我国的教学模式［J］.教学与管理，1992（6）：20-22.
［2］万莲美，张佩珍，陈秋祥，等.论引导发现法［J］.课程·教材·教法，1981（3）：76-81.

模式在我国开始兴起受到重视，尤其是小组合作学习得到广泛推广。在教学过程中，教师指导与小组互助合作相结合，师生之间、生生之间有更多交流讨论、沟通思想与情感的机会。这种教学模式不仅培养学生解决问题的能力，还培养了学生的参与意识与合作精神。

21世纪伊始，我国实施新课程改革，活动探究、自主学习受到重点关注，并强调学习内容的真实性，应当"有意义地学习"。在教育部制定的日语课程标准中明确提出"倡导活动教学，鼓励实际应用""……（日语课程）是学生在教师指导下自己建构知识的过程。教学活动的设计……注重学生的个体差异，帮助学生在学习活动中发展个性，促进学生自主学习"[1]"优化学习方式，促进自主学习""重视发挥学生的想象力和创造力，倡导和鼓励探究式学习"[2]等课程理念。与这些课程理念相对应的活动教学模式可以说是合作学习，尤其是小组合作学习的延续和发展。活动教学的特点是自主、尝试、合作、创造，要求在教学过程中尽可能地把语言知识、语言技能、文化素养融入活动教学之中，同时在活动过程中培养学生的情感态度和学习策略，共同构成日语教学过程的有机整体。随着国内外教学研究的发展和我国课程改革的不断深化，日语课程除了继续提倡合作学习、探究式学习等强调自我建构知识、发展个性的教学模式，还倡导"重视语言学习的真实性和实践性"的情境教学和交际教学，提出"日语课程精选贴近学生生活、反映社会现实的教学内容，创设接近实际的学习环境，通过围绕话题完成交际性任务等方式开展多种教学活动，使学生有机会感知和体验真实的日语，鼓励学生在课内外以及对外交流活动中积极运用日语"[3]"教师要组织学生围绕话题完成交际性任务，引导学生关注文化因素在交际中的作用，使学生充分发挥想象力和创造力，通过思考、调查、讨论、交流和合作等方式解决交际中存在的

［1］中华人民共和国教育部. 全日制义务教育日语课程标准（实验稿）［M］. 北京：北京师范大学出版社，2001：2.

［2］中华人民共和国教育部. 普通高中日语课程标准（实验）［M］. 北京：人民教育出版社，2003：2.

［3］中华人民共和国教育部. 义务教育日语课程标准（2011年版）［M］. 北京：北京师范大学出版社，2012：2–3.

实际问题，发展初步的综合语言运用能力"[1]。

（二）我国日语教学模式的发展趋势

新的教学模式的建立，首先需要一定的教学理论支撑，其次还要有可供实际操作的教学程序基本框架。一般来说，教学模式的生成有两种途径：归纳法和演绎法。归纳法是指通过总结、归纳教学实践经验，提炼、升华形成教学模式。演绎法是指依据一种或多种科学理论提出某种假设，推演出某种教学模式。[2]建立一种新的教学模式，通常需要遵循四个基本原则。

1. 理论联系实际

任何教学模式都需要科学的理论依据，才能正确地反映教学的本质和规律，培养出有知识、有技能，价值观正确、情感态度积极的学生个体。同时，还不能脱离我国的教学实际情况。我国幅员辽阔，地区之间的教育发展水平极不平衡。只有做到理论联系实际、科学性与实践性相结合，建立起来的教学模式才可能有实用意义和推广价值。

2. 继承与创新相结合

在教学模式的发展历程中形成的种种教学模式，都有其历史性的合理成分，应根据新的社会发展需要予以扬弃。符合新的发展需要的应该继承和发展，不符合的应该舍弃。同时，新的时代必然对教学提出新的问题，对这些新的问题，新的教学模式必须创新性地提出解决方案。

3. 稳定性与灵活性相统一

具备相对稳定的组织结构和教学程序的教学模式，才能称得上成熟的教学模式。但是，教学模式不能是僵化不变的模型。在具体操作过程中，教师应该能够根据实际情况灵活组织教学模式中的教学程序或教学进度，调整各组织要素的关系，使之有效地促进教学，获得预期的教学效果。

4. 个性特色与时代要求相结合

任何一种教学模式，如果不具有区别于其他教学模式的显著特征，则无法形成独立的教学模式。随着社会的发展，每个时期都有相应的时

［1］中华人民共和国教育部.义务教育日语课程标准（2011年版）［M］.北京：北京师范大学出版社，2012：15.

［2］王本陆.课程与教学论［M］.2版.北京：高等教育出版社，2009：179.

代要求，新建立的教学模式如果能够满足时代的新要求，就能够更有效促进学生的自身发展，培养满足社会需要的新人才。

从我国当代日语教学模式的演变历程来看，可以总结出以下特点和发展趋势。

1. 从归纳走向演绎[1]

新中国成立后较长时期主导我国教学领域的凯洛夫教学模式，以及20世纪80年代形成的"学导式"教学模式，都是在教学实践中采用归纳法建立起来的教学模式。凯洛夫模式源于赫尔巴特基于教学实践经验总结提炼出来的"四阶段"教学模式，而"学导式"模式则是我国教育工作者基于"双基"教学和素质教育的要求，从教学实践经验中摸索总结出来的一套教学模式。归纳型教学模式源于教学实践，是对经验的总结归纳，体系性较弱，带有一定的不确定性。由20世纪70年代末传入我国的"发现学习"发展而来的"引导发现法"，以及20世纪90年代在我国开始兴起的小组合作学习，乃至21世纪初流行起来的自主学习、探究式学习、活动教学、情境教学等，都是基于多种教学理论发展而来，属于演绎型教学模式。这些教学模式的理论基础主要包括认知结构理论、建构主义学习理论、有意义学习理论、元认知理论、活动心理学等心理学理论，终身学习、主体性教育、人本主义教育等教育学理论，甚至包括科学技术、哲学研究、社会发展等方面的理论研究成果。演绎型教学模式依据科学的理论研究成果为基础发展而来，具有较强的体系性和确定性。

2. 从单一主导走向百花齐放

20世纪70年代末我国开始实施教育改革以前，凯洛夫的"五环节"教学模式是我国教学界的标准模式，全国基本上没有其他任何有影响力的教学模式。1978年后，我国开始实施教育改革，重视"双基"教学和素质教育。同时由于国际政治环境的变化，欧美国家的教学观念和教学理论不断传入我国，对我国的教学研究产生了巨大影响。在此背景下我国的教学模式的发展逐渐呈现出繁荣景象。由国外传入我国的"发现学习""合作学习""自主学习""有意义学习"，以及我国教育工作者研究

---

[1] 王本陆. 课程与教学论 [M]. 2版. 北京：高等教育出版社，2009：186–187.

发展出来的"引导发现法""学导式""活动教学"等教学模式纷纷登场，使我国现今的教学领域呈现出百花齐放、百家争鸣的繁荣景象。

3. 从"尊师重教"走向"尊生重学"

传统的教学模式注重知识的传授，强调教师的"教"，教师在教学活动中居于主导、支配地位，所有教学环节都围绕教师如何教来设计和展开，学生在教学活动中居于从属和被动接受的地位。随着人本主义、终身学习、认知结构理论、建构主义学习理论等教育思想和教学理论越来越获得人们的接受和认可，同时随着社会科学技术的发展，社会需求不断更新，可供学生利用的课程资源越来越丰富，传统的教学模式已经不能完全满足社会的需要，新的教学模式不断涌现。新的教学模式的共同特点之一，就是在重视教师引导作用的同时强调学生的"学"，尊重学生的学习主体性，重视学生的个体发展，注重培养学生主动学习、终身学习的能力，发展学生的创新思维和创造能力。"……改变以教师为中心、以传授书本知识为目的的单一教学模式，从知识的传授者转变为学生学习的促进者、指导者、组织者、帮助者、参与者和合作者，使教学过程成为教师与学生交流的互动过程。"[1]

4. 从智力发展走向综合发展

传统的教学模式注重知识的传授，通过"满堂灌""填鸭式"的教学方式希望学生能够"学会"大量的知识，目的是充分发展学生的智力。传统的日语教学模式培养的学生尽管在日语知识的系统性方面具有较强优势，但是在口语交际、书面写作等反映学生应用能力、创新思维和创造能力方面的优势严重不足，"高分低能"现象严重。而且，传统教学模式培养的学生缺少个性特色，往往呈现"千人一面"的情况。

新的教学模式把学生看作知、情、意、行的统一体，强调学生为学习的主体，注重调动和发挥学生的主动性、积极性和创造性。在教学过程中，不仅强调获得知识、发展智力，还注重培养学生的实际应用能力和情感态度、学习策略等非智力因素，从而促进学生逐步形成日语综合运用能力。无论是发现学习、探究式学习，还是合作学习、活动教学等

[1] 中华人民共和国教育部. 义务教育日语课程标准（2011年版）[M]. 北京：北京师范大学出版社，2012：14.

日语教学模式，都体现了促进学生综合发展的教学理念。

5. 从面向多学科走向针对日语单一学科

从传统的"传授式"教学模式到当前流行的各种教学模式，绝大多数是针对多学科乃至全学科的教学模式，针对特定学科的教学模式的研究严重不足。教师在实际教学中，不能直接利用针对多学科的教学模式，只能根据本学科的性质和教学特点加以修改、变通。然而，随着社会和科学技术的发展，学科类别日益分化，同时边缘学科和综合课程又在不断产生。如前所述，由于各学科属性不同，甚至存在巨大差异。这就决定了属性不同的学科在教学目标、教学过程、教学策略等方面有所不同。我们认为，任何一种教学模式既不可能对所有学科都同等有效，也不可能培养学生所有的能力和素质。因此，有必要基于日语学科的教学需求，研究出针对性强、效率高的日语学科教学模式。在日语教学活动中，选用有针对性的日语学科教学模式，不仅有助于培养学生日语学科的核心素养，更有助于学生有个性地发展，从而达成促进学生全面发展的教学目标。

6. 从校园走向社会

传统教学模式的教学条件大多拘泥于班级或学校，极少考虑和利用社会化的课程资源。随着教学理论的更新和科学技术的发展，人们不再把教学活动限定在校园内，而是越来越重视利用社会化的课程资源。这些资源既包括面向社会普通人的图书馆、博物馆等文化设施，也包括城市景观、野外环境等，还包括互联网、移动终端等科学技术的成果。因此，如何充分利用社会化课程资源构建新型的日语教学模式，既是当前我国社会发展的必然要求，也是推动我国日语教学研究和教学发展的现实需要。

第八章　日语教学方法与教学手段

　　教学方法是教师与学生为了实现共同的教学目标，完成共同的教学任务，在教学过程中运用的方式和手段的总称。教学方法包括教师开展教授活动的方法和学生实施学习行为的方法两大方面，是教授方法与学习方法的统一。由于教师在教学过程中处于主导地位，因此教授方法在教学方法中也处于主导地位。

　　从教学方法的内涵和本质来说，具有以下三个基本特点：

　　1.教学方法是特定的教育思想和教学价值观念的具体体现，是为实现特定的教学目标服务的；

　　2.教学方法受具体教学内容的制约；

　　3.教学方法受到具体教学组织形式的制约。

　　依据不同的分类原则和标准，教学方法可以分为不同的类别。例如：依据教学形态分类，教学方法可以分为语言传递法、直接感知法、实际训练法和引导探究法四大类；依据教学过程分类，教学方法可以分为组织认知活动的方法、刺激和形成学习动机的方法、检查和自我检查的方法三大类；依据预期学习结果的作用分类，教学方法可以分为呈现法、实践法、发现法和强化法四大类；依据层次构成分类，教学方法可以分为原理性教学方法、技术性教学方法和操作性教学方法三个层次。[1]

教学手段是教师与学生之间进行教学活动时相互传递信息的工具、媒介或设备，如教学双方的形体动作、表情，语言、文字、图片、书籍、黑板、粉笔、电子音像设备等。教学方法离不开必要的教学手段的支持。教学方法与教学手段的有机结合，能够有效提高教学效果。

随着科学技术的进步，教学手段经历了从口头语言、文字和书籍、印刷教材，到电子视听设备、多媒体网络技术等五个发展阶段。在不同历史时期，有不同的主导教学手段。现代化教学手段是相对传统教学手段而言的。传统教学手段通常指教科书、粉笔、黑板、挂图等。现代化教学手段通常指各种电化教学器材和教材，如幻灯机、投影仪、录音机、录像机、电视机、影碟机、计算机、电子书、网络教材等。由于利用声、光、电等现代化科学技术辅助教学，因此又叫作"电化教学"。电化教学是随着社会的进步、科学技术的提高和教学改革的推进而不断发展的教学手段。

[1] 黄甫全. 现代课程与教学论学程（下册）[M]. 北京：人民教育出版社，2006：700.

第一节　日语教学方法

一、日语教学方法的确立

　　这里的日语教学方法，是指把日语作为第二语言学习而开展的教学活动所采用的教学方法。甲午战争爆发以前，鲜有中国人学习日语。1895年甲午战争失败后，中国掀起了学习日语的热潮，不仅有大量青年学生留学日本[1]，在中国也有不少学校开设日语课程。这个时期的日语教学通常以语法和阅读为主，通过翻译和阅读使学生获取有关知识和信息，采用的教学方法大多是语法翻译法，也有部分日本教师尝试运用直接法。从世界范围来看，第二次世界大战以前，日语教学主要针对日本国内的留学生和受日本殖民统治的国家和地区，所选用的教材和采用的教学方法与日本的"国语"教育相差不大。在日本国内，有关日语教学的研究也归属于"国语"教育范畴。

　　20世纪70年代开始，日本的全球地位不断提升，学习日语的热潮在亚洲各国乃至世界各地逐渐兴起。1972年，中日恢复邦交正常化，两国关系的发展进入了快车道。经贸往来和文化交流的发展，致使需要大量的日语人才，客观上促进了中国的日语教学的发展。然而，以往通过翻译和阅读获取知识和信息的日语教学方法已不能满足社会发展的需要。如何提高学习者的听说技能成为日语教学面临的突出任务。20世纪80年代开始，日本国内兴起有关日语教学的理论研究，并指出日语教学与"国语"教学的教学内容虽说都是日语，但前者的教学对象是把日语作为第二语言来学习的学生，而后者的教学对象是把日语作为母语来学习的学生。既然二者的教学对象不同，就不应当采取完全相同的教学方法。

　　世界各地赴日留学的学生数量的快速增加，对日本国内的日语教学提出了更高的要求。同时，伴随着全球化的发展，区域间、国际的日语教学研究活动日益频繁，从事日语教学研究的专家、学者不断就日语教学的方方面面展开广泛的交流和探讨，在借鉴国际上流行的外语教学法

---

[1] 据汪向荣（1988）统计，1905年至1910年派往日本的中国留学生人数超过1万人。

的基础上，结合日语教学的特点，发展了多种多样的日语教学方法。

二、主要的日语教学方法

日语教学作为成规模的外语教学始于 19 世纪末，于 20 世纪 70 年代开始在全世界获得长足发展。相对于英语等欧洲语言来说，日语作为外语的教学时间要晚得多。也正因为如此，日语的教学方法可以说基本上是在借鉴英语等其他语种的教学方法的基础上，结合日语本身的特点形成的。

（一）语法翻译法

语法翻译法是以翻译为基本手段，运用母语对日语的语法规则、语言结构等进行翻译、讲授的教学方法。外语教学方法源于拉丁语教学法，盛行于 15—17 世纪的欧洲，当时称"语法模仿法"，是语法翻译法的雏形。19 世纪历史比较语言学的建立标志着语言学成为一门独立的学科，依托着历史比较语言学的理论基础和研究方法，德国语言学家奥朗多弗（Heinrich Ollendorff）等学者总结了过去运用语法翻译法的实践经验，并从理论上论述了语法翻译法的合理性，使语法翻译法成为一种科学的外语教学法体系。语法翻译法的主要代表人物除了德国的奥朗多弗，还有法国的雅科托（Joseph Jacotot）和英国的哈米尔顿（James Hamilton）等。语法翻译法既是最早形成的外语教学法，也是使用时间最长、最为广泛的外语教学方法。

语法翻译法提倡运用母语教授日语，在教学中以翻译为基本手段，以语法学习为基本途径，强调语法教学的核心地位。语法翻译法的教学目标主要是培养学生的日语读写能力，通常采取教师讲授、学生接受的教学方式，师生间和学生间极少互动。语法翻译法对我国的日语教学有着深远影响。从清末民初直至 20 世纪 70 年代，语法翻译法在我国的日语教学活动中一直占据统治地位，至今仍有不少日语教师在沿用语法翻译法来开展教学活动。

1. 主要特点

在日语教学中，语法翻译法具有如下主要特点：

（1）教学活动以教师为中心，教师讲授语言知识，学生机械性地记忆和背诵；

（2）教师主要使用师生共通的语言，很少使用日语进行教学；

（3）学习材料倾向于选择难度较大的文章；

（4）注重日语语法现象的分析，较少关注学习材料的内容和思想；

（5）语言训练以句子翻译为主，不注重学生的交际应用；

（6）重视语法形式的讲解和训练，尤其注重日语中的助词和用言活用形的教学；

（7）词语教学只给出相应的译词，较少关注词语的使用场合；

（8）语音教学着力不多，较少关注学生的语音语调。

2. 优点与不足

语法翻译法既有其优势，也存在明显的不足。其优点主要表现为：

（1）能够帮助学生清晰地理解日语的语法概念，比较系统地掌握日语的语法知识，便于学生举一反三；

（2）有利于学生快速、准确地读取语言材料，能有效提高学生的阅读、写作和翻译的能力；

（3）对日语教师的教学专业技能要求不高，学生的学习成绩也容易通过词汇、语法和翻译等客观试题加以测评。

同时，语法翻译法的劣势也十分明显，主要表现为：

（1）单纯强调教师讲授，阻碍了学生的学习主动性，容易导致学生对日语失去学习兴趣；

（2）忽视学生听、说能力的培养，导致学生日语交际能力严重不足，无法满足当代社会对学生日语能力的需求。

（二）直接法

直接法是指尽量避免使用母语和翻译手段，通过各种直观手段直接运用日语开展教学活动的教学方法。19世纪末20世纪初，随着欧美等地资本主义经济的快速发展，国际政治、经济形势发生巨大变化，国际交往日益频繁、广泛，各国对外语人才的需求迅速增长。然而，长期以来采用语法翻译法培养的学生已不能适应时代的需求。于是，以英国语言学家斯威特（Henry Sweet）、德国语言学家菲埃托（Wilhelm Vietor）等人为代表的改革派针对语法翻译法在培养学生口语交际能力方面的缺陷，强调口语和语音训练的重要性，系统论述了直接法的原则，推动了外语教学法的发展。由于直接法强调口语交际训练，在听、说的教学活动中自然领悟语言规则，因此也称"口语法""自然法"。直接法重视口语和语音教学，主张词汇和句子应结合上下文来学习，语法教学主要采用归纳法。直接法的代表人物主要有德国外语教学法专家贝立兹（Maximillian D.Berlitz）、法国外语教育家古安（Francois Gouin）、英国语言学家帕尔默（Harold E.Palmer）、丹麦语言学家叶斯珀森（Otto Jespersen）等。贝立兹在推广直接法方面做出了巨大贡献。1878年，他在美国创立贝立兹语言学校（Berlitz School）。1921—1944年，贝立兹的语言学校从美国发展到欧洲、拉丁美洲和非洲等地。帕尔默结合自己的实践经验，对直接法做了大量的理论研究。1922—1936年，帕尔默应日本政府的邀请，前往日本从事英语教研工作。由于他所做出的努力，日本的英语教学研究工作异军突起，取得了很大成就，引起世界各国外语教学界的重视。

第二次世界大战前，语法翻译法在教学实践中存在明显的缺陷，促使当时的日语教师开始探索新的教学方法。1898年，在台湾从事日语教学的"国语教学研究会"发起人桥本武（はしもと　たけし），向山口喜一郎（やまぐち　きいちろう）等日语教师推荐直接法的代表人物古安所著的《语言教学艺术》（*The Art of Teaching and Studying Languages*）一书。山口喜一郎于1899年开始尝试在具体教学中运用直接法并初见成效，这成为山口式直接法的研究起点。直至1945年山口喜一郎返回日本，他先后在朝鲜以及中国的台湾、东北、华北等地区长期从事日语教学。在此期间，山口主要推行直接法。山口喜一郎结合教学实践编纂过多套日语教科书，还撰写了《日本语教授法概说》《日本语教授法原论》等多部日语教学法专著。山口喜一郎不仅批评语法翻译法无法准确表达汉语中没有的事物或现象，认为过早导入汉字会弱化日语的音韵和词语本身的意思，还指出直接法过于复杂、不易理解和自学困难等缺点。在此基础上，山口喜一郎提出了山口式直接法，实际上是语法翻译法和直接法的折中方案。山口式直接法主张入门阶段严格实行直接法，训练听与说；解读、预习或复习的时候可以使用语法翻译法把握文章的意思。对于句子结构的教学，山口喜一郎反对从易到难的教授顺序，而主张从学习者的身边事物开始教学[1]。

1. 主要特点

直接法具有如下主要特点：

（1）排斥母语和翻译，直接以日语组织教学活动，广泛使用实物、图画、动作、手势、表情和游戏等直观手段解释词义和句义；

（2）倡导听、说先行，读、写随后的教学原则；

（3）主要教授口语，注重语音教学，初始阶段一般不涉及日语汉字的教学；

（4）语言材料为现代日语，教学以句子为基本单位，注重整句学习，不孤立地教授单词和语音规则；

（5）直接感知、模仿、类推为主要教学手段，初学阶段避免讲授语法规则，学习到一定阶段后再对语法进行归纳。

2. 优点与不足

运用直接法开展教学活动，其优点主要表现在以下几个方面：

（1）在初学阶段用直观手段开展自然的口语教学，不仅能使学生容易理解，而且能活跃课堂氛围，激发学生的学习兴趣；

（2）强调直接学习和实际应用，有利于培养学生的日语交际能力；

（3）注重听、说能力的培养，能培养学生的日语思维和运用日语的习惯；

（4）不断地重复和模仿，使学生掌握正确的语音、语调，有利于培养学生的日语语感；

（5）以句子为教学的基本单位，有利于学生完整、准确地把握句子的含义，便于组织学生进行有意义的操练。

同时，直接法也存在明显的不足，其主要表现为：

（1）完全排除母语的中介作用，不仅效率低，而且对抽象概念难以讲解清楚，容易导致学生一知半解、囫囵吞枣；

（2）将儿童的母语习得与学生学习第二语言混为一谈，忽视学生的独立思维能力，妨碍学生的学习主动性；

---

[1] 木村宗男. 日本語教授法：研究と実践［M］. 東京：凡人社，1982：270–279.

（3）片面强调口语教学，不重视培养学生的读、写能力，致使学生的语言表达浮于表面，难以进行深入的交流；

（4）单纯依靠机械性模仿、操练和记忆，学生难以准确把握词语之间的搭配关系和句子的结构特征；

（5）忽视语法规则的学习，学生不仅无法运用语法规则来规范自己的语言表达，而且也难以做到灵活运用、举一反三。

（三）听说法

听说法是指以日语的句子结构为纲，以操练句子结构为中心，着重培养学生日语听、说能力的教学方法。听说法起源于 20 世纪 40 年代的美国。太平洋战争爆发后，作为同盟国兵工厂的美国需要派遣大批军事人员到世界各地工作。这些人员必须快速掌握有关地区通用语言的口语。于是，以结构主义语言学创立者布龙菲尔德（Leonard Bloomfield）为首的一批语言学家和外语教学法专家受美国国防部邀请研究新的外语教学法。结果便研究出以结构主义语言学和操练性条件反射为基础的陆军口语法，亦称"布龙菲尔德教学法"。由于该教学法以句子结构操练为中心，重点发展学习者的听说能力，因此被叫作"听说法"，又称"句子结构教学法"或"口语教学法"。听说法在第二次世界大战结束后不断得到完善，20 世纪五六十年代在世界范围内产生了很大影响，其主要代表人物除了布龙菲尔德，还有美国语言学家弗里斯（Charles C.Fries）和拉多（Robert Lado）等。

在布龙菲尔德之后，对听说法影响最大的是弗里斯和拉多。他们进一步发展了听说法的教学思想：

（1）重视语言与文化的关联性。弗里斯认为语言与民族文化密不可分，学习外语不能忽视使用该语言的民族的文化。

（2）词汇和语法结合句子教学。句子作为口头交际的最小单位，应将词汇、语法融进句子中实施教学。词汇的作用是将句子结构形象化，应先学习构成句子结构骨架的功能词。

（3）起始阶段重点掌握语音体系和呈现各种句子结构。

（4）有针对性地选择教学内容。教学内容应在对比外语和本族语的基础上进行选择，并区分难点的类型。选择教学内容时，需要注意使用频率、典型性等因素。

（5）注重句子结构的操练。需要熟练掌握句子结构，并将绝大部分的教学时间用于语言实践。句子结构的操练方法主要是模仿、复习、类推、构形和熟记。

美国学者特瓦德尔（William Freeman Twaddell）把听说法的教学过程归纳为认知、模仿、重复、交换、选择五个阶段[1]。

认知：对所学句子结构耳听会意，主要采用外语本身相同或不同的对比，使学生从对比中了解新的句子结构或话语。例如：

（1）a. 庭に木があります。

b. 庭に猫がいます。

（2）a. 田中さんはミカンが好きです。佐藤さんもミカンが好きです。田中さんも佐藤さんもミカンが好きです。鈴木さんと三上さんは？

b. 鈴木さんはリンゴが好きです。三上さんもリンゴが好きです。鈴木さんも三上さんもリンゴが好きです。

模仿：跟读、齐读、抽读、纠错、改正，同时记忆。

重复：检查学生模仿的材料，开展各种记忆性练习。当确信学生已能正确理解、朗诵所学句子后，方可进行交换阶段的活动。

交换：按替换、转换、扩展三步逐渐加大难度，同时注意学生的理解情况。替换包括单项替换和多项替换，转换包括含义转换、结构转换和增减句子要素，扩展包括前置修饰扩展和后置修饰扩展。例如：

（1）单项替换：

师：田中さんは野球が得意です。

生：田中さんは野球が得意です。

师：テニス。

生：田中さんはテニスが得意です。

（2）多项替换：

师：田中さんは野球が得意です。

生：田中さんは野球が得意です。

师：佐藤さん，テニス，上手です。

[1] 章兼中. 国外外语教学法主要流派［M］. 上海：华东师范大学出版社，1983：102-104.

生：佐藤さんはテニスが上手です。

选择：在接近实际或模拟的情境中综合运用语言材料。

1. 主要特点

听说法的理论依据是结构主义语言学和行为主义心理学，其主要特点表现如下：

（1）听、说为主，读、写为辅。

听说法主张语言首先是有声的，文字只是记录语言声音的符号。因此，声音是第一性的，文字是第二性的；听、说是一切言语活动的基础，读、写是在听、说的基础上派生出来的技能；学习日语首先要掌握听、说，在初级阶段尤其应以培养口语能力为主，读、写技能为辅。听说法要求日语材料首先要经过耳听、口说，然后再进行读、写，要严格按照"听—说—读—写"的顺序教学。

（2）反复操练和实践，形成自动化的日语表达习惯。

依据行为主义心理学理论，听说法强调语言学习必须进行大量的"刺激—反应—强化"的反复操练，通过模仿、记忆、重复、交谈等实践练习，最终形成自动化的日语表达习惯。

（3）以句子结构为中心。

句子结构是从大量句子中总结出来的句子架构模式，既是表情达意的基本单位，也是听说法的教学中心内容。在教学活动中，无论是日语知识的讲授，还是日语技能的操练，都主要以句子结构为中心，通过反复替换操练，使学生自主地运用每一个句子结构，最终达到学生综合运用日语的教学目标。

（4）排斥或限制使用母语和翻译。

与直接法类似，听说法同样排斥翻译和使用母语，提倡尽量运用直观手段、借助情境或采用日语直接释义等方式开展教学活动。只有在采用直观、直接的手段无法解决问题的情况下，才允许把母语翻译作为释义和讲解的手段。

（5）对比语言结构，确定教学难点。

听说法主张把日语和母语进行对比，找出二者在结构上的异同，以确定教学难点，并把教学的主要力量放在攻克难点上。不仅如此，在教学中还需要对日语内部的语言结构进行对比分析。提倡句子结构的教学顺序应采用由易到难进行训练的方法，以利于对复杂句子结构的掌握。

（6）及时纠正错误，培养正确的日语表达习惯。

听说法强调从一开始就让学生正确理解、准确模仿、表达无误，发现错误及时纠正，避免学生形成错误的日语表达习惯。

（7）广泛利用现代化教学手段。

听说法提倡在教学过程中积极利用各种现代化的教学手段，如幻灯、录音、影视等，通过多种途径对学生进行日语的强化刺激。

2. 优点与不足

听说法是一种理论基础非常雄厚的教学法流派，它把结构主义理论和行为主义理论应用到外语教学中，使外语教学有了科学基础，具有划时代的意义。听说法的出现成为外语教学法发展史上的一个里程碑，在理论和实践两方面都促进了外语教学法的发展。

诚然，听说法有其优点，也存在不足。其优点主要表现为：

（1）强调日语教学的实践性，重视听、说能力的培养，语音、语调比较自然。

（2）重视句子结构教学。通过句子结构的反复操练进行听、说、读、写等语言技能的训练，养成自动化的日语表达习惯和日语语感，避免了繁琐的语法分析和抽象推理，同时对教师的日语水平和教学组织能力的要求也不是很高。

（3）通过对比分析语言结构特点，确定教学难点，有针对性地加以讲解。

其不足主要表现为：

（1）把语言看作一系列"刺激—反应—强化"的过程，在语言运用的创造性方面认识不足。

（2）过分强调机械性的句子结构操练，脱离语言内容和社会场景，对语言的内容和意义重视不够，不利于培养学生灵活运用日语和得体交际的能力。

（3）大量的机械性句子结构操练容易使学生感到枯燥乏味，容易造成课堂氛围沉闷、单调。

（四）视听法

视听法是指利用视听手段，让学生整体感知和认识日语的语音、语调、形态和意义等，从而培养学生听说能力的教学方法。视听法最早叫作"整体结构法"，20 世纪 50 年代产生于法国圣克卢高等师范学院，因此也称"圣克卢法"。由于该教学法强调语言教学中情景的作用，故又称"情景教学法"。视听法和听说法是二十世纪五六十年代影响较大的两种外语教学法。视听法的代表人物主要有法国学者古根汉（Georges Guggenheim）和南斯拉夫学者古布里纳（Perer Guberina）等。视听法主张充分利用视听手段，强调综合运用耳、眼、脑等感官整体去感知和认识语言材料的音、形、义和词、句等，重点培养学生的听说能力。

1. 主要特点

视听法是在直接法和听说法的基础上发展而来的教学法，其主要特点表现为：

（1）广泛利用视听手段。

视听法强调语言与情景相结合，充分利用幻灯、收音机、电视机、录像机、模型等各种视听设备，让学生反复模仿，形成自动化日语表达习惯，主要培养学生的日语听说能力。教学时，学生一边看图像一边听声音，避免使用母语。这样可以使情景的意义与日语之间建立起直接的联系。

（2）强调整体结构教学。

视听法强调语言内容的连贯性，通过情景和声音整体地理解日语材料的意义。视听法是一种自上而下（top-down）的教学方法。其教学步骤是先看或听一段意义完整的日语材料，掌握其语音、语调和节奏等整体结构，然后进行个别元素的训练；教学顺序是"话语—句子—单词—单音"；教学过程为"感知—理解—练习—运用"。

（3）重视口语交际，提倡听、说先行。

视听法的语言材料主要是两三个人之间的日常生活情景对话。学生通过语音、图像等，在自然的情景中感知、理解日语，然后进行模仿和练习。口语是视听教学的主要内容，目的是使学生掌握正确的语音、语调，培养口语语感，强化听说能力。

（4）视听并用，语言与情景密切配合。

视听法认为，边看图像边听声音，可以使情景与日语之间建立起直接联系。这样既不需要使用母语进行翻译和解释，也能避免使用生硬的书面语。而且，图像不仅能够呈现出情景，还呈现出说话人的姿态、表情等，使学生对日语的感知和理解比单独听或通过书面学习更加全面、准确，也更能够激发学生学习日语的兴趣。

2. 优点与不足

视听法的优点主要表现为：

（1）视觉与听觉相结合，广泛利用视听手段，使学生见其形、闻其声、知其情，充分调动眼、耳、脑等多种感官，加深学生的感知和理解，促进学生在日语与现实之间建立直接联系，培养学生直接运用日语思维的能力。

（2）强调在日常生活情景中直接感知日语的整体，并在交际中学习日语的语音、词汇和语法。贴近生活实际的教学情景使学生能够将日语直接运用于日常生活。

（3）强调口语先行，读、写跟上的原则，重视培养日语的语感。

（4）学生所接触到的日语材料都是地道的日语，有助于掌握准确的语音、语调。

视听法的不足主要表现为：

（1）对于日语整体结构的感知和训练重视有余，而忽视语法规则等日语知识的分析与讲解，不利于学生理解和灵活运用。

（2）过于强调直观情景，排斥母语的中介作用，不利于准确把握日语与情景的关系。

（3）过于重视日语结构形式，强调以情景为线索来选择和安排日语材料，而有限的情景无法满足学生运用日语开展交际活动的实际需要。

（五）全身反应法

全身反应法（简称"TPR"）是指以身体的动作、表情为主要教学手段，让学生感知并理解日语，重点培养学生听说能力的教学方法。全身反应法由美国心理学家阿什尔（James Asher）于 20 世纪 60 年代创立，流行于 20 世纪 70 年代。在此之前出现的外语教学法,无论是语法翻译法、直接法,还是听说法、视听法,在教学思想方面都存在一脉相承的地方——以教师为中心,以语言形式为教学的核心内容,因此这些教学法被称作"传统外语教学法"。TPR 的教学思想与传统的外语教学法不同。TPR 通过身体动作教授外语,主张在学生开口之前培养学生的听力理解能力,使学生的言行协调一致,减少学生在语言学习中的心理压力。

TPR 的理论依据主要包括心理学和语言学两个方面。阿什尔认为成年人的外语学习和儿童习得母语的过程相似,儿童接收的语言信息大多是命令句,在接收到语言信息时,儿童一般先用身体做出反应,而后逐渐学会用语言做出反应,成年人也可以像儿童一样,通过同样的习得过程掌握第二语言。[1]TPR 还吸取了心理学中"记忆痕迹"理论的观点。该理论认为,记忆越经常、越强烈,则越易于联想和回忆。回忆时结合肢体动作等痕迹活动,可以提高成功回忆的可能性。TPR 还强调情感因素在学习中的作用。人文主义心理学认为,对学生的言语输出不做严格要求、具有游戏性质的教学活动可以减轻学生的心理负担,营造轻松、愉快的学习氛围,有利于提高学生的学习效率。从语言学角度来说,TPR 主要依据结构主义语言学理论。TPR 认为动词是语言的核心内容,学习和使用语言都应围绕动词展开;语言是作为整体被内化的,而不是单个的词汇元素。

1. 主要特点

TPR 的特点主要表现在以下方面:

(1)听力先行。首先培养学生的日语听力理解能力,然后再要求学生口头表达。

(2)结合身体动作反应提高对日语的理解能力。身体动作反应由教师通过有计划的指令进行控制,学生根据指令做出相应的动作,从而感知并理解日语。例如:

①学习"V てください"。

师:立ってください。

生:(站起来)

---

[1] 束定芳,庄智象. 现代外语教学:理论、实践与方法[M]. 上海:上海外语教育出版社,1996:209.

師：20ページを開けてください。

生：（把书翻到第 20 页）

師：本文を読んでください。

生：（朗读课文）

師：本を閉じてください。

生：（把书合上）

師：座ってください。

生：（坐下）

②学习各种颜色的形容词。

（准备多张印有不同颜色物品的卡片。一个学生说，另一个学生选出相应颜色的卡片）

生₁：赤いリンゴ。

生₂：（选出红色苹果的卡片）

生₁：白い車。

生₂：（选出白色轿车的卡片）

生₁：黒い帽子。

生₂：（选出黑色帽子的卡片）

生₁：青い海。

生₂：（选出蓝色大海的卡片）

（3）学生可做好准备后再发言，教师不强迫学生发言。

（4）强调教学的意义，降低学生的紧张情绪。

2. 优点与不足

TPR 被称作"让语言动起来"的教学法，其优点主要表现为：

（1）能够抓住学生的注意力，吸引学生参与活动，让学生在身临其境的体验中学习。教学过程中尽量不纠正学生所犯的语言错误，有利于消除紧张的心理，让学生在宽松、愉快的环境中学习日语。

（2）能够提供与实际生活关联紧密的日语学习环境，使学生在各种各样的活动中反复练习和学习日语。

（3）协调运用左右大脑的功能，有利于发展左脑以提高日语学习的效率。

（4）以句子为基本的教学单位，重视语言内容和意义，有利于培养学生的日语运用能力。

TPR 的不足主要表现为：

（1）TPR 强调对动作指令的理解，但不强调语法规则及其运用。学生即使听得懂指令并完成动作，但不一定能够正确运用该指令。

（2）TPR 一般适用于初级阶段的日语教学，少年儿童日语初学者会积极地配合完成动作，但是不断地重复动作，会让学生特别是青年学生产生厌倦感。

（3）适合运用 TPR 教学的内容主要是直观性强，可通过动作、表情来表现的比较简单的日语语句；表示抽象概念、语法关系等意义的词语，以及非直接描述动作、状态或者结构复杂的句子则难以通过动作、表情来表现。如"中身""休暇""質量""素粒子"等名词，"詳しい""素晴らしい""賢い"等形容词，"やはり""もう""せいぜい"等副词，"しかし""そして""だから"等连词，"田中さんは中国語ができるそうです""田中さんは行くかどうか分かりません"等句子都不容易通过 TPR 来组织教学。

（4）由于存在个体差异性，部分学生并不愿意主动参与任何表演活动，即便他们完全能够完成这样的活动。如果勉强这部分学生参与，并不能收到预期效果。此外，蹦蹦跳跳的课堂活动通常并不适合成年的学习者。

（5）TPR 还存在文化差异的问题。同一个动作在不同的国家或地区，所表达的文化内涵可能存在差异。

（六）交际法

交际法是指以日语的"功能 – 意念"项目为纲，以培养学生的日语交际能力为目标的教学方法。交际法形成于 20 世纪 70 年代，是国际上影响较大的外语教学法流派，其理论主要是美国社会语言学家海姆斯（Dell H. Hymes）的交际能力理论和英国语言学家韩礼德（Michael A. K. Halliday）的系统功能语言理论。交际法学者认为，外语教学的目的是培养学生的交际能力，教学内容不仅包括语言结构，还包括表达各种意念和功能的常用语句。交际法重视培养学生的语言交际能力，采用真实、地道的语言材料，主张通过句子结构与具体情景相结合的方式开展教学，鼓励学生尽可能多地接触和实际运用。交际法的代表人物有荷兰语言学家范埃克（Jan Ate Van Ek）、英国语言学家威尔金斯（David A. Wilkins）和威多森（Henry G. Widdowson）等。

交际法把教学目标定位为使学生获得语言交际能力。针对传统外语教学法的弊端，交际法提出重视语言交际功能的观点，坚持以语言功能项目为纲来培养学生的交际能力，打破传统外语教学沉重的课堂教学氛围。因此，交际法一出现很快就流行起来，成为国际上影响最大的外语教学法流派之一。

海姆斯指出，一个人语言掌握得好坏，不仅在于他能否造出合乎语法的句子，还包括他是否具有恰当地使用语言的能力。因此，人的语言能力应该是他运用语言参加社会活动的能力。韩礼德更进一步研究了语言的社会功能，提出了意义潜能理论。该理论指导下的交际法不再遵循以语言形式和语言结构为主要教学内容的传统，而侧重于语言的社会交际功能，即重视运用语言做事情和表达意义的功能。交际法把语言视作一种意义表达系统，其基本单位不再是语言的语法规则和结构特征，而是语言的功能和交际意义，也就是运用语言叙述事情和表达思想，如打招呼、询问、请求、邀请、介绍、感谢、道歉、希望、害怕等。

1. 主要特点

交际法的特点主要表现在以下几个方面：

（1）课堂教学以学生为中心，培养学生的日语交际能力。

首先，教师在课堂教学中需尽量使用日语上课，通过师生间的互动培养学生的日语交际能力。其次，选择真实、自然的日语材料和典型的情景，最大限度地利用接近真实的日语交际情景开展日语交际活动。课堂教学以学生为中心，教师作为学习活动的协助者和组织者，通过各种活动让学生充分接触日语，在活动中获得日语交际能力。

（2）教学活动贴近学生的生活实际。

交际法认为，交际活动是在特定的情景中进行和完成的。因此，日语教学不仅要根据学生日常生活和未来工作的需要选择最常用的、最典型的日语交际情景，还要从学生最常用的情景中选取最典型的日语材料作为交际活动的话题。

（3）教学活动以内容为中心。

教学过程中大量采用情景模拟、角色扮演、信息传递、语言游戏等活动形式培养学生运用日语开展交际活动的能力。

（4）强调运用日语顺利完成交际任务，而不是机械地进行语言操练。

交际法主张交际活动注重语言的流畅性，而不过于强调语言的准确性。因此，教学活动中对学生的语言错误一般采取宽容的态度，避免因频繁纠错妨碍学生连续的语言表达，分散学生的注意力，影响学生语言交际的流畅性和积极性。交际法主张只有在出现理解性语言错误，阻碍交际活动继续往下推进时才必须予以纠正。教师要鼓励学生积极参与日语交际活动，大胆开口说话，以培养学生的日语交际能力。

（5）以话语为教学的基本单位。

交际法主张以话语为教学基本单位开展日语交际活动，反对以单词、词组或孤立的句子为教学的基本单位进行机械性操练。话语是为实现交际目的服务的，双向的语言交际过程相互影响并贯穿整个日语交际活动之中。尽管交际法也采用句子结构操练的形式，但这仅是为达到以交际为目的而提高日语能力的一种有用的手段。交际法要求尽量将这种操练置于具体的语言情境中，为交际功能和表达意义服务。

（6）交际法强调日语交际活动的真实性。

交际法认为，在接近真实的语言情境中进行日语交际活动，能有效培养学生对日语的理解和表达能力。交际法反对情境不真实的语言操练。

例如，在刚开始学习日语时，会学习"こそあど"系列指示词的用法，依照传统的外语教学法，教师通常会组织学生做如下会话练习。

会话练习一：

S_1：（指着手中的日语课本）これは何ですか。

S_2：それは教科書です。

S_1：何の教科書ですか。

S_2：日本語の教科書です。

会话练习二：

S_3：（小李从自己桌上拿起一支铅笔向同桌提问）これは何ですか。

S_4：それは鉛筆です。

S₃ : 誰の鉛筆ですか。

S₄ : 李さんの鉛筆です。

由于学生 S₁ 和 S₃ 所询问的内容是自己知道的信息，属于明知故问。在一般情况下，这种对话不可能发生，属于不真实的交际活动[1]。

2. 优点与不足

交际法的特点是将语言的结构与功能结合起来开展日语交际教学，旨在发展学生的日语交际能力。交际法不仅要求学生具备听、说、读、写等方面的日语技能，还要求学生将这些技能灵活、适当地运用到具体的日语交际活动中去。交际法作为 20 世纪外语教学研究的重要成果，其优点主要体现在下几个方面：

（1）有利于培养学生的日语交际能力。

语言既是思想的载体，也是交际的工具。交际法强调语言教学为学生的交际需要服务。日语交际能力的具体表现在于是否能够运用日语在不同的场合中对不同的对象有效、得体地完成交际任务。可以说，培养学生的日语交际能力既是日语教学的出发点，也是日语教学的目的与归宿。

（2）教学活动以学生为中心，有利于发展学生的话语能力。

在教学活动中，学生成为主要角色，教师负责选择、组织和推动交际活动的顺利开展。这样既为学生提供了更多的运用日语的机会，也提高了学生运用日语的积极性，有利于发展学生的日语话语能力。

（3）有利于提高学生日语表达的流畅性和连贯性。

由于交际法强调语言的意义和应用，学生接触和使用的不是孤立的词语或句子，而是连贯的日语表达，因此教学中首先要求的必然不是日语表达形式的正确性，而是日语表达的流畅性和意义的正确传达。

（4）有利于综合发展学生的日语技能。

交际法主张教学活动尽量贴近学生的生活实际，接近真实的日语交际情境,这样的教学形式有利于学生听、说、读、写等日语技能的综合发展。

（5）有利于活跃课堂氛围，提高学生的学习兴趣。

---

［1］在学生S₁诘问学生S₂，或者学生S₃诘问学生S₄的情境下，两组会话可能是真实的交际活动。不过在学习日语的起步阶段，一般不会涉及"诘问"的表达方式。

　　运用交际法所创造出来的融洽、自由的课堂氛围，有利于让学生从古板、枯燥、压抑的课堂中解放出来，提高学生的学习兴趣，达到寓教于乐的教学效果。

　　尽管交际法影响巨大，在发展学生日语交际能力方面效果突出，但是也存在一些不足，主要表现在以下方面：

　　（1）"功能－意念"项目繁多、层级关系复杂，认定"功能－意念"项目的标准不统一，如何科学编排"功能－意念"项目的教学顺序等问题缺少系统的理论支持，还需要进一步探究和完善。

　　（2）对于语言教学来说，语言能力的培养不能忽视语言形式的学习。如何科学地协调日语的"功能－意念"项目与日语的语法规则、句子结构之间的关系还需要进一步研究。在以"功能－意念"项目为纲的教学活动中，语言形式的选择往往居于次要地位，这就难以避免在较早的学习阶段出现较难的日语表达形式，从而增加学生学习日语的难度。

　　（3）交际法要求对学生的语言错误采取宽容态度和有条件纠错。然而，哪些错误可以宽容，哪些错误必须纠正，以及何时纠错等问题均难以确定可行的标准，需要教师在教学实践中灵活把握。为此，不少教师很容易陷入放任自流的极端困境。

（七）任务型教学法

　　任务型教学法是以意义表达为中心，以学生运用日语完成交际性任务作为教学目标开展教学活动的教学方法。任务型教学法兴起于20世纪80年代，是对交际法的进一步发展，在全球具有广泛的影响力，也是我国实施新的日语课程改革以来明确提倡的教学方法。例如，《全日制义务教育日语课程标准（实验稿）》在"前言"中提出"通过围绕话题完成交际性任务等方式开展多种交际活动，使学生……形成初步的综合语言运用能力"[1]，在"教学建议"中要求"使学生通过直接参与运用日语开展交际性任务等来发展他们的综合语言运用能力"[2]；《普通高中日语课程标准（实验）》在"教学建议"中要求"教师应根据不同的教学内容，设计

---

［1］中华人民共和国教育部. 全日制义务教育日语课程标准（实验稿）［M］. 北京：北京师范大学出版社，2001：1.

［2］同［1］：14.

丰富多样的教学活动，让学生在完成交际性任务等教学活动中提高日语运用能力"[1];《义务教育日语课程标准（2011 年版）》在"课程基本理念"中提出"通过围绕话题完成交际性任务等方式开展多种教学活动，使学生有机会感知和体验真实的日语"[2]。任务型教学法以任务组织教学活动，在完成交际性任务的过程中，学生通过参与、体验、互动、交流、合作等学习方式，充分发挥自身的认知能力，调动已有的日语资源，在实践活动中感知、认识、应用日语，体现了"在做中学""用日语做事"的教学理念。

任务型教学法最早由英籍印度语言学家普拉布（N. S. Prabhu）于1983 年提出，即任务型语言教学法。除了普拉布，从任务型教学法的研究历程来说，具有突出贡献的代表性人物主要还有澳大利亚语言学家纽南（David Nunan）、英国语言教学家威莉斯（Jane Willis）、斯基汉（Peter Skehan）和埃利斯（Rod Ellis）等。任务型教学法的核心是"以学生为中心"和"以人为本"，其哲学心理学基础是建构主义理论，语言学理论基础是"输入与互动假设"。

1. 任务的基本构成要素

任务型教学法中的"任务"至少包含六个基本构成要素。

（1）目标

教学活动设定的任务首先应该具有比较明确的目标，即学生通过完成任务所能获得的预期的结果。这种目标包括两个方面：一是任务本身需要完成的事情，属于非语言教学目标；二是通过完成任务获得的预期的语言知识和语言技能，属于语言教学目标。如在"電話で料理を注文する"任务中，其非语言教学目标是给饭店打电话，告诉对方需要预订的饭菜等信息，最后成功预订；其语言教学目标则可能是通过完成任务的过程，获得电话交际的语言感受，增强语言意识，提高日语交际能力，并在此过程中应用打电话的客套话、饭菜的日语说法，以及表示请求、

---

[1] 中华人民共和国教育部. 普通高中日语课程标准（实验）[M]. 北京：人民教育出版社，2003：15.

[2] 中华人民共和国教育部. 义务教育日语课程标准（2011年版）[M]. 北京：北京师范大学出版社，2012：2.

选择等意义的日语表达形式。在评价任务的完成情况时，既要评价语言教学目标的完成情况，也要评价非语言教学目标的完成情况。

（2）内容

任务的内容就是要求学生"做什么"。任何一个任务都需明确提出学生需要完成的具体事项，其具体表现就是需要学生履行的行为和活动。

（3）程序

这里的程序是指学生在完成任务的过程中必须涉及的操作方法和步骤，基本上等同于要求学生"怎样做"。任务的程序包括某一任务在任务序列或任务群中所处的位置、操作步骤、时间分配等。

（4）输入材料

输入材料是指完成任务的过程中所使用或依据的辅助资料。如在"電話で料理を注文する"任务中，就最好事先准备一些常用的电话用语、饭菜图片、饭菜名称的日语说法，以及饭菜配料的日语名称。根据需要，还可以准备交通地图，确认饭店地址和交通路线等。在完成任务的过程中可以充分利用事先准备好的辅助资料，使任务的履行更具操作性，更容易达成教学目标。

（5）教师和学生的角色

尽管任务并非都必须明确教师和学生在完成任务过程中的角色，但是任务都会暗含或反映教师和学生的角色特点。教师既可以是任务的参与者，也可以是指导者、帮助者或监控者。当然，在设计任务时，也可以明确教师和学生的角色定位，使任务的角色更清晰，更顺利、高效地履行任务。

（6）情境

任务的情境是指任务的产生和执行的环境或背景条件，包括语言交际的语境，以及任务的组织形式等。在任务设计时，应尽量使情境接近生活实际，具有真实性，以强化学生对语言和语境之间关系的意识。

任务的这六个构成要素基本上反映了任务的本质。任务型教学方法可以促进学生互动，提高学生交际能力，训练学生的思维和决策能力，为学生提供在真实或接近于真实的情境中进行交际和运用日语解决问题的机会，从而使日语学习摆脱单纯的语言练习，而成为有语境、有意义、有交际目的的日语实践活动。

2.任务与语言练习的区别

任务型教学法的"任务"与传统的语言练习存在本质的区别，主要体现在以下几个方面。

（1）任务具有双重目标

任务不仅包含语言教学目标，还包含非语言教学目标。也就是说，任务既包含培养学生日语知识与日语技能的语言教学目标，也有培养学生运用日语完成具体事情的非语言教学目标。而传统的语言练习只包含语言教学目标。

（2）任务的结果具有非语言性

由于任务包含非语言教学目标，在完成任务后，其结果也具有非语言性。在任务型教学活动中，所设任务通常为运用日语完成某一具体事情，如"旅行の計画を立てる"（制订旅行计划）、"ホテルを予約する"（预订酒店）、"文化祭のポスターを作る"（制作文化节海报）等。当任务完成后，所得到的结果都是非语言性的。而传统的语言练习，如根据假名写汉字、词语填空、造句、作文、分角色朗读等，其结果都是语言性的。

（3）任务具有开放性

任务的完成既没有确定的模式或途径，也不会得到统一、标准的结果。如何完成任务，包括日语表达、辅助工具等都是可选择、不固定、非限制性的，由承担任务的学生自主确定。

（4）任务具有交际性

任务通常设定为分组完成，因此，小组内部成员之间或小组与小组之间的合作或互动就成了不可或缺的环节。这种合作或互动的过程具有交际性。

3.任务设计的基本原则

（1）真实性

在任务设计中，不仅任务的输入材料应来源于生活实际，而且履行任务的情境及方法也应尽量贴近真实的生活。所谓"真实"，并不是对现实生活状态原封不动的情景再现，而是要尽量创造真实或接近于真实的语言情境，让学生尽可能多地接触和加工真实的语言信息，使学生在课堂上使用的语言和技能在实际生活中也同样适用。

（2）统一性

传统的语言练习往往脱离生活实际，语言形式与语言功能缺乏统一性，学生可能掌握了语言形式，但不能得体地运用语言形式表达意义和思想。语言形式与语言功能相统一，就是在遵循语言真实性的基础上，将语言形式与语言功能的关系明确化，让学生在任务履行中充分感受语言形式和语言功能、语言表达与语言情境的关系，提高学生对语言运用的得体性的认识和把握。

（3）连贯性

连贯性是指任务与任务之间、任务的实施步骤和程序逻辑应当前后连贯、流畅。任务型教学既不是在教学活动中穿插一两个活动，也不是堆积几个毫无关联的活动。任务型教学需要通过一组或一系列的任务来达成教学目标，而这些任务组或一个任务的若干子任务应当相互关联，具有统一教学目标指向，同时在内容上相互衔接。

（4）可操作性

在设计任务时，必须考虑任务在课堂环境中的可操作性，不宜设计环节过多、程序过于复杂的课堂任务。

（5）实用性

任务的设计不能只关注其形式，还必须考虑其实际效果。要尽可能为学生的个体活动创造条件，利用有限的时间和空间，最大限度地为学生提供互动和交流的机会，培养学生解决实际问题的能力，达到预期的教学目标。

（6）趣味性

在任务设计时，应尽量让任务富于趣味性，以便通过完成交际性任务有效地激发学生的学习动机，促使学生主动参与和自主学习。任务的趣味性除了来自任务本身，还来自多个方面，如多人参与、多向交流、多角色互动，以及任务履行中的人际交往、情感交流，解决问题或完成任务后的成就感等。

4.主要特点

任务型教学法作为由交际法发展而来的教学方法，本质上与交际法存在共通之处。其特点主要表现在以下几个方面。

（1）以任务为依托，重视语言表达的意义和内容。

任务型教学法不仅要求学生掌握日语的语言形式，还要求学生通过完成交际性任务，理解并掌握运用日语时所获得的语言的、认知的、情感的及社会文化方面的意义。凡是以任务为依托的教学活动，都侧重日语表达的意义和内容，如角色扮演、情景对话、分组讨论等活动，都通过任务的角色化，促使学生尽量用日语传达信息和表达思想。

（2）通过互动、合作的方式培养日语交际能力。

在设计任务时，要求以学生的兴趣为出发点，设计贴近学生生活实际的交际性任务。通过学生与他人的交流、互动和协作，培养学生运用日语解决实际问题的能力。

（3）既重视日语知识和技能的学习与运用，也重视完成任务的过程和结果。

学生在完成目标任务的过程中，不仅需要运用已学的日语知识和技能，还需要学习和掌握新的日语知识和技能，从而巩固和提高学生的日语能力。同时，学生通过完成目标任务，锻炼和提升了分析问题、解决问题的能力。因此，在评价学生目标任务完成情况时，既要关注学生完成目标任务的过程（是否合理运用已学的日语知识和技能，是否学到并尝试运用新的日语知识和技能，是否正确分析问题并最终解决问题等），也要关注目标任务的完成结果，并以任务是否成功作为评估任务完成结果的标志。

（4）师生具有各自的任务角色。

任务型教学法主张以学生为中心。学生作为任务活动的执行者，在完成任务的过程中居于主体地位，具有学习的自主性，通过小组合作等方式共同完成交际性任务。教师作为任务活动的组织者、帮助者、指导者，有时也作为参与者，在完成任务的过程中居于辅助地位，帮助和监督学生顺利完成任务。

（5）充分利用学生已有的经验。

任务型教学法倡导学生运用自己的日语知识和技能解决自己的实际问题。因此，要求学生自主、自发地投入到完成交际性任务当中去，在完成任务的过程中体验日语、感受日语，最终达到培养日语交际能力的教学目标。

5. 优点与不足

任务型教学法的优点主要表现在以下几个方面。

（1）完成形式多样、贴近生活实际的任务活动，有利于激发学生的学习兴趣。

（2）在完成任务的过程中，语言知识、语言技能与语言功能的训练有机结合，有利于培养学生综合、得体的日语运用能力。

（3）以学生为中心的任务设计，能充分发挥学生的主体性作用，促使学生积极参与日语交际活动，激发学生的想象力和创造性思维。

（4）由于任务的活动形式多种多样，可以根据学生的性格特点编排相应的任务角色，使每个学生都能够参与其中，有利于尊重学生个体差异的同时面向全体学生组织教学。

（5）内容丰富、形式多样的任务能培养学生交际、分析、决策和应变的能力，有利于学生的全面发展。

当然，任务型教学法与交际法存在类似的局限性，主要表现在两个方面：

（1）为了遵循真实性原则，在同一功能项目的任务活动中，容易出现难易程度相差较大的日语表达形式，可能会给学生带来学习困难。

（2）关注交际任务的过程体验和结果，忽视交际过程中的语言错误，容易影响日语表达的准确性。如果长期不予以纠正，会导致学生形成错误的日语表达习惯。

三、日语教学方法的选择与运用

俗话说"教无定法"，也就是说，教学内容与教学方法既不存在一一对应关系，也没有某种万能的教学方法。因此，要求教师能够在现代教学理论的指导下，熟练地把握各类教学方法的特点，综合考虑各种教学方法的优势和劣势，科学、合理地选择和运用适宜的教学方法，并能对各种教学方法进行优化组合。

（一）日语教学方法的选择

在实际教学中，既可以根据需要选择某一种教学方法，也可以选择多种教学方法加以优化组合。具体选择什么样的教学方法，主要可以从以下五个方面综合考虑。

1. 教学目标

教学目标不同，教学方法也不一样。不同领域、不同层次的教学目标的有效达成，需要借助适当的教学方法。教师可依据具体的可操作性教学目标来选择和确定具体的教学方法。

2. 教学内容

在教学的不同阶段、不同单元乃至不同课时，教学内容与要求都有所不同。这就要求教师在选择教学方法时，应具有多样性和灵活性，尽可能根据不同的教学内容尝试选择不同的教学方法。

3. 学生特点

学生的年龄、性格、生活环境以及学生的现实需求等特点都直接影响到教师对教学方法的选择。这就要求教师能够科学、准确地把握学生特点，有针对性地选择和运用相应的教学方法。

4. 教师素养

任何一种教学方法，如果教师不具备相应的素养条件，不能充分理解和把握教学方法的实质和特点，就不可能在实际的教学活动中获得预期的教学效果。因此，教师在选择教学方法时，应当考虑自己的实际优势和不足，扬长避短，选择与自己情况相适应的教学方法。

5. 教学环境

教师在选择教学方法时，必须考虑实施教学活动的客观环境，包括时间条件、教学设备、学生状况、地理环境、社会环境等，教师应最大限度地运用和发挥教学环境的有利条件，选择与教学环境相适应的教学方法。

（二）日语教学方法的运用

合理、有效地运用教学方法，目的是在实际教学活动中获得预期的教学效果。为此，需要注意以下几个方面。

1. 以启发式教学思想为指导

日语教学方法种类繁多，但是无论采用何种教学方法，都应当坚持贯彻启发式的教学思想。所谓启发式，"是指教师从学生的实际出发，采用各种有效的形式去调动学生学习的积极性、主动性和独立性，引导学生通过自己积极的智力活动去掌握知识、发展认识能力"[1]。启发式教学是相对注入式教学而言的，它不是一种具体的教学方法，而是一种运用教学方法的指导思想。与启发式相对的注入式教学，是指教师从主观出发，把学生当作单纯接受知识的"容器"，忽视学生的学习行为主体地位和学习能动作用的教学思想。启发式教学思想尊重学生的学习主体地位和能动作用，不仅有利于激发学生学习的积极性和主动性，帮助学生形成个性化的学习方法，更有利于培养学生的独立思维能力和创造能力。

2. 准确把握日语教学方法的特点

每一种教学方法都各具特点，都有其特定的功能、应用范围、实施条件以及局限性。因此，教师只有准确把握各种教学方法的应用特点，同时综合考虑自身的教学需要、学生特点等情况，做到"对症下药"，才能充分发挥教学方法的优势功能，达到提高教学效果的目的。

3. 从实际出发，灵活运用

在具体的教学活动中，教师绝对不能生搬硬套、机械地运用选定的某种教学方法。教学方法种类是有限的，而教师需要面对的教学情形纷繁复杂，是无限的；既不存在某种万能的教学方法，也不可能将教学方法与各种教学情形一一对应起来。因此，教师在选定教学方法后，必须根据自身所面对的教学情形对选定的教学方法进行必要的优化，使之更加符合具体的教学需求。只有做到准确把握每一种教学方法的实质和特点，并加以灵活改造和运用，才可能充分发挥教学方法的优势功能，获得预期的教学效果。

4. 扬长避短，综合运用

由于任何一种日语教学方法都有其适用范围和局限性，为了更好地完成教学任务，实现教学目标，教师必须扬长避短、综合运用多种教学

---

[1] 李秉德. 教学论［M］. 2版. 北京：人民教育出版社，2001：204-205.

方法。首先，由于教学情形存在多样性和复杂性，不存在万能的教学方法，这就决定了教师必须博采众长，合理地综合运用多种教学方法。其次，为了充分调动学生学习的积极性和主动性，教师有必要综合运用多种教学方法给予学生多种刺激，不断激发学生的学习兴趣，这样学生就不容易对学习活动产生枯燥乏味、厌烦倦怠的感觉。

需要注意的是，教学活动本身是一个动态的过程。在实际教学活动中，教师需要根据教学过程中的动态特点随时调整教学方法或启用备选方案。只有灵活地、创造性地把握教学过程，才可能获得最佳的教学效果。

第二节　现代化日语教学手段

一、现代化日语教学手段的分类及特点

现代化日语教学手段的种类多种多样，不同的教学手段具有不同的特点和功能，依据不同的分类标准可以有不同的分类。最为常见的分类方式，就是依据感知作用的不同进行分类。依此标准，现代化日语教学手段可分为视觉手段、听觉手段、视听手段和综合性手段四类[1]。

1. 视觉手段

现代化日语教学手段的视觉手段主要包括幻灯和投影。

（1）幻灯

幻灯是　种非常普及的现代化静止视觉手段。幻灯机在19世纪中叶实现产业化，它是将需要显示的幻灯片，由光源通过光学器件投射到屏幕上，从而显示幻灯片内容图像的设备。幻灯机种类很多，依其功能划分，可分为手动幻灯机、自动幻灯机、遥控幻灯机、声画同步幻灯机和多用途幻灯机。由于幻灯片具有制作简单、成本低廉、操作简便等有利因素，在相当长的时期内都是课堂教学的常用设备。幻灯用于教学活动，其教学功能主要包括：提供色彩鲜明、真实生动的视觉形象，清晰展示图像的细微特征，有利于加深学生对学习内容的理解和印象；有利于丰富教学方式，易于与常规教学方法相结合，根据教学需要调节放映的内容和讲解的速度。

（2）投影

投影仪被认为是当今应用最为广泛的现代化教学设备。也正是由于投影仪的广泛普及，幻灯基本上已退出了电化教学的舞台。运用投影开展教学活动具有多种便利，主要表现为：教师能够面向学生授课，不需要背对学生完成板书，能及时掌握课堂信息的反馈和进行师生互动；便

---

[1] 张良田.教学手段论［M］.长沙：湖南教育出版社，1999：12-17. 张良田根据载体性质把教学手段分为基本教学手段（以人为主要载体的教学手段）和辅助教学手段（以物为主要载体的教学手段）。其中，基本教学手段又分为听的手段、说的手段、模拟的手段、要求的手段四种；辅助教学手段又分为读的手段、写的手段、演示的手段、展示的手段四种。

于与其他教学手段相结合进行教学；避免使用粉笔，有利于师生的身体健康；提供丰富多样、生动活泼的视觉影像，加深学生对教学内容的感知和理解；提前准备投影内容，节省板书的时间。

2.听觉手段

现代化日语教学手段的听觉手段主要包括扩音设备和收音机、录音机、语音实验室等。

（1）扩音设备和收音机

扩音设备和收音机的特点是：能将声音放大，远距离传递信息；不受时空限制，信息传输速度快；信息传递有真实感，能激发想象力。扩音设备和收音机的教学功能主要表现为扩大教学规模和实施远距离教学。利用有线广播教学方式，教学班级可以扩大到成百上千人；利用无线广播教学方式，则基本上不受时空、人数的限制，在能接收到广播信号区域内的所有人都能够参与学习。但是，利用扩音设备和收音机开展教学也存在明显的缺陷：单向传输信息，不能及时获得学生的反馈；不利于学校授课；师生之间、学生之间缺乏互动。

（2）录音机

录音机的特点是：能把声音记录下来，以便随时使用；记录下来的声音可反复播放，而且可以选择播放的位置和时长；记录下来的声音可以保存相当长时间。使用录音机组织教学活动主要有以下优势：播放日语课文录音，让学生跟读，既可以训练学生的日语听力，也可以规范学生的日语语音语调；播放日语听力素材，组织学生进行听力训练或听力考试；让学生在说日语或读日语课文的同时把声音录下来，然后播放录音，及时获得自我反馈，纠正错误；等等。

（3）语音实验室

语音实验室是学校等教学机构组织学生进行语音或听力训练等教学活动的语言教学设备。早期的语音实验室多为模拟语言教学系统，现在一般都是数字模拟教学系统。语音实验室的主要特点是：教师通过控制台可以一对一或一对多进行教学；学生可以自主选择和控制学习内容，且彼此之间互不干扰；可实现跟读、循环播放、双机对录、重放、音量控制、遥控、标准化口语或听力考试等功能。利用语音实验室组织教学主要有以下优势：实现多形式、多层次教学，比如在不影响其他学生学习的情况下，教师可以与一名学生或多名学生对话；每名学生拥有一个相对独立的空间，彼此看不见对方，学生发言时只闻其声，不见其人，这样可以缓解学生怯场的心理，能充分发挥学生的语言表达能力；教师可以将学生分为几个组别，分别实施不同节目源授课，各组之间互不干扰；学生可以通过各自座位上的控制台实现录音、播放、重放等功能。

3. 视听手段

现代化日语教学的视听手段主要包括电影、电视和录像等。

（1）电影

电影用于教学领域始于 20 世纪 20 年代，随着科学技术的发展，如今播放和编辑电影变得非常简便，电影作为一种教学手段也变得更加重要。

将电影用于日语教学，至少具有两个方面的明显优势：第一，电影能立体、直观、生动地表现教学内容。电影画面不仅将原本静止的图画、照片、模型等表现的事物立体呈现出来，更是让这些事物活动起来，让学生获得身临其境的感受。比如，在讲解日本的传统房屋结构时，只需播放一段反映日本人传统起居生活的电影片段，就能非常容易地让学生记住"玄関""ふすま""障子""廊下"等与日本传统房屋相关的词语。第二，电影能真实再现日语交际情景。比如，播放一段反映日本普通人家从早上起床到外出上班、上学等日常生活的电影片段，就能够让学生了解到日本的家庭成员之间也说"おはよう（ございます）""いただきます""行ってらっしゃい"等寒暄语。当然，选择合适的电影教学内容，不仅需要掌握大量的影片资料，而且需要拥有电脑等硬件设备和掌握一定的影视软件编辑技术。

（2）电视和录像

电视和录像既是现代科学技术发展的巨大成果，也是现代化日语教学的重要手段。电视即时性强，能高速、优质、高效地传输和再现教学内容。把电视教学内容用录像设备记录下来，则可克服电视节目受时空限制的缺点。卫星电视节目通过卫星转播，其传播面广、受教育面大、传播速度快、信息量大、画质优越，是其他传播手段不可比拟的。

电视和录像用于日语教学，具有不少优势：图像清晰、色彩鲜艳，能够真实再现教学内容，提高学生的学习兴趣；电视节目的艺术性能给学生带来美的感受；在教学过程中，呈现丰富多样、真实生动的情景，带给学生身临其境的学习体验；由于其受众面广，在一定程度上可以解决师资不足的困难，给日语自学者提供优质的自学平台和手段。

4.综合性手段

综合性的现代化日语教学手段不仅能让学生通过视听方式获得信息，还能够让学生自主操作、与教师和同学互动，以及让学生实施自我测评等。计算机以及智能手机、平板电脑、笔记本电脑等移动终端是当前最主要的综合性教学手段。

综合性教学手段的主要特点是：综合运用声、光、电技术，给学生全面的信息刺激；学生可以自主选择学习内容、自主控制学习进度；学生不受学习场所和学习时间的限制，随时随地都可以投入学习；给学生提供反复学习的机会和自我检测的手段；提供海量的学习资源，学生可以搜集任意感兴趣的学习资料。

随着计算机技术、移动通信技术的迅猛发展，计算机和移动通信终端作为新型教学手段，越来越获得教育界的重视。其应用主要体现在两个方面：教学管理和辅助教学。在教学管理方面，教师通过计算机、移动终端的应用程序，可以编制教学计划和标准化测试题、管理学生档案、分析和监控学生的学习状态、辅助实施教学决策和学生管理等。在辅助教学方面，计算机、移动终端既是教师搜集教学资料、发布教学内容、获取回馈信息的媒介，也是学生获取学习资料、拓展学习内容、反馈学习状况以及实施自主学习的综合性平台。随着移动互联网的发展和普及，计算机、移动通信终端越来越成为课堂内外的教学活动不可或缺的教学手段。

尽管综合性教学手段具有强大的功能和很多的优点，但是也存在如下主要缺陷：第一，硬件投入巨大，需要建设相关的基础设施和配备大量的计算机和移动通信设备；第二，需要购买或开发相应的教学软件；第三，需要配备相应的后台管理和应用技术管理员；第四，教师和学生都需要熟练掌握相应的教学软件的使用方法；第五，学生容易形成对设备的依赖心理，从而弱化书写等基本技能；第六，学生通过计算机、移动终端可能接触到影响身心健康的有害信息，甚至沉迷网络游戏。

二、现代化日语教学手段的选择与使用

现代化日语教学手段种类多样，优劣各异。既不存在一种手段绝对优于另一种情况，也不存在完美无缺、能解决所有问题的万能手段。因此，在实际教学中，遵循日语教学的基本规律，充分考虑每种教学手段的制约因素，从实际情况出发，合理选择和使用教学手段或对各种教学手段加以优化、组合，对提高教学效果具有重要意义。

（一）选择教学手段的基本原则

1. 功能性原则

在选择教学手段时，首先应考虑它具有什么样的教育功能。教学的目标是促进学生的全面发展，而选择教学手段的直接目的则是促进教学目标的达成。也就是说，首先要考虑所选教学手段能够在多大程度或哪些方面有助于教学目标的达成和促进学生的发展。不能为了展示教学手段而偏离了应有的教学目标。因此，应该遵循教学目标的要求，从有利于学生发展的角度出发，选择相应的教学手段。

2. 经济性原则

选择教学手段时应考虑尽量降低成本，做到少花钱、多办事、办好事。所谓办好事，就是要收到预期的教学效果。价格高、结构复杂、技术先进的教学手段不等于教学效果一定就好。只有综合考虑教学手段的性价比，从学校、教师、学生的实际情况出发，选择合理的教学手段，并充分发挥其教学功能，才能做到教学效果最大化。

3. 统合性原则

教学手段的选择需要与教学整体设计统合考虑，充分考虑教学的各个环节，协调教学手段与教学各个方面的关系，在充分认识各种教学手段的特点和功能的基础上，最大限度使教学手段服务于教学整体，以获得最佳教学效果。需要重点考虑的教学因素包括：教学目标；教学内容的特点、结构、重点和难点、逻辑关系；活动任务及各个任务之间的关系；学生的年龄特征、性格特点、学习习惯；教师自身的教学风格和教学能力；

学校的客观条件。

4. 综合性原则

不同的教学手段具有不同的特点和功能。在选择教学手段时，应结合教学的整体设计，综合选择不同的教学手段。综合运用不同的教学手段可以充分发挥各种教学手段的优点，整体服务于教学目标，达到取长补短、互为补充、相得益彰的教学效果。

5. 安全性原则

选择教学手段时，必须考虑是否会对学生的健康安全造成不利影响。由于部分教学活动的特殊性和教学手段的复杂性，有时可能会对学生的健康安全产生危害。比如电教设施、电子设备等教学手段如果出现故障，就可能引发火灾或伤人事故。因此，在选择和使用教学手段时，应充分检查和评估相应的风险，切实保障师生的健康安全和学校财物的安全。

（二）教学手段的使用

现代化日语教学手段既可以用于学校课堂教学，也可以用于远程教学，如广播电视教学、网络教学。这里主要说明在学校课堂教学中的使用要求。

在学校的课堂教学中使用教学手段，其主要特点是：第一，教学目标是要促进学生的身心健康和全面发展；第二，学生大多为青少年儿童；第三，教学手段与教学内容联系密切；第四，有相对稳定的教学时间和教学环境；第五，教师面向学生直接组织教学活动。因此，教学手段的使用必然与教学活动的组织相一致，也就是说，教学手段的使用通常包括准备、预演、展示、反馈四个环节。

1. 准备环节

教学手段的准备环节主要包括两个方面。第一，环境准备，就是需要落实教学手段的使用场所及相关设备的使用条件。例如：使用投影仪，需要准备幕布和确认光照环境；使用无线设备，需要无线网络环境；用计算机等播放演示文稿，需要显示设备。第二，器材准备，主要包括硬件和软件的准备。硬件包括幻灯机、投影仪、计算机、平板电脑等教学手段本身，以及与之配套使用的幻灯片、投影片、音响设备、复印资料等；软件包括应用程序、电子课件、网络课件等。在进行教学整体设计时，需要在教案中列出较为特殊的教学手段。必要时，还应为教学手段可能出现的意外情况准备预案和候补方案，以确保教学活动能够顺利进行下去。

2. 预演环节

预演是为保证教学活动的顺利开展，在正式实施教学前不容忽视的重要一环。实施预演的目的主要包括两个方面。第一，对准备工作进行确认。例如：教室环境、器材准备是否周全；设备运行状态是否正常；资料准备是否齐全；播放效果是否理想；与课件相关的插件、链接是否能够正常运行；等等。第二，预判教学手段在教学活动中使用效果。教学手段是否能够获得预期的使用效果，必须实际应用才能够做出判断。例如：各种教学手段与教室环境是否匹配、协调；声音、光照、图像、网速等是否理想；设备摆放位置是否合理；等等。

3. 展示环节

展示环节就是实际运用教学手段的过程，是有效发挥教学手段作用的关键。为了充分发挥教学手段的作用，在展示环节需要关注以下事项。第一，教师需要注意自身仪态、语言、动作、表情等与教学手段的有效结合，以获得最佳的信息传达效果。第二，教师应配合适当的教学方法，熟练运用各种教学手段。根据教学需要，既可以一边演示一边讲授，也可以利用教学手段进行师生互动或组织学生完成活动任务等。第三，根据教室环境，选择合理的站立位置和姿势。在引导学生关注教学内容的同时，应避免遮挡或影响学生的视线或交流。第四，集中学生的注意力。现代化教学手段提供的信息量大，而且形式多样，很容易分散学生的注意力，因此在展示过程中，教师需要自始至终让学生把注意力集中到教学内容上。

如果教学手段在展示环节出现了意外情况，教师应冷静处理。在确认无法恢复使用时，应灵活地把教学活动转移到预备方案上来，使教学任务能够顺利完成。

4. 反馈环节

教学手段作为联系师生和学生彼此之间的媒介，在调动学生的学习积极性、帮助教师提高教学效果等方面具有重要作用。运用教学手段的效果如何，需要看学生的反馈意见和教师的自我感受。一方面，教师可以让学生就教学手段在课堂活动中的作用和效果提出反馈意见；另一方面，教师也可以通过学生的课堂表现等进行反思和总结。课后及时进行反馈，对教师不断增强运用教学手段的能力和有效提高教学水平具有重要意义。

第九章　日语教学环境及课堂管理

　　教学环境是教学活动必须凭借、不可或缺的各种因素的综合。日语与其他学科一样，对时空、设施和自然环境有着共通的需求，同时由于学科特点、教学内容、习得规律的独特性，日语教学和学习更需要一定的特殊环境。本章主要研究日语教学环境及课堂管理，概述日语教学环境的特点、功能，探讨如何设计、如何优化日语教学环境。在对我国中小学日语教学环境设计与优化进行宏观思考的同时，强调日语课堂环境对达成教学目标和提升教学效果不容忽视的作用，并对具体课堂管理提出要求和建议。

第一节　日语教学环境概述

一、日语教学环境的概念

（一）环境和教学环境

环境往往相对于某一事物而言，是指围绕着某一事物（通常称其为主体）并对该事物会产生某些影响的所有外界事物（通常称其为客体）。换言之，环境是指相对并相关于某项中心事物的周围事物。环境不可能脱离某个主体，环境的大小、内容等均因主体不同而不同，随主体的变化而变化。顾名思义，教学环境就是以教学为主体的周围的一切情况和条件。围绕教学的外部空间、条件和状况，凡此种种构成了教学环境。教学环境是一种特殊的环境，概括地说，教学环境就是学校教学活动所必须的诸客观条件和力量的综合[1]。

显而易见，教学环境是教学活动必须凭借、不可或缺的各种因素的综合，是一个涵盖了不同因素的复杂系统，因此要对教学环境进行全面而严谨的定义并非易事。国内外对于教学环境的定义也不一而足，比较全面的看法是将教学环境分为物理环境和心理环境。国内比较有代表性的观点认为，教学环境是学校教学活动所必须的诸客观条件和力量的综合，它是按照发展人的身心这种特殊需要而组织起来的育人环境。

比起笼统地研究大而泛之的教学环境，对其进行细分和有的放矢的研究才能真正有效改善影响教师和学生的具体教学环境，才能对教学过程的干预和影响起到适切的、积极的作用，才能使对学生身心发展的作用机制发挥良好的效应。

从广义上说，教学环境是指影响学校教学活动的全部条件（包括物质的和精神的），它可以是物质环境和社会心理环境，二者可作为相对独立的子系统存在，并具有各自不同的构成要素。从广义上而言，社会制度、科学技术、家庭条件、亲朋邻里等都属于教学环境，因为这些因素直接或间接地在一定程度上影响着教学活动的成效。从狭义的角度，即从学

[1]田慧生.教学环境论［M］.南昌：江西教育出版社，1996：7.

校教学工作的角度来看，教学环境主要指学校、课堂教学环境，包括学校教学活动的场所、课程设置、各种教学设施、校风班风和师生人际关系等。狭义的教学环境固然是我们要研究和着重解决的，但学校教学环境并不是一个封闭的系统，它是一个不断与外部环境进行着物质、能量和信息交流的开放系统。所谓外部环境指学校教学环境以外的一切环境系统，一般由三个不同层次的环境系统构成，即宏观层次上的社会大环境（国家范围内的社会环境）、中观层次上的社区环境和微观层次上的家庭环境。这三种环境都与学校具体教学环境发生密切联系，并对其施予重要影响。任何一个层次的外部环境都会直接或间接地影响到学校具体的教学环境。因此，研究教学环境，既要重视狭义角度的教学环境的改善和优化，也不能忽视与其相关的广义的外部环境系统。

（二）日语教学环境

日语教学环境也不外乎物质环境和社会心理环境。各种因素同样以不同的形式渗透、参与在日语教学活动的各个方面和各个环节，并以各自特有的方式潜移默化地影响和干预着日语教学活动的进程和效果。日语教师和学生身处一定的教学环境，无论外在或内在，该环境对于教师、学生的影响都是毋庸置疑的。教材的选用、教学方法的选择、教学手段的运用、教学组织形式的安排、教学模式与教学策略的确定、课堂信息的交流与传递、师生课堂交往的形式以及教学活动的程序、进度和效果，都直接或间接地受到各种教学环境因素的影响。就日语学科而言，无疑有着与其他学科的共通之处。但因为学科特点、教学内容、习得规律等的不同，日语学科的独特性也十分显著。其独特性除主要体现在对设施和自然环境有着一般需求之外，还需要符合日语教学和学习的一定的特殊环境，即需要为日语学习创设一个良好的语言环境和整体氛围。外语学科在很大程度上都会受到国际环境和世界格局的影响。尽管各学科有着共同的社会宏观环境或者基本相同的学校环境，相比其他学科包括其他外语学科，日语学科的独特性仍然决定了其所处教学环境不同于其他学科的特殊性。也就是说，日语学科的教学环境与其他学科的不同之处在于其更易受到外部环境的影响。这影响既包括国际的、国家的，也包括地域的、家庭的。这也是我们研究日语教学环境时不可忽视的、必须面对的问题。此外，在人际环境、信息环境、组织环境、情感环境、舆论环境等方面，日语教学有着其他学科甚至同为外语学科所不同的社会心理环境需求。或者我们可以说，因日语学科自身发展进程和学科特性，在教学环境方面有其与生俱来、不容回避的独特之处，更进一步说，社会心理环境对于日语教学环境的影响远远大于对其他学科教学环境的影响。

总而言之，日语教学环境就是进行日语教学活动、与日语教学相关的一切或理想或糟糕的客观条件和力量的综合。要想厘清日语教学环境，就不得不对广义的社会宏观环境包括国际的、国家的、地域的和狭义的学校的、课堂的所有形成和影响日语学科与日语教学环境的因素进行分析和考量。

之所以提到日语教学环境的形成，是因为日语这一学科的设立不同于其他传统学科。总而言之，该学科的设立颇具时代性，同时其发展又并非一帆风顺。换言之，日语教学环境的历史积淀和稳定性都相对较弱。

（三）外部环境与日语教学环境

改革开放以来，由于国际政治的多极化，社会生活的信息化和经济活动的全球化，外语在世界各国之间的交流中发挥着越来越重要的作用，外语教育业已成为国民素质教育的有机组成部分。1978 年，教育部在北京召开了全国外语教育座谈会。1979 年 3 月 29 日经国务院批准，教育部印发了全国外语教育座谈会提出的《加强外语教育的几点意见》，其中提及，"语种布局要有战略眼光和长远规划。当前主要的任务还是大力发展英语教育，但也要适当注意日、法、德、俄等其他通用语种的教育"。[1]因为日语所关涉的对象国是日本，对于中国而言，这是一个既普通又特殊的国家。与其他学科包括外语学科相比，国际时事、邻国关系、国内舆论、地域观念等都会在很大程度上影响日语教学环境。因为历史渊源和现实原因，在此之前，事实上已经有部分地区和学校自主设置了日语课程，但各自为政，无统一课程标准，无规范教科书，当时的日语教学环境可想而知。而随着国际交往的频繁和中日两国关系的改善，客观上

---

[1] 课程教材研究所.新中国中小学教材建设史1949—2000研究丛书日语卷 [M].北京：人民教育出版社，2010：9.

已经形成了因地制宜、因校制宜开设日语课程的时机，也具备了基本条件。在全国外语教育座谈会和《加强外语教育的几点意见》印发之后，在语种设置方面提出了要具备战略眼光和长远规划，从而将日语课程提上了议事日程并在部分地区和学校开始正式实施。同时组织专家、学者、出版单位开始编写相应的日语教科书，中学日语教育开始步入正轨并稳步发展。

1982 年教育部发出的《关于加强中学外语教育的意见》重申抓好外语教育的战略意义，并再次指出：

1. 进一步明确中学教育的要求。

2. 语种设置要有战略眼光和长远打算。中学语种设置，从全国范围来说，以英语为主，俄语应占一定比例，有合格师资条件的学校，可根据需要适当开设日语。

3. 要保证有一部分重点中学和师资条件较好的完全中学开设俄语。对于日语的开设也要有规划，确定开设日语的学校和班级要稳定下来。

我国是个大国，沿海和内陆、东部和西部、城市和农村、经济建设发达地区和落后地区的差别很大，在中学外语教育的水平上不可能步调一致。应该从实际出发，区别要求，讲究实效，创造条件培训外语师资；研究教学方法，努力提高教学质量，有计划地稳步发展中学外语教育。为此，《关于加强中学外语教育的意见》提出了若干调整意见和具体要求，其中，根据当时全国开设日语的情况，做出指示[1]：

日语的开设也要有规划，确定开设日语的中学和班级要稳定下来；开设俄语和日语的学校和班级应配备比较强的师资；抓好初高中的语种衔接工作；高等学校招生对学习其他非英语语种的学生必须一视同仁，无特殊需要不应限制语种。不同语种的高中毕业生在同等的条件下具有同等的录取资格；高等学校外语专业应首先招收学过本语种的高中毕业生。

自此，日语正式成为我国中学外语必修课程的语种之一。中日邻国关系改善、日本经济发展势头良好、国内经济发展需要、日本文化的适

---

[1] 课程教材研究所.新中国中小学教材建设史1949—2000研究丛书日语卷［M］.北京：人民教育出版社，2010：10-11.

时推广都为日语教学环境营造了良好的宏观环境，从而引发了社会层面对日本的关注，也激发了大众学习日语的热情。东北地区由于历史原因，日语教育的基础比较雄厚，地区和学校的日语教学环境比较有利于日语教育的发展。其他发达地区如北京、上海等地部分学校也具备了开设日语课程的条件。

1990 年 7 月至 1991 年 2 月，中国中小学外语教学研究会（现为中国教育学会外语教学专业委员会）日语部根据国家教育委员会（以下简称"国家教委"）高教司的指示，在中国日语教学研究会会长、上海外国语大学王宏教授的主持下，对我国高等院校、中等教育各类学校（主要是中学）日语课程设置中的基本情况开展了调查。此后，学会分别于 1993 年、1997 年又进行了两次调查。调查统计数据客观反映了改革开放后我国中小学日语课程设置的历程、规模、日语教师的状况、发展过程中存在的问题等。2000 年以来，这一局面发生了一些变化，开设日语课程的学校呈现出既集中又分散的状态，以下两种情况居多。第一种情况，因为选择日语作为外语参加高考仍然具备一些优势，同时在老少边穷地区，由于条件限制，部分学生英语学习始终不得法、不得当，对于这些学生，日语作为外语可选语种之一，客观上为他们提供了另一条有可能通往高校继续深造的道路。现实中，普通学校选择开设日语课程接纳部分英语较弱的学生，作为一种尝试，在教师和学生的共同努力下收到了良好的教学效果。一些学生在高考中收获了理想的分数，得以进入大学继续学习，见识更广阔更丰富的天地和世界。第二种情况是为了均衡和优化教育资源，满足更多更广大的群体的需求，提供针对性、个性化的教育，一些大学建立了附属中学，有着良好声誉的公办校成立了民办校，不少私立学校也应运而生。这些学校都有着自己明确的办学宗旨和开放的办学方针，与国际接轨、与时代同行，也有条件、愿意开设更多可供选择的课程，其中就包括日语课程。总的来说，全国各地以高考为中心，近年来雨后春笋般地涌现了不少开设日语课程的学校。相对发达地区则以第二种情形居多，相对也比较集中。据 2019 年高考统计，除港澳台外 31 个省（自治区、直辖市）中，唯有海南省没有考生选择用日语参加高考。就全国范围而言，日语教学环境仍然比较严峻，而目前外语高考改革对于日语教学环境的影响也尚不明

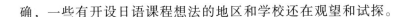

确，一些有开设日语课程想法的地区和学校还在观望和试探。

二、日语教学环境的特点及功能

（一）特点

学校教学环境和其他环境一起构成了人类生存的整体环境，在本质上具有一致性。而不同的环境具有各自的存在价值和发展价值，分别满足人类不同的需要，因而也有着各自不同的特征。教学环境作为一种相对特殊的社会环境，其构成和环境特征无疑也与其他环境有所不同。具体到日语教学环境，则既具有与其他学科教学环境的一致性，也会表现出相对特殊的自身的特点。

1. 日语教学环境与其他学科教学环境共有的特点

教学环境与其他环境相比，具有一些特定性。这些特定性也是日语教学环境与其他学科教学环境共有的特点。

（1）教学环境的区域特定性

众所周知，世界各地的中小学大都具有特定的客观存在的环境区域，该区域与外界环境的区分一般有着标识性的界限，如校园围墙或类似围墙的其他隔离物。教学活动往往在此种界限明确、相对封闭的校园环境中开展。但这一客观教学环境与外部环境并非完全隔绝，而是既向外部辐射影响，同时也会受到来自外界的各种影响。总而言之，教学环境是形式封闭、内在开放的有机统一体。

（2）教学环境的主体特定性

教师（学校的教职员工）和学生共同构成教学环境的主体，是构成教学环境的基本要素之一。教师和教师、教师和学生、学生和学生在教学环境中的关系虽有其特定模式，但主体所具有的能动性又决定了模式虽基本稳定，却不是一成不变的，它们之间也会不断地相互作用、影响，从而形成学校内部特有的各种社会关系和社会心理气氛，并进一步构成学校相对稳定而又可以被参与者主动调节和调整的社会心理环境。

（3）教学环境的内涵特定性

不同于其他环境的内涵表现在以下几个方面，即规范性、可塑性、净化性和教育性。规范性是指教学环境的各个方面都必须符合育人的规范要求，要和全面促进学生的身心发展相适应，要依据国家的教育方针、学校的培养目标进行设计、建设和组织。可塑性指教学环境应该是根据教学活动的需要进行调节、干预和控制，因势利导，趋利避害，使教学环境向着有利于顺利开展教学活动的方向发展。净化性指教学环境的各种因素都经过一定的选择和净化，相对于其他环境而言，可以说是一方净土。教育性指教学环境的教育功能尤为突出，这是教育环境和其他环境相区别的重要特点。[1]

2. 日语教学环境自身的特点

（1）时代性

如前所述，日语课程的设置是随着国际形势的变化、国家关系的改善和经济发展的需要应运而生的，也始终会受国家关系、时事政治以及对象国日本的经济、文化的影响而有所波动，所以日语教学环境具有明显的时代性。

（2）地域性

日语教学环境的地域性也十分明显。不同地区、不同学校的日语教学环境又有所不同，甚至大为不同。比如发达地区经济基础雄厚，学校物质条件齐备，对外交往活跃。反之，不发达地区的物质条件匮乏，学校应试倾向明显，与外界交往机会较少，近乎闭门造车。另外，各地出于不同的需求，行政领导部门对于日语课程的支持力度也不一样，从而也影响到当地日语教学环境。而同一地区不同学校，也会因为重视程度不同，日语教学的外部环境、校园环境、课堂环境都有所不同。

（3）相对稳定性

日语教学环境比其他学科都更容易受到国际环境、国家关系、社会制度等的影响。中日关系良好、舆论有利于两国关系时，日语教学环境就向好。而反之，就艰难。但总的来说，日语仍然是现阶段我国外语教育的重要学科，无论是历史渊源还是地缘关系，尤其随着国际交往的深入和两国各领域的合作项目的增加和深化，可以预见日语学习的需求除在高考、留学外还会出现多样化和新动向。总之，虽然在一定时期内学

---

[1]田慧生.教学环境论［M］.南昌：江西教育出版社，1996：28-30.

习人数会有所波动，但日语学习的整体需求不会萎缩，日语教学环境也就具有相对稳定性。

（4）可控性

尽管日语教学环境不时受到各种因素的影响和制约，但"风物长宜放眼量"，顺应社会的多元化和发展的规律、趋势，在高考制度和招生政策方面不为难和苛求，各级行政领导部门在政策和条件上对日语有一定的支持力度，从事日语教学的老师用心教书育人，日语教学环境还是可以做到调控和优化的。

（二）功能

教学环境是以教学主体为中心，为教学活动服务的，其特有的要素构成和自身特征决定了其功能属性。主要表现在以下几个方面。

1. 保障功能

教学环境是进行教学活动的场所和依托，为教师顺利实施教学活动提供必要条件，为教育教学活动提供良好的学习环境和氛围。教学环境是影响教学质量和效果的重要隐性条件，是学生健康成长不可缺少的教学要素。教师在开展教学活动时，无论是在进行教学设计、教学实践、课后反思时，还是教学方法的优选、教学形式的组织安排、引导学生学习的设计、各种信息资料的引用与传递、教学情境的预设、课堂教学活动的程序安排及时间设置等，都受到诸如教学空间（教室）大小、采光度、通风情况，天气状况、多媒体设备使用情况等"硬环境"因素以及师生的情绪状态、心理状态、关系融洽程度、互相信任程度、默契程度等"软环境"因素的直接或间接影响和制约。

2. 激励功能

教学环境无论对教师还是学生，都具有明显、持久而稳定的激励功能。良好的教学环境不但能有效地激发教师的工作积极性，端正教师的教育态度，调节教师的心理健康，同样也能对学生的学习认知与情绪，动机与行为，学习效果与效率产生良好的影响。整洁有序的校园、宽敞明亮的教室、积极向上的课堂气氛，以及严谨求实、团结奋进的班风、校风，都能给师生心理上带来极大的归属感、满足感和愉悦感，能充分激发起他们内在的工作和学习动力。特别是优良的班风和校风，更是一种由师生共同创建培育出来的强大的精神力量。这力量推动着教学工作的顺利开展，有助于提高学校教育工作的质量。

3. 德育功能

"立德树人"是教育的根本任务。学校教学环境是与青少年日常学习生活关系最为密切的一种微观社会环境，学生道德、观念、道德情感和道德行为的形成与发展，在很大程度上要受学校教学环境的影响与制约。教学环境对学生的教育作用不是强行灌输的，而是寓教育于生动形象和美好的情境中，通过有形的、无形的或物质的、精神的多种环境因素的综合作用，在耳濡目染中，潜移默化中熏陶、感化学生，从而产生一种"随风潜入夜，润物细无声"的教育效应。学校教学环境是学生品德形成发展的重要外部条件，良好的日语教学环境同样潜移默化地承载着德育功能。学生通过学习和感知先进的文化、良好的社会礼仪，通过对语言和文化的参照对比，加深对祖国语言和文化的认知、体验与践行，从而充分发挥其德育功能。

4. 智育功能

智育是使受教育者通过文化科学知识和技能的学习，发展智力的教育。学校教育教学是实施智育的主要途径；教学环境是传授知识、发展技能、培养自主性和创造性的主要场所。良好的教学环境既包括学校、课堂的物理环境，也包括相关的社会心理环境。在尊师重教的社会普遍认知下，全社会都高度关注教育，关注教学环境的建设和改善，这必然会有利于更多学生在更加优化的教学环境中学习知识、提高能力、健全人格，有利于提高整体国民素质，为国家建设和社会发展输送更多优秀的人才。

5. 美育功能

理想或良好的教学环境对师生的美育功能不能忽视。教学环境作为师生工作、日常学习和生活中最普遍、最具体、最直接的审美对象，对学生审美观的形成产生特殊的影响。教学环境是师生审美实践创造的产物，对师生的审美观点、审美情感和审美能力的形成和发展具有十分重要的作用，对学生起着启迪、陶冶、导引和升华的作用。教学环境的美育功能，是指良好的教学环境有利于激发学生的美感，进而培养学生正确的审美观和高尚的审美情趣，丰富他们的审美想象，提高他们感受美、鉴赏美和创造美的能力。审美是人的一种高级心理活动，人与环境之间有着直接的审美联系。实践表明，在一个和谐良好的教学环境中，处处都蕴藏着丰富的审美内涵，校园中的自然美、教室里的装饰美、教学中的创造美，以及师生的仪表美、情感美、语言美等，都会对学生正确审美观的形成产生重要影响。

6. 健康功能

教学环境的健康功能，是指教学环境对师生的生理与心理健康状况有重大影响。学校教学环境是师生长期工作、学习、生活的环境，环境的优劣与他们的身心健康关系密切。在一个卫生条件良好，没有空气、水源污染，远离城市噪声，一切教学设施完善充足的教学环境中学习，学生的身体健康必然能得到有效保障。相反，如果一个学校周围常年烟雾弥漫，噪声不断，教室内光线幽暗、空间狭小，学生的身体健康无疑会受到严重损害。另外，教学环境中是否有和谐的学习气氛和良好互助的人际关系，对学生的心理健康状况的影响也是明显的。重视教学环境的这一功能，对保证青少年学生的健康水平具有重要意义。

日语教学环境作为整体教学环境的组成部分，其功能也无法与整体教学功能割裂开来。综上所述，我们认为，教学环境对教师和学生的影响是巨大的。教学环境从不同的方面影响和制约着师生内在的心理活动与外显的行为表现，这是现代学校教育必须正视的一个现实。但是，师生作为教学环境的主体，反过来对环境又产生积极能动的影响。他们在接受环境影响的同时，其主观能动性又促使他们有意识地调节、控制、改造并建设适宜于师生身心健康发展的教学环境[1]。

三、日语教学环境中的课堂管理

课堂管理是教师为了完成教学任务，协调人际关系，和谐教学环境，引导学生学习的一系列教学行为方式。管理好课堂是开展教学活动的基石，教师必须不断地提高课堂教学管理技能。课堂管理的相关要素包括物理环境和课堂纪律。学校管理水平、教师管理能力、学生学习行为、

---

[1] 田慧生. 教学环境论［M］. 南昌：江西教育出版社，1996：30-33.

班级规模和班级的性质影响着课堂管理的效果。课堂教学是教学环境的重要一环，是软环境的重要组成部分，课堂教学效果的好坏与课堂管理有着密不可分的关系。各学科的课堂管理有共通之处，而外语教学的课堂管理也有独特之处。例如课堂物理环境的调整、课堂用语、课堂规则、课堂期待、课堂活动等方面都具有鲜明的学科特色，这些将在下文详述。

第二节　日语教学环境的设计与优化

　　教学环境不是自发、无序地形成的，而是人能动地加以设计和呈现的。教学环境能否有效地发挥其功能，取决于我们是否对它进行合理的设计和持续优化。这是教学环境及功能研究中的一个重要理论问题，同时也是教学环境实际建设中一个具有现实意义的实践性课题。我们应该依据一定的规律、原则，应用现代理念，结合日语学科特点，对日语教学环境进行合理的安排和控制，并且持续地加以优化，从而使日语教学环境发挥积极的功能，降低消极影响，以构建教师、学生、内容和环境有机整合的新型课程与教学系统，达到既定的教学目标，提高教学质量。

一、日语教学环境设计的意义

　　设计是一种把计划、规划、设想通过某种形式传达出来的活动过程。人类通过劳动改造世界、创造文明，无论是基础还是高级的创造活动，都必须进行一定的设计。同样，教学环境的建设也离不开教学环境的设计。所谓教学环境设计，就是指为了创造或改善教学条件，对教学环境进行整体或局部的规划、组织、协调和安排。教学环境设计涉及的范围很广，既包括学校物质环境设计，也包括校园心理环境设计；既涉及校址选择、校舍建筑和校园规划等一系列宏观的设计工作，也涉及课桌椅的配套和教室内灯光的安置等一些微观的设计工作[1]。概括说来，教学环境设计有以下几个方面的意义。

　　教学环境设计规定着学校环境外在的整体面貌和审美风格。大量的教学实践表明，追求教学环境的美观、和谐，是学校环境建设的主要目标之一。学校的校园环境是否美观大方，在很大程度上取决于教学环境的设计工作。不同的设计思想一旦付诸实践，就会出现不同环境格局和建筑风格的教学环境，并且长期存在和产生影响。成功的设计无疑会为人们带来一个和谐美观的学校环境，而失败的设计则会造成学校环境不

---

　　[1]田慧生.教学环境论［M］.南昌：江西教育出版社，1996：174-175.

可弥补的缺陷。因此，教学环境设计特别是教学建筑的设计要有长远的眼光，并且要谨慎从事。

教学环境设计影响着教学环境功能的发挥。教学环境具有多方面的功能，对学生的学习活动、身心健康、审美情趣、思想品德和社会化程度，对教学活动的顺利进行和教学质量的提高，都具有深刻的影响。在实际教学工作中，教学环境的这些功能能否发挥以及发挥程度高低，受多方面因素的制约，其中最重要的因素之一就是教学环境的设计。教学环境设计不同于一般的建筑设计或单纯的环境设计，教学环境是专门的育人场所，教学环境的设计除了遵循一般的建筑设计的要求，还必须遵循一些特殊的要求，体现一些特殊的价值。这就是指在具体的实施过程中，教学环境设计必须将教育规范和建筑规范有机地结合起来，将学校教育的各种价值渗透在教学环境设计中，也就是把教育的语言和信息转换为建筑的语言和信息，使学校环境和教学建筑能体现一定的教育价值和教育要求，从而发挥环境育人的基本功能。

教学环境设计影响着学校教育目标的达成。教学环境与学校教育目标的顺利达成相关。一个有利于学生身心健康发展，有利于教学活动顺利开展、优化的教学环境，必然会极大推进学校教育目标的达成；而一个拥挤零乱、昏暗嘈杂的教学环境则不仅不利于教育目标的达成，还会直接损害学生的身心健康。正是从这一意义上说，教学环境设计对学校教育目标的达成产生一定的影响。这种影响不是直接的，而是以教学环境为中介实现的。

二、日语教学环境设计和优化的基本原则和基本依据

（一）教学环境设计的基本原则

教学环境是一个由多种要素构成的复杂的整体系统，教学环境与教学活动息息相关，环境的优劣直接影响着教学活动的进程。为了最大限度地发挥教学环境的积极功能，降低教学环境的消极影响，就必须科学地设计教学环境。教学环境设计的基本原则，就是指在设计教学环境时必须遵循的基本要求。日语教学环境的设计不但要遵循普遍的基本原则，同时要尽可能地结合日语学科的特点和日语教学的期望。

1. 整体性原则

这一原则要求我们在设计教学环境时，要从整体上对教学环境的各个方面进行调整和规划，以便把各种环境因素有机地协调为一个整体，发挥最佳效益。

尽管构成教学环境的因素复杂多样，但是教学环境是作为一个整体发挥功能的。因此，在设计教学环境时，教育行政人员和教师应当密切合作、统筹安排。既要重视校园物质文化环境的设计，又要积极创造良好的校风；既要改进领导方式，又要革新师生关系，改革教学结构，更新学校组织结构等。日语教学环境的整体性原则还应该体现在学科物质文化建设与校园物质文化环境的协调统一上，并包括对日语学科有着客观、正确认识的健康良好的社会心理。只有树立全局观念，从整体出发，才能使各种教学环境因素协调起来，使教学环境向着有利于促进学生身心健康和提高教学质量的方向发展。

2. 针对性原则

这一原则要求我们在设计教学环境时，要针对特定的教学目的，有意识地通过或突出教学环境的某些特性，形成特定的环境条件来影响学生，促进学生的身心发展。

人在改变环境的同时，环境也在改变着人。为了达成特定的教学目的，根据具体的情况，可以适当突出或增强环境的某些特性或要素，有针对性地教育学生。日语教学需要创造和维护良好的语言氛围和文化氛围。总的来说，既有因为喜欢和欣赏日本传统文化、流行文化而热心、积极学习日语的学生，也有为了获得较好分数而选择日语学习的学生，更有对日本、对日语原本一无所知，被动选择日语作为外语学习的学生。针对不同的学生，既要保护已有的学习热情，更要在整体教学环境和课堂小环境的设计上多下功夫，想方设法更好地激发学生学习日语的兴趣，满足他们进一步了解日本的愿望，从而帮助学生在整体和谐、积极向上的氛围中学习日语和日本文化，从而使学生开阔视野、增长见识。当然，在运用针对性原则时，要有的放矢，认真分析面临的具体情况，切忌生搬硬套，顾此失彼。否则可能会事与愿违，达不到预期的教学目的。

3. 转化性原则

这一原则是指在设计教学环境时，要对各种经验和信息进行一定的选择、转化，使之积极地促进学生的身心健康，尽可能地消除不良影响。

当今社会是一个信息化的社会，更是一个价值多元的社会，学校不可能孤立于社会而存在，必然受到社会环境的多方面的影响。青少年社会经验少，识别、辨析能力差，往往不易正确地分辨和选择，有可能对积极的信息和价值持怀疑甚至排斥态度，而对消极的信息和价值笃信不疑。因此，在设计教学环境时，教师要根据学生身心发展的特点，对涌入学校的各种信息和价值进行及时的调节和控制，并加以适当地选择转化，将自发的信息和价值的影响转化为学生可接受的有目的的信息和价值的影响，培养学生分辨信息和衡量价值的能力，自觉抵制不良信息和价值倾向的影响。尤其是日语学科，较其他学科而言都更容易受到历史渊源、国际形势、两国关系和社会舆论的影响，教师更应该加强自我修养，立足现在，不忘历史，面向未来，帮助学生树立正确的人生观、世界观、价值观，以利于学生身心健康地成长。

4. 校本性原则

这一原则要求我们在设计教学环境时，不能脱离本校的实际情况，在充分利用学校已有的有利条件的基础上，做好教学环境的建设。

一般来说，不同地区、不同学校在环境条件上是有差别的。但是，任何学校在环境方面又都有自己的特点和优势，充分发挥和利用自己已有的环境优势，就有可能推动整个学校教学环境的改善。教学环境的设计只能从实际出发，以校为本，突出优势，扬长避短。在远离对象国的语言环境下，如何尽可能地结合学科特点在有限的范围内进行教学环境设计，很多学校在师生的共同努力下都摸索出了一些可行的办法。例如：有的学校设立了茶室，不定期进行茶道、花道表演，让学生了解日本饮食、服饰等，加深学生对不同文化的感知，激发他们进一步学习和了解不同国家语言文化的意愿；有的学校通过在教室里张贴地图、风景图片，在走廊展示学生的日语五十音图书法作品，在一定程度上实现对日语教学环境的改善和优化。

5. 主体性原则

这一原则要求我们在设计教学环境的过程中，要充分重视学生主体的作用,培养他们自控自理环境的能力,使学生学会控制和管理教学环境。

教师是教学环境的主人,学生同样是教学环境的主人。教学环境的改善和建设离不开学生的主体参与、支持和合作。如良好校风和班风的建设、环境卫生的打扫和保持、校园的绿化和美化、教室的布置以及学校纪律和秩序的维护等,都与学生紧密联系在一起。正因如此,在设计教学环境的过程中,教师应充分调动学生的主动性和积极性,培养他们对教学环境的责任感,提高他们控制和管理环境的能力。惟其如此,良好的教学环境的创建才能得到最广泛的支持,已经形成的良好教学环境才能得到持久的维护,教学环境也会在学生自觉自愿的不懈努力中更加和谐和美好。比如,很多学生热爱动漫,其中也不乏绘画才能突出的学生,为他们提供充分展示才能的平台和机会,鼓励他们发挥主观能动性,不但能让学生实现自我认知、自我检验,还能与更多的人分享他们的感受、体验,并能很好地传递他们学习和了解多元文化的热情和追求。

总体而言,日语教学环境也要遵循其他各学科都通行适用的基本原则,但语言学习和文化体验的特殊性决定了如果不身临其境,始终如隔靴搔痒。虽然学生无法身处对象国,无法随时随地感知对象国的语言和文化,但在教学环境的设计方面仍然可以尽量弥补这些不足。比如在物质文化环境方面,不少有条件的学校开辟一间教室专用,在室内装饰风格上以典型和室为主,学生可以直观地接触和感知日本传统房屋的特点,并通过教师的引领进而潜移默化地了解和熟知其历史起源以及相关社会风俗习惯、文化礼仪。而在有限的物质环境之外,很多学校的教师因地制宜,带领学生一起动手,在可能实现的范围内创设了良好的语言文化氛围。例如:在课间播放日语新闻、日文歌曲等,激发学生的学习兴趣;在班级设立日语角,定期展出学生在课堂上以及课后完成的日语学习相关的海报、作文,互相学习、互相鼓励,形成良好的班风学风。这些点滴细微的设计,其实正是基于教学环境设计的基本原则,从实际出发,结合学科特点,发挥主观能动性设计和实现的。

(二)教学环境优化的基本依据

教学环境不是一成不变的,也不能随心所欲地改变。所谓教学环境优化,主要指根据某些特定的要求,对教学环境的各种因素进行必要的选择、组合、控制和改善，选取环境中各种有利因素，限制或消除各种不利的环境因素，实现教学环境的最佳状态，最大限度地发挥正功能，保证教学活动的顺利进行。具体说来，优化教学环境应考虑以下几个方面的要求。

1. 外部环境的变化

外部环境也就是我们通常所说的"大环境"，它包括国家的政治环境、经济环境、文化环境和民族心理环境等。虽然不直接作用于教学环境，但这一外部大环境是影响学校教学环境的"大气候"，外部环境发生的任何变化都可能成为影响或改变学校教学环境的客观力量。稳定的大环境是良好有序的教学环境的保障，尤其对于日语这一外语学科而言，国际形势、两国关系、民族心理、社会环境等的变化无疑都会对整体日语教学环境产生较大的影响，这就要求我们根据外部环境的变化优化和调整教学环境。首先，要把握时代发展的脉搏，在有利的国际形势和社会环境下充分利用社会中的各种因素，创建和优化日语教学环境；其次，纷纭的国际形势和复杂的社会环境有其发展规律和必然性，也不乏突发事件导致的影响和波动，在不利的条件下，我们尤其应该客观冷静，采取辩证的态度分析社会大环境，对不良因素做必要的转化和诠释，维护已有的良好的日语教学环境；最后，要采取各种必要的措施，预防和抵制各种不良社会风气和因素对教学环境的渗透和侵蚀，做到防患于未然。

2. 学校培养目标

日语作为小学科，在部分地区和部分学校因地因需开设，各所学校日语学科的培养目标也不尽相同。学校培养目标是学校各项工作的出发点和归宿，它具体规定着人才培养的规格和质量要求，反映着学校教育的基本规律和发展方向，从而也就指明了优化教学环境的方向。因此，优化教学环境，要体现学校培养目标的基本精神实质和基本要求。

3. 学生身心发展的特点和规律

人的身心发展离不开良好的环境。学校是专门的育人场所，一切都应以促进学生的身心发展为旨归，遵循学生身心发展的特点和规律是优化教学环境的一个基本出发点，同时也是检验教学环境良好与否的重要标准之一。日语学科的教学环境既共用整体学校教学环境，也应该享有独自的学科教学环境，包括学校的、课堂的教学环境，要创设和优化为更符合学生学习、生活和身心发展特点和规律的教学环境。

4.学校具体情况

教学环境的优化，主要是指在学校现有条件下达到的教学环境的一种最佳状态，它并没有一个绝对的标准和固定的模式。教学环境的设计要以校为本，突出自身的优势，教学环境的优化同样需要如此。地区和各校可以互相借鉴办学经验，但不能照抄照搬。只要学校和日语教师充分考虑和利用本校的现有条件，真正重视日语教学环境的改善和优化，不固步自封，不孤军奋战，积极与外界、同行交流，提升教师的专业素养和教学水平，学校就有可能不断改善日语教学环境的面貌，也有可能建成具有自己特色的、良好的日语教学环境。

5.教学环境的要求

教学环境的优化是一项复杂的工作，它不仅要考虑到对整体环境的宏观控制，而且要注意对局部环境的微观调节。课堂教学环境是学校教学环境的一个重要组成部分，由于课堂教学环境具有即时多变的特点，偶发事件随时发生，教师就必须时刻注意把握教学环境的变化，并根据教学环境变化的需要对各种课堂环境因素进行必要的调节和控制，以使课堂环境保持有序、稳定的良好状态。

总而言之，日语教学环境易受外部环境的影响。国际时局、邻国关系、国内舆论包括政治、经济、文化、民族心理等环境都相对平稳的环境是有利于日语教学环境的良好发展的。但与之相反的情况下，教师和学生的心态都会受到一定程度的冲击，这时需要我们客观、理性、辩证地分析和看待日语学习，端正教学和学习的态度，坚定教学和学习的决心，优化教学环境，化解各种不良因素，采取必要措施，以维护和保障正常、稳定的日语教学环境。

三、现代日语教学环境设计与优化的理念

现代教学环境的设计与优化，目的就是建构能充分发挥其各项功能，为参与主体提供和谐融洽、积极向上的教学环境。良好的现代日语教学环境能使教师的工作积极性得到激发和保护，教育态度乐观而端正，按

照既定的教学目标和教学计划进行语言知识的传授和语言技能的训练，创设真实自然的语言情境，保持学生的学习认知欲和饱满的情绪，鼓励和引导学生自主学习、合作学习，注重培养学生探究和思考的能力和习惯，提高教学效果和学习效率。现代日语教学环境设计与优化应当从社会大环境和校园小环境两方面考虑。

（一）社会大环境

在日语教学环境的优化上，需要超越班级教学甚或学校教育的局限，超越学科课程甚或学校课程的局限，建立起大教育观和大课程观的理念。相较于英语而言，日语教育所能获得的社会资源和支持力度是难得的、有限的，尤其在部分地区、部分学校，教师和学生的处境更为艰难，颇有些孤军奋战的意味。在大教育观的意义上，教学环境的优化，就是不能闭门造车、固步自封，要和本地区其他开设日语的学校互相交流学习，有机会也应该参加各级各类研修、培训会，接触和了解其他地区甚至全国的日语教学环境，加强联系和学习，合力改善和优化日语教学环境。一方面要形成学校教育、家庭教育和社会教育的有机联系；另一方面，既要优化学校教学环境，同时要优化家庭环境和社区环境，把三者的优化纳入教学环境的设计、建设和应用过程之中。从大课程观的意义上讲，日语学科作为中学生必修科目之一的外语学科，应适合中学生的心智，无论思想还是内容，都并非独立和游离于其他各学科之外，而是横向有机联系，纵向有机衔接的。

（二）校园小环境

在共同的教学环境中，在可能、允许的范围内和条件下，可以自主、能动地改善校园环境和课堂环境，对各种因素进行筛选优化和设计，将其整合为积极的一体化的教学环境，形成师生教学和学习发展的全面的良好条件，使教学环境和正规教育、正规课程对师生的影响达到良好的亲和程度。具体而言，就是为日语教学和日语学习创设良好的氛围，从而优化日语教学环境。

四、日语教学环境设计与优化的基本策略

教学环境的优化与教学环境的设计密切相关，设计本身也包含着一定的优化思想，而优化本身也是一种设计。但是，教学环境的优化又与教学环境的设计有所不同，教学环境的优化更多地强调在现有条件下通过变革教学环境诸要素的构成方式取得最佳效果。

（一）明确教学目标

人类在改造自然和社会的活动中，往往仅仅考虑达到目的的手段，而不注意对活动目的本身的反思，最终造成人自身的异化。教学活动是人类特有的社会实践活动，其对象是人本身而不是其他，更需要注重活动目的、目标的完善。在具体的教学活动中，我们首先需要省察自己的目的、目标是否完善，这是优化教学环境的前提。日语课程是通过教师、学生的共同活动，培养初步综合语言运用能力的过程。日语课程帮助学生掌握初步的语言知识和技能，提升语言表达能力，发展语言交际能力，提高学生的人文素养，开拓他们的视野，增长他们的见识，丰富他们的认知，健全他们的人格。所有教学环境的设计与优化都应该围绕教学目的、目标来进行和实施。

（二）优化社会大环境

在现实中，学校教学活动往往受社会大环境的影响，特别是在社会转型时期，人们的思想意识、价值观念等都在发生巨大的变化，我们不能否认在此过程中出现了许多具有消极影响的思想、观点和言论，而这些对学校教学活动有着极大的冲击，使学校教学活动目的的实现受到影响。因此，社会各界应共同努力为教学活动营造一个良好的社会氛围。但是，教学活动总不能等到社会环境完美无缺的时候再进行，而应发挥自身改造社会环境的作用，为净化教学环境做出应有的努力。这就要求我们必须采取有效措施抵制社会不良风气的影响，强化学校教学活动的影响力。在教学环境的设计和优化时，必须考虑到日语教学环境尤其容易受到社会大环境的影响这一点，应该明辨是非、理性分析、端正态度、坚定决心，将不良影响降到最低，维护和保障良好的日语教学环境。

（三）改善学校物质条件

学校物质条件是学校教学工作赖以进行的物质基础，是学校生活的物质载体。事实上，学校的物质基础首先是一个完备教育过程的必不可少的条件；其次，它又是对学生精神世界施加影响的手段，是培养他们的观点、信念和良好习惯的手段。毫无疑问，创建良好的物质环境是教学环境优化的重要内容。尽管在经济落后的情况下，学校物质条件不可能得到很快的改善，但是师生可以通过对校园的精心设计和绿化、通过对教室的布置，使学校物质环境得到美化和优化，使教学环境体现出崇高的教育意义和审美价值。这对优化贫困地区中小学教学环境有着更大的启发和意义。"硬环境"和"软环境"都应该重视和得到相应的改善。"巧妇难为无米之炊"，应在有限的条件下，配备能满足外语教学基本需求的硬件设施。如果基本的物质条件得不到保证和改善，社会心理环境失之正常和有序，就无法为学生创设一个利于日语学习的良好氛围，势必会极大影响学生学习的热情和效果。

（四）优化教学过程

只有完善的教学活动与和谐的校内外环境，而没有优化的教学过程，改善教学活动、提高教学质量只能是一句空话。优化教学过程，实质上也就是协调好教学微观环境诸因素间的关系。例如，筛选、组织和利用好各种信息，使其成为适宜的教学内容；依据教学内容和学生身心发展特点和规律采取恰当的教学方法；善于处理教学过程中出现的新情况和新问题，及时做出机智的调整；等等。总体上看，可以从两个方面优化教学过程，就教学活动的构成要素而言，要优化这些要素间的关系，以保证教学结构的合理和正常功能的发挥；就教学活动过程而言，要使各要素间的衔接紧凑自然，反馈顺畅，而且要有足够的灵活性，以便全面实现教学活动的目的。从《义务教育日语课程标准（2011年版）》制定和推行以来，日语教育的观念、日语课堂和学生生活都发生了新的变化。课程改革也初见成效，教学过程得以不断优化。当然，在这一过程中，最为关键的是教师要把教学活动的科学性和艺术性完美地结合起来。可以说，这是教学过程最优化的基本特征。教学过程需要教师和学生共同参与、完成，通过一定的教学活动，创设情境传授日语知识，引导学生积极参与课堂活动，通过自主学习、合作学习，能动高效地获取知识，并勇于探究，勤于思考，从而教有所成，学有所获。

（五）优化教学评价

教学评价在优化教学环境中的作用不可低估。教学评价一方面是对教学活动成果进行评判，另一方面又因其价值导向的功能而左右着教学活动的发展方向。优化教学评价，就是让教学活动更为规范和理想，也就是使教学活动有利于学生的和谐发展，有利于教学环境整体功能的全面发挥。在现实教学实际活动中，教学评价存在的问题，恰恰是导致教学环境失衡和教学活动低效率的重要原因之一。我们必须克服教学评价中存在的许多问题，例如：仅仅通过是否能读会写和分数进行结论性评价，评价手段单一、简单；一些评价标准呆板、缺乏弹性，过分强调整齐划一；重终结性评价而轻形成性评价；等等。所有这些问题，都明显相悖于教学环境平衡的要求，其最终结果会降低教学活动的质量。优化教学评价，改进评价手段和方法，不但需要深入研究，谨慎操作，而且更应强调从维持教学环境的平衡的角度展开，坚持科学性和伦理性相结合的原则。

五、我国中小学日语教学环境设计与优化的宏观思考

（一）结合日常环境教育与宣传活动，强化相关部门和人员的教学环境常识

近年来，随着国家和社会对教育的重视和投入的加大，整体的教学环境有了很大的改善。良好的教学环境能让教师和学生乐在其中，教学相长。但存在问题和不足的教学环境也不容忽视，各级领导部门应该重视教学环境的设计与改善。教师和学生是教学环境的主体，对身处的教学环境不能安之若素，无动于衷，不能被动地接受现实存在。结合日常环境教育和宣传活动，要强化中小学师生的教学环境常识，确立一种明确的教学环境意识，了解和懂得利用教学环境的各种因素服务教学，推进教学，并进而有意识地参与主动调控、改造教学环境，为师生的身心发展创造更为理想的教学环境。

（二）立足本国实际，客观理性认识社会外部大环境

国际格局、国家关系、经济形势、文化影响等社会外部大环境对日

语教学环境尤其有着深远的影响。全社会应该立足本国实际，不激进、不盲从，应客观、理性地看待和分析问题，不干扰和影响正常的教学环境。

（三）全面促进学校教学环境的整体优化，努力改善学校物质环境

国家和社会应该认识到教学环境的重要性，在现有经济条件下，大力发展教育，促进教学环境的整体优化，解决硬环境方面明显的缺陷。首先应该杜绝危害学生身心健康的设施，为学校配备基本的必需的多媒体设备。学校师生也可以通过对校园的设计，对教室的装饰、布置和点缀，努力使相应的教学环境符合和满足日语日常教学的需要。

（四）重视教学环境的理论与实验研究，注重课堂环境建设

在财力物力着重解决硬环境的同时，应该注重课堂环境建设。学校应该重视和支持对教师的培养，教师自身也应该积极提高自身专业修养和人文修养。教师应积极参与专业和教学相关培训、研修，不断学习新的理念和教学方法，互相交流、学习和借鉴，寻求和探索出适合中小学日语教学课堂建设的思路、策略和方法。

第三节　日语课堂管理

　　正如布罗菲与艾弗森在《从教中学》所指出的，"几乎所有关于教师效能的调查都指出，课堂管理技能足以决定教学的成败"[1]。课堂管理对达成教学目标和提升教学效果的作用不容忽视。课堂管理不仅是课堂纪律的制定和维持，更不等同于教师强化自己的权威或训导，课堂管理是构建和维持有效学习环境的一个过程[1]。我们认为，课堂管理是教师为了完成教学任务，有效利用时间、调控人际关系，和谐教学环境，引导学生学习的一系列教学行为方式。在课堂教学中，教师不但要"教"，还承担着"管"的任务，也就是协调、控制课堂中各种教学因素及其关系，使之形成一个有序的整体，以保证教学活动的顺利进行。管理好课堂是开展教学活动的基石，教师必须不断地提高课堂教学管理技能。课堂管理的相关要素包括人际关系、教学环境和课堂纪律，学校管理水平、教师管理能力、学生学习行为、班级规模和班级的性质都影响着课堂管理的效果。

　　简而言之，课堂管理的要素主要涉及课堂物理条件和课堂的主体——教师和学生。所谓课堂物理条件主要指空间利用、设施配备、座位安排，也包括社会心理环境的营造等。教师和学生是课堂的主体，课堂中的师生关系、生生关系无疑是课堂管理的重要任务之一，在现实操作中，往往通过确立课堂行为规范、制定和实施准则等来管理课堂人际关系和应对学生的问题行为。

一、日语课堂环境及社会心理环境管理营造

　　教师与学生置身于一定的课堂之中进行活动，首先应该保证课堂物理环境的舒适与合理。日语作为一门外语科目，总是在一定的学习环境中进行的，当没有自然、宽松的真实语言环境时，课堂是课程得以呈现的物质基础和学生学习的主要渠道。因此，我们应该尽量为日语教学营

---

[1] 转引自Vernon F. Jones, Louise S. Jones：《全面课堂管理　创建一个共同的班集体》（中国轻工业出版，2002年）第2页。

造积极、良好的课堂环境。

在空间利用上，教室的各个空间都应该得到充分的利用，以发挥教学环境之课堂环境的最大功效。教师一方面需要根据日语教学的日常需要精心设计和计划，另一方面要调动学生的主动性和积极性，让学生参与教室空间环境的设计和优化，为日语课堂和日语学习创设一个良好的语言文化氛围，从而有利于课堂的顺利开展，并在很大程度上得以激发学生兴趣、鼓舞学生的学习士气。比如，在教室里张贴五十音图、世界及日本地图，张贴并定期更换日本名胜古迹以及反映日本各地风土人情的图片、照片等。此外，还可以专设日语角，随课程进度展示学生的作业、海报等学习成果，这样有利于学生互相学习、评价和借鉴。在设施配备方面，如果能有网络、多媒体的环境供教学利用则较为理想。

此外，根据教学内容的要求和学生的特点，基本的课堂座位设计可以不拘一格。比较传统的课堂座位一般是将学生的座位以排、列的形式安排，教师一般以教室前部为主要活动区域，所有学生都面向教师。传统的座位安排有利于以教师为主的教学活动，如讲解、展示、与学生进行目光接触和交流，能较好地进行课堂管理，也有利于学生的注意力集中于教师身上，进行课堂问答。尤其在班级人数比较多的情况下，这一传统的座位排列比较普遍。除此之外，还可以根据课堂需要安排以学生为中心、以课程为中心的小岛式的座位排列模式，也就是将学生分组排座，便于小组讨论、学生直接交流。

积极、良好的课堂环境是不可或缺的，但课堂环境又不是孤立存在和发展的，它是整体学习环境的一个有机组成部分。学习环境是一个复杂的系统，能影响学习活动发生以及学生的学习效果。日语课堂环境尤其不能忽视社会心理环境所带来的直接或间接的影响。教师要帮助学生明确日语学习的目的，通过学习语言及其对象国先进的文化，了解不同的文化，促进相互理解，开阔眼界，并深化对自我文化的认知和认同。只有坚定学习信念，才能不随波逐流。无论社会心理环境如何变化，都要保持教学和学习的良好心态，既要利用好的社会心理环境，同时也要端正立场，客观、理性地应对干扰，维护良好的日语教学环境。

二、日语课堂人际关系管理

课堂的物理环境为课堂管理的良好运行提供了一个外在的物质基础，在此基础上，课堂主体之间建立良好、和谐的师生关系、生生关系的重要性不言而喻。明确且利于实施的课堂规则是课堂管理运行的保障。

（一）课堂规范的建立和巩固

有效的课堂管理必定需要规范的约束，但如何建立规范并让其发挥合理的作用呢？如果教师对学生有一些要求，就应该考虑把这些要求转化为规范，但是规范不能只体现教师的意志，而应该考虑学生的意见，因此规范的制定应该是一个民主化的过程，要让学生参与到其中。教师应该时不时把学生召集起来讨论规范是不是继续适合新的情况，如果不适合就可以去掉，建立起新的规范。另外，规范必定是防止课堂行为问题发生的工具，而不是目的，因此教师不必把规范绝对化，而要考虑问题行为发生的情境，然后再考虑规范的执行。日语课堂有着所有课堂规范的共同性，比如要求学生认真思考、积极参与。其学科特点也决定了有不同于其他课堂之处，比如可以要求学生尽量用日语提问、回答。面对课堂上可能出现的异国文化的冲击、思想的碰撞，教师应积极引导学生对自我文化进行反思、认同等，而不是一味居高临下、武断地灌输结论和观点。

在进行授课的同时，教师应该注意观察学生的动向和接受情况，根据课程需要和对班级学生的了解，把教学目标中提出的对学生的期待具体化为课堂活动的程序和常规，并将一部分制定为课堂规则，用于指导学生的课堂行为，促进学生养成良好的学习习惯，积极主动地学习。日语课程特点鲜明，其规则制定也应适应日语学科的需要，同时应该结合学生的特点并符合课堂的特色。一般来说，日本文化讲究礼仪，课堂用语也比较固定。在其他学科的课堂同样也会起立、行礼、致意。在日语课堂，更是约定俗成。上课前应该有值日生用日语提示所有学生"起立""礼""着席"，在课堂结束时，教师会向全体学生用日语道"今日の授業は、これで終わります""お疲れ様"等，学生也应该向老师回礼致谢说"先生、ありがとうございました"。同时，根据学生日语水平和学习情况，还可以制定"课堂发表"规则，要求学生按顺序做好准备。一般多在正式进入教学之前 5 分钟，由学生用日语进行背诵或发表。在课堂上，要求举手回答提问，鼓励小组积极讨论等。课堂规则是描述和表达行为规范的文字表述，而遵守和执行这些课堂规则则是课堂纪律。课堂规则和课堂纪律是课堂情境中课堂活动的制度规范，也是教师进行课堂管理、评价和指导学生课堂行为的主要依据。

（二）运用正面引导的管理语言

在课堂管理过程中，教师运用怎样的课堂用语也是一门艺术。要更好地执行日语课堂既定的课堂规则并有效地引导学生克服困难、积极向上，教师应该反思一下我们的管理语言。如果我们通常都是习惯性地运用一些只注重监督、批评的消极的语言，表面上看，似乎一针见血、直截了当，但对接受新知的学生而言，每个人的基础和接受程度都不可能强求一致，那样非但不能引导和帮助学生面对自身的问题和暂时的错误，还可能适得其反。新课堂的管理要求教师尊重二语习得的规律，认识到学生的个体差异，肯定学生的努力和付出，多运用一些重在肯定和塑造的积极语言，如"よくできました""よくがんばりました""もう一度やってみましょうか"等。当然这并不是说对学生的错误和不足视而不见、敷衍了事，而是对教师提出了更高的管理要求。从而表现在语言的运用上，教师应该通过发展性、过程性的评价给予学生言语的肯定。哪怕学生暂时没有达到既定的学习目标，没有做到教师所期望的，但相比本人有了点滴的进步，就应该及时正面引导，树立学生学习的自信心。当学生在学习上遇到障碍时，教师在知识传授之外，尤其应该鼓励学生在学习能力、学习习惯、学习方法等方面积极探索、借鉴并改善，这样不仅让学生在某一阶段、某一学科的知识点方面有所领悟，更有助于学生的终身学习和全面成长。

（三）日语课堂问题行为管理

所谓课堂问题行为，一般指发生在课堂上的与课堂行为规范和教学要求不一致并影响正常课堂秩序及教学效率的课堂行为。这样的行为不仅影响学生的身心健康，而且常常引起课堂纪律问题，影响教学质量。国外的有关研究发现，一个学生的不良课堂行为不只是影响他自己的学习，同时也可以破坏课堂上其他学生的学习。在一般情况下，一个学生的问题行为可能简单地诱发另一个学生不听课，也可能把问题蔓延开来，诱发许多学生产生类似的问题行为，即产生所谓的"病原体传染"现象，它会蔓及全班，破坏课堂秩序，影响教学活动的正常进行。这种问题行为是许多教师常常遇到的，也是最怕发生的。因此，对课堂问题行为及时加以控制和防范，也是课堂管理的重要内容之一。

研究结果表明，课堂问题行为的产生常常受多种因素的影响。概括起来，主要的影响因素集中在学生、教师和环境三个方面。日语课堂虽然也有特殊性，但并不能例外。教师要管理好课堂，首先要加强对自我因素的管理，有些个性因素是可能有意识地改正的，非个性因素更是在经验的范畴之内。教师要注意控制自己的一些不良个性因素，注意自己的形象，和学生交往要热情积极。除此之外，还有一系列的管理策略是教师必须注意的，其中比较常见的应该也是必不可少的常用手段就是奖励和惩罚。

谈到奖励和惩罚，人们通常的看法就是奖励就是表扬，是奖赏，而惩罚就是尖刻、严厉的批评，就是令人痛心疾首的体罚。实际上，这些奖励和惩罚都是过激的手段，我们生命中许多最重要的奖励都是些平常的东西，例如人与人之间的温暖、友爱的动作，社会的承认、鼓励和他人对自己的赏识等，而惩罚就是拒绝给予这些东西。

教师应该多关注良好行为，给予良好行为合适的赞扬和奖励。研究证明，关注良好行为比注意不良行为更有教育意义。有些时候惩罚可能不得已而为之，尤其对那些反复出现的不良行为，但教师必须意识到惩罚能遏制过失行为，却不能教会学生受人欢迎的行为。因此，教师可以在需要惩罚时，表现出对学生的深切关心和爱护以及对其行为的不解或者遗憾，帮助学生认清错误，帮助他们找到改善的方法。另外，奖罚一定要公正客观，让学生认清惩罚不是无中生有的。另外，有些教师运用一些不恰当的惩罚措施，如体罚、言语攻击、额外作业以及找家长训话等，这些惩罚很难带来好的管理效果。

我们认为要有效地管理课堂，奖励当然是不可缺少的，因为奖励会让受奖励者有一种被认可和正面关注的积极情感，这样的情感会有助于课堂气氛的建设。有的教师自行购买一些小文具，在日语课堂上作为小奖品发给学生，效果较好。有的学生虽然学习可能一时不得法，但并非没有其他闪光点。教师发现每一个学生的闪光点并适时给予积极肯定和奖励，学生往往会在其他方面都有更积极的态度和行为，会有意想不到的转变和进步。比如，一名教师注意到某个学生的日语学习并不顺利，但是假名书写十分工整，于是通过举办假名书写大赛，一是激励所有学生认真、规范地书写，二是树立该生的自信心，激发其学习兴趣。此后，不但这个学生自身发生了变化，他也促进了其他同学积极向上，从而解决了课堂的一般问题行为。

第十章　日语教学评价

教学评价是依据教学目标对教学过程及结果进行价值判断并为教学决策服务的活动，是对教学活动现实的或潜在的价值做出判断的过程。一般也包括对教学过程中教师指导活动等诸多因素的评价，但主要是对学生学习状况和教师教授质量的评价。日语教学评价应该依据日语课程目标，按照课程标准制定的日语水平分级标准，参考日语教学评价的内容和指标体系，运用相应的方法和步骤，全面考查学生学习日语的过程和结果，同时衡量和判断教师的教学质量和教学效果。

第一节 教学评价概述

一、教学评价的含义、原则及功能

（一）教学评价的含义

所谓评价，顾名思义是对某一对象进行评测并进行价值判断的过程及所获得的结果，其中的评测又可以包括量的测量和质的记述。教育评价则可以理解为采取一切可行的技术和方法系统地收集各种教育信息，在此基础上根据一定的标准对各种教育活动及其结果进行评测并做出价值判断的过程及所获得的结果。作为教育评价观念与方法等在教学领域的具体化，教学评价与教育评价没有本质的区别，但教育评价还包括学校评价、课程评价。课程评价与教学评价都是教育评价的重要组成部分，是指一种基于系统地收集相关事实信息并依据一定标准对课程与教学系统的整体或局部进行评测和价值判断的活动。

课程评价有狭义和广义之分。狭义的课程评价是特指对课程计划、课程标准、教材在改进学生学习方面的价值做出判断的活动或过程，它一般包括对课程目标体系的评价、对课程计划的评价、对课程标准的评价、对教材的评价等核心内容。它的实施一般是由受过专门培训的评价人员，借助专门的评价方法和技术而进行的。而广义的课程评价可以包括课程需要、课程设计、课程与教学过程、教材、学生成果目标、通过课程学生取得的进步、教学有效性、学习环境、课程政策、资料分配以及课程与教学成果等诸多环节和内容，教学评价也包含在其中。

教学评价是教育评价的有机组成部分，顾名思义，教学评价贯穿教学这一过程，涉及教师与学生这两大核心因素。其主阵地是课堂教学但又不限于课堂教学，是对教师的教与学生的学相统一的教学活动收集事实信息并进行价值判断的过程，一般包括对教学过程中教师、学生、教学内容、教学方法手段、教学环境、教学管理等诸多因素的全面评价，但主要是对学生学习状况和教师教授质量的评价[1]。

[1]黄甫全.现代课程与教学论［M］.3版.北京：人民教育出版社，2014：456.

相较于侧重理论的课程评价而言，教学评价是作为课程实施评价中的工作环节，更偏向具体化的研究，包括课堂教学质量的评价指标体系、学生学习成果的评价、教师评价方法与体系等的研究。课程评价为教学评价的实施提供了理论支持，也从整体上规范了教学评价的模式和方法，而教学评价是课程评价的具体实践，也反过来为课程评价的设计和调整提供实践依据。

日语教学评价在基本含义、所具备的功能和应该遵循的原则方面和其他学科的教学评价有着很多共通之处。无论哪个学科，教学评价都是促进该学科教师专业发展、提高教学质量和促进学生成长的重要手段。科学有效地进行教学评价可以说已经成为现代教学不可或缺和不可替代的基本组成部分，它不仅是良好教学的基础，也是进行各种教育决策的基础。教学评价是以教学目标为依据，运用可操作的科学手段，通过系统地收集有关教学的信息，对教学的过程和结果做出价值上的判断，并为被评价者的自我完善和有关部门的科学决策提供依据的过程[1]。换言之，教学评价是依据教学目标对教学过程及结果进行价值判断并为教学决策服务的活动，是对教学活动现实的或潜在的价值做出判断的过程。更具体地说，教学评价是研究教师的教和学生的学的价值的过程，教学评价是对教学工作质量所做的测量、分析和评定。教学评价从评价内容上说，既包括对教学成果的评价，也包括对教学过程的评价；从评价对象而言，既包括对教师的评价即教学质量的评价，也包括对学生的评价即对其学业成绩的评价。总而言之，教学评价一般包括对教学过程中教师指导活动如教学内容、教学方法手段，学生这一主体的学习过程、学习效果以及外部教学环境、教学管理、学习资源、支撑服务系统等因素的评价，但主要是对学生学习状况和教师教授质量的评价。

无论从历史还是现实的角度，教学以课堂为主要实施场所，所以课堂教学评价无疑是教学评价的重要一环。

毋庸置疑，教学评价也是日语课程的重要组成部分。日语教学评价依据日语课程目标，按照课程标准制定的日语水平分级标准，根据日语

---

[1]施良方，崔允漷.教学理论：课堂教学的原理、策略与研究［M］.上海：华东师范大学出版社，1999：330.

教学评价的内容和指标体系，运用相应的方法和步骤，全面考查学生学习日语的过程和结果，同时衡量和判断教师的教学质量和教学效果。日语课程的教学评价应该体现评价主体多元化、评价方式多样化、评价目标多层次的课程理念[1]，其目的在于激发学生学习日语的兴趣，使学生在日语学习过程中不断体验进步与成功，促进学生综合语言运用能力的发展和核心素养的形成；同时使教师及时掌握日语教学的反馈信息，适时调整教学内容、方式和进度，提高教学效果。

教学评价伴随着教学的产生而产生，也经历了以下几个发展阶段。最早的教学评价形式是针对学生的学力检验，主要以考试的形式而呈现，即为传统考试阶段。到19世纪末20世纪初，伴随着心理学和教育统计学的发展，教育工作者们开始探讨如何将心理测验的方法应用于教学领域，从而实现学业成绩考核的客观化、标准化和数量化，教学评价就进入了教育测量阶段[2]。进入20世纪30年代，随着新心理学和新教育学的发展。教育测量逐渐受到批判，并逐渐向教育评价发展。美国教育评价与课程论专家泰勒最先倡导从"测验"转向"评价"，在其领导下美国于1933年成立了"八年研究"的评价委员会。该委员会于1942年发表了"史密斯－泰勒报告"，第一次系统地提出评价的基本思想和方法，从而奠定了现代教育评价的基础。泰勒认为，评价必须建立在清晰地陈述目标的基础上，根据目标来评价教育效果，促进目标的实现[3]。

（二）教学评价的原则

教学评价不是任意的、随性的，有其应当遵循的基本原则。教学评价一般包括对教学过程中教师、学生、教学内容、教学方法手段、教学环境、教学管理诸因素的评价。因为教学评价的两个主体分别是教师和学生，所以教学评价的两个核心环节分别是对教师教学工作（教学设计、组织、实施等）的评价，即教师（课堂、课外）教学评估；对学生学习效果的评价，即考试与测验。教学评价是贯穿整体教学活动的过程。而在现代社会，

---

[1]中华人民共和国教育部.义务教育日语课程标准（2011年版）[M].北京：北京师范大学出版社，2012：22.

[2]施良方，崔允漷.教学理论：课堂教学的原理、策略与研究[M].上海：华东师范大学出版社，1999：331.

[3]同[2]：332.

世界各国的整体教学活动都离不开课堂教学。课堂是教师实施教学和学生接受知识、获取信息、学习方法的主要阵地和场所。课堂教学评价是促进学生成长、教师专业发展和提高课堂教学质量的重要手段。课堂教学评价无疑是教学评价极为重要的一环。因此，科学有效地进行课堂教学评价也成为现代教学的基本组成部分，它不仅是成功教学的基础，也是进行各种教育决策的基础。课堂教学评价专指对在课堂教学实施过程中出现的客体对象所进行的评价活动，其评价范围包括教与学两个方面，其价值在于服务课堂教学。课堂教学评价的原则包括以下几条，这些同时也是教学评价应当遵循的原则。

1. 客观、真实的原则

客观性原则是指在进行教学评价时，从测量的标准和方法到评价者所持有的态度，特别是最终的评价结果，都应该符合客观实际，不能主观臆断或掺杂个人情感。因为教学评价的目的是给学生的学和教师的教以客观的价值判断，如果缺乏客观性就失去了意义，从而可能导致教学决策的错误。在课堂教学评价中，不能先入为主，要尽量摒弃成见或偏见，不过分强调对学生学习结果的评价，而应该重视在真实生活情境下对学生的发展进行评价。在真实性评价中应该包括有真实性任务，即学生在某一具体领域中可能遇到的真实的活动、表现或挑战。客观、真实是教学评价的基本要求，包括评价标准客观，不带随意性；评价学生要客观，不带偶然性；评价态度要客观，不带主观性。

2. 整体、多维的原则

多维性原则是指在进行教学评价时，要对组成教学活动的各方面做多角度、全方位的评价，而不能以点代面，一概而论。教学系统的复杂性和教学任务的多样化，使得教学质量往往从不同的侧面反映出来，表现为一个由多因素组成的综合体。因此，为了反映真实的教学效果，必须把定性评价和定量评价综合起来，使其相互参照，以求全面准确的判断评价客体的实际效果，但同时要把握主次，区分轻重，抓住主要的矛盾，即决定教学质量的主导因素。尤其在课堂教学评价中，应该从多种角度、运用多种方法对课堂教学的过程和课堂教学的结果进行评价。具体而言，多维性主要体现在三个方面。

首先是评价内容的多维性，即在评价中应该考虑到课堂教学的各个方面，包括课堂教学的过程、教师的教学能力及水平、课堂教学要素、课堂教学结果、学生的参与度等各个方面。但这并不是说，每次评价课堂教学都必须要完整地对所有的因素进行评价，或者所有的因素在每次评价中所占的权重都是一样的，而是需要根据评价的目的有侧重地进行选择。在选择过程中，既要考虑评价的目的，也要考虑课堂教学评价的一般要求，同时还要考虑当前教学评价发展的理论前沿。

其次是评价主体的多维性。在以往的课堂教学评价中，评价主体往往是研究者和教育管理者，缺少课堂教学内主体的充分参与。而评价主体的多维性要求评价主体既有课堂教学之外的人员，如研究者和教育管理者，也有课堂教学内的被评教师或学生，同时还可以考虑让同事或同伴参与评价，改变原来单纯以他评为主的方式，重视自评和互评。

最后是评价方法的多维性。传统的课堂教学评价多以量表或者纸笔测验为主，这种评价方法的主要优点在于其编制过程的科学性，它在评价过程中能够尽可能地保证评价的公正性，但是其弊端也是非常明显的，如评价的内容与真实的生活内容脱节，不太适合情感、态度、价值观的评价等。评价方法的多维性要求课堂教学评价中改变单纯以纸笔测验（包括口语、听力）的方式，更多地采取观察、成长记录袋、真实性评价等方法进行多方面的评价，既要重视客观、量化的评价方法，也要重视量化和质性评价相结合的方法，以质性评价统整量化评价。因为量化的评价把复杂而又丰富多彩的课堂教学过程简单化、格式化了，而质性评价更关注复杂而丰富的课堂教学过程，强调教学过程的完整及其间真实的表现。

3. 科学性、指导性原则

这条原则是指在进行教学评价时，要从教与学相统一的角度出发，以教学目标体系为依据，确定合理、统一的评价标准，认真编制、预试、修订评价工具。在此基础上，使用先进的测量手段和统计方法，依据科学的评价程序和方法，对获得的各种数据进行严格的处理，而不是依靠经验和直觉进行主观判断。指导性原则是指在进行教学评价时，要把评价和指导结合起来，对评价的结果进行认真分析，从不同的角度找出因果关系，确认产生的原因，并通过及时、具体、启发性的信息反馈，使被评价者明确今后的努力方向。教学评价要坚持服务实践、指导教学实践。要贯彻这一原则，应做到明确评价的指导思想是要帮助师生改进教学，提高教学质量；要及时反馈评价的信息；重视实践过程中形成性的评价，不能只进行总结性的评价，要把两者结合起来，达到及时矫正的作用；与被评价者共同分析评价结果，查找因果关系，确认学生的原因，使指导切合实际，确实有效。

4.过程性、成长性原则

过程性原则指的是改变以往评价中过分重视总结性评价的倾向，要把评价对象当前的状况与其发展变化的过程联系起来，由一次性评价改变为多次性评价。过程性原则强调以教育教学过程中评价对象的表现作为评价的主要内容，以促进评价对象的发展为根本目的，体现满足社会发展需要与个体发展需要的辩证统一，使评价过程成为促进发展和提高质量的过程。过程性原则有三个基本特征：一是把全部有价值的教育教学活动都纳入评价的范围，不论这些活动是否与预期的目标相一致；二是在方法论上，既倡导量化研究的方法，也给质性评价一定的地位；三是本质上受"实践理性"的支配，它强调过程本身的价值，强调评价者与评价对象之间的交流和相互理解。教学评价是鼓励师生、促进教学的手段，因此教学评价应着眼于学生的学习进步和动态发展，着眼于教师的教学改进和能力提高，以调动师生的积极性，提高教学质量。

成长性原则指的是课堂教学评价着眼于促进学生成长，侧重观察和衡量学生的表现，着眼于促进教师教学水平的不断提高，激励教师转变观念，进行课堂教学的改革。

课堂教学评价的目的尽管不排除其检查、选拔和甄别的作用，但其基本目的是促进学生成长，提高和改进课堂教学实践，重视反馈调节、展示激励、反思总结、积极导向等基本功能。因此，课堂教学评价应该坚持成长性评价原则，即以成长的眼光来客观评价主体的变化，重视对课堂教学过程的评价，强调评价内容多元化、评价过程动态化以及评价主体间的互动等，以实现评价的最大收益，达到促进成长和改进的目的。

成长性原则有以下特征：第一，成长性原则着力于人的内在情感、意志、态度的激发，着力于促进个体的和谐成长，强调以人为本；第二，成长性原则强调评价主体多元化，主张使更多的人成为评价主体，特别是使评价对象成为评价主体，重视评价对象自我反馈、自我调控、自我完善、自我认识的作用；第三，成长性原则在重视教学过程中静态、常态因素的同时，要求更加关注教学过程中的动态变化因素、由师生之间情感等的交互作用而使得课堂教学出现的偶发性和动态性；第四，成长性原则更加强调个性化和差异性评价，要求评价指标和标准是多元的、开放的和能够体现差异的，对信息的收集应当是多样、全面和丰富的，对评价对象的价值判断应关注评价对象的差异性，有利于评价对象个性的发展；第五，成长性原则在重视指标量化的同时，更加关注质性评价的作用，强调用质性评价去统整定量评价。认为过于强调细化和量化指标往往会忽视情感、态度和其他一些无法量化而对评价对象的发展影响较大的因素的作用。

（三）教学评价的功能

任何学科的教学评价涉及的都是教师和学生这两个主体，它不单是一个最终的结论，同时也涵盖该学科教学前、教学中、教学后的全过程。应该从其全过程对两个主体产生的影响和作用考虑其功能，所以教学评价的功能是具有多重性的，日语学科也不例外。从根本上说，主要有目的导向功能、诊断指导功能、反馈调节功能、激励促进功能等。

1. 目的导向功能

运用现代化的手段和科学方法所获得的教学评价无论是对教学过程中教师的教、学生的学，还是对教学内容、教学方法手段、教学环境、教学管理等因素和各个教学环节都可以提供针对性的分析和诊断，因而具有不可替代的咨询和导向功能，并成为教学工作决策的基础。只有对教学工作有全面和准确的了解，才能做出正确的决策，并引导教学。教学决策实践表明，任何科学的教学决策都是建立在教学评价提供的具有说服力的评价结果的基础上，从而发挥其导向功能的。如果教学评价的导向功能得到正向和充分的发挥，则有利于学校端正教学指导思想和办学方向，改进教学环境和教学管理，有利于教师改善教学内容，改进教学方法和手段。

日语学科的教学评价的导向功能是由评价标准的指向性决定的。一般来说，课程目标作为制定评价标准的主要依据，受到一定的社会教育观、质量观和人才观的影响。课程评价实质上就是评价者按照一定社会的教育、质量、人才的观念来引导、约束被评价对象的发展方向。实践证明，只有那些在学生评价中得到反映的教育目标才能对学生的学习产生直接影响，也只有那些在教师评价中得到反映的教育目标才能对教师的发展产生引导作用。因此，日语教学评价作为一种教学互动和交流，具有保证教学目标实现的功能，对日语教学活动具有更为直接的导向功能。

2. 诊断指导功能

对教学效果进行评价，可以了解教学各方面的情况，从而判断它的质量和水平、成效和缺陷。全面客观的评价工作不仅能估计学生的成绩在多大程度上实现了教学目标，而且能解释成绩不良的原因，并找出主要原因。可见教学评价如同身体检查，是对教学进行的严谨的科学的诊断。教学评价还可以反映教师教学的效果、水平，发现优点、缺点，揭示矛盾和问题，以便对教师进行考查和鉴别。这有助于学校和教育行政领导决定教师的聘用和晋升，有助于在了解教师状况的基础上，安排教师的进修与提高。教学评价能区分学生在知识掌握和能力发展上的程度，从而分出等级，为升留级、选择课程、为学业职业定向提供依据，为选拔、分配、使用人才提供参考。同时，教学评价也是向家长、社会、有关部门报告和阐释学生学习状况的依据。

教学评价能使教师和学生知道教学过程的结果，能使教师了解自己的教学方法和教学过程组织中的某些不足，发现学生在学习上存在的问题与困难；可使教师明确教学目标及其实现程度，明确教学活动中所采取的形式和方法是否有利于促进教学目标的实现，从而为改进教学提供依据。学生通过诊断信息，能加深对自己当前学习状况的了解，确定适合自己的学习目标，从而指导自己的学习。此外，研究表明，经常对学生进行测验并记录成绩，再加以适当的评定，可以有效地激发并调动学生的学习兴趣，推动课堂学习。

3. 反馈调节功能

教师获得评价的反馈信息，能及时地调节自己的教学工作。信息工程学表明，只有通过反馈信息来调节行为，才有可能达到一定的目标。教学评价尽管不要求排名次等级，但其结果的类比性是客观存在的。比如，学生的学习成果评价能引起任课教师之间、学生之间、班级之间、学科之间的横向比较，客观上能起到竞争的作用。教学评价既是教学活动的一环，同时又是贯穿全教学活动给予价值判断的过程，也发挥着对教学活动的管理功能。日语教学评价能对教学过程和活动中存在和出现的问题进行揭示和分析，进而找到症结和原因所在，提出针对性的改进和修正的建议。

4.激励促进功能

教学评价本身也属于教学活动，是教学整体不可割裂和不可或缺的一部分。通过教学评价，教师的专业素养、教学手段和方法、课堂管理水平，学生的知识、技能、智力和品德等会受到激励和影响。评价的信息可以使师生知道自己的教和学的情况。教师可以根据反馈信息修订计划，调整教学行为，从而有效工作以达到规定的目标，有效地发挥评价的调节功能。评价对教师和学生具有监督和强化作用，也能反映教师的教学效果和学生的学习成绩。教学评价可以调动教师教学工作的积极性，激起学生学习的内部动因，维持教学过程中师生适度的紧张状态，使教师和学生把注意力集中在教学任务的某些重要部分。实验证明，适时、客观地对教师教学工作做出评价，可使教师明确教学中取得的成就和需要努力的方向，可促使教师进一步研究教学内容、教学方法，以提高自己的教学水平。对学生来说，教师的表扬、鼓励和学习成绩测验等，可以提高他们学习的积极性和学习效果。同时，评价能促进学生根据外部获得的经验，学会独立地评价自己的学习结果，即自我评价。自我评价有助于学生成绩的提高。日语教学评价能激发学生的学习动机和兴趣，促进学生综合语言运用能力的提高和有效学习策略的形成和掌握，从而提高学生的创新意识和整体素质，促进学生健康人格的形成和发展。

二、日语教学评价的类型

教学评价没有一个绝对的完全的分类，依据不同的分类标准可以有如下大致的划分，各类型的评价并非是孤立和割裂的，它们之间的相互关联和互为补充共同构成了教学评价的整体。

（一）按评价基准分类

1. 相对评价

相对评价是在被评价对象的集合中选取一个或若干个体为基准，然后把各个评价对象与基准进行比较，确定每个评价对象在集合中所处的相对位置。为评价而进行的测验一般称为常模参照测验。它的试题取样范围广泛，测验成绩表明了学生学习的相对等级。由于所谓的常模实际上近似学生群体的平均水平，所以这种测验的成绩分布符合正态分布规律。利用相对评价来了解学生的总体表现和学生之间的差异或比较不同群体间学习成绩的优劣是相当不错的。它的缺点是基准会随着群体的不同而发生变化，因而易使评价标准偏离教学目标，不能充分反映教学上的优缺点，不能为改进教学提供依据。

2. 绝对评价

绝对评价是在被评价对象的集合之外确定一个标准，这个标准被称为客观标准。评价时把评价对象与客观标准进行比较，从而判断其优劣。评价标准一般是教学大纲以及由此确定的评判细则。为绝对评价而进行的测验一般称为标准参照测验。它的试题取样就是预先规定的教学目标，测验成绩主要表明教学目标的达到程度，所以这种测验的成绩分布通常是偏态的。低分多高分少，为正偏态；低分少高分多，为负偏态。绝对评价的标准比较客观。如果评价是准确的，那么评价之后每个被评价者都可以明确自己与客观标准的差距，从而激励被评价者积极上进。但是绝对评价也有缺点，最主要的缺点是很难做到客观，容易受评价者的原有经验和主观意愿的影响。

3. 个体内差异评价

个体内差异评价是把评价对象群体中每个评价对象个体的过去与现在进行比较，或者把个体的有关侧面相互进行比较，从而得到评价结论的评价类型。比如，把某学生过去的学业成绩和现在的学业成绩进行纵向比较评价，从而评价该生学习成绩的进步情况，或者把该学生所修的各门课程的成绩进行横向比较，从而找出该生学习各门课程之成绩差异。这种评价的优点是有利于自我发现差距，但由于被评价者不与他人相比较，这就难以找出自己在群体中的真正地位。

（二）按评价功能分类

1. 诊断性评价

这种评价也称教学前评价或前置评价。一般是在某项活动开始之前，为使计划更有效地实施而进行的评价。通过诊断性评价，教师可以了解学生学习的准备情况，也可以了解学生学习困难的原因，由此决定对学生的适当对待。当然，教学中小测验也属于诊断性评价。

2. 形成性评价

形成性评价是在教学进行过程中，为引导教学前进或使教学更为完善而进行的对学生学习结果的确定。它能及时了解阶段教学的结果和学生学习的进展情况、存在问题等，以便及时反馈，及时调整和改进教学工作。形成性评价的进行较频繁，如一个单元活动结束时的评估、一个章节后的小测验等。形成性评价一般又是绝对评价，它着重判断前期工作达到目标的情况。对提高教学质量来说，重视形成性评价比重视总结性评价更有实际意义。

3. 终结性评价

这种评价又称事后评价，一般是在教学活动告一段落时，为把握最终的活动成果而进行的评价，如学期末或学年末各门学科的考核、考试，目的是验明学生的学习是否达到了各科教学目标的要求。总结性评价注重的是教与学的结果，借此对被评价者所取得的成绩做出全面鉴定，区分等级，对整个教学方案的有效性做出评定。

（三）按评价表达或评价分析方法分类

1. 定性评价

定性评价是对评价资料作"质"的分析，是运用分析和综合、比较与分类、归纳和演绎等逻辑分析的方法，能对评价所获得的数据、资料进行思维加工。分析的结果有两种：一种是描述性材料，数量化水平较低甚至毫无数量概念；另一种是与定量分析相结合而产生的，包含数量化但以描述性为主的材料。一般情况下定性评价不仅用于对成果或产品的检验分析，而且重视对过程和要素相互关系的动态分析。

2．定量评价

定量评价则从"量"的角度，运用统计分析、多元分析等数学方法，在复杂纷乱的评价数据中总结出规律性的结论。由于教学涉及人的因素，各种变量及其相互作用关系是比较复杂的，因此为了提示数据的特征和规律性，定量评价的方向、范围必须由定性评价来规定。可以说，定性评价和定量评价是密不可分的，两者互为补充、相得益彰，不可片面强调一方面而忽视了另一方面。

（四）按评价主体分类

评价主体是指具备一定评价知识技能，能够实际参加评价活动的人，是评价活动的实施者，即评价者。在教学活动中，评价主体具有广泛性，既包括教育行政机构、学校领导、教师，也包括学生和家长。根据评价主体与教学的关系，我们可以将其分为内部评价和外部评价。

1．内部评价

教师和学生是教学评价的两个核心因素，他们无疑是教学评价的对象，但同时也是教学评价的主体。所谓内部评价就是课程设计或使用者即教师和学生对自己实施的评价。内部评价的长处在于教师了解课程设计方案的内在精神和技术处理技巧，学生则对教学效果有直观感受。评价的结果可进一步用于课程方案的修订和完善。其缺点是：一方面教师有可能受限于自己的设计思想，致使自我评价缺乏应有的客观性；另一方面，学生的评价是否公正、客观、真实、可靠，也需要进一步甄别。

2．外部评价

外部评价是指由课程设计者或使用者以外的其他人实施的评价。外部评价可以由领导进行考核，请同行给予意见评价，让家长进行评价。多元化的评价可以作为内部评价的有益补充，在一定程度上有利于克服内部评价的缺点和不足。因为置身课程和教学过程之外的评价者虽然对计划的内部思想不太了解，但也因此而不局限于此，从而有着更为开阔的评价思路和多元的视角，评价则更加客观、立体。

内部评价与外部评价相结合，可能取得更加立体的结论。

第二节 日语教学评价的内容和指标体系

一、日语教学评价的内容

教学评价的内容不外乎对教学计划、课程目标、教学内容、教学设计、教学过程、教学结果的评价。具体到日语教学评价，主要可以从以下几个方面的内容来具体实施。

（一）课程目标

无论是义务教育还是普通高中，相关课程标准都对中学日语的课程性质、课程目标作了明确的规定。语言是人类生存与交往的重要工具，也是人类思维与表达的重要符号，是人类文化的重要组成部分。中学日语是以学习日本语言和文化为主要内容的基础课程，和英语、俄语同为我国中学外语学科的必修科目。不同地区、不同学校可根据各自的条件和需要开设不同的外语学科，外语学科与其他学科共同构成中学的学科体系。

《普通高中日语课程标准（2017年版）》中明确指出，中学日语课程"具有人文性与工具性相统一、综合性与实践性相结合的特征"[1]。并指出要"以立德树人为本，整合日语学习的知识与技能、过程与方法、情感态度与价值观三者之间的关系，通过'理解与梳理''表达与交流''探究与建构'为主要路径的日语实践活动，使学生在语言能力、文化意识、思维品质、学习能力等方面得到均衡发展"[2]。

日语课程提倡多元化评价，采用形成性评价和终结性评价相结合的综合型评价方式，注重学生的个体差异，全面衡量学生的日语学业质量水平。通过科学、客观的课程评价，为日语学科的健康、有序的发展提供咨询和导向帮助，从而更好地与其他学科一起共同形成为培养社会所需要的人才和后备力量的合力。

---

[1]中华人民共和国教育部.普通高中日语课程标准（2017年版）［M］.北京：人民教育出版社，2018：1.

[2]同［1］：3.

（二）教学内容

对于日语教学的内容，不同时期和不同阶段的课程标准有不同的表述。《普通高中日语课程标准（2017 年版）》将日语课程内容提炼出主题、语篇、文化理解、学习策略、语言技能、语言知识六个要素，通过对这些要素在教材和课堂的具体呈现，希望使学生经历体验、发现、整合、内化、升华的学习过程，从而全面发展日语学科的语言能力、文化素养、思维品质、学习能力四方面的核心素养。[1]

日语教学以往更注重强调的是语言知识和语言技能，当然，即使是现在也不能忽视"双基"教学。语言知识包括语音、词汇和语法。教师应该基于情境、语篇和任务，在教学中有意识地带领和引导学生学会在语篇中理解和运用语言知识、表达意义。语言技能主要包括听、说、读、写四种技能，在语言学习过程中这几种技能相辅相成、互相促进。在培养语言技能方面，既要关注信息的理解（听、读）和表达（说、写），同时也要关注各项技能的综合运用，在教学中应该根据学生的生活经验和认知水平，呈现接近真实社会交际活动的情境，培养学生分析问题和解决问题的综合语言运用能力。

日语教学应该开展以主题为引领、情境为依托、语篇为载体，结合主题，关注语篇中所承载的文化内涵和价值取向，提高学生对文化的感知、比较和鉴赏能力，加深对不同文化的理解，培养学生对多元文化尊重和包容的品质。在教学中，教师应该有意识地指导学生学会规划学习、实施调控并反思学习效果，引导学生有效利用学习资源、调节情感态度，帮助学生在日语实践活动中发现并形成适合自己的学习策略。

（三）教学设计

对课堂的教学设计评价主要体现在以下方面：教学目标设定是否明确、具体，是否符合课程标准和要求并且切合学生实际；各知识点的学习目标层次布局是否合理，重点、难点是否符合学生的当前水平，解决措施是否有力可行；教学媒体的选择和组合应用如何，是否有利于表现各知识点的教学内容，是否有助于教学的顺利有效进行；教学策略和教

---

[1] 中华人民共和国教育部. 普通高中日语课程标准（2017年版）[M]. 北京：人民教育出版社，2018：12-22.

学模式是否符合日语学科的特点，是否切合学生的水平和实际需求；课堂形成性评价是否覆盖了该课堂各知识点的所有学习目标层次，数量是否适中，是否有利于检测。当然，根据日语学科特点，教师还需要注意引导学生接触对象国的文化，重新认识母国文化，通过了解、比较和思考，为学生实现跨文化理解和交流打下基础。

（四）日语教学过程

日语教学过程主要体现在日语课堂，包括教师的教学指导过程和学生的学习过程，主要评价日语课堂活动是否有效地围绕具体的教学目标展开，课堂任务的完成是否较好地达成了教学计划。具体又可以从教学活动的组织和参与、学习资源的提供和利用、教学过程的指导和学习几个方面进行评价。例如：教师的教学活动设计得如何；创设的情境是否与主题内容密切相关；能否充分挖掘特定主题所承载的教育价值；设计的问题和任务与主题的相关度如何等。再如：是否提供了有效的学习资源；能否通过探讨语篇结构以及语言的表达特点来帮助学生逐渐形成语篇意识、把握不同语篇的结构和特点，从而提高学生理解信息、表达观点和态度的能力等。还有，教学活动的实施和指导是否兼具普遍性和针对性；能否有效地激发学生参与课堂活动的积极性；是否有助于学生提高语言的理解和表达能力；课堂活动和任务的完成是否有助于学生拓宽视野、培养学生多元文化视角、增强学生的思维能力等。当然还有学生的课堂学习目标设定是否明确；学习任务是否清晰；学习态度是否主动、积极；是否积极参与老师设定的教学活动；能否较好地与同学共同完成课堂任务；是否有效地利用学习资源，提升自己的语言理解和表达能力；学习策略运用如何，是否达到教学计划所设定的学习效果等。

（五）日语教学结果评价

日语教学结果评价主要指通过日语课堂教学是否达到预期的教学效果以及学生的学习效果如何。无论是教学效果还是学习效果，既有显性的，即具体语音、词汇、语法的理解和掌握，某一特定主题或范围内容的听、说、读、写各技能的提升；也有隐性的，即教学效果和学习效果可能是潜移默化和循序渐进的，需要通过一定时期和量的积累才能有所体现和发展。

此外，日语教学评价还应该包括对学校、课堂是否具备基本的硬件设备，以及当地教育管理部门和学校对日语学科的支持力度和重视程度等方面的评价。

二、日语教学评价的标准

教学评价标准的制定主要还是围绕教师的教和学生的学两个方面，即教师讲授水平与质量和学生学习的效果，包括参与互动的量与效果。

教师评价的标准可以从教师职业素养、教学过程和教学绩效三个方面来衡量。教学绩效的体现其实就是学生学习的效果。

（一）教师职业素养标准

2012 年 2 月 10 日，教育部下发"教育部关于印发《幼儿园教师专业标准（试行）》《小学教师专业标准（试行）》和《中学教师专业标准（试行）》的通知"（教师〔2012〕1 号）。在相关标准中，明确了作为教师的"专业理念与师德""专业知识""专业能力"三个维度，其中"专业理念与师德"又具化为"职业理解与认识""对学生的态度与行为""教育教学的态度与行为""个人修养与行为"等四个领域。由此，人们提炼出教师文化的信念、态度和行为等三个有机构成要素。信念虽然看不见摸不着，但却是最深层次、对教师的态度和行为起决定作用的因素。教师信念是否确立，关系到能否体现为信念引领下积极的工作态度以及外化为相对应的行为方式。

教育信念，是人们对一定教育事业、教育理论及基本教育主张、原则的确认和信奉。[1] 教师的教育信念是教师在教育教学实践过程中形成的对教育的价值和意义、教育基本理论和原则、规范的坚信不疑的认识，它伴生着对教育强烈、真挚的情感和献身教育的坚定不移的意志。[2]

此外，教师的专业素质、个人修养对教学活动有着极为重要的影响，教师专业素质的高低决定教学质量的好坏。这就要求日语教师具备良好的日语学科专业知识和教育学、教育心理学等方面的知识，以及具有日语听、说、读、写、译等方面较好的专业技能，能从心理学、社会学、教学法等不同角度充分了解学生并采用一定的教学技能与技巧实施教学

---

［1］顾远明.教育大词典增订合编本（下）［M］.上海：上海教育出版社，1998：785.

［2］文雪.教师的教育信念及其养成［J］.当代教育科学，2010（9）：29–32.

活动。日语教师还应该能引导学生通过学习语言并广泛接触对象国的文化、社会，培养学生广博的中国情怀和广阔的国际视野，帮助学生增强民族自信心，加深对多元文化的感知、认识和理解。通过日语课程学习发现日本文化及其他国家文化的元素和特点，对比不同文化的异同，加深对中华文化的礼节和认同，也学会尊重和包容人类文化多样性。

（二）教师教学过程评价

教学过程评价主要是对教师在教学过程中的教学行为进行评价。教学过程包括备课、上课、作业、辅导、课外活动和评价等六项，具体有以下几个方面的标准可供衡量。

1. 教学目标

教师要能针对日语学科特点和学生实际情况，确定具体适度的要求；要更多地关注学生，注意面向全体又兼顾学生差异；教学目标要符合课程理念，教学重心定位于学生的发展，要符合本班学生的实际，力求达到目标明确、适度、具体、可操作；关注学生个体差异，因材施教，与学生的心理特征和认知水平相适应，使不同学段的学生在日语语言能力、文化意识、思维品质、学习能力等学科核心素养得到相应的发展。

2. 教学内容

首先，教师应认真学习当前的课程标准，应该认真深入地钻研所选用学科教材的编写意图和内在联系，并正确把握重点、难点，使教授内容与学科课程标准、教材编写意图尽量吻合并科学。教师决不能照本宣科，不应该拘泥于教材本身而应该灵活运用教材，注意教材内容的整合。教材一经出版、选用，在使用周期内无法及时做出更多的修订或补充。客观上就要求教师有意识地注重教学内容与时代、生活的有机结合，对教材进行合理又具有创造性的改造。教师应该在理解教材内在联系的基础上，以新的视角处理教材，结合时代发展和社会现实，为学生提供有趣、有意义的和富有挑战性的教学内容，并采用灵活且贴近学生实际的教法，设计出有内涵、有创意、有新意的教案，呈现出有助于学生自主、合作、探究学习的学习内容。

3. 教学方法

教师要尽量为每个学生提供平等的学习机会，帮助学生在自主探索、动手实践和合作交流中获得发展。在教学过程中对学生的学习活动应该进行有针对性的指导，及时采用鼓励、肯定等多样的评价方式。教师的言行应该有助于学生在自主探索、动手实践和合作交流中获得发展。教师应创设有利于学生身心健康的学习环境，善于激趣引疑，启迪创新思维。学习环境的创设有利于学生身心健康，教学的内容、进度安排合理，有利于教学目标的达成。教学手段选择恰当，能根据学习方式创设恰当的问题。教师的语言应准确、有激励性和启发性。

4. 教风教态

教师应尊重学生，教风民主，及时反馈调控，应变力强。教师要尊重学生人格，为学生提供机会，引导求异，关注"差"生；鼓励学生提问和质疑，具有教学智慧；能够根据反馈信息对教学过程、难度进行适当调整；能够合理处理临时出现的各种情况；情绪饱满、热情，教态自然亲切，演示规范，教具运用熟练；语言规范，注重言传身教，教书育人；恰当运用现代教学技术，演示规范，运用熟练。

（三）教师教学绩效评价

教学绩效评价主要是指对教师教学工作成果的评价，学生学习效果可以视为教学绩效的体现。教学绩效评价指标通常包括学生学习习惯与方法、学生学业成绩、学生能力发展等。也可以具体从以下几个方面的标准来进行衡量。

1. 参与状态

学生对课堂设置的问题情境是否关注、关注程度如何；对课堂教学、课堂活动等，是否主动投入、积极性高、兴趣浓厚；生生之间是否能认真开展阅读、讨论，对活动或事物是否能认真思考、观察、记录；学具等是否能正确使用、规范操作。

2. 参与广度

参与学习活动人数比例如何，自主活动时间是否充足，活动方式是否有效，各类学生是否都各有收获；学生是否能够很好地倾听、协作、体验、探究、分享，能否提出有意义的问题或发表个人见解；学生能否认真倾听老师或同伴的发言，相互间团结协作，探究问题，分享成功的喜悦。

3. 课堂氛围

课堂气氛是否活跃、师生关系是否和谐；学生思考问题、回答问题是否积极、主动；学生整体参与的积极性如何；讨论和回答问题是否得到及时的反馈和鼓励；学习进程是否张弛有度、热烈、有序；师生、生生交流是否平等、积极、充分，学生是否都有参与机会。

4. 学习效果

就整个班级而言，是否多数学生都有较好的学习习惯，能较好地完成当堂的学习任务并有不同收获；是否较好地实现了教学和学习目标，是否多数学生能体验到学习和成功的愉悦，有进一步学习的愿望。

三、日语教学评价指标

评价指标体系是指由表征评价对象各方面特性及其相互联系的多个指标所构成的具有内在结构的有机整体，是反映评价目标的各个要素之间关系及其重要程度而建立的量化系统。为了使指标体系科学化、规范化，在构建指标体系时，应遵循系统性原则，典型性原则，动态性原则，简明科学性原则，可比、可操作、可量化原则和综合性原则。

目标分解是建立指标体系的基本途径。我们可以从课程标准了解到日语课程的总体指标。如《普通高中日语课程标准（2017 年版）》中提出了日语学科的核心素养，指出核心素养是日语学科育人价值体系的高度凝练和集中体现，是学生在日语课程学习过程中所形成的关键能力和必备品格。具体由语言能力、文化意识、思维品质和学习能力组成，彼此相互联系、相互融通，是日语学科育人的根本保障。也可以说，这就是高中日语课程育人的总体指标。

日语教学评价的内容有着语言学科、外语学科的特点，其课程总目标是统合日语学习的知识与技能、过程与方法、情感态度与价值观三者之间的互动关系，通过"理解与梳理""表达与交流""探究与建构"为主要路径的日语实践活动，使学生在语言能力、文化意识、思维品质、学习能力等方面得到均衡的发展，从而为成为具有中国情怀、国际视野和多元文化沟通能力的人才奠定基础。

日语学科核心素养的四个方面是培养中国学生发展核心素养体系的

有机组成部分，是需要通过日语课程的教与学而形成的，具有日语学科特点的关键能力和必备品质。其中，语言能力主要包括积累与理解、内化与运用、整合与创建三个维度；文化意识主要包括感知与比较、尊重与包容、认同与传播三个维度；思维品质所包括的是分析与判断、概括与论证、判断与创新三个维度；学习能力则主要包括选择与获取、管理与调控、独立与合作三个维度。日语教学评价应该以"课程标准"所倡导的核心素养体系框架为依据，以《普通高中日语课程标准（2017 年版）》对不同核心素养的明确水平划分为参考，结合所在地区、学校和班级的具体情况制定切合各自实际的评价指标这样能有效地发挥教学评价的各项功能，有助于提升教师的专业性，提高教学质量，并为学科发展提供决策依据，促进学科良好有序发展，从而促进学生健康成长和全面发展。

　　虽然所要求达到的水平程度不同，但总的来说，可以尝试从以下指标进行评价。在语言能力方面，要求学生调动已有的知识与策略，理解语篇信息并对其意义、观点、情感态度有所把握；要求学生能发现中日语言的差异并能建构相应语言知识结构；要求学生就相关主题进行描述、表达自己的观点，在与自身相关的情境中完成学习任务。在文化意识方面，要求学生能从语篇或现象中发现中日及其他国家文化的元素、特征，发现其异同，意识到相互之间的关系和影响，理解和包容不同文化及其背景下的思维和行为方式，并能有所应对；通过文化比较，加深对自己国家文化的理解，并能用日语向对方传递自己身边的中华文化现象，进而可以与对方探讨和沟通中外文化的内涵。在思维品质方面，要求学生具备梳理、归纳、推断的能力，理解和把握所接触语篇的观点、意图、情感态度，学习用思辨性、批判性的思维方式提出问题，并能借助各种渠道和手段获取必要信息及相关资料，阐明自己的观点，分析并解决问题。学习能力方面，要求学生根据问题情境、任务等多方开发和利用学习资源，并加以分析、处理；根据学习状况总结、反思、评估个人的学习行为和学习过程，调整学习方法、策略和情感态度，保持好奇心，开展自主学习、合作学习、探究学习，推动学习任务的顺利完成。

第三节　日语教学评价的步骤与方法

一、日语教学评价的步骤和注意事项

教学评价的步骤一般由准备阶段、实施阶段、处理阶段、反馈阶段等构成。

准备阶段是教学评价得以有效实施的基础，教师应该对课堂的教学效果、学生的学习效果有一个预期和判断，包括明确目标和评价指标、设计针对性的评价量表等，为教学评价其他阶段做好相应准备。实施阶段是指教师在课堂上开展相关教学活动，有意识地对学生的参与程度、表现情况进行观察、调查或实施测验等。教师应该视评价对象为动态可变的，可以在这一阶段收集反映不同类型目标，包括技能类目标、情感类目标、认知类目标等的学习成绩资料。在处理阶段，教师对上述获得的数据进行统计、分析得出数据结果，形成综合判断，获得诸如比较、评定、判断等结论。教学评价的处理并不是教学评价的最终阶段，还需要对以上综合判断进行反馈，即教师应该根据处理阶段的相关数据，结合课程和课堂的要求，采用合适的评价方法设计问卷、试卷等评价工具进行评价反馈。反馈阶段尤为重要，因为评价反馈有助于教学目标与任务的调节，对教学过程进行修正，完善教学资源，对较为具体的评价指标体系进行微调。

具体到日语教学评价，在各个步骤不都能忽视以下几点。

（一）明确目标并确立评价指标

根据实际的教学需要和学生具体情况明确评价类型，并制定相应的评价指标。无论义务教育还是普通高中，教育部颁布的日语课程标准都明确规定了课程性质、基本理念和课程目标。体现了中学日语学科的育人价值体系，也具体地反映了要通过日语课程的学习培养未来公民怎样的基本素养、核心素养以及提升学生全面发展的教育价值。而日语课程目标主要通过课堂教学来完成，因此课堂教学目标是教学活动的出发点和归宿，是师生共同追求的目标，对教学具有导向、激励、调控和评价等功能。只有明确教学目标，才能在教学活动中，根据不同的教学目标优化教学活动，使教学活动围绕教学目标开展，为进行客观、真实、准确、科学的教学评价提供可资凭借的依据。这要求我们既关注语言知识技能目标又关注过程性目标，而不是也不能将目标割裂开来，仅仅关注其中一个或几个目标，或是将其中某个目标作为实现其余目标过程中的"副产品"，应该注重目标的整体性和全面性。

（二）既关注当期目标又关注长期目标

一般而言，日语课程目标由学科课程总目标、学段教学目标、学期教学目标、单元教学目标、课时教学目标等构成。日语课程标准所确定的教学目标是从日语学科教育更深层次、更高层次的立意出发确定的总体目标和分级目标。而涉及每一节课、每一单元、每一学期的具体目标则要求教师在进行具体教学设计时，既对整体目标了然于胸，又对局部教材运用自如，从而把每一个知识点或某一单元与更高层次的目标甚至整个日语学科的总课程目标结合起来，综合考虑具体目标的实现和长期目标达成之间的关联，注意同一层次内不同目标之间的协调和配合，使其形成整体合力，并进而促进教学目标由具体的低级层次到抽象的高级层次的逐级实现。要在实现当期目标的过程中，促进长期目标的达成，并将长期目标的达成作为教学的根本目的。同时也要注意不能好高骛远，要在系统论整体原理指导下较好地将总体目标到课时目标的逐级分解，使总目标、学段目标、单元目标、课时目标都被落实到具体的课时目标上，脚踏实地地推进目标的逐级达成和进化。总之，课程目标的实现，不是通过一节课或几节课的教学就能达到的，要评价课堂教学目标，不能完全因事论事，而是要注意评价教师是否系统设计日语教学目标。

（三）既关注日语学科又不忽视和割裂与其他学科的关联

任何学科、课程都不是孤立存在的，既存在着与其他学科的横向联系，也与该学科、该课程的前后存在纵向衔接。正如课程标准提到的："语言是人类生存与交往的重要工具，也是人类思维与表达的重要符号，是人类文化的重要组成部分。"中学日语是以学习日本语言和文化为主要内容的基础课程，但绝不仅是简单的语言学习，而是要通过日语学习，使学生形成一定的日语语言综合运用能力，了解一定的日本及其他国家的文化，形成初步的多元文化意识和思辨能力，提高自主学习能力，增强学生中华文化的认同感，树立正确的世界观、人生观和价值观，促进学生全面发展。所以教师在进行教学设计时，不能囿于机械的语言知识和语言技能的教授，而是要努力将外语学科与自然、科学、人文等许多学科和内容关联起来，培养学生的语言能力、文化意识、思维品质、学习能力等日语核心素养，使其成为具有中国情怀、国际视野、多元文化沟通等品质与能力的人才。

（四）选择评价对象

教学评价的对象不是单一的。正如前文所述，教学评价贯穿教学这一过程，课堂教学固然不可回避，但教学评价又不仅限于课堂教学，而是涉及教师与学生这两大核心因素的方方面面。教学评价作为课程实施评价中的工作环节，包括对教师在教学过程中所设定的教学目标、选择的教学内容和实施的教学方法等的评价，以及学生的学习习惯、方法、学习成果、综合素质的评价。对教师教学评价可以从两个方面来进行，即对教师教学过程进行评价和对教学绩效进行考核。教师教学过程也就是教师使用课程与教学材料组织实施教学活动的过程，既包括课堂的教学实施环节，也包括课前备课、课外辅导、作业评改指导和考查考试等环节。主要考查教师是否以课程作为教学策略的出发点，是否以课程材料作为课程与教学活动的基本依据，同时也考查课程材料对教师实现教学目标的适应性、可行性和有效性。绩效考核则主要通过考查学生学习习惯与方法、学业成绩以及能力发展等。对学生学习的评价则不仅关注学生最终的学业成就，还注重通过评价促进学生的发展与成长。学业成就评价主要体现在各类考试与测验结果上，而诊断性和形成性评价则能更有效地帮助学生发现问题、改进学习，从而促进学生的成长与发展。

二、日语教学评价的方式

学生的学习结果既有确定性的一面，也有不确定的一面。对于确定的学习结果，我们可以采用定量评价，而对于不确定的学习结果，更适宜采用定性评价。定性评价要和定量评价相结合，但更应重视定性评价，定性评价更能真实地反映教育现象。当然，具体到教学实践中，我们同样应该正视量性评价存在的价值和意义。

（一）量性评价

顾名思义，量性评价方法是根据教育教学目标，通过编制试题对学生进行测试，并按照一定的标准对测试结果加以量化分析的一种评价方式。目前课堂练习和教学测验等量性评价毫无疑问仍然是运用较为频繁、广泛而有效的评价方式。

1. 课堂练习

课堂练习是教师自发或自觉运用的评价方式，是检验学生学习效果的重要一环，主要考查学生对课程、教学内容中所涉及的基本知识的理解程度和熟悉程度，对基本技能的掌握和应用程度，以及将课程中的基本知识转化为对实际问题的分析能力。课堂练习既可以用来评价一些理论性的知识，也可以包括一些实践性评价。如课堂上的有关日语知识点的练习会涉及包括语音、词汇、语法的机械练习，教材和其他辅助学习资料会给出相应的练习设计，老师也应该根据学情在课堂上提供更有助于学生加深理解和熟悉，举一反三、融会贯通的练习。

2. 教学测验

教学测验是一种比较传统但是仍然运用广泛的评价方法。它是了解学生认知目标达标程度最常用的工具和方法。要求学习者在规定的时间内完成一定量的任务，是实现测验评价的主要工具之一。日语教学测验的题型设计包括客观性题目和主观性题目。客观性题目主要考查学习者对语言知识掌握的程度。主观题如根据场景补充对话、阅读理解、论述、作文等。不同类型的题目考查学生能力的不同方面，在设计测验题时应对题目的组合进行良好的设计。通过测验，可以检测学生对所学知识的掌握程度及综合运用知识的能力。

（二）质性评价

人们一度十分重视量化评价，认为只有量化分析才是科学的。但随着社会、教育的不断发展，人们逐渐认识到评价不是一个单纯的技术上问题。因此评价要对评价对象的价值或特点做出判断，价值问题也由此在评价领域凸现出来，质性评价也日益受到关注和运用。质性评价方法的基本取向在于对评价信息的收集，整理与评价结果的呈现都充分发挥教育主体自身的投入，并以非数字的形式呈现评价的内容与结果。我国自 21 世纪课程改革以来更加强调加强评价的发展性、关注学生的个性、积极发挥学生的主动性等，与之相应的，课堂发表、作品收集、档案袋等质性评价方法也为越来越多的日语教师所用。在强调学生发展核心素养的今天，这些实践证明行之有效的评价方法在日语课堂中还应该继续更加合理、有效地运用和推广。

1. 课堂发表

课堂发表也是日语课堂教学中比较常用的一种评价方式。课堂发表是学习者根据某一主题，独自或小组合作，通过深入思考、组织语言并当众鲜明、完整地发表自己或集体对某一主题的理解和认识，包括见解和主张，阐明事理或抒发情感的一种反映日语的阶段学习成果的语言交际活动。学生通过课前准备和课堂发表，锻炼了自主学习能力、逻辑思维能力、认识自我的能力、沟通合作的能力、语言组织能力和自我表达的能力。所以，教师、学习者自身和小组成员，甚至小组以外成员通过课堂发表，都会有各自的评价标准，形成正式或非正式的、具体或多元的评价。这会对各方形成冲击和启发，使各方均有所收获或反思。

2. 作品展示

作品展示即学习者根据所学的知识，针对某一主题独立完成任务并以成果的形式如电子作品、解决方案、研究报告、网页等方式来展示自己的学习所得。作品展示评价涉及学生创造成果或完成所要求的任务的过程，在反映真实世界复杂性的同时可对学生进行多方面的测量，评价的过程中学生有机会展示其广泛的才能。目前作品展示评价已经成为一种得到普遍认可的评价方式，虽然他们有各自的评价标准，但其共通的质量标准可以反映学习者的能力水平。日语课堂常见的作品展示包括静态的海报展示、动态的对话、表演展示等。

3. 档案袋评价法

档案袋评价法也称"成长记录袋"评价、"卷宗评价"等，目前国内外对其概念和内涵没有一个统一的表述。档案袋评价是借助档案而对评价对象进行的客观的、综合的评价。它是一种通过建立和查阅学生学业或个人发展的档案，从而评价个体内差异和比较个体与他人之间的差异的一种评价方法。其评价的重点是学生过去的发展情况和以后的发展基础。档案袋又被称为"成长纪录袋""学习文件夹""学档"等，根据一定的使用目的有意识地收集学生表现的作品和其他证据，通过合理的分析和解释，反映学生学习的成就、努力和进步，并通过反思促进学生的发展。档案袋具有明确的使用目的，所收集的主要成分是作品，具有强调自我反思的特点。档案袋评价是一种运用档案袋对学生、教师的学习、教学等进行评价的方式。它是一种不同于结果性评价的过程性评价，是通过有目的地收集教师和学生在教学、学习过程中的各种作品，编制成档案袋的形式，来对学生、教师的成就或成长过程进行记录并据此进行评价的方式。在人教版的日语教科书中就设置了"档案袋"版块。作为质性评价的一种，它关注被评价者的个性，对学生的评价不是通过干巴巴的数字符号分析而得，而是更关注学生与教学、整个学习或教学活动过程的整体表现。它不只是对最后的结果进行评价，评价的对象是档案袋里收集到的所有材料。这体现评价主体多元的理念，被评价者同时也是评价主体的一员，如此进行自我评价能促进其自身主体能动性的发挥，使其脱离被动评价的局面，在评价过程中，更好地对自己的行为进行反思，有利于其责任意识的培养。

档案袋的制作离不开制作者的反思，档案袋不仅是收集资料的途径，对档案袋中收集的各种形式的资料，即证据，进行反思，是制作档案袋评价的重要一部分。学生档案袋的证据可以包括学生的作业、手工制作、试卷、参与课外活动的资料等，在形式上不仅包括书面资料，音像制品等也都是重要的形式。

档案袋评价虽然有诸多优点，但是也有一定的局限性，比如可能轻内容重形式；教学和学习过程中纳入档案袋的内容太多，不便于选择、整理、分析；因为工作量太大，会导致教师负担过重等。

作为质性评价，难免会存在主观性较强、标准化程度较低从而效度难以保证等弊端。这就要求教师在评价方式上，既要避免以前过于注重量化评价而出现的由某次考试"一锤定音"的现象，也不能完全偏废量化评价。

（三）定性定量结合的评价

《普通高中日语课程标准（2017 年版）》中，也特别提倡日语课堂导入量规的评价方式。量规是一种结构化的定性与定量相结合的评价技术，常以二维表格的形式呈现。量规从与目标相关的多个方面详细规定评级指标，具有操作性好、准确性高等优点。某一量规二维表绝不是放之四海皆准的，而是要针对某一个学习环节或是活动、任务和希望评价的要素、水平具体来制定评价量规。评价内容既可以是自主学习评价，也可以是小组合作学习评价；既可以是合作学习中个人贡献度评价，也可以是对合作学习的小组进行评价。评价主体既可以是学生本人，也可以是学习伙伴，也就是说，可以运用量规表进行自评或互评，包括个人自评、小组自评和个人之间的互评、小组之间的互评。当然也可以是教师根据量规表的要素和水平对学生做出评价。

总之，在评价方式上，要将评价渗透到每一个教学的环节中，将书面考试成绩、开放性考试成绩以及学生的日常学习表现、学生的自我评价、同学的评价、老师的评价、家长的评价结合起来，全面客观地评价学生的学业成绩，使教学与评价真正融为一体，真正做到在评价中学习，在学习中评价，促进教与学的协同发展。在实施教学评价时，应该注重评价方式的多样性，注重评价主体的开放性，评价内容的多元性，评价操作的科学性，评价过程的动态性和评价重点的突出性。

在实施过程中，可以更多地由学生自己直接参与和完成评价，他们面对同等水平、相同年龄人的评价，产生的思维碰撞会更加激烈，同时也会对自身有所反思和比较。学生参与评价体现了学生的主体地位，体现了教学评价的公平、公正，尊重学生的个体差异，较好地激发了学生学习日语的兴趣。

遗憾的是，当前我国基础教育评价中仍然存在以下主要问题：评价内容过多倚重学科知识，忽视实践能力、创新精神、心理素质等综合素质的考查；评价标准过多强调共性和一般趋势，忽略了个体差异和个性化发展的价值；评价方法过多倚重数量化的结果，较少采用新的质性评价手段和方法；学生或教师处于消极的被评价地位；评价重心过多关注结果，忽视过程，不能发挥评价促进发展的功能。这就提醒和要求我们在评价功能上要从注重甄别与选拔转向激励、反馈与调整；在评价内容上要从过分注重学业成绩转向注重人的多方面素质发展的潜能；在评价技术上从过分强调量化转向更加注重质的分析；将评价主体从单一转向多元；在评价方式上更多采用观察、面谈、调查、作品展示等方法，从而建立促进学生发展和教师提高的评价体系。

参考文献

［1］王策三.教学论稿［M］.2 版.北京：人民教育出版社，2005.

［2］马克思.政治经济学批判［M］.北京：人民出版社，1976.

［3］夸梅纽斯.大教学论［M］.傅任敢，译.北京：人民教育出版社，1957.

［4］王武军.日语教学法［M］.北京：高等教育出版社，1987.

［5］布鲁纳.论教学的若干原则［J］.教育研究，1979（5）：60-65.

［6］裴娣娜.现代教学论基础［M］.2 版.北京：人民教育出版社，2015.

［7］周建平.从"科学认识论"到"生活认识论"：论教学的认识论基础的转换［J］.教育研究与实验，2002（1）：18-23，72.

［8］郭晓明.论教学论的实践转向［J］.南京师范大学报（社会科学版），2002（2）：70-76.

［9］王敏.面向生活世界的实践教学论：教学论的新方向［J］.湖南师范大学教育科学学报，2004（5）：23-27.

［10］中华人民共和国教育部.普通高中日语课程标准（2017 年版）［M］.北京：人民教育出版社，2018.

［11］国家教育委员会基础教育司.全日制普通高级中学日语教学大纲（供试验用）［M］.北京：人民教育出版社，1996.

［12］陈侠.课程论［M］.北京：人民教育出版社，1989.

［13］张廷凯.我国课程论研究的历史回顾：1922—1997（上）［J］.课程·教材·教法，1998（1）：8-13.

［14］丁邦平.教学（理）论与课程论关系新探：基于比较的视角［J］.比较教育研究，2009，31（12）：44-50.

［15］王飞，丁邦平.苏联教学论与美国课程论：在中国的误读与误解［J］.比较教育研究，2013，35（1）：47-51，57.

［16］巴班斯基.教学过程最优化：一般教学论方面［M］.张定璋，等，

译．北京：人民教育出版社，2007.

［17］安瑞芳．中学学校卫生现状及存在的问题探析［J］．基层医学论坛，2013，17（19）：2561-2562.

［18］周代湘．社区环境对小学生心态影响的研究［R/OL］．（2015-12-04）［2019-01-28］.http://wenku.baidu.com/view/805557aa844769eae109ed28.html.

［19］中华人民共和国教育部．全日制义务教育日语课程标准（实验稿）［M］．北京：北京师范大学出版社，2001.

［20］中华人民共和国教育部．普通高中日语课程标准（实验）［M］．北京：人民教育出版社，2003.

［21］布卢姆，等．教育目标分类学：第一分册　认知领域［M］．罗黎辉，丁证霖，石伟平，等，译．上海：华东师范大学出版社，1986.

［22］克拉斯沃尔，布卢姆，等．教育目标分类学：第二分册　情感领域［M］．施良方，张云高，译．上海：华东师范大学出版社，1989.

［23］哈罗，辛普森．教育目标分类学：第三分册　动作技能领域［M］．施良方，唐晓杰，译．上海：华东师范大学出版社，1989.

［24］维果斯基．维果斯基教育论著选［M］．余震球，译．北京：人民教育出版社，2005.

［25］EISNER E W. The art of educational evaluation : a personal view［M］.Philadelphia : Taylor & Francis，Inc，1985.

［26］中华人民共和国教育部．中学日语教学纲要［M］．北京：人民教育出版社，1982.

［27］中华人民共和国国家教育委员会．全日制中学日语教学大纲［M］．北京：人民教育出版社，1986.

［28］中华人民共和国国家教育委员会．九年制义务教育全日制初级中学日语教学大纲（初审稿）［M］．北京：人民教育出版社，1988.

［29］中华人民共和国教育部．全日制普通高级中学日语教学大纲（试验修订版）［M］．北京：人民教育出版社，2000.

［30］中华人民共和国教育部．义务教育日语课程标准（2011年版）［M］．北京：北京师范大学出版社，2012.

［31］李秉德.教学论［M］.2版.北京：人民教育出版社，2001.

［32］李森.现代教学论纲要［M］.北京：人民教育出版社，2005.

［33］王策三.论教师的主导作用和学生的主体地位［J］.北京师范大学学报，1983（6）：70-76.

［34］鲁子问.英语教学论［M］.2版.上海：华东师范大学出版社，2010.

［35］李森.现代教学论纲要［M］.北京：人民教育出版社，2005.

［36］李友敏.关于大学日语公选课学生日语学习观的调查研究［D］.北京：北京外国语大学，2008.

［37］中国大百科全书总编辑委员会《教育》编辑委员会.中国大百科全书：教育［M］.北京：中国大百科全书出版社，1998.

［38］大学日语教学大纲修订组.大学日语教学大纲［M］.北京：高等教育出版社，1989.

［39］日语专业基础阶段教学大纲研订组.高等院校日语专业基础阶段教学大纲［M］.北京：高等教育出版社，1990.

［40］胡振平.中国日语教育中的一件大事：试论《大纲》的学术性［J］.日语学习与研究，1991（4）：59-65.

［41］博比特.课程［M］.波士顿：霍顿·米夫林公司，1918.

［42］博比特.如何编制课程［M］.马萨诸塞州剑桥：滨河出版社，1924.

［43］布鲁巴克.教育问题史［M］.单中惠，王强，译.济南：山东教育出版社，2012.

［44］卡斯威尔，坎贝尔.课程编制［M］.纽约：美国图书公司，1935.

［45］稻富荣次郎.教育的本质［M］.东京：学苑社，1977.

［46］裴斯泰洛齐.葛笃德怎样教她的子女：第一封信［M］//裴斯泰洛齐.裴斯泰洛齐教育论著选.北京：人民教育出版社，2001.

［47］福禄培尔.人的教育［M］.孙祖复，译.北京：人民教育出版社，1991.

［48］佐藤正夫.教学论原理［M］.钟启泉，译.北京：人民教育出

版社，1996.

［49］杜威.民主主义与教育［M］.王承绪，译.北京：人民教育出版社，2001.

［50］靳玉乐，张家军.国外基础教育课程目标的特点及其启示［J］.外国教育研究，2000（4）：28-34.

［51］李正风.“科学主义”辨析［J］.哲学研究，1993（1）：62-66.

［52］靳玉乐，田继万.教学改革论［M］.重庆：西南师范大学出版社，1998.

［53］白恩斯，白劳纳.当代资产阶级教育哲学［M］.瞿菊农，译.北京：人民教育出版社，1964.

［54］国际21世纪教育委员会.教育：财富蕴藏其中［M］.联合国教科文组织总部中文科，译.北京：教育科学出版社，1996.

［55］杜威.学校与社会·明日之学校［M］.赵祥麟，任钟印，吴志宏，译.北京：人民教育出版社，1994.

［56］泰勒.课程与教学的基本原理［M］.施良方，译.北京：人民教育出版社，1994.

［57］鲁宾斯坦.普通心理学纲要［M］.柏林：国营人民与知识出版社，1962.

［58］谷学谦.关于大纲“前言”部分的说明［M］//国家教委基础教育司.九年义务教育全日制初级中学日语教学大纲（试用）学习指导.北京：人民教育出版社，1992.

［59］中华人民共和国国家教育委员会.九年义务教育全日制初级中学日语教学大纲（试用）［M］.北京：人民教育出版社，1992.

［60］教育部基础教育司.全日制义务教育日语课程标准（实验稿）解读［M］.北京：北京师范大学出版社，2002.

［61］李森.现代教学论［M］.北京：人民教育出版社，2011.

［62］李朝辉.教学论［M］.北京：清华大学出版社，2010.

［63］余宏亮，吴海涛.试论学案导学的失范与规范［J］.中国教育学刊，2015（1）：68-73.

［64］容中逵.学案导学的三重判读［J］.课程·教材·教法，2014，34（8）：92-97.

［65］教育部基础教育课程教材专家工作委员会.义务教育英语课程标准（2011年版）解读［M］.北京：北京师范大学出版社，2012.

［66］申克.学习理论：教育的视角（第三版）［M］.韦小满，等，译.南京：江苏教育出版社，2003.

［67］曹盛华.自主学习理论与学生自主学习能力的培养［J］.华北水利水电学院学报（社科版），2011，27（5）：179-181.

［68］李梅，董君.探究学习动机和自信心在自主学习中的作用：内蒙古工业大学非英语专业学生的个案分析［J］.内蒙古工业大学学报（社会科学版），2007，16（1）：111-114.

［69］施良方.学习论［M］.北京：人民教育出版社，1994.

［70］韩龙淑.当前教学模式研究中面临的问题及其思考［J］.教育理论与实践，2006，26（2）：47-49.

［71］乔伊斯，韦尔，卡尔霍恩.教学模式（第八版）［M］.兰英，等，译.北京：中国人民大学出版社，2014.

［72］吴晗清.新课改以来我国教学模式研究及对它的思考［J］.教育导刊，2009（3）：11-15.

［73］韩桂凤.现代教学论［M］.2版.北京：北京体育大学出版社，2006.

［74］陈琦，刘儒德.当代教育心理学［M］.北京：北京师范大学出版社，2007.

［75］季银泉.我国的教学模式［J］.教学与管理，1992（6）：20-22.

［76］万莲美，张佩珍，陈秋祥，等.论引导发现法［J］.课程·教材·教法，1981（3）：76-81.

［77］王本陆.课程与教学论［M］.2版.北京：高等教育出版社，2009.

［78］郝志军，徐继存.教学模式研究20年：历程、问题与方向［J］.教育理论与实践，2003，23（12）：51-55.

［79］黄甫全.现代课程与教学论学程（上册）［M］.北京：人民教育出版社，2006.

［80］黄甫全.现代课程与教学论学程（下册）［M］.北京：人民教育出版社，2006.

［81］张奇.学习理论［M］.武汉：湖北教育出版社，1999.

［82］汪向荣.日本教习［M］.北京：生活·读书·新知三联书店，1988.

［83］木村宗男.日本語教授法：研究と実践［M］.東京：凡人社，1982.

［84］木村宗男，窪田富男，阪田雪子，等.日本語教授法［M］.東京：桜楓社，1989.

［85］田中望.日本語教育の方法：コース·デザインの実際［M］.東京：大修館書店，1988.

［86］章兼中.国外外语教学法主要流派［M］.上海：华东师范大学出版社，1983.

［87］束定芳,庄智象.现代外语教学:理论、实践与方法［M］.上海：上海外语教育出版社，1996.

［88］石田敏子.教授法概観［M］//徐敏民，近藤安月子.日语教学研究.北京：外语教学与研究出版社，2016.

［89］马相明.现代外语教学方法研究［M］.北京:经济管理出版社，2001.

［90］龚亚夫，罗少茜.任务型语言教学［M］.北京：人民教育出版社，2003.

［91］张良田.教学手段论［M］.长沙：湖南教育出版社，1999.

［92］田慧生.教学环境论［M］.南昌：江西教育出版社，1996.

［93］课程教材研究所.新中国中小学教材建设史 1949—2000 研究丛书日语卷［M］.北京：人民教育出版社，2010.

［94］黄甫全.现代课程与教学论［M］.3 版.北京：人民教育出版社，2014.

［95］施良方，崔允漷.教学理论：课堂教学的原理、策略与研究

［M］．上海：华东师范大学出版社，1999．

［96］施良方．课程理论：课程的基础、原理与问题［M］．北京：教育科学出版社，1996．

［97］李定仁，徐继存．课程论研究二十年：1979～1999［M］．北京：人民教育出版社，2004．

［98］顾远明．教育大词典增订合编本（下）［M］．上海：上海教育出版社，1998．

［99］黄甫全，王本陆．现代教学论学程（修订版）［M］．北京：教育科学出版社，2003．

［100］文雪．教师的教育信念及其养成［J］．当代教育科学，2010（9）：29-32．

［101］祝智庭，钟志贤．现代教育技术［M］．上海：华东师范大学出版社，2003．

［102］马云鹏．课程与教学论［M］．北京：中国广播电视大学出版社，2003．

［103］何克抗，郑永柏，谢幼如．教学系统设计［M］．北京：北京师范大学出版社，2002．

［104］丛立新．课程论问题［M］．北京：教育科学出版社，2000．

［105］张华．课程与教学论［M］．上海：上海教育出版社，2000．

［106］石鸥．教学病理学［M］．长沙：湖南教育出版社，1999．

后 记

经过大家的共同努力，这本《日语教学论》终于完成了。对我们每个人来说，完成这本书既是一个撰写的过程，也是一个学习和探索的过程，更是一个反思和升华的过程。

通过撰写，我们进一步认识到，在教育教学中，教学论与课程论是相互交叉、相互融合的两个方面，课程论研究教什么，而教学论研究如何教。日语课程在特定的日语教学中实现，日语教学在特定的日语课程基础上进行。它们相互依存、不可分割。没有明确的日语课程内容，如何教日语就无从谈起；没有教日语的形式和方法，日语课程内容就会落空。所以，日语课程直接影响到如何教日语，而如何教日语也制约着日语课程内容实施的质量。在我国，它们一度成为教育学的两个下位学科，但二者之间无法划出清晰的界限。从当前的形势和今后的发展趋势看，二者也是越走越近，已经有"课程教学论"的专著问世。

本书的执笔分工（按章节顺序）为：唐磊撰写第一、二、三、五章，张金龙撰写第四、六章，李家祥撰写第七、八章，皮俊珺撰写第九、十章。为了尽量发挥集体智慧，我们在分别撰写的基础上交换意见、分头修改，最后由唐磊统一定稿。

本书是"中国外语教育研究丛书"中的一册。丛书主编刘道义老师对本书的整体框架给予指导，并在写作过程中予以审阅、提出修改建议和鼓励；一些日语教研员、一线日语教师在本书撰写过程中，提供了相关数据和教学情况等，在此一并致谢！

本书从 2015 年开始筹划、撰写，2016 年完成初稿，在此基础上做了多次修改和补充，于 2018 年提交终稿，其后仍在不断完善。由于历时较长，本书的责任编辑也有更替。在此特别感谢广西教育出版社为我们提供了出版日语教育专著的平台，感谢原责任编辑邓霞、陶春燕和现责任编辑卢佳慧为此付出的辛勤劳动！

著 者

2019 年 8 月